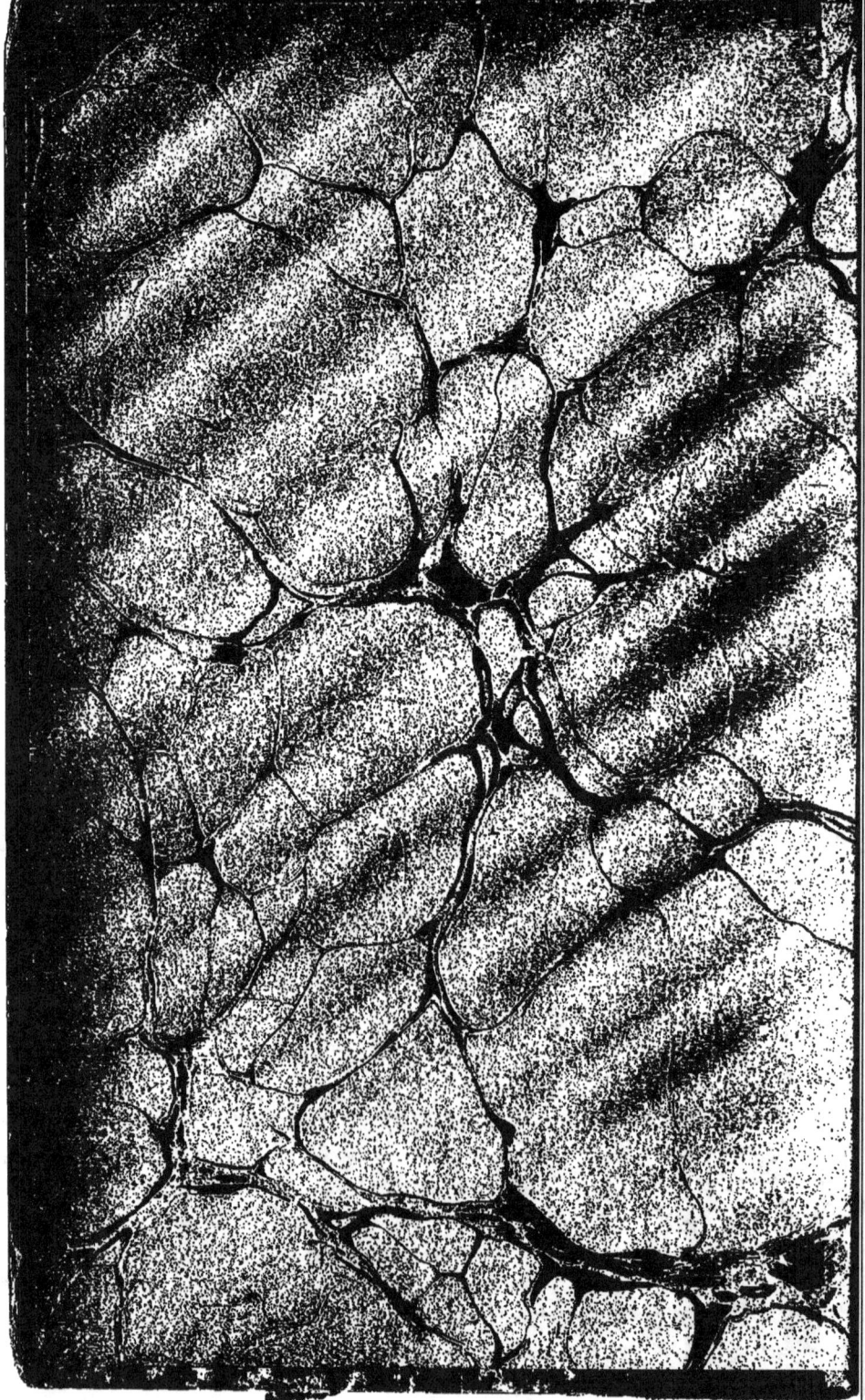

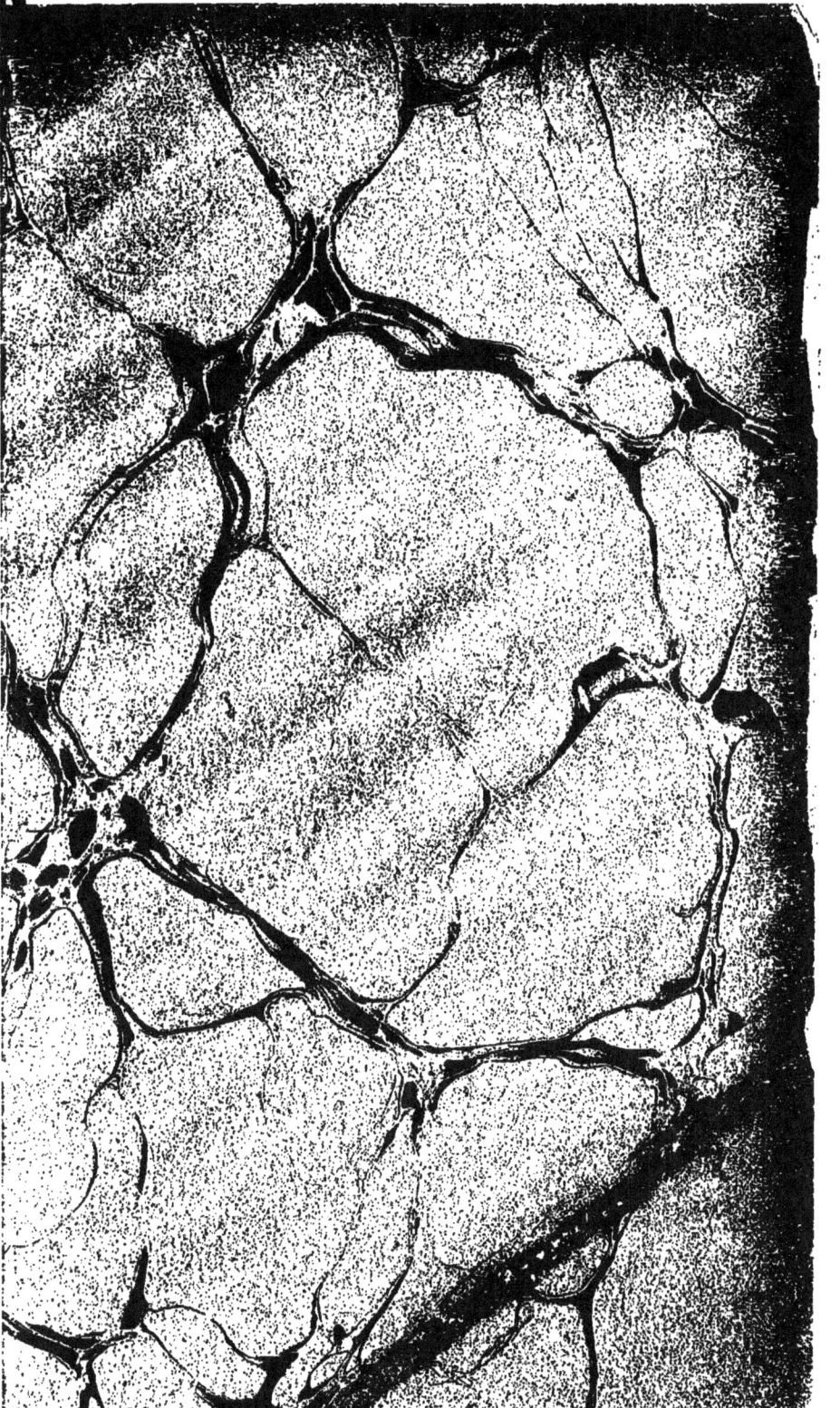

LE
CARDINAL D'OSSAT

ÉVÊQUE DE RENNES ET DE BAYEUX

(1537-1604).

SA VIE, SES NÉGOCIATIONS A ROME

THÈSE PRÉSENTÉE A LA FACULTÉ DES LETTRES DE BORDEAUX

PAR

M. L'ABBÉ A. DEGERT,

Professeur à l'Institution Notre-Dame de Dax.

PARIS
LIBRAIRIE VICTOR LECOFFRE
90, Rue Bonaparte, 90
—
1894

LE CARDINAL D'OSSAT

ÉVÊQUE DE RENNES & DE BAYEUX

1537-1604

Dax— Impr. H. Labèque, 11, rue des Carmes.

LE
CARDINAL D'OSSAT

ÉVÊQUE DE RENNES ET DE BAYEUX

(1537-1604).

SA VIE, SES NÉGOCIATIONS A ROME

THÈSE PRÉSENTÉE A LA FACULTÉ DES LETTRES DE BORDEAUX

PAR

M. L'ABBÉ A. DEGERT,

Professeur à l'Institution Notre-Dame de Dax.

PARIS
LIBRAIRIE Victor LECOFFRE
90, Rue Bonaparte, 90

1894

A Sa Grandeur

MONSEIGNEUR DELANNOY

ÉVÊQUE D'AIRE & DE DAX

HOMMAGE

DE

PROFONDE VÉNÉRATION

A. DEGERT.

PRÉFACE

Le cardinal d'Ossat n'est ni un inconnu ni un oublié. Mais si son nom survit encore dans notre mémoire, son souvenir n'y éveille plus l'admiration qu'il inspirait naguère aux hommes d'Etat et aux lettrés.

La Bruyère mettait d'Ossat sur la même ligne que Richelieu, et Fénelon n'hésitait pas à le comparer aux meilleurs des historiens de l'antiquité. Combien de leurs lecteurs comprennent aujourd'hui ces jugements qui au XVIIᵉ siècle ne surprenaient personne ?

A première vue, il est vrai, la destinée de d'Ossat ne présente rien d'éclatant. L'absolution d'Henri IV mise à part, son nom n'est resté attaché à aucune des grandes œuvres ou institutions de ce prince. Toujours éloigné de la cour et très longtemps de la France, il passe à l'étranger la plus importante partie de sa vie ; ses œuvres ne sont que des dépêches diplomatiques, et ses services ne semblent pas dépasser ceux de nos ambassadeurs de tous les temps.

Mais ne soyons pas dupes des apparences, et ne nous laissons pas abuser par des analogies de surface. Oui, d'Ossat fut un diplomate, on peut même dire qu'il ne fut qu'un diplomate. Mais conclure de là que ses mérites et ses services furent simplement de ceux que ce titre implique et suppose dans tous les temps et dans tous les pays, c'est s'en faire une idée fort incomplète.

Le premier défaut d'une telle opinion, c'est de méconnaître tout ce que le rôle de l'ambassadeur a perdu aujourd'hui de son ancienne importance. La révolution qui s'est produite depuis cinquante ans dans notre système de communications a transformé complètement les conditions de la diplomatie internationale. Si les journaux, les télégraphes et les chemins de fer n'ont pas encore fait disparaître les frontières, ils ont, pour ainsi dire, supprimé pour les ambassadeurs comme pour tout le monde, le temps et la distance. Ils sont rares, aujourd'hui, les diplomates qui ne puissent à toute heure consulter leur gouvernement et recevoir de lui, pour toutes les négociations en cours, l'impulsion et la direction. Dès lors, l'ambassadeur n'est plus que le délégué du ministre, son porte-parole permanent. Dépourvu d'initiative et presque exempt de responsabilité, il ne saurait revendiquer qu'une part toute secondaire dans les résultats obtenus.

Tout autre était au XVIe siècle la situation de nos représentants à l'étranger. « Les rois, disait Montaigne, ne taillent pas les morceaux si courts à leurs agents et lieutenants. Les ambassadeurs ont une charge plus libre qui en plusieurs parties despend souverainement de leur disposition ; ils n'exécutent pas simplement, mais forment aussi et dressent par leur conseil la volonté du maistre. J'ay veu, en mon temps, des personnes de commandement repris d'avoir plustot obéi aux paroles des lettres du roy qu'à l'occasion des affaires qui estoient prez d'euls. » (1)

Est-il besoin de faire remarquer que cette liberté était une nécessité des temps? Les communications étaient rares, lentes et difficiles ; par contre, rien n'était aussi prompt que les décisions des gouvernements ; monarchiques et absolus pour la plupart, ils ignoraient complètement les lenteurs de nos mécanismes parlementaires. Ainsi, au temps de d'Ossat, pour citer un exemple, le courrier de Rome à Lyon ne faisait guère qu'un voyage par mois, et dans ces temps de guerres civiles et étrangères, sur des voies déjà si peu sûres en temps de paix, les accidents étaient nombreux. D'Ossat ne pouvait connaître la pensée de sa cour que deux ou trois mois après l'avoir consultée ; et, pendant ce temps, que d'affaires pouvaient être agitées et résolues dans une cour où tout dépendait de la seule volonté du Pape !

Laissé ainsi à ses seules lumières, l'ambassadeur avait grand besoin d'être un homme de haute valeur personnelle. Des instructions lui étaient sans doute remises à son départ pour le guider dans sa mission. Mais elles devaient se borner à des indications très générales et renoncer à tracer à l'ambassadeur la route à suivre au jour le jour.

Aucun prince ne fut moins disposé qu'Henri IV à gêner l'action personnelle de ses agents diplomatiques. Les instructions remises à ses ambassadeurs peuvent encore en témoigner : (2) Aussi a-t-on pu en faire la remarque, (3) « cette liberté qu'obtenaient au même degré ses ambassadeurs faisait d'eux les conseillers plutôt que les instruments

---

(1) *Essais*, II, XVI.
(2) Consulter notamment les instructions remises à ses ambassadeurs à Rome, Luxembourg, Sillery et Béthune que nous avons dû plus spécialement étudier.
(3) Perrens. *Les Mariages espagnols*, p. 54.

d'une politique trop intelligente pour ne pas souhaiter d'être éclairée sur ses véritables intérêts. ». On comprend dès lors l'importance tout exceptionnelle qui s'attachait sous son règne aux fonctions d'ambassadeur.

Cette importance croissait naturellement avec certaines ambassades, notamment avec celle de Rome. Louis XIV croyait encore devoir rappeler à ses ministres « que Rome étant un lieu où aboutissent comme à leur centre la plupart des négociations et des intérêts de tous les autres princes, celui à qui ce poste était confié devait joindre beaucoup de connaissance des affaires du monde avec une grande dextérité de les traiter. » (1)

Ceci était encore plus nécessaire au XVIe siècle. Aussi la République de Venise, cette grande école de la diplomatie moderne, avait-elle soin de choisir ses ambassadeurs à Rome « parmi ses hommes d'Etat les plus consommés, rompus à toutes les affaires politiques, ayant acquis le plus grand renom comme négociateurs auprès des premières cours de l'Europe. » (2)

C'est sur cet important théâtre que va figurer pendant trente ans le cardinal d'Ossat, et jamais peut-être les rapports de la France et du Saint-Siège ne furent hérissés de plus de difficultés, ni n'occasionnèrent des négociations plus délicates. Mais là ne se bornera pas même l'action du cardinal d'Ossat. De lui surtout on pourra dire qu'il fut un conseiller plutôt qu'un instrument de la politique française. Reconnu de bonne heure par Henri IV pour un de ces hommes supérieurs qui tout en faisant leur métier savent faire bien d'autres choses, il sera appelé très souvent à donner son avis sur des questions en apparence fort étrangères à sa compétence.

Par là, d'Ossat sera amené à exercer sur la politique

---

(1) Instruction remise au duc de Créqui, ambassadeur extraordinaire à Rome, 17 Avril 1662. — *Archives diplomatiques*, Rome, p. 98.
(2) Baschet. La *diplomatie vénitienne*, p. 57.

française de son temps une influence assez générale et assez profonde pour faire dire à Voltaire : « Quand on approfondit sa conduite (celle d'Henri IV), on lui trouve celle des d'Ossat et des Villeroy. »

C'est cette influence que nous voudrions remettre en lumière. Qu'elle se traduise par une action immédiate dans les négociations internationales ou par une intervention indirecte dans la politique intérieure, elle fut généralement féconde et toujours heureuse. Pour le montrer, nous n'aurons qu'à caractériser sa nature et signaler ses effets dans l'ensemble de l'œuvre accomplie par Henri IV.

On le voit déjà, c'est surtout comme diplomate que d'Ossat doit nous arrêter. Ce point de vue dominera donc notre étude. Mais avant de montrer à l'œuvre l'habile négociateur de l'absolution d'Henri IV et de tant d'autres graves affaires, il convient de voir par quelles études et à quelle école il fut préparé et initié à la grande occupation de sa vie. Nous n'oublierons pas non plus que d'Ossat excella autant dans la rédaction des dépêches que dans le maniement des affaires ; sa gloire posthume lui vint même moins du succès de ses négociations que de ses qualités littéraires. Chez lui l'étude de l'écrivain doit donc compléter l'étude du diplomate.

L'histoire de la vie de d'Ossat se mêlera au récit de ses négociations. Qu'on ne s'en étonne pas : si belle et si honorable qu'ait été l'existence de d'Ossat, elle tire tout son éclat de sa situation à Rome et de ses dignités ecclésiastiques. Mais ces dignités furent la récompense des succès du négociateur ; elles ne pouvaient s'expliquer que par eux et après eux.

C'est à d'Ossat, avons-nous besoin de le dire, que nous avons demandé les principaux renseignements sur sa vie

---

(1) Voltaire. *Histoire du Parlement de Paris*, ch. XXVIII, Ed. Garnier.

et son œuvre. Ses lettres (1) en offrent la plus ample moisson. Elles ont été connues et utilisées pour la plupart par ses biographes, nos devanciers. (2)

Il en a été cependant publié depuis qui ne sont pas sans intérêt ; (3) nous-même avons pu en découvrir quelques-unes qui nous ont permis de faire la lumière sur certains points obscurs ou mal connus de la vie de notre héros.

Après les lettres de d'Ossat, nous avons mis à contribution les écrits de ses contemporains : les *Mémoires* et l'*Histoire* de son ami de Thou, (4) les instructions et dépêches encore inédites des cardinaux d'Este (5) et de Joyeuse (6) qui furent les maîtres ou les protecteurs de d'Ossat, celles de Luxembourg, (7) de Sillery (8) et de Béthune (9) qui furent ses collègues.

Les dépêches récemment publiées des agents du grand duc de Toscane (10) à Rome et à Paris, les relations des ambassadeurs vénitiens (11) auprès du Vatican, nous ont offert aussi de précieuses informations ; nous avons tâché d'en faire notre profit.

Puissions-nous, à la lumière de ces divers documents, faire briller d'un nouvel éclat les traits quelque peu effacés de d'Ossat. A une époque qui se pique de remettre en lumière tant de célébrités obscurcies, il n'en est guère qui gardent autant de droits aux regards de l'histoire.

---

(1) *Letres* (sic) *du cardinal d'Ossat* avec notes de M. Amelot de la Houssaie. — Amsterdam, 1708.

(2) Amelot de la Houssaie a publié une « *Vie du Cardinal d'Ossat* » en tête de son édition de 1697. Une autre *Vie du Cardinal d'Ossat* a été publiée en 1771. 2 vol. in-8, sans nom d'auteur. Elle est l'œuvre de Me d'Arconville.

(3) Lettres inédites du Cardinal d'Ossat, publiées par M. Tamizey de Larroque, dans la *Revue de Gascogne*, 1872.

(4) J.-Aug. Thuani, *Sui tempori libri*, CXXXVIII, Londini 1733.

(5) Bib. Nat. Ms fr. 16042. Correspondance du Cardinal d'Este.

(6) Bib. N. Ms fr. 16045-16046. Correspondance du Card. de Joyeuse.

(7) B. N. Ms fr. 18000 et 19752. Papiers de Luxembourg.

(8) B N. Ms fr. 3433. Instruction donnée à Sillery.

(9) B. N. Ms fr. 3484. Papiers de Béthune.

(10) *Négociations diplomatiques avec la Toscane*, publiées par A. Desjardins.

(11) *Relazioni degli Stati Europei lette al senato degli Ambasciatori Venetiani*, publiées par Alberi, depuis 1839.

Peu d'acteurs ont rempli un rôle plus important sur le théâtre où se joue, à la fin du XVIe siècle, le dernier drame des luttes religieuses ; nul peut-être ne s'employa avec plus d'intelligence et de dévouement à préparer le magnifique épanouissement de la grandeur française dont fut témoin le siècle suivant.

A ce titre, ce rôle nous a semblé digne d'être tiré de l'oubli. Si c'est là une de ces illusions produites par le mirage des découvertes ou par la longue fréquentation d'un auteur favori, qu'elle nous serve d'excuse auprès de ceux qui s'étonneraient de nous entendre parler, après tant d'autres, du cardinal d'Ossat. Mais si les imperfections trop sensibles de notre œuvre proviennent moins de l'idée qui l'inspira que de la main qui l'a exécutée, qu'on pardonne à la maladresse de l'ouvrier en faveur de sa bonne volonté. En aucun cas, d'Ossat ne doit porter la peine de l'insuffisance de son nouvel historien.

LIVRE PREMIER

LE DISCIPLE

CHAPITRE 1er. — Etudes de d'Ossat

I. — *Naissance de d'Ossat. — Sa famille — Ses premières années.*
II. — *Ses études à Castelnau-Magnoac, chez les Marca. — Au collège d'Auch. — Précocité de son talent et de sa réputation.*
III. — *D'Ossat à Paris. — Précepteur des jeunes Marca. — Difficultés de sa tâche. — Elève de Ramus. — Sa lutte contre Charpentier.*
IV. — *Il quitte la philosophie pour le droit. — Il devient élève de Cujas, à Bourges.*
V. — *D'Ossat avocat au Parlement de Paris. — Directeur du réformateur et abbé des Feuillants, Jean de la Barrière. — Comment il le guérit de misanthropie.*

« La plus auguste compagnie qui soit au monde est sans doute celle des cardinaux ; et cependant, parmi des princes de Bourbon, d'Autriche, de Médicis et autres maisons souveraines de l'Europe, n'avons-nous pas vu le cardinal d'Ossat qui, tout excellent personnage qu'il étoit, avait une extraction si pauvre et si basse, que jusqu'à cette heure elle est demeurée inconnue, quelque diligence qu'on ait apporté à la chercher ? » (1) Ainsi pouvait s'exprimer, sur le compte de d'Ossat, Malherbe qui avait été, près de cinquante ans, son contemporain. Telle était, en effet, l'obscurité de la naissance du futur cardinal que ses amis ni ses contemporains n'en connurent jamais bien exactement ni le lieu ni la date. L'historien de Thou n'ose rien préciser ; (2) il se borne à le faire naître dans « notre Novempopulanie ». Son panégyriste, le Père Galluzzi (3), qui ne veut pas se contenter d'une indication si vague, lui donne pour patrie Cassagnabère, petit village alors situé dans le diocèse de Saint-Bertrand de Comminges. Il se trompait et allait induire en erreur la plupart des biographes de d'Ossat qui devaient le copier pendant deux siècles. En vain Scipion Dupleix, le compatriote de d'Ossat, affirmait-il (4) que le cardinal était né à Larroque-Magnoac ; en vain Goujet (5) le répétait-il dans le *Moréri* de 1759 avec preuves à l'appui, leur opinion ne put prévaloir. Il faut remarquer du reste que si les deux rencontraient juste sur le lieu de la naissance de d'Ossat, le premier avait l'air de n'en pas connaître la date, et le second partageait l'erreur commune qui le faisait naître en 1636.

Bien qu'indiquée dans l'inscription que firent graver sur sa tombe (6) les secrétaires de d'Ossat, cette date était

---

(1) *Lettres* de Malherbe, 19 octobre 1627. Ed. des *Grands Ecrivains* T. IV, p. 103.

(2) *Historia temporis mei libri*, CXXXII ad an. 1604.

(3) Tarquini Gallucii S. J. *Oratio in funere... Arnaldi Cardinalis Ossati*. V. à la suite des lettres publiées par Amelot, T. V, p. 1 et 4.

(4) Dupleix. *Histoire d'Henri le Grand*, p. 351, éd. 1639.

(5) Il citait le texte même d'un traité conclu « entre Jehan Pérez de Lectoure d'une part, et M. Arnaud d'Ossat de la Noque (lisez Larroque) en Magnoac de l'autre » *article d'Ossat*.

(6) On peut lire cette inscription dans Amelot, V. 12. Elle donnait au cardinal, à la date du 13 mars 1604, 67 ans, 6 mois et 20 jours. Aussi Amelot faisait-il naître d'Ossat le 23 août 1536. T. I page 7.

fausse. On n'en peut plus douter aujourd'hui que nous avons retrouvé le certificat de baptême de d'Ossat. Cette pièce, découverte à Auch, (1) donne raison aux auteurs du *Gallia Christiana* (2) qui faisaient remonter la naissance de d'Ossat à 1637 ; elle en indique de plus le jour précis. On y lit que Arnaud d'Ossat naquit à Larroque-Magnoac (3) le 20 juillet 1637, du légitime mariage de Bernard d'Ossat et de Bertrande de Conté. Ainsi tombe du même coup l'opinion qui faisait de d'Ossat un enfant naturel des seigneurs de Ramefort.

Il importe peu de décider entre Dupleix et Baluze si Bernard d'Ossat fut opérateur ou maréchal-ferrand. (4) Il n'était pas rare, il y a quelque trente ans, de voir dans nos villages de Gascogne, le même individu cumuler les deux professions. Que Bernard d'Ossat ait exercé l'une ou l'autre, ou même les deux à la fois, aucune ne le conduisit à la fortune, ni même à l'aisance. Le petit village de Larroque ne lui assurait pas assez de travail pour gagner sa vie. « Il roula, dit Dupleix, (5) et mourut en Espagne. » A sa mort, il laissait à peine à sa veuve et à son fils de quoi fournir à ses funérailles. (6) Bertrande Conté, quoi qu'on en ait dit, survécut longtemps à son mari. Des lettres de son fils nous apprennent qu'elle vivait encore en 1668.

Mais cette veuve dépourvue de toute ressource ne pouvait être que d'un faible secours pour son fils. Heureusement, le spectacle de la misère du jeune orphelin toucha le cœur de Thomas de Marca, gentilhomme des

---

(1) Dans les papiers de l'abbé Daignan du Sendat, mort en 1764, Ms. n° 83 de la Bibliothèque d'Auch. Pour l'histoire de cette découverte, voir la préface des *Lettres inédites* publiées par M. Tamizey de Larroque.

(2) *Gallia Christiana*. T. XI, col. 390 et suiv.

(3) Ce village est aujourd'hui situé dans le canton de Castelnau-Magnoac, département des Hautes-Pyrénées.

(4) Sc. Dupleix *op. cit.* p. 351, et Amelot, t. I, p. 8.

(5) Dupleix, *loc. cit.*

(6) Galluzi. *Oratio in funere*, p. 2· Amelot. v. 2

environs. (1) Peut-être aussi, l'intelligence du jeune Arnaud avait-elle déjà été remarquée autour de lui. S'il n'est pas démontré que les chanoines de la collégiale de Castelnau (2) eussent déjà donné quelques leçons au jeune d'Ossat, il ne semble pas téméraire de croire que cet enfant avait laissé percer, dans quelque occasion, des indices d'une rare intelligence. On s'expliquerait difficilement sans cela que la misère du jeune orphelin lui eût valu l'honneur de devenir le compagnon d'études de ses maîtres.

Telle fut, en effet, la place qu'occupa, auprès du fils et des neveux de Thomas de Marca, le jeune d'Ossat. Il était associé à leurs études, « afin que, dit Amelot, par une guerre d'émulation et d'honneur, ce fut à qui surpasserait son compagnon. » (3) Dans cette première lutte d'activité et d'intelligence, la victoire resta à d'Ossat. Nous ne savons pas si elle lui fut chèrement disputée; toujours est-il qu'elle fut assez éclatante pour déterminer de Marca à faire de d'Ossat le maître de ceux dont il avait été le condisciple. Il envoya ses fils et ses pupilles au collège d'Auch. (4) D'Ossat devait leur servir de précepteur.

Ces premières années de d'Ossat nous ont peut-être retenu plus longtemps que de raison. Cette étude sans grand intérêt pour nous, n'est pas cependant sans profit

---

(1) Le château de Marca ou Lamarque était situé à 2 kil. environ de Castelnau-Magnoac et à peu près à la même distance de Larroque. La famille de Marca, qui produira plus tard notre grand historien du Béarn, Pierrre de Marca, était alors représentée par Jehan de Marca, juge-mage des Quatre-Vallées, et Thomas de Marca père ou oncle des élèves de d'Ossat.

(2) Castelnau possédait depuis 1475 une collégiale où se trouvaient, d'après le *Gallia Christiana*, 8 chanoines et 2 prébendiers. Des registres de Castelnau-Magnoac parlent des « escoliers et des clercs de la collégiale. » D'Ossat aurait pu être du nombre.

(3) Amelot, t. I, p. 8.

(4) Ce collège avait été fondé en 1543 par le cardinal François de Tournon. Il compta parmi ses professeurs des hommes de grand renom, le fameux latiniste Marc-Antoine Muret, et peut-être Turnèbe et Passerat... Sur ce collège, on peut voir une notice de M. H. Masson, dans la *Revue de Gascogne*, t. XIV, p. 341.

pour sa gloire. Mieux on connaît les obscurs commencements de cet homme, plus on comprend ce qu'il lui a fallu de valeur et de talent pour s'élever si haut. Mais s'il est honorable pour d'Ossat d'avoir su compenser, à force de mérite, la bassesse de sa condition première, il est encore plus beau pour lui de n'en avoir pas rougi. Il ne connut jamais cette faiblesse. C'est de lui que nous tenons les détails les plus caractéristiques de sa pauvreté. Elevé aux honneurs de la pourpre, il sera seul à rappeler du roi « qu'il est une de ses créatures qu'il avait de rien élevées.. » (1)

Une nouvelle vie allait donc commencer pour le jeune Arnaud. Mais ni la différence des situations, ni l'éloignement, ni les préoccupations d'études ou d'affaires n'effaceront de son âme l'impression de ces premières années. Il ne sera guère plus en contact direct avec les populations des campagnes; cependant, il n'oubliera jamais leur dure condition. Jusque dans ses derniers jours, il se fera l'avocat du « pauvre peuple trop foulé », (2) et il y mettra une insistance qui finira par lasser Sully lui-même.

Peu de temps après son arrivée à Auch, d'Ossat manifestait l'intention d'être d'Eglise ; il entrait dans la cléricature. Il reçut la tonsure le 26 décembre 1656, des mains de Dominique de Bigorre, (3) évêque d'Albe, administrateur du diocèse d'Auch. (4) Le clergé auscitain ne tarda pas à apprécier la valeur de cette jeune recrue. A peine âgé de vingt ans, d'Ossat, simple tonsuré, était invité à porter la parole, devant un synode diocésain, dans la

---

(1) Lettres III, 354.
(2) Lettres. v. 201.
(3) Certificat de tonsure publié par M. Tamizey de Larroque. Appendice.
(4) Le titulaire de ce siège était Hippolyte d'Este, cardinal de Ferrare. L'archevêché d'Auch sera pendant près de cinquante ans comme un bien de famille que les d'Este se transmettront d'oncle à neveu. Le cardinal de Ferrare le léguera au cardinal Louis d'Este, avec lequel nous ferons bientôt plus ample connaissance.

cathédrale d'Auch ; et, s'il faut en croire le document contemporain qui nous apprend ces particularités, son discours obtint l'applaudissement de tous les auditeurs. (1)

Des succès si précoces promettaient à d'Ossat un avenir honorable dans son pays ; les circonstances allaient l'en éloigner pour toujours. Thomas de Marca voulut que ses deux neveux allassent achever leurs études à Paris. D'Ossat consentit à les y conduire et à continuer auprès d'eux ses fonctions de précepteur. Aux jeunes Marca se joignit le fils d'un marchand de Lectoure. (1) Par un contrat en date du 22 avril 1559, écrit tout entier de sa main, d'Ossat s'engagea à conduire « à la Ville et Université de Paris » le fils de Jean Pérez, de Lectoure, et là, « l'entretenir de bonne nourriture et doctrine, pour le temps et l'espace de deux années, en bon père de famille, moyennant la somme de 110 livres pour chaque année, pour la nourriture et doctrine sans en ce comprendre accoutrement, livres ni autre dépense qu'il conviendra faire outre ».

Moins de quinze jours après, la jeune caravane, d'Ossat en tête, arrivait à Paris. Sans perdre de temps, elle s'installait dès le lendemain (6 mai 1559) « en l'Université en la rue des Amendiés. » (3) Le jeune maître, qui avait hâte de rapprocher ainsi ses élèves du centre de leurs études, ne dut pas être moins pressé de se mettre à l'œuvre. Ne dit-il pas, dans une de ses lettres, « que ce jour du 6 mai marque le commencement de leur année d'étude ? » (4) Dès la première heure, il se consacra à sa tâche avec un dévouement dont ses lettres nous ont conservé le naïf

---

(1) Papiers de l'abbé Daignan du Sendat, et Lettres inédites de d'Ossat retrouvées en 1891. V. le *Bibliophile de Guyenne*, au dos. Juin 1891. Ce manuscrit est aujourd'hui la propriété de M. A. Caussou ; nous le désignerons par le nom de son propriétaire.

(2) *Moréri* de 1759, article *d'Ossat*.

(3) Lettre de d'Ossat à M. de Marca, 10 Mai 1559, publiée par M. Tamizey de Larroque.

(4) Ibid.

témoignage. « Je vous promets, écrit-il à M. de Marca, que je fornirai vos neveux de bonne doctrine et de bon exemple, et aussi des autres choses qui seront en ma puissance tant que la vie me durera, laquelle j'abandonnerai plutôt qu'endurer qu'ils aient la moindre nécessité de choses que je connaisse leur être nécessaires. » (1) Ce n'étaient pas là pour d'Ossat des formules banales. Il s'était engagé à traiter ses élèves en « bon père de famille. » Jamais maître ne fut plus fidèle à ses engagements; et jamais fidélité ne fut soumise à de plus rudes épreuves.

D'Ossat n'avait pas seulement à diriger ses jeunes élèves dans leurs études, il s'était chargé de pourvoir à toutes leurs nécessités, et, de ce chef, sa tâche lui ménagea des difficultés aussi graves qu'imprévues. Quel autre maître ne se fut lassé d'une besogne où il fallait non seulement payer de sa personne, mais encore dépenser de sa bourse et souvent vivre d'emprunt ? C'est à cette dure condition que les malheurs des temps, sinon la négligence des Marca, réduisirent trop souvent d'Ossat. Les routes étaient peu sûres dans ces temps de guerres civiles, et les envois d'argent couraient des risques particuliers. Par contre, d'Ossat pouvait écrire (2) que les choses étaient « par deçà beaucoup plus chères que ne furent oncques. » Quand on le paie à temps, il peut à peine suffire aux dépenses. « Le logis (3) avec les meubles dont nous nous servons, le blanchissement du linge et le collège pour les enfants, et le bois que nous brûlons, m'emportent environ de la moitié de ce que je reçois pour tous les trois enfants, et de l'autre faut que je les norrisse et moi-même, et un serviteur tellement que j'ai assez d'affaire à y donner ordre, et faut que je fornisse

---

(1) Lettre de d'Ossat à M. de Marca, 27 décembre 1559, publiée par M. Tamizey de Larroque.
(2) Ibid.
(3) Ibid.

du mien. » Il ajoutait mélancoliquement : « Si on me retardoit l'argent, nous endurerions du mal, n'ayant personne ici de qui pouvoir recevoir secours. » Que ne dut-il pas endurer, pendant les seize mois qu'il passa « sans recevoir un seul denier de Gascogne ? » (1) Ce n'est qu'après ce laps de temps, après avoir, comme il dit, enduré mille calamités, qu'il reçut, le 22 avril 1561, pour tout acompte, la somme dérisoire de seize écus, « moins toutefois seize sols tournois. »

Pour le coup, d'Ossat eut de la peine à se contenir. « Voilà, fit-il remarquer, voilà un beau présent ! » Il se refusait cependant à croire qu'un homme comme M. de Marca fut infidèle à ses engagements. Il le suppliait à deux reprises de prendre pitié de ses neveux, de lui envoyer de quoi payer les dépenses déjà faites ou à faire pour eux. Ils avaient déjà pensé être en « grand povreté. » Leur précepteur avait pu jusqu'ici les en préserver mais non « sans grand fascherie. » (2) Il espérait que M. de Marca ne les exposerait plus à ce danger.

D'Ossat avait bien auguré de la loyauté de M. de Marca. S'il n'avait rien reçu, la faute en était aux porteurs infidèles qui n'avaient point remis à leur adresse les sommes envoyées. Cette explication qui innocentait M. de Marca, ne diminuait guère les embarras de d'Ossat. Un mois plus tard, il écrivait encore pour rappeler à M. de Marca que son petit neveu était depuis longtemps fort « marri et dolent » et il le priait de le « réjouir comme il sauroit et pourroit. » Enfin, M. de Marca put faire parvenir quelque argent, mais les pièces étaient « légères (3) pour les deux tiers et, nous dit d'Ossat, on n'en acceptoit aucune sans les peser. » Pour comble de malheur, la peste sévissait dans Paris ; un jeune Marca était atteint d'une longue mala-

---

(1) Lettre de d'Ossat à Th. de Marca, 4 Mai 1561. Tam. de Laroque.
(2) Ibid.
(3) Lettre du même au même, 18 juin 1561.

die qui imposait un surcroît de dépenses à la bourse si légère du précepteur, et la guerre civile se rallumait de plus belle entre catholiques et protestants. Dans cette situation, d'Ossat fut tout heureux d'apprendre qu'on venait chercher ses élèves. « Ils alloient sortir, disait-il, d'un très grand danger et évident. (1) Pour lui, en les congédiant, il pouvait se rendre le témoignage que « sa conscience ne lui remordroit jamais à faulte d'y avoir fait ce qu'il avait peu et sceu ». M. de Marca ratifia ce témoignage par ses remerciements, et ses pupilles par la reconnaissance qu'ils gardèrent à leur précepteur. Après avoir été ses élèves « vertueux et diligens » (2), ils restèrent ses amis fidèles. Cette affection survivait encore quarante ans plus tard. D'Ossat, quelque temps après son élévation au cardinalat, envoyait son portrait aux de Marca. (3)

Le jeune Pérez avait dû suivre les Marca en Gascogne. Déjà depuis plus d'un an, d'Ossat demandait à son père de le décharger « de ce fardeau qu'il ne pouvoit plus porter. » (4) Devenu complètement maître de son temps, d'Ossat put se livrer en toute liberté à ses goûts pour l'étude. A cette époque et probablement depuis son arrivée (5) à Paris, le maître de Pérez et des Marca était l'élève de Ramus, et même, semble-t-il, son meilleur élève, s'il est permis d'en juger par la part qu'il prit, sans doute à la sollicitation de son maître, dans la lutte de Ramus et de Charpentier.

Nous n'avons pas à faire ici l'histoire de cette retentissante querelle qui pendant plus de vingt ans passionna

---

(1) Lettre de d'Ossat à Th. de Marca, 9 Mai 1562.
(2) Lettre de d'Ossat à Jehan Pérez. 13 Mai 1560, citée dans Moreri.
(3) Moreri. Loc. cit.
(4) V. 1ᵉ lettre de d'Ossat à Thomas de Marca. En post-scriptum, d'Ossat annonce qu'on pourra toujours trouver son adressé au collège de Presle. Or Ramus était principal de ce collège.
(5) Coeterorum illius auditorum Ossatus antesignanus, dit le P. Montgaillard, jésuite d'Auch, contemporain de d'Ossat, dans une notice inédite conservée au Grand Séminaire d'Auch.

les maîtres et les élèves de l'Université de Paris. (1) D'Ossat n'eût pas manqué de raisons pour se dérober à l'invitation de son maître. Charpentier, l'adversaire de Ramus, était un des hommes les plus considérés de son temps et, sans contredit, un des maîtres les plus distingués de l'Université de Paris. Elu recteur à 25 ans, médecin de Charles IX, professeur de médecine et de mathématiques au Collège Royal, principal du collège de Boncourt, protégé des Guises et très bien vu de ses collègues, Charpentier passait, à bon droit, pour le représentant du catholicisme dans le haut enseignement et pour le défenseur des anciens contre Ramus l'hérétique, l'adversaire insolent d'Aristote.

Il eût été toujours périlleux de s'attaquer à un tel homme, mais, en ce moment, il y avait grand danger à prendre contre lui la défense de Ramus. Désigné depuis longtemps aux haines populaires par ses opinions calvinistes, Ramus avait dû, pour s'y soustraire, s'éloigner de Paris. En 1563 il venait à peine d'y rentrer à la faveur de l'Edit d'Amboise, quand il fut violemment pris à partie par Charpentier pour ses théories sur la Méthode. D'Ossat, avec la généreuse témérité de son âge, n'écouta que sa reconnaissance. Il accourut au secours d'un maître aussi compromis que compromettant. Il le fit dans une brochure (2) de quarante pages qu'il publia dans les premiers mois de l'année 1564. Il s'y pose dès le début en vengeur de Ramus et de sa méthode. Cette méthode, dont il précise l'objet et montre les applications, ne constitue pas une révolution sur celle d'Aristote, et elle est assez claire pour que rien, dans les quarante-deux pages de Charpentier, n'ait pu éclipser son éclat lumineux. Pour lui, il l'exposera dans

---

(1) Pour l'histoire de cette querelle, on peut voir Wadington : *Ramus, ses écrits, ses opinions*. Paris, 1855, in-8°, et Joseph Bertrand. — Revue des Deux-Mondes, *Ramus et Charpentier*, 15 Mars 1881.

(2) Elle a pour titre : *Expositio Arnaldi Ossati in disputationem Jacobi Carpentarii de Methodo* (Parisiis apud Andr. Vechelum 1564 20 feuillets in-4° La date de la réponse de Charpentier permet de préciser celle de la brochure de d'Ossat.

toute sa vérité et la défendra avec assez de modération pour s'interdire toute injure, sauf celles que Charpentier s'est permises contre Ramus (La marge était bien large !) Après avoir indiqué la marche qu'il va suivre, il commence par réfuter quelques objections préliminaires de Charpentier. Non, Ramus n'a pas été condamné par édit du roi, ni par arrêt du Parlement, ni par l'Université de Paris. L'eût-il été ce serait peu généreux pour Charpentier de rire des malheurs d'un rival. L'indignation de d'Ossat s'élève dans ce plaidoyer jusqu'à la véritable éloquence, mais sans s'y attarder, il entre dans le fond du débat et s'engage dans une discussion serrée et animée. Suivant les usages du temps, aux démontrations les plus arides se mêlent les injures les plus violentes. D'Ossat interrompt aussi de temps à autre ses dissertations sur la géométrie, le général, la *genesis* et l'analyse pour rappeler à Charpentier qu'il n'entend rien à ces diverses sciences ; il est, par exemple, aussi étranger à la géométrie qu'aux lettres, « tam ἀγεωμέτρητος quam ἀναλφάβητος » (il semble que le vocabulaire latin ne soit pas assez riche pour l'injure !) En fait de grec et de Platon, il ne savait que ce qu'il pouvait comprendre de la traduction latine de Ficin, (1) et Dieu sait ce qu'elle valait !

Ces violences de langage n'étonnaient alors personne. C'était le ton de la polémique courante. N'avait-on pas, naguère, à propos d'une question d'orthographe, entendu Meigret traiter Guillaume des Autelz de « beste sauvage et cruelle soubz figure d'homme ? » (2) Sous la plume de d'Ossat, de telles injures ont du moins l'excuse de nous faire mieux sentir la vivacité de l'affection qu'il portait à ses maîtres.

Le débat, comme bien on pense, n'en resta pas là.

(1) Cité d'après Petit de Julleville. *Histoire de la littérature française* T. I p. 206
(2) Marsile Ficin (1433-1499) traduisit en latin les œuvres de Platon qu'il commenta à Florence.

Charpentier riposta « avec toute la célérité possible. » Sa réponse datée du 4 des Nones de mai 1564 est adressée à Thessalus d'Ossat. (1) Il affecte de voir dans d'Ossat le porte-parole ou plutôt le masque de Ramus (*Thessalus personatus*). C'est Ramus, en effet, qu'il désigne par ce surnom de Thessalus « Quel nom pourrait mieux lui convenir que celui de ce charlatan qui se faisait fort d'enseigner en six mois cet art de la médecine qu'Hippocrate réputait, à bon droit, si long à apprendre ? » Après un tel début, on ne s'étonne pas que les injures tiennent plus de place que les raisons dans les soixante pages de Charpentier. L'ignorant, cette fois, c'est bien entendu Thessalus (*lisez* Ramus), il n'entendait rien à l'analyse, ni à la métaphysique. La preuve, c'est qu'il ne voit pas comme Charpentier ses cours regorger d'élèves dont plus d'un pourrait désosser son d'Ossat « qui Ossatum tuum facile exossarent. » (2)

D'Ossat ne trouva pas ces arguments sans réplique. Il ne se laissa pas même désarmer par des jeux de mots de cette finesse. Goujet prétend que « le jeune écrivain ne répliqua point » et il ajoute qu'il eut raison : tout lecteur non prévenu avait été pour lui. » (3) Goujet se trompe. Sans doute d'Ossat n'aurait rien perdu à garder le silence ; mais, en fait, il répondit à Charpentier. Il publia sa réponse (4) sous forme d'une addition à sa première exposition. Cette réplique, à peu près introuvable aujourd'hui, ne termina même pas le débat. Il y eut encore trois ans plus tard une réponse de Charpentier. Mais c'est assez nous arrêter sur une lutte sans importance et sans

---

(1). *Jacobi Carpentarii ad expositionem disputationis de Methodo contra Thessalum Ossatum Academiæ Parisiensis methodicum responsio.* Paris. Buon 1564 in-4·

(2) Ibid. fol. 2.

(3) *Mémoire sur le Collège Royal*, t. II.

(4) *Arnaldi Ossati additio ad expositionem de Methodo.* Apud Vechelum 8 feuillets in-4· cité d'après Wadington, *opere cit.*

grandeur. Il ne semble pas d'ailleurs que l'élève de Ramus ait grossi longtemps les rangs des adversaires d'Aristote (1) : nous allons le voir entrer dans l'intimité de Paul de Foix, et cet ardent péripatéticien n'était pas homme (2) à admettre dans sa société un disciple de Ramus qui eût encore partagé ses préventions contre Aristote.

Pour nous, nous ne pouvons que féliciter d'Ossat d'avoir su se soustraire à l'influence de Ramus. Les vues aventureuses de ce maître ne pouvaient que l'égarer. C'était déjà trop de l'avoir engagé dans des luttes mesquines pour lesquelles son génie n'était pas fait. « S'il ne se fust retiré dans les affaires, dit fort bien Gabriel Naudet, on se fust toujours persuadé qu'il n'était propre qu'à pédanter dans les collèges de Paris et à défendre Ramus contre Charpentier. » (3)

Cette querelle dut, sans doute, attirer l'attention publique sur d'Ossat, mais la notoriété qu'elle lui donna n'était pas de celles qu'il dût alors ambitionner. On s'explique mal qu'il ait presque aussitôt après quitté Paris, surtout si, comme l'assure Sainte-Marthe, (4) il y professait la rhétorique et la philosophie. Ce qui rend encore ce départ plus étrange, c'est que d'Ossat renonçait du même coup à l'enseignement des connaissances qu'il avait mis plus de vingt ans à acquérir et il s'engageait à l'âge de plus de 30 ans, sans ressources et sans espérances, dans une voie inconnue pour lui. Quoi qu'il en soit des causes de cette détermination, d'Ossat résolu à se livrer à l'étude du

---

(1) De passage à Ferrare, il refusa de visiter Patrizzi qui avait l'unique tort à ses yeux de ne pas enseigner la philosophie d'Aristote ; or, il ne manquait jamais de visiter les savants de quelque réputation.

(2) V. Mém. de Aug. de Thou. De Thou dit d'ailleurs : Comme il (d'Ossat) était très judicieux et qu'il n'avait pas moins d'amour pour la vérité que de reconnaissance pour son maître, il avait embrassé la doctrine d'Aristote. Mém. Ed. Petitot, p. 236.

(3) Gabriel Naudet : *Considérations politiques sur les coups d'Etat...* p. 300 cité d'après M. L. Couture. *Revue de Gascogne*, t. XII, p. 428.

(4) Cité d'après Amelot de la Houssaie t. V, p. 15.

droit, dut quitter Paris où le droit civil n'était pas enseigné. Il avait le choix entre les Universités d'Orléans et de Bourges. La réputation de Cujas l'attira dans cette dernière ville. Mais il ne dut pas entendre longtemps ses leçons. Il arrivait à Bourges vers la fin de 1565 ou le commencement de 1566 et Cujas en sortait dans l'année 1566. Mais si courtes qu'elles aient été, les leçons de Cujas ne devaient pas être sans profit pour d'Ossat. Instruit de toutes les sciences de l'antiquité, le docte professeur s'aidait, pour éclaircir et commenter les textes juridiques, de tous les secours que pouvaient lui fournir l'histoire, la connaissance des langues et des institutions de l'ancienne Rome. Par ses vastes connaissances, d'Ossat était on ne peut mieux préparé à profiter d'un tel enseignement. Peut-être cependant en rapporta-t-il quelque chose de meilleur qu'un surcroît de connaissances, je veux dire l'art de faire valoir celles qu'il possédait par la gravité de la pensée et la modération de la forme. Ces qualités, nous les retrouverons désormais dans toutes les œuvres de d'Ossat; ce n'est pas à l'école de Ramus qu'il eût pu les acquérir.

Après avoir étudié « l'espace de deux ans et plus » (1) à Bourges, d'Ossat revenait à Paris. Il en donnait avis à sa mère à qui il était tout heureux d'avoir pu faire parvenir « quatre escus sol pour lui permettre de faire sa provision de blé pour l'été. » Il venait à Paris « apprendre, disait-il, la pratique de la Cour de Parlement, prêt à faire comme Dieu lui conseilleroit. (2) »

D'Ossat se fit donc inscrire au barreau du Parlement, mais il s'attendait peu sans doute à voir affluer les clients chez lui ; aussi se crut-il assez de loisirs pour prendre auprès de Jean de la Barrière des fonctions assez

---

(1) Lettre de d'Ossat à sa mère Bertrande de Conté, le 8 septembre 1568, publ. par M. T. de L.
(2) Lettre de d'Ossat à sa mère Bertrande de Conté, le 8 septembre 1568 publ. par M. T. de L.

semblables à celles qu'il avait déjà remplies auprès des Marca. Ce jeune homme de vingt-trois ans, déjà pourvu de la riche abbaye des Feuillants, près de Toulouse, voulait se rendre digne des honneurs dont l'Eglise l'avait revêtu. Venu à Paris pour s'initier aux sciences ecclésiastiques, il songea à se mettre sous la direction d'un homme qui y fût déjà assez instruit. D'Ossat fut-il signalé à son attention par « la réputation de science (1) dont il jouissait déjà » ? Peut-être. S'il fallait en croire le biographe (2) du jeune abbé, celui-ci aurait déjà remarqué dans d'Ossat « cette finesse d'esprit et cette solidité de jugement que tous les bons politiques cherchent et trouvent encore dans ses dépêches, et il vit dès lors en lui toutes ces grandes qualités qui lui méritèrent dans la suite la confiance d'Henri le Grand. » (3)

Quoi qu'il en soit de la perspicacité de l'abbé des Feuillants, il fit choix de d'Ossat pour être le directeur de ses études. « Il le prit avec lui, lui donna sa table, sa maison, un laquais, une honnête pension. » Une étroite affection ne tarda pas à unir le maître et le disciple. Jean de la Barrière était tout heureux de transmettre à ses parents les compliments de d'Ossat, de recommander ses affaires à ses propres agents à Toulouse. (4)

En même temps, il mettait en relations, à Paris, avec ses autres parents, des personnages alors considérables, dont d'Ossat devenait vite l'ami. (5)

A la fois directeur d'études et de conscience, d'Ossat apporta à cette double fonction un vaste savoir et une

---

(1) J. Leclerc. Notes sur le *Dictionnaire* de Bayle. Edition de Trévoux, 1743.
(2) M. de la Bib. Nat. n° 11564, chap. IV, non paginé, inédit, utilisé par M. l'abbé Bazy dans sa *Vie du vénérable Jean de la Barrière*.
(3) Ms. cité.
(4) Lettres de Jean de la Barrière à ses parents ou à ses agents, citées par M. Bazy, *ouvrage cité*, pages 28, 31.
(5) Lettre de M. d'Ossat à Jean de la Barrière. Lettres édit. Amelot, I, p. 75.

rare maturité d'esprit. Les documents ne nous permettent pas de le voir à l'œuvre, au jour le jour. Ce que nous connaissons des résultats de sa direction, nous autorise cependant à dire qu'elle fut féconde et heureuse. « Ce fut d'Ossat, dit le biographe de Jean de la Barrière, qui donna à notre abbé ces savantes leçons, ces sages entretiens qui le rendirent ensuite fameux prédicateur et si grand religieux. » (1)

S'instruire, pour un jeune ecclésiastique, c'était bien ; pour un abbé commendataire, ce n'était pas assez. Ce titre imposait à Jean de la Barrière d'autres devoirs dont le directeur de sa conscience ne pouvait lui dérober la gravité. L'auteur du manuscrit cité met sur les lèvres de d'Ossat de longs discours dont nous ne prétendons nullement garantir l'authenticité : il est à croire cependant que d'Ossat dut rappeler plus d'une fois, à son jeune disciple, la doctrine de l'Eglise sur l'usage des biens qu'elle conférait. Ses ministres avaient sans doute le droit de prélever sur ces biens les moyens de s'entretenir honnêtement. Mais ils étaient tenus de consacrer le surplus aux besoins des pauvres et à l'entretien décent du culte divin. Ces exhortations firent, au dire de ses biographes, une grande impression sur Jean de la Barrière. Elles lui donnèrent notamment des inquiétudes sur le sort des pauvres qui vivaient sur les terres de son abbaye, sur les progrès que l'hérésie pouvait y faire, sur le relâchement des moines.

Ces pensées ne devaient pas rester stériles dans son âme. Elles le portèrent à une détermination qui allait complètement changer sa destinée et celle de d'Ossat. Décidé à remplir jusqu'au bout ses devoirs d'abbé, il résolut de quitter le monde et de s'enfermer dans son abbaye pour s'y astreindre à toutes les austérités de la vie religieuse. Il communiqua son projet à d'Ossat qui

(1) Ms. cité.

l'approuva. Il le mettait à exécution dès les premiers mois de l'année 1573.

En quittant le monde, il emportait le double regret de laisser ses études inachevées, et de perdre un guide tel que d'Ossat. Ce dernier regret n'a rien de surprenant, quand on sait quel dévouement et quelle science d'Ossat mettait au service de ses élèves. Pour Jean de la Barrière, d'Ossat était moins un maître qu'un conseiller et un ami dont la sagesse et la bonté inspiraient une égale confiance. Les deux amis ne devaient guère plus se revoir, mais la confiance de Jean de la Barrière dans les lumières de d'Ossat devait survivre à leur séparation. Arrivé dans son abbaye avec l'intention d'y rétablir la discipline primitive, il se heurta tout d'abord à l'opiniâtre résistance de ses moines. Habitués aux douceurs d'une vie oisive et libre, ils n'entendaient nullement se plier aux exigences d'une règle surannée. Pour couper court à tout projet de réforme, ces indignes religieux ne trouvèrent rien de mieux que de se défaire, par le poison, de leur nouveau réformateur. Tant d'obstacles découragèrent le jeune abbé. Pour surcroît de difficultés, son âme était envahie, à la même époque, par des pensées sombres et mélancoliques qui lui faisaient prendre tous les hommes en dégoût. Il en vint à s'imaginer — deux cents ans avant Rousseau — que le commerce de nos semblables était l'unique source de toutes nos défaillances morales ; le seul moyen de réaliser l'idéal de piété qu'il portait en son âme était donc de s'enfuir dans la solitude la plus absolue.

Avant de mettre ce projet à exécution, il voulut ouvrir son âme à d'Ossat et lui faire connaître, encore une fois, ses dispositions intérieures.

Cet état d'âme a souvent préoccupé, avant d'Ossat et depuis, les moralistes chrétiens. Il en est peu qui aient proposé des remèdes plus propres à le guérir. Ne fût-ce qu'à ce titre, la réponse à l'abbé des Feuillants mériterait de nous arrêter. Mais elle est, en outre, fort instructive pour nous, par les renseignements qu'elle nous donne sur l'état d'esprit de d'Ossat et sur sa situation matérielle à cette époque.

La grande raison qui portait Jean de la Barrière à s'enfuir au désert, c'était l'espoir d'échapper, par là, aux troubles qui désolaient son âme. Ces troubles, disait-il, viennent de nos opinions ; or, nos opinions nous viennent de nos relations avec nos semblables. D'Ossat était un trop fin psychologue et un moraliste trop avisé pour ne pas apercevoir le défaut d'un pareil raisonnement. Il faisait sagement remarquer à son ami que les troubles moraux ne viennent pas seulement des opinions, mais aussi des passions de l'âme et des maladies du corps. Prétendre se défaire de nos opinions en s'échappant au désert, c'est oublier, disait-il, que les opinions nées dans nos âmes à la suite de nos lectures ou de nos relations, s'y représentent avec plus de vivacité dans la solitude qui accroît leur force. D'ailleurs, notre âme n'eût-elle reçu aucune opinion du dehors s'en forge elle-même. En admettant même que les mauvaises opinions vinssent seulement des hommes, encore ne faudrait-il pas pour cela s'éloigner de tous les hommes et s'en aller par les montagnes et les forêts, mener une vie de bête sauvage. « Les coups d'épée viennent des hommes, et toutefois si j'avois reçu un coup d'épée par un homme, je ne m'en irois pourtant pas par les montagnes et forêts, fuyant tous les hommes également et rendant ma plaie mortelle à faute d'être pansée. » Si les mauvaises opinions viennent des hommes, n'en vient-il pas aussi de bonnes ? A chacun de s'aider du jugement que Dieu n'a refusé à personne pour faire le discernement des unes et des autres. « Il y a, ajoute d'Ossat, bien peu de mauvaises opinions que je n'ai lues ou ouï dire, et toutefois je n'en suis de rien pire pour cela, et n'en sens en moi aucune inquiétude d'esprit et ne voudrois céder à homme vivant d'être mieux persuadé de la vertu de Dieu et de toutes bonnes choses ni d'être plus homme de bien que moi et d'avoir l'âme moins troublée et passionnée que j'ai. Et ne se peut dire que cette disposition me vienne d'être riche ou bien aisé, et d'avoir mes commodités, car je n'ai en moi aucun bien ni revenu, soit en temporel ou spirituel, et n'ai jamais eu moyen de me nourrir et entretenir que de mon travail et du service que j'ai fait et fais à autrui et ne s'en pourroit trouver en ce royaume ni ailleurs un plus pauvre que moi. »

Au reste, continuait-il, quand même la solitude assurerait à Jean de la Barrière les avantages qu'il s'en promettait, il s'y heurterait à des inconvénients qui la rendraient impraticable. On ne saurait vivre sans pain et sans vêtement, et dans la solitude on n'a ni l'un ni l'autre.

Mais une considération qui devait avoir plus de poids aux yeux de l'abbé des Feuillants, c'est que les études étaient impossibles dans la solitude : « Comment les continuerez-vous, lui disait d'Ossat, loin de tous les hommes, d'où prendriez-vous les livres, les plumes, l'encre, le papier, la chandelle et autres outils de sapience ? Avec qui communiquerez-vous les doutes qui se présentent en étudiant, et de qui en pourriez-vous prendre quelque bonne résolution ? » S'enfuir au désert, c'est de plus faire banqueroute à tous les devoirs sociaux. « Si chacun faisoit de même, non seulement les républiques, les lois, les lettres, les arts, la justice, la religion, mais le genre humain périroit. »

Mais outre les devoirs communs à tout homme, Jean de la Barrière en a d'autres comme prêtre, comme chef d'abbaye, comme prédicateur, et il ne saurait s'y dérober sans encourir la condamnation dont Dieu frappe, dans l'Evangile, le serviteur inutile. Retiré dans la solitude, il sera retranché du sein de l'Eglise ; il sera, de fait, un véritable excommunié incapable d'observer les préceptes de la charité chrétienne « en laquelle consiste presque toute la loi. » Quitter ainsi la société humaine, « ce ne seroit donc pas tant amour de vertu et haine du vice comme seroit faiblesse et petitesse de cœur, imprudence et inadvertance de plusieurs grands inconvénients et oubliance du devoir deu à Dieu, à soi-même et à son prochain. » (1)

On n'aura pas manqué de remarquer le ferme bon sens qui circule dans toutes les lignes de cette admirable lettre. Nous avons ici plus que le vaste savoir de l'élève de Ramus et de Cujas, nous avons l'esprit vigoureux, pratique et sain de l'homme déjà mûr. Une telle lettre ne pouvait qu'arrêter Jean de la Barrière sur la pente dangereuse où risquait de l'entraîner le désir d'une perfection chimérique. Il resta dans la vie religieuse, il fut un des premiers à lui rendre en France son éclat et sa sainteté primitive. D'Ossat, en affermissant par sa lettre l'œuvre commencée par ses entretiens, avait contribué pour une bonne part à cet heureux résultat.

(1) Lettres de d'Ossat, I, p. 74 et s.

CHAPITRE II — Initiation diplomatique de d'Ossat.

I. — *D'Ossat chez Paul de Foix. — Origine de leurs relations. Première ambassade en Italie. — Etudes de d'Ossat et de Paul de Foix. — Paul de Foix devant les tribunaux de Rome, d'Ossat lui sert d'avocat. — Retour en France. — Seconde ambassade à Rome. — D'Ossat devient secrétaire d'ambassade. — Mort de Paul de Foix.*

II. — *D'Ossat gérant de l'ambassade de France et secrétaire du cardinal protecteur des affaires de France. — Situation du cardinal Louis d'Este à Rome. — D'Ossat devient son collaborateur. — Témoignages d'estime qu'il reçoit du cardinal d'Este mourant, de Gondi et d'Henri III.*

III. — *D'Ossat, secrétaire et conseiller du nouveau protecteur, le cardinal de Joyeuse. — Il reçoit la prêtrise et son premier bénéfice. — Il refuse le poste de secrétaire d'Etat que lui offre Henri III.*

IV. — *Contre-coup des affaires de France à Rome. — Assassinat des Guises. — Les représentants d'Henri III, Joyeuse et d'Ossat sont chassés de Rome. — Ils se réfugient à Venise où de Thou les rencontre. — Assassinat d'Henri III.*

V. — *D'Ossat revient à Rome, se prononce contre la Ligue et devient procureur de la reine Louise, veuve de Henri III.*

La lettre à Jean de la Barrière était datée d'Aurillac. D'Ossat était allé, disait-il, passer les fêtes de Pâques dans une abbaye de cette ville, en compagnie de « Monsieur de Foix. » (1) Il n'éprouve pas le besoin de faire suivre ce nom d'autre indication. C'est que, sans doute, ce personnage n'était pas un inconnu pour Jean de la Barrière. Aussi inclinerions-nous à croire que ce fut lui qui mit d'Ossat en relation avec Paul de Foix. Les biographes de

---

(1) **Lettres de d'Ossat**, t. I, p. 75.

l'abbé des Feuillants nous apprennent que pendant son séjour à Paris, « il aimait à attirer bien d'honnêtes gens chez lui, » (1) et il fréquentait lui-même deux de ses oncles dont l'un, M. de Vabres, procureur général, devait entretenir des relations avec le monde du palais. N'est-il pas permis de croire que l'abbé des Feuillants et son précepteur durent quelquefois rencontrer chez M. de Vabres « leur ami commun » (2) ou recevoir en sa compagnie Paul de Foix, l'ancien conseiller du Parlement de Paris? On a prétendu que Paul de Foix n'avait pu entendre plaider devant lui l'élève de Cujas sans être frappé de ses connaissances juridiques. Mais l'a-t-il jamais entendu plaider? D'Ossat ne revint à Paris que vers la fin de 1568, et à cette date Paul de Foix ne siégeait plus au Parlement. Il ne séjournait même plus en France qu'à de rares intervalles. Nous ne voyons donc pas comment il aurait pu entendre d'Ossat ailleurs que chez M. des Feuillants ou chez M. de Vabres. Quoi qu'il en soit de l'origine de ces relations, d'Ossat entra chez Paul de Foix très peu de temps après le départ de Jean de la Barrière. (3)

Issu de la famille princière des Foix, descendant des comtes de Carmain, Paul de Foix se destina de bonne heure à la magistrature. Nommé conseiller clerc au Parlement de Paris, sa fortune subit un temps d'arrêt à la suite de la fameuse Mercuriale du 14 Juin 1559. (4) Pressé de donner son avis sur les mesures à prendre contre les Protestants, il se fit plus remarquer par l'extrême modération de son esprit que par son orthodoxie. Il fut ainsi un des « cinq ou six conseillers qui

---

(1) Ms 11564 *op. cit.* et *Vie du vénérable Jean de la Barrière*, p. 17.

(2) Lettres de d'Ossat, I, p. 75.

(3) A l'époque de sa lettre à Jean de la Barrière, (30 avril 1577) il est depuis 4 ans à la suite de Paul de Foix.

(4) Henri II, alarmé des progrès du protestantisme en France, se rendit le 14 juin 1559 au Parlement de Paris, et fit délibérer les conseillers, en sa présence, sur les moyens d'arrêter les progrès de l'hérésie.

encoururent la colère du roi, furent mis en prison, condamnés à faire amende honorable et suspendus de leurs charges. » (1) Cette disgrâce momentanée fut, dans la suite, un titre aux faveurs de Catherine de Médicis et de l'Hôpital. Nommé, après réhabilitation, ambassadeur en Ecosse, puis en Angleterre en 1561, enfin à Venise en 1565, Paul de Foix se tire avec honneur de toutes les négociations dont il est chargé. Rentré en France en 1570, il est encore envoyé en Angleterre pour mener à bonne fin la délicate négociation du mariage d'Elisabeth et du duc d'Anjou. Il n'en revient qu'en 1572 pour reprendre avec plus d'ardeur ses chères études. Au milieu d'affaires si importantes, Paul de Foix n'oubliait jamais en effet les livres, et ce grand diplomate était un fin lettré (2) et un prodigieux savant. Il avait, au dire de ses biographes, (3) appris parfaitement la langue grecque, écrivait avec élégance dans la latine, et avait fait une étude particulière du droit public des diverses nations. Formes de gouvernement, institutions, génies, mœurs, inclinations des peuples, histoire sacrée et profane, histoire ancienne et moderne, il n'ignorait rien. Mais ses préférences allaient surtout au droit et à la philosophie ; et dans ces deux études, il mettait au-dessus de tout les opinions de Cujas et d'Aristote.

Pour être plus en état d'étudier à son aise, Paul de Foix retirait chez lui les savants dont il pouvait attendre quelque lumière. Il avait déjà auprès de sa personne Augustin Niphus, Uttenhovius et François Choesne, érudits alors considérés, quand il s'attacha d'Ossat au même titre.

---

(1) « Depuis le mois de juillet passé, on a tenu en prison 5 ou 6 conseillers de la cour de Parlement pour la religion dont il fut brûlé un M. du Bourg. Quant aux autres qui se sont desdits, on ne sait encore ce qu'il en sera. Toutefois, on pense qu'ils seront privés de leurs estats, etc. » Lettre de d'Ossat à Th. de Marca, 27 décembre 1559. Ed. T. de L.

(2) Lettre de Montaigne à Paul de Foix. Edit. J.-V. Leclerc, Lettre VII, t. II, p. 533.

(3) Aug. de Thou. *Memoires*. Ed. Petitot, p. 236 et s. — Secousse. *Mémoires de l'Académie des Inscriptions et Belles-Lettres*, t. XVII, p. 692 et s.

J'imagine que Charpentier ne dut guère recommander d'Ossat aux sympathies de son protecteur et ami, Paul de Foix. Peut-être cependant la querelle qui les mit aux prises attirait-elle sur d'Ossat l'attention de Paul de Foix. S'il conçut dès lors des préventions contre le champion de Ramus, ses préventions durent tomber peu à peu dès le jour où il put voir de plus près, chez M. de Vabres, le précepteur de M. des Feuillants. D'Ossat n'était pas le fougueux adversaire d'Aristote qu'il s'était imaginé, mais bien un helléniste pour qui Platon n'avait plus de secrets, un jurisconsulte formé à l'école de Cujas, enfin, un savant universel. Aussi eut-il hâte de se l'attacher dès qu'il le put. Quelques mois après le départ de Jean de la Barrière, nous trouvons d'Ossat chez Paul de Foix. C'est chez ce vieux diplomate déjà désigné pour une nouvelle ambassade, que la vie de d'Ossat va prendre son orientation définitive.

Le duc d'Anjou venait d'être élu roi de Pologne. A ce titre, il avait reçu, en même temps que son frère, les félicitations de tous les princes d'Italie. Charles IX résolut d'envoyer un ambassadeur extraordinaire auprès de ces princes pour leur exprimer ses remerciements. Cette mission fut confiée à Paul de Foix, et il recevait les instructions du roi le 7 octobre 1573. L'ambassadeur se mettait en marche quelques jours après. Mais les voyages n'interrompaient pas les études du docte diplomate. Il amenait donc avec lui d'Ossat et les autres savants « ses domestiques. » Augustin de Thou, le futur historien, vint les rejoindre à Gien ; c'est de lui que nous tenons le récit de ce curieux voyage. (1)

Pendant la marche, Platon fournit à Paul de Foix et à d'Ossat le sujet à peu près continuel de leurs entretiens. Habitué à la rigoureuse précision d'Aristote, Paul de Foix avait quelque peine à suivre Platon dans le va-et-vient

---

(1) Aug. de Thou. *Mémoires loc. cit.*

de ses dialogues. D'Ossat lui montrait la suite et l'enchaînement des idées et, pour s'assurer qu'il avait compris ses explications, Paul de Foix les répétait quelques instants après. A l'heure des repas, nos deux savants se rapprochaient de leur suite, dont ils se tenaient habituellement séparés, et, pendant les derniers préparatifs, Chœsne lisait à Paul de Foix, devant d'Ossat, les sommaires de Cujas sur le Digeste. Après le repas, le même lecteur prenait les commentaires de Piccolomini (1) sur les secrets de la *Physique* ; Paul de Foix et d'Ossat les expliquaient alternativement.

L'ambassade studieuse, j'allais dire l'académie ambulante, arriva ainsi en terre italienne. Conformément aux instructions reçues, elle visita les princes souverains de Savoie, de Mirandole, de Ferrare, et enfin Venise, Florence, Lucques. Elle entrait à Rome vers la fin de février 1574. Des ennuis tout à fait imprévus l'y attendaient. On n'a pas oublié quelle avait été l'attitude de Paul de Foix dans la Mercuriale de 1559. Sa réponse avait fait planer des soupçons sur son orthodoxie. On s'en souvenait à Rome. On n'eut pas osé cependant procéder contre un étranger défendu par ses prérogatives d'ambassadeur, si Paul de Foix n'était pas venu lui-même demander des juges. Le cardinal d'Armagnac, (2) son parent, lui avait promis de se démettre en sa faveur d'une partie de ses bénéfices et l'avait engagé dans cette intention à régler tout d'abord ses démêlés avec Rome. A cette condition seulement il devait être possible de faire agréer une résignation faite en sa faveur. Paul de Foix ne vit là qu'une simple formalité sans conséquence. Il ne tarda pas à être détrompé. A peine se

---

(1) Piccolomini (Alexandre), (1508-1578.) Savant universel, auteur d'une foule d'ouvrages parmi lesquels figurent des traités de philosophie morale, des dialogues érotiques, des commentaires sur la *Poétique* d'Aristote, des comédies, un traité sur la *sphère*. etc. — Paul de Foix le visita au cours de cette ambassade.

(2) Le cardinal d'Armagnac, évêque de Lectoure, de Rodez, de Vabres, archevêque de Toulouse, vice-légat d'Avignon, ambassadeur à Venise et à Rome, fut une des grandes figures du XVIe siècle. Voir sur ce personnage une savante étude de M. L. Couture, dans la *Revue de Gascogne*, T. XVI, p. 341 et s.

fut-il livré entre les mains des cardinaux qu'on exigea de lui démarches sur démarches, sollicitations sur sollicitations. Il en fut abreuvé de dégoûts et, pour s'y soustraire, il ne trouva rien de mieux que de suivre les conseils du cardinal de Sainte-Croix, un ami de la France, qui l'engagea à s'en aller, sans attendre l'issue du procès. C'est ce qu'il fit, dès que la mort de Charles IX vint lui en fournir l'occasion (30 mai 1574). En attendant, il n'avait pas cependant négligé le soin de sa défense. Et ici, il trouva, dans d'Ossat, un auxiliaire, comme il n'en attendait guère sans doute d'un commentateur de Platon. D'Ossat composa pour la défense de son protecteur un mémoire qui fit une vive impression sur les cardinaux. Au rapport de de Thou qui était sur place (1) et put recueillir le propos, les cardinaux les plus éclairés jugèrent que si l'auteur du Mémoire demeurait longtemps à la cour de Rome, il s'y ferait connaître avec distinction et parviendrait un jour aux plus hautes dignités. Cette prédiction ne semblait pas près de se réaliser. Paul de Foix quittait Rome et devait peu souhaiter d'y revenir.

Après avoir rejoint Henri III à Venise, il le précéda en France, où il rentrait vers la fin de septembre 1574. Admis à tous les conseils de la couronne, employé à des négociations réitérées entre le roi de France et de Navarre, le rôle de Paul de Foix prend encore de l'importance. Mais il semble ne plus pouvoir se séparer de d'Ossat. Il le met à moitié dans ses travaux, il le prend pour conseiller dans toutes ses affaires. Quand, dans les premiers jours de 1577, il vint trouver à Nérac Henri de Navarre et l'engager à répondre pacifiquement aux avances des Etats de Blois, d'Ossat l'accompagna (2) et c'est lui qui rédigea la belle lettre adressée par Henri de Navarre à ces Etats. (3) Cette

(1) Aug. de Thou, *Mémoires*, loc. cit.
(2) Lettre de d'Ossat à M. Lupault, chanoine d'Auch, 11 janvier 1577. Ms Caussou (inéd.).
(3) A MM. les gens assemblés pour les Etats de Blois. Agen 1er février. *Lettres de Henri IV*, t. I, p. 470.

collaboration était même assez connue pour que la Huguerie en ait fait mention dans ses Mémoires. (1) « Cette réponse, dit-il, avait été faite par un nommé Ossatus, serviteur du sieur de Foix estant lors près dudit sieur roi de Navarre. D'Agen, Paul de Foix et d'Ossat, s'étaient rendus à Aurillac où nous les avons rencontrés. A cette époque d'Ossat pouvait encore dire à son ami Jean de la Barrière qu'il n'avait, en ce monde, aucun bien ni revenu. » (2) Peu de temps après, le crédit de Paul de Foix lui obtenait une charge de conseiller au présidial de Melun. Cette charge ne donnait sans doute pas plus de revenu qu'elle n'imposait de travail et elle n'en imposait aucun. D'Ossat en était encore revêtu en 1587, ce qui ne l'avait pas empêché de suivre partout son protecteur et même de séjourner près de dix ans hors de France.

Paul de Foix venait d'être pourvu sur ces entrefaites de l'archevêché de Toulouse par la résignation du cardinal d'Armagnac. Il se vit refuser les Bulles, toujours par suite de l'affaire de la Mercuriale, qui n'avait jamais été vidée. Après deux ans d'attente et de démarches infructueuses, il jugea que le plus prompt moyen de réussir était d'aller solliciter lui-même ses bulles en cour de Rome (1579). Il amena d'Ossat avec lui. Ils étaient à Rome depuis bientôt deux ans quand le roi chargea Paul de Foix d'y prendre la succession de son ambassadeur qui venait de mourir. Dès le 11 mai 1581, il lui envoyait ses lettres de créance. Le nouvel ambassadeur connaissait trop bien le mérite de D'Ossat pour se priver, à un tel moment, de ses services. Il se l'attacha plus intimement que jamais, en le nommant son secrétaire d'ambassade. Cette fonction comportait alors plus d'attributions que n'en ferait supposer son titre. Le secrétaire n'avait pas

(1) *Mémoires* de la Huguerie, T. I, p. 449, publiés par M. de Ruble dans la Société de l'Histoire de France. A l'époque dont il parle, la Huguerie était secrétaire du prince de Condé. Il se trouvait hors de France occupé à négocier une alliance entre Casimir de Bavière, Elisabeth d'Angleterre et son maître... et c'est à Francfort qu'il avait eu connaissance de la lettre d'Henri IV et de la part qu'y avait eue d'Ossat.

(2) Lettres de d'Ossat I p. 81.

seulement à écrire ses dépêches, à les expédier et à en garder les copies, il avait d'une façon générale « à soulager l'ambassadeur du faix de sa charge. » (1)

D'Ossat devenait donc l'auxiliaire de Paul de Foix dans ses importantes affaires. Cette fois, il avait trouvé sa voie, il n'en sortira plus. Désormais secrétaire d'ambassadeurs ou de cardinaux protecteurs, gérant d'ambassade, ou conseiller d'ambassadeur, il passera toute sa vie à négocier avec le Pape, à correspondre avec les ministres de France, à exécuter leurs vues ou leur suggérer les siennes. Pour avoir été tardive, la fortune le servait enfin à souhait. Pour le préparer au rôle qui allait être celui de toute sa vie, elle le mettait à l'école d'un homme déjà blanchi dans les affaires, aussi mûr d'expérience que riche de savoir.

Il n'y aurait eu rien de plus à désirer pour l'éducation diplomatique de d'Ossat si les circonstances avaient ménagé à Paul de Foix l'occasion de déployer toutes les ressources de son vaste et merveilleux talent. Mais l'Europe occidentale traversait alors une période de paix, et, comme l'a dit un diplomate, (2) « Quand l'Europe est heureuse, les ambassadeurs n'ont rien à faire. » Ainsi en était-il même dans le poste diplomatique alors le plus affairé. Au moment où Paul de Foix prenait possession de son ambassade, le Pontificat de Grégoire XIII s'éteignait au milieu d'obscures difficultés intérieures, qui assombrissaient l'éclat de ses débuts ; les violences audacieuses des bandits obligeaient le Pape à détourner ses regards du reste de l'Europe pour les concentrer sur ses propres Etats. La France, à la suite de la réconciliation des protestants et des catholiques, goûtait les trop rares douceurs d'une paix qu'elle ne devait perdre qu'avec la mort du duc d'Anjou en 1584. Philippe II, absorbé par ses guerres de Flandre, n'avait pas encore à solliciter à Rome

(1) Marselaer. *Legatus*, Antuerpiae 1626, cité d'après Frémy. *Les diplomates du temps de la Ligue*, p. 73.
(2) Le cardinal de Bernis.

l'appui du Pape contre un roi de France hérétique. Les trois années que Paul de Foix passa à Rome s'écoulèrent donc sans incidents remarquables. En fait de négociations, on ne trouve guère dans ses lettres que des préconisations d'évêques ou d'abbés, des demandes de dispenses ou des compliments au Pape. Paul de Foix eût été homme à traiter avec succès les importantes affaires qui survinren plus tard. La mort ne lui en laissa pas le temps. Déjà malade depuis quelques mois, il s'éteignit vers la fin de mai 1584.

Cette mort inspira en France des regrets dont Montaigne a consigné l'écho dans ses *Essais*. (1) « Cette perte, (2) disait-il, et celle que nous avons faite de M. de Foix, sont pertes importantes à notre couronne, je ne sais s'il reste à la France de quoi substituer une autre couple pareille à ces deux gascons en sincérité et en suffisance pour le conseil de nos roys. C'estoient âmes diversement belles et certes, selon le siècle, rares et belles chascune en sa forme, mais qui les avait logées, en cet aage, si disconvenables et si disproportionnées à notre corruption et à nos tempêtes ? » Si la France pleurait dans Paul de Foix un de ses plus habiles ministres, d'Ossat perdait en lui un protecteur des plus éclairés et des plus généreux.

Heureusement, Paul de Foix n'était plus seul à connaître la valeur de son secrétaire. De cette époque datent entre d'Ossat et Villeroy ces relations d'amitié qui dureront autant que leur vie. Le ministre d'Henri III fut-il séduit par les qualités que reflétaient les lettres de d'Ossat, ou fut-il instruit par Paul de Foix de la valeur de son secrétaire ? Je ne sais. Toujours est-il qu'il le prit en singulière affection et ne cessa, au rapport de Galluzzi, de faire, tous les jours, son éloge au roi. (3) L'imagination du panégyriste force peut-être un peu la note. Ce qui est certain, c'est que d'Ossat fut employé par Henri III à

(1) *Essais* livre III chap. IX. Edit. Leclerc II 344.
(2) Celle de Guy du Faur de Pibrac mort le 27 mai 1584.
(3) « Cœpit amare magnificeque apud regem quotidie verbis extollere. », *Oratio in funere Ossatti*.

l'instigation et sur les recommandations de Villeroy, dès le lendemain de la mort de Paul de Foix. Nous avons là-dessus le témoignage reconnaissant de d'Ossat. (1) Il proclame à plusieurs reprises que dans cette occasion Villeroy fut le premier auteur de sa fortune.

D'Ossat fut donc chargé de gérer les affaires de France en attendant l'arrivée de l'ambassadeur que le roi allait envoyer. Cette gérance dura près d'un an. Elle ne donna lieu à aucune négociation bien remarquable. On ne peut guère, en effet, considérer comme telle l'affaire de la promotion au cardinalat du fils du duc de Lorraine ni même la réconciliation de Grégoire XIII et de la république de Venise. Dans la première, d'Ossat avait ordre de demander la pourpre pour le neveu du roi, mais d'obtenir en même temps que le pape différât de lui envoyer le chapeau. (2) Le plus sûr moyen de retarder l'envoi du chapeau, c'était encore de ne pas le demander. C'est à cela que se borna l'action de d'Ossat. Quant à l'apaisement du conflit survenu, entre Grégoire XIII et les Vénitiens, à propos de quelques fiefs que se disputaient les deux puissances, les représentants de la France ne pouvaient y intervenir qu'indirectement ; cette intervention n'eut guère d'ailleurs le temps de se produire. Grégoire XIII mourait le 13 avril 1586; en ce moment la question en litige était encore à l'étude.

Si peu importantes qu'elles fussent, ces négociations eurent du moins pour résultat de mettre d'Ossat en relations directes avec Henri III. Elles lui fournirent l'occasion d'écrire quelques lettres qui révélèrent au roi la valeur de son agent à Rome. Il ne l'oubliera plus ; le jour où il voudra donner un successeur à Villeroy dans la direction de sa politique étrangère, son choix, nous le verrons, se portera aussitôt sur d'Ossat.

L'arrivée de Jean de Vivonne (3), le nouvel ambassadeur

(1) Voir t. I, 353, t. II, 39.
(2) Ce prince briguait le siège épiscopal de Mayence, et les chanoines de cette ville n'élisaient jamais un cardinal pour évêque.
(3) Sur la vie et le caractère de Jean de Vivonne devenu plus tard marquis de Pisany, voir l'intéressante étude que lui a consacrée M. Guy de Brémond d'Ars. Paris, 1884.

de France, mit fin à la mission de d'Ossat, mais, à cette époque, ce dernier était déjà entré dans la maison du cardinal d'Este (1) comme son secrétaire, et dès lors, tout en correspondant directement avec le roi, il n'agissait guère que d'après les conseils de ce cardinal, alors protecteur de nos affaires à Rome. Ancien secrétaire de l'ambassadeur de France, d'Ossat était déjà tout désigné au choix du cardinal d'Este ; mais l'honneur dont l'avait investi la confiance du roi constitua en sa faveur la plus puissante des recommandations.

D'Ossat allait trouver dans sa nouvelle situation l'occasion de compléter à merveille son éducation politique. Pour un homme appelé à négocier à Rome, il n'y avait pas de meilleure école que la société du cardinal d'Este. Louis d'Este, petit fils de Louis XII, n'était pas seulement un des membres les plus distingués du Sacré Collège : c'était un homme d'Etat rompu aux affaires. Fils du duc de Ferrare, il avait été initié de bonne heure aux secrets de la politique. Envoyé à deux reprises comme nonce en France, il s'était acquitté de sa charge à l'égale satisfaction des deux cours. A son retour à Rome il y devenait sous le titre de *Protecteur*, le défenseur le plus autorisé de nos intérêts. Et quel Français eut pu mettre plus de dévouement et d'influence au service de ces intérêts ? Dans son palais de Monte Giordano ouvert avec les larges traditions de l'hospitalité d'alors, se pressaient les membres de l'aristocratie romaine, les dignitaires de la cour pontificale et les gentilshommes ou prélats français de passage à Rome. Quand le duc de Nevers vint, en juin 1585, descendre chez ce cardinal, son beau-frère, il y rencontra déjà toute la famille des Pepoli, deux cardinaux et une vingtaine d'évêques français avec leur suite. Ces relations du cardinal d'Este n'avaient pas seulement pour effet d'accroître sa prépondérance au sein du sacré collège, c'étaient tout autant de moyens d'influence et

---

(1) Lettre de d'Ossat à M. Lupault, 15 juillet 1584, Ms **Caussou**.

d'informations mis au service de la cause française. A la mort de Grégoire XIII, les candidats à la Papauté n'avaient rien négligé pour se ménager l'appui du puissant cardinal (1), son adhésion assura, en grande partie, l'élection de Sixte-Quint. Ce pape, qui en convenait de bonne grâce, reconnaissait aussi combien la considération des intérêts français avait eu d'influence dans sa détermination. « Le Pape m'a dit, écrivait Pisany, que le cardinal d'Este, auquel Votre Majesté debvoit beaucoup pour la singulière affection qu'il portoit à son service, l'avoit faict Pape, ne lui ayant demandé pour récompense de ce service que d'avoir les affaires de sa Majesté en singulière recommandation, comme il vouloit et prétendoit faire. » (2)

Dieu sait si nos affaires avaient besoin de tout le crédit et de tout le dévouement d'un aussi puissant intercesseur ! Notre influence à Rome, déjà fort compromise par la déplorable politique d'Henri III, était fortement battue en brèche par les agents de Philippe II et des Guises. Si elle n'avait pas absolument perdu tout terrain, c'est à d'Este, que nous le devions. L'aveu est de Pisany lui-même : « Si ce n'étoit Monseigneur le cardinal d'Este, écrivait-il au roi, les affaires de Votre Majesté ne seroient de nul prédicament par deça. » (3) Le cardinal de Rambouillet, qui avait vu d'Este à l'œuvre, tout le temps de sa protection, pouvait de même écrire à Villeroy : « Monsieur le cardinal d'Este est beaucoup plus soucieux des affaires de Sa Majesté que de sa vie propre et les maintient avec beaucoup de dignité s'opposant chaque jour à toutes les traverses que les ministres du Roy Catholique et autres peu affectionnés à la France essayent de nous donner, à quoy il ne faut rien moins qu'un prince de sa qualité et

---

(1) Voir dans *Sixte-Quint* par le baron de Hubner livre II T. I. l'histoire du conclave où fut élu Sixte-Quint.
(2) Lettre de St Gouard (Jean de Vivonne), 22 avril 1585, pour rendre compte de sa première visite au Pape. Bibl. Nat. F-fr. 16045. Cité d'après M. de Brémond d'Ars *Jean de Vivonne*, 167.
(3) Cité par de Hubner *Sixte-Quint*, T. I, p. 159.

plein d'affection comme il est, car le parti du Roy Catholique est si puissant en cette cour qu'à tous les autres il serait fort malaisé de s'y opposer ni de faire teste. » (1)

Le cardinal de Rambouillet ne disait que trop vrai. Dans son zèle pour les affaires de France, le cardinal d'Este oubliait de soigner sa santé, et sa santé était mauvaise. Depuis quelque temps surtout, les forces trahissaient de plus en plus sa bonne volonté. Nous le voyons à la date de ses lettres si souvent envoyées de sa villa de Tivoli, où il se rendait généralement pour se refaire de quelque maladie. Dans ces conditions, d'Ossat n'était pas seulement appelé à servir de secrétaire à ce cardinal, mais à l'assister dans sa tâche quotidienne et au besoin à l'y suppléer.

Ce n'était pas trop de l'effort de deux collaborateurs pour soutenir à Rome le poids de nos affaires qu'aggravaient singulièrement les complications de notre politique intérieure. La mort du duc d'Anjou avait fait du roi de Navarre l'héritier présomptif de la couronne de France. La perspective d'avoir un hérétique à la tête de la France inquiétait vivement les catholiques ; tremblant pour leur foi, ils s'unirent afin de la défendre. Rome ne pouvait être que sympathique à une association dont le but était de barrer à l'hérésie le chemin du trône. On sait comment Philippe II et les Guises travaillèrent à exploiter au profit de leur ambition ce mouvement généreux. Ils crurent y réussir avec l'aide du Saint-Siège, ils n'omirent rien pour obtenir du Pape une approbation publique de la Ligue. Le cardinal d'Este eut à lutter contre les sollicitations continuelles de leurs agents et à empêcher le Pape de se prononcer ouvertement en faveur de la Ligue. Un incident, occasionné par la nomination de l'archevêque, de Nazareth comme nonce en France, vint ajouter aux

---

(1) Let. du cardinal de Rambouillet à Villeroy. Bibl. Nat. N· 16042, f. 447, inédite.

difficultés de la situation. (1) A la suite du refus fait par Henri III d'agréer ce nonce, notre ambassadeur Pisany fut expulsé de Rome et le fardeau de nos affaires retomba tout entier sur le cardinal protecteur. Ce fut pour lui un surcroît d'occupations dans lequel il fut heureux de pouvoir se décharger souvent sur d'Ossat.

D'une manière générale, celui-ci avait à écrire (2) les lettres du cardinal à la cour de France et très probablement à les rédiger, car il semble bien que Louis d'Este n'entendait pas le français. (3) Ce n'était pas là une sinécure, à en juger seulement par ce qui nous reste de cette correspondance ; (4) les lettres du cardinal se suivent très régulièrement et sont souvent très étendues. Ainsi dans l'espace de quinze jours, du 8 au 24 avril 1585, nous trouvons cinq lettres envoyées en France. Tel autre jour, par exemple, le 21 mai 1585, nous trouvons deux lettres chiffrées, l'une de 14, l'autre de 16 pages in-4° grand format. Le 29 août, deux lettres encore à peu près dans la même semaine, l'une de 18 pages, le 4 septembre, l'autre de 20 pages, le 10 septembre. Dans l'intervalle laissé libre par le départ des courriers, d'Ossat devait (5), en lieu et place de son maître retenu chez lui par la maladie, se rendre au Vatican ou bien courir visiter les cardinaux. Quelquefois même il était délégué à des négociations lointaines qui ne manquaient pas de difficultés. « Il y a quelques jours, lisons-nous dans une lettre du cardinal, que l'on envoya M. d'Ossat à Florence pour venir prendre la possession des biens que prétend la Royne Mère de Sa Majesté et suis attendant d'heure à autre son retour par

---

(1) Voir sur cette affaire Baron de Hübner *Sixte-Quint*, t. I, p. 298 éd. in-12 et M. de Brémond d'Ars, *Jean de Vivionne*, p. 179.

(2) Elles semblent bien être de la main d'Ossat.

(3) Quand il n'a pas d'Ossat auprès de lui, il écrit généralement en Italien.

(4) On peut voir pour cette correspondance Bib. Nat. Ms. n° 16042 inédit.

(5) Lettres VII et X de d'Ossat au Roi. t. I p. 34 et 35.

lequel nous aurons assez de nouvelles de ce que nous pourrons espérer de la volonté du grand-duc. (1) »

Ainsi associé aux travaux et à la vie quotidienne du cardinal d'Este, d'Ossat entrait en relation avec ses hôtes et ses amis, et ces hôtes et ces amis c'était, nous l'avons vu, tout ce que Rome comptait d'esprits d'élite ou d'hommes remarquables. En dehors des avantages attachés à la fréquentation d'un esprit supérieur, d'Ossat acquérait ainsi, peu à peu, cette connaissance des hommes et des choses de Rome, qui devait faire plus tard sa grande supériorité dans les négociations. Par malheur, la mort allait priver trop tôt la France et d'Ossat des services et des lumières du cardinal d'Este. Il s'éteignit à 47 ans, le 30 décembre 1586 (2). Il avait eu d'Ossat près de 3 ans avec lui. Ce laps de temps lui avait grandement suffi pour apprécier les mérites de son secrétaire. Il voulut lui donner à sa mort un dernier témoignage de sa haute estime et de son affection. Il lui légua dans son testament une somme de 4000 écus (3), et pour qu'il n'eût pas trop longtemps à attendre le paiement de ce legs, il voulut le nantir d'un gage qui le désintéressât avantageusement : il lui mit dans la main un diamant de la valeur de 20,000 écus. Sa mort allait laisser d'Ossat à peu près sans ressource. Ce don semblait donc venir bien à propos. Mais c'était compter sans l'exquise délicatesse de d'Ossat. Il refusa noblement le diamant offert, et ni les exhortations de ses amis, dit son panégyriste (4), ni les instances du cardinal ne purent triompher de son refus. Il se serait fait un crime de spéculer sur la généreuse amitié de son protecteur ou de mettre en doute la loyauté de ses héritiers. De tels traits peignent un homme, et le panégyriste a raison d'ajouter que nous louons dans l'anti-

(1) Lettre du Cardinal d'Este à Villeroy, 10 mars 1586. B. Nat. Ms. 16042, f° 281 inédit.
(2) Voir Letttres de d'Ossat II, 31.
(3) Ibid. III. 436.
(4) *Oratio in funere... Ossati.*

quité des traits de désintéressement qui n'égalent pas celui de d'Ossat.

Fort heureusement, l'attention d'Henri III avait été de nouveau attirée sur les services de d'Ossat. Par un arrêt du 18 Juillet 1586, signé de sa main et de celle de Neufville (Villeroy) « ayant esgard et considération aux bons et remarquables services que Maistre Arnauld d'Ossat, abbé de Nostre Dame de Varennes, ha fait à sa Majesté en plusieurs occasions grandement importantes ses services, ce que voulant reconnaître envers lui et lui donner occasion de continuer ci après le zèle et affection qu'il ha toujours témoigné porter au bien de ses affaires, Sa dite Majesté lui ha fait don de la somme de deux mille escus sol. » (1) Ce bienfait du roi lui avait été procuré, comme nous l'apprend d'Ossat (3), par l'évêque de Paris, Pierre de Gondi. Ce prélat était venu à Rome dans les premiers jours de 1586 pour négocier le retour de Pisany et obtenir du Pape l'autorisation d'aliéner quelques biens du clergé. Il ne put pas n'être point frappé du peu de prestige dont jouissait à Rome la cause française. « Il y a, dit-il dans une lettre à Villeroy, (4) si peu de gens affectionnés au roi que quasi il semble que son nom y soit éteint. » Parmi ces quelques gens affectionnés il plaçait au premier rang le cardinal d'Este, dont il louait hautement le zèle et la fidélité. Sans le nommer, il y mettait sans doute son secrétaire d'Ossat, puisque à son retour en France, il avait hâte de s'entremettre pour lui obtenir une pension. Il poussa même la sollicitude jusqu'à insister pour que cette somme lui fût payée sur le champ. (4) Mais en matière de paiement, alors surtout, les formalités étaient longues. D'Ossat dut constituer procureur, écrire à M. de Castille,

---

(1) Collection dite des Armoires de Baluze. — Ms. 121, p. 136.
(2) Lettre de d'Ossat à M. de Castille. Edit. Tam. de Lar.
(3) Lettre de Pierre de Gondi à Villeroy, 15 janvier 1585. Citée par M. de Brémond d'Ars, *op. cit.* p. 196.
(4) Lettre de d'Ossat à M. de Castille, *op. cit.*

intendant des finances, et, finalement, attendre près de deux ans avant de percevoir les deux mille écus.

Un mois après la mort du cardinal d'Este, le cardinal de Joyeuse était désigné pour occuper sa place à Rome. Le nouveau protecteur arrivait dans cette ville le 20 août 1587. (1) Il avait ordre du roi de prendre d'Ossat pour secrétaire. Jusqu'ici, d'Ossat n'avait guère eu qu'à exécuter les idées d'autrui. Désormais il aura sa part d'initiative dans le conseil de nos représentants à Rome. Pour le moment, en dépit de son titre officiel, il devait être moins le secrétaire que le conseiller et le guide du cardinal de Joyeuse. Ce n'était pas trop de son sang-froid et de son expérience pour contenir la fougue du jeune protecteur. Elevé à la pourpre par la faveur d'Henri III, ce cardinal de 25 ans n'avait aucune des qualités que demandait le maniement des affaires, surtout des affaires de Rome. D'Ossat dira bien plus tard qu'il « est très accort à négocier et plus qu'il ne semble à ceux qui l'ont connu de près. » (2) Mais dans cet éloge, il faut faire la part de la bienveillance de d'Ossat et de l'expérience acquise par le cardinal après quatre ans de séjour à Rome. A ses débuts, emporté par la spontanéité de son âge et la vivacité de son tempérament, il lui arriva plus d'une fois de compromettre, par défaut de mesure, les causes qu'il devait servir. Ainsi, pour forcer la main à Sixte-Quint et l'amener, comme le désirait Henri III, à donner le chapeau à l'évêque d'Aire (3) de préférence à l'évêque de Paris, il s'oublia jusqu'à composer contre ce dernier un abominable factum qu'il fit circuler à Rome et remettre aux mains du Pape. Sixte-Quint, qui s'était déjà

---

(1) **Lettre de Joyeuse à Henri III, 24 août 1587. Dans** Aubery, *Vie du Card. Joyeuse*.

(2) **Lettre de d'Ossat à la reine Louise, 17 avril 1591, t. I, p. 115.**

(3) **François de Foix de Candale.**

engagé à donner le chapeau à Gondi fut indigné. (1) Peu s'en fallut qu'il ne refusât de créer des cardinaux français. Ce fut bien pis le jour où en plein Consistoire Joyeuse osa défendre le meurtre du cardinal de Guise, en face de Sixte Quint qui le flétrissait. Le Pape irrité de tant d'audace le chassa violemment du Consistoire.

Ces impudences étaient, sans doute, réparées tant bien que mal, dès le lendemain par des excuses publiques, mais ces procédés, toujours humiliants, avaient le désavantage de déconsidérer les représentants de la France en un moment où ils avaient grand besoin de tout leur prestige, Henri harcelé tour à tour par les protestants et les Ligueurs ne trouvait guère d'appui solide qu'à Rome : le Pape était seul capable de contenir les catholiques trop ardents et de mettre le roi en état de faire la guerre aux hérétiques révoltés en lui ouvrant de nouveaux crédits sur les biens du clergé.

D'Ossat qui connaissait mieux que personne les nécessités de la situation était homme à les faire comprendre au nouveau protecteur. C'est là sans doute ce qu'entendait Pisany quand il écrivait au roi : « Monsieur d'Ossat fera tout ce qu'il pourra de ce que Votre Majesté lui commandera et ne sera jamais las de servir et il n'est possible de mettre homme quel qu'il soit auprès de M. le cardinal de Joyeuse qui soit plus utile, intelligent et à propos que lui. » (2) Le protecteur ne tarda pas à constater par lui-même la vérité de cet éloge : « Il me traita toujours, dit d'Ossat, avec toute la douceur et honneur possibles. » (3) De fait, moins de six mois après son arrivée, il donnait à son secrétaire le prieuré de Saint-Martin-du-

(1) Sollicité par Henri III de créer deux cardinaux français, Lenoncourt, évêque d'Auxerre, et Gondi, évêque de Paris, Sixte-Quint ne voulut en créer qu'un, au choix du roi. Lenoncourt lui fut désigné. Le Pape s'engagea à donner le chapeau à l'évêque de Paris, l'année suivante, il en écrivit même à Gondi ; de là sa colère quand on lui proposa M. d'Aire à la place de M. de Paris. Voir Brémond d'Ars, op. cit. p. 260.

(2) Lettre de Pisany à Henri III citée par Amelot de la Houssaie, T. V, p. 13.

(3) D'Ossat à Villeroy, II 31.

Vieux-Bellesme (1) Ce bénéfice situé dans le diocèse de Bourges devait rapporter à d'Ossat 1500 livres. Il semble que c'est là le premier bénéfice qu'ait possédé d'Ossat. Dans l'acte d'Henri III où il est gratifié de la somme de 2000 écus, il est bien qualifié du titre « d'abbé de Nostro-Dame de Varennes » ; mais, comme d'Ossat ne prend pas ce titre dans la procuration qu'il envoie de Rome ni ne le reçoit dans les lettres qui l'établissent procureur d'Henri IV, on est assez porté à croire que, si le roi lui a conféré ce bénéfice, d'Ossat n'en a pas joui longtemps. C'est là sans doute le bénéfice honnête et opulent dont Galuzzi (2) le loue de s'être défait le jour où il lui fut contesté. Toujours est-il que d'Ossat ne nomme jamais l'abbaye de Varennes parmi ses bénéfices. (3) Peut-être cependant faut-il voir dans ce mot une faute d'orthographe et le scribe officiel a-t-il mis Varennes au lieu de Varen. (4) D'Ossat prend en effet le titre de Doyen de Varen dans le texte de la requête qu'il présenta à Clément VIII comme procureur, mais nous ne savons pas comment ce titre lui est venu.

Il est à croire seulement qu'au moment où il recevait ainsi un bénéfice ecclésiastique, d'Ossat était déjà prêtre ou du moins engagé assez avant dans la cléricature. Sans doute l'entrée dans les ordres n'était pas requise, de tous les bénéficiaires ecclésiastiques, les prieurés notamment n'obligeaient leurs titulaires qu'à porter la tonsure, mais après avoir inspiré à l'abbé de la Barrière les scrupules que l'on sait, d'Ossat pouvait-il être moins exigeant pour lui-même? Il avait montré de bonne heure le désir d'entrer dans l'Eglise. Ses fonctions de précepteur, et peut-être l'influence de Ramus avaient pu lui faire ajourner quelques temps l'exécution de son projet. Il sembla même un

(1) D'Ossat à Villeroy, II, 31.
(2) *Oratio in funere. Arnaldi* Card. Ossati. V. p. 8.
(3) Par exemple dans sa lettre à Villeroy. IV. 402.
(4) Ces erreurs étaient fréquentes même dans les textes de la chancellerie royale. Varen était un doyenné du diocèse de Rodez.

moment vouloir chercher à s'engager dans le barreau (1), mais cette velléité dura peu et il revint à ses projets d'enfance. Ses conseils à Jean de la Barrière ne sont pas seulement d'un « honnête homme », mais d'un chrétien pieux, instruit dans les sciences ecclésiastiques et versé dans les secrets de la spiritualité. Il ne paraît pas cependant que d'Ossat fut encore prêtre ni même qu'il le soit devenu, dès son arrivée à Rome. En 1588, à en croire son ami de Thou, il pouvait dire à Henri III qu'il venait de recevoir la prêtrise. Nous serions donc assez portés à croire qu'il fut ordonné prêtre à peu près à l'époque où il reçut le bénéfice de Saint-Martin du Vieux-Bellesme, c'est-à-dire, dans les derniers jours de l'année 1587.

A cette date la situation était loin de s'améliorer en France. Henri III obligé de s'enfuir de sa capitale avait transporté sa cour de Paris à Chartres, de Chartres à Blois. Là devaient se réunir les États généraux qui venaient d'être convoqués et ils s'annonçaient comme déjà acquis en grande partie aux Guises. Dans ces difficiles conjonctures le roi s'inspirant de raisons toutes personnelles renvoya soudain, le 8 septembre 1588, tous ses secrétaires d'État.

Pour remplacer Villeroy au département des Affaires Étrangères, le roi songea immédiatement à d'Ossat; un courrier lui fut envoyé en toute hâte. Si flatteuse que fût pour un humble secrétaire de cardinal l'offre du roi, d'Ossat ne put se résoudre à l'accepter. Ce refus fait grand honneur à sa modestie, peut être encore plus à sa reconnaissance et à la délicatesse de ses sentiments. De Thou (2) raconte que, pour justifier son refus, il prétexta que le poste, qui lui était offert, était incompatible avec

(1) Il n'y avait pas d'ailleurs incompatibilité entre le barreau et la cléricature. Les Paul de Foix et de Thou furent conseillers clercs.

(2) Thuanus *Historia temporis mei* IV 625.

ses fonctions ecclésiastiques. Cette raison paraît peu sérieuse. Des gens d'église, évêques ou cardinaux, figuraient alors en grand nombre dans les conseils de la couronne. Il est donc assez vraisemblable, comme d'autres l'ont pensé, que sa reconnaissance pour Villeroy lui dicta son refus. Comme il le lui répétera plus tard, d'Ossat devait tout à ce ministre et il lui répugnait sans doute, d'occuper une place dont venait d'être chassé son bienfaiteur. (1) Ces raisons ne sont pas de celles qu'on étale au grand jour. Aussi ne faut-il pas s'étonner que dans une lettre à un de ses amis (2), d'Ossat donne de son refus une explication toute différente : « Si, dit-il, je me fusse senti aussi capable, comme Sa Majesté et vous montrez m'en estimer, je ne m'en fusse excusé comme j'ai fait, il y a un bon mois. Mais j'ai appris longtemps y a, qu'il ne faut se chercher hors de soi-même, et quand j'ai eu bien regardé dans moi, je n'y ai point trouvé ce qui était besoin pour gérer dignement une charge si importante, et regardant peu après aux choses extérieures, comme au temps qui court, et à l'état de notre cour, et à l'état de toute la France, je n'y ai rien trouvé qui m'ait induit à présumer en cela par dessus mes forces. » (3)

Après de si modestes paroles, est-il besoin de justifier d'Ossat contre les calculs ambitieux que lui prête Sainte-Marthe ? (4) Si d'Ossat refusait l'honneur qui lui était offert, c'est qu'il se réservait pour la pourpre. Pour prêter à d'Ossat cette arrière-pensée, il faut bien mal connaître son caractère si simple et si modeste. Si d'Ossat avait nourri l'ambition d'arriver au cardinalat, le secrétariat d'Etat était encore la voie la plus sûre pour y parvenir. N'était-ce pas par là qu'y étaient arrivés Georges d'Amboise, le chancelier Du Prat, et plus récemment René de Birague ? C'eût été, pour d'Ossat lui-même, justifier bien mal sa réputation d'habile homme, que de

(1) Am. de la Houss. I p. 17.
(2) D'Ossat à Villeroy, Lettre XLVII. 20 fév. 1596.
(3) *Lettre citée* de d'Ossat à M. de La Roche-Noyant. I.
(4) Dans l'éloge qu'il fait de d'Ossat cité par Amelot, T. V. p. 16.

croire Sixte-Quint capable de donner le chapeau à l'agent subalterne d'un roi qu'il méprisait si fort. Il avait été déjà fort difficile d'obtenir de lui qu'il tînt sa promesse en faveur de Gondi. D'Ossat ne le savait que trop, et alors Henri était encore dans Paris le roi incontesté de la France.

Si le refus de d'Ossat fut la première de ses habiletés et le plus grand de ses bonheurs, ce n'est pas dans le sens où l'entend de Sainte-Marthe. Placé dans une de ces situations extraordinaires, où les circonstances entraînent parfois les hommes à des actes qu'ils réprouvent à sang-froid, qui sait si d'Ossat n'eût pas partagé avec Henri III la lourde responsabilité du guet-apens de Blois ? Qu'eût-il fait alors ? Qu'eût-il fait plus tard au milieu des inextricables difficultés dans lesquelles s'effondra le règne, et s'éteignit la vie de ce malheureux prince ? Nous l'ignorons, et nous ne pouvons pas le conjecturer. Ce sont là choses qu'on ne devine pas. L'homme « toujours ondoyant et divers » donne trop de démentis à la logique psychologique la plus sûre d'elle-même. Pour son bonheur et peut-être pour celui de la France, d'Ossat ne fut donc pas secrétaire d'Etat. Aussi bien le contre-coup des événements qui se précipitaient en France allait donner, à Rome, assez d'affaires au cardinal protecteur et à son secrétaire. A ce dernier surtout, ils allaient fournir l'occasion de servir la cause française bien plus efficacement qu'il n'eût pu le faire aux côtés d'Henri III.

On sait comment ce prince recourut au meurtre pour sauver sa couronne. Le duc de Guise fut traîtreusement mis à mort le 23 décembre, et son frère le cardinal, le jour suivant. La nouvelle de ce double assassinat eut un grand retentissement à Rome. Les immunités de l'Eglise étaient violées ; le sang d'un cardinal avait coulé ; les droits du sacré Collège étaient foulés aux pieds ; le Pape fut indigné, il rompit toute relation avec Pisany, notre ambassadeur. S'il continua de recevoir Joyeuse, ce fut moins comme Protecteur que comme cardinal. Dans l'audience qu'il lui accorda le 7 Janvier suivant, il n'y eut rien « d'ordonné ni de modéré, tout fut confus et aigre. » (1) Le cardinal voulut défendre l'acte du roi, « mais à chaque fois, dit Joyeuse, le Pape m'interrompait ; et, ayant allumé ma colère par la sienne, il fit que je ne l'écoutois guère (2) aussi longuement ; tellement que nous ne faisions qu'est toquer l'un l'autre ». Les audiences et les consistoires donnèrent lieu, pendant quelques jours, à de vraies batailles. Nous n'avons pas ici à en faire le récit. Nous avons déjà dit comment le cardinal de Joyeuse fut à cette occasion expulsé, un jour, de la salle du consistoire. (3) En dépit de ses protestations, Henri III n'était pas aussi convaincu de son droit que le disait son représentant. Il se résigna donc à en passer par les volontés du Pape. Il lui députa un ambassadeur spécial, à l'effet d'obtenir son absolution pure et simple. L'affaire était mise en délibération, quand, en s'alliant avec le roi de Navarre, Henri III perdit toute chance de faire sa paix avec Rome. Dès lors, Sixte Quint ne garda plus de mesure. Il lança contre Henri III le fameux monitoire où il le sommait, sous peine d'excommunication, de mettre en liberté le cardinal de Bourbon et l'archevêque de Lyon, et de comparaître à Rome dans l'espace de soixante jours, en personne ou par procureur. Les relations étaient rompues entre le Saint-Siège et la France. Tout ce qu'avaient pu obtenir l'ambassadeur et le Protecteur, c'est que le monitoire ne fût pas publié avant leur départ de Rome. Ils en sortirent le 24 Mai. Quelques heures plus tard, le monitoire était affiché aux portes de Saint-Pierre.

Econduits de devant le Pape, il ne leur restait qu'à plaider leur cause devant l'opinion publique. A l'encontre des Espagnols et de leurs partisans qui s'en allaient répétant « que le roi s'était conduit en assassin, en parjure, en véritable ennemi de l'Eglise, » Joyeuse et d'Ossa-

---

(1) De Joyeuse au Roi, dans les Lettres de d'Ossat. I, p. 194.
(2) Ibid.
(3) Voir plus haut.

s'appliquèrent à démontrer que les vrais parjures, les assassins, c'étaient les Guises, depuis longtemps infidèles à leur roi par leurs attentats contre la couronne et par leurs alliances avec les étrangers ; la Religion catholique n'avait été qu'un prétexte à leur révolte ; elle y avait plus perdu que gagné ; si l'on n'avait pas gardé contre eux les procédures ordinaires, c'est que les circonstances ne souffraient pas de retard : le roi était ici dans un cas de légitime défense.

C'est par d'Ossat (1) que nous connaissons dans leurs détails les derniers rapports de Henri III et de Sixte Quint. Du moins les lettres qui les relatent, quoique signées par le cardinal de Joyeuse, lui ont été de tous temps attribuées. (2) Ce n'est pas à dire pourtant que tout ce qu'elles contiennent soit de lui. Dans des circonstances aussi graves, on comprend sans peine que le cardinal ne se soit uniquement reposé sur son secrétaire du soin de rédiger de si importantes dépêches. Il n'y a pas sans doute d'indication précise qui nous permette de faire le départ entre ce qui revient sûrement à Joyeuse ou à d'Ossat. Nous inclinerions cependant assez à attribuer au cardinal seul la haute approbation donnée au meurtre des Guises dans la première de ces lettres. D'Ossat, ayant à juger le même acte deux ans plus tard, reconnaissait qu'il s'était imposé au roi, mais il n'hésitait pas à dire qu'il était « peu juste et peu digne de la majesté royale » (3). Or, il n'était pas homme à se laisser dicter par la crainte de déplaire aux puissants une approbation que sa conscience aurait désavouée ; nous aurons occasion de voir plus d'une fois qu'en pareille matière, il porta la franchise à un point qui nous étonne encore aujourd'hui et qui alors mécontenta plus d'une fois ses correspondants.

---

(1) *Lettres* de d'Ossat, t. I, p. 171 et s.
(2) Elles lui sont déjà attribuées dans l'édition de 1627.
(3) *Mémoire italien* de d'Ossat sur les affaires de la Ligue, traduit par Me d'Arconville, en tête de *La Vie du Cardinal d'Ossat*, I. p. 80.

Si donc l'appréciation contenue dans la lettre diffère de celle qu'il exprime dans le mémoire, c'est que la première n'est réellement pas la sienne. Nous ne voulons pas dire cependant que d'Ossat ait hautement condamné cet abus de la puissance royale. Au XVIe siècle on était loin d'avoir, pour le meurtre politique, l'horreur qu'il nous inspire aujourd'hui.

Chassés de Rome, Joyeuse et d'Ossat s'étaient réfugiés à Venise. Cette république, toujours sympathique à la France, fit un chaleureux accueil aux diplomates bannis, et les logea dans son palais de Saint Georges. C'est là que les rencontra de Thou (1), l'ancien compagnon de voyage et ami de d'Ossat. Il se rendait alors, en compagnie de Schomberg, auprès des princes allemands. Retrouver d'Ossat était pour lui une bonne fortune, dont il appréciait tout le prix. Les relations d'amitié, nouées dès leur première rencontre, ne s'étaient jamais brisées. De ces relations il nous est resté une lettre (2) dont le ton familier montre qu'elle ne fut pas la seule. Nous y voyons les multiples services que d'Ossat rendait à son ami, soit en lui achetant à Rome des livres rares, soit en lisant ses vers aux meilleurs latinistes d'Italie.

De Thou était tout heureux de revoir son ami tel qu'il l'avait connu, et il a pris grand soin de noter dans ses Mémoires que d'Ossat s'était entretenu familièrement avec lui. Ils étaient encore à Venise, quand ils apprirent l'assassinat d'Henri III. Cet évènement inspira à de Thou de beaux vers latins, qu'il dédia à d'Ossat, son ami « tendre et fidèle. » Dans la dédicace il vante son patriotisme, son désintéressement et son grand sens. L'éloge est trop précis et trop juste pour être banal.

La mort d'Henri III mettait fin à la mission de Joyeuse et de d'Ossat. Assez incertains sur le parti qu'ils devaient prendre, ils hésitaient à rentrer en France, où, dans la fureur des partis, ils ne pouvaient se promettre ni repos,

(1) *Mém.* de Aug. de Thou, p. 430 et s.
(2) La VIIIe de l'édition de M. T. de Larroque.

ni sûreté. Ils se décidèrent à revenir à Rome, et à attendre l'issue des évènements. L'entente et l'union, qui n'avaient cessé de régner entre eux, allaient se rompre ici. Le cardinal de Joyeuse se prononça pour la Ligue. Cette grave détermination lui avait-elle été dictée par l'intérêt de sa famille? Nous ne le savons. Peut-être, comme tant d'autres catholiques dont la sincérité et le désintéressement sont incontestables, était-il convaincu que la Ligue seule pouvait conserver à la France le catholicisme. D'Ossat refusa de suivre son ancien maître ; il ne pouvait donner un tel démenti aux lettres qu'il écrivait naguère contre les Espagnols et les Ligueurs. Il y avait de sa part un véritable héroïsme à rester fidèle, en ce moment, à la cause de ses rois; l'un venait de mourir, l'autre était fort contesté, et lui, homme d'Eglise, seul, à peu près sans ressources, dans une cour où ses opinions devaient le rendre fort suspect, il se prononçait hardiment contre cette Ligue, de laquelle tout le monde attendait le salut de la religion.

C'est sans doute cette attitude nettement anti-ligueuse, qui valut à d'Ossat l'honneur d'être choisi par la reine douairière, veuve d'Henri III, comme son agent à Rome. En annonçant en plein consistoire la mort d'Henri III, Sixte-Quint avait déclaré qu'il ne ferait point à ce roi excommunié ou impénitent les obsèques solennelles que les Papes avaient coutume de faire à la mort des rois de France. La reine Louise ne pouvait se consoler de cette déclaration. Elle attachait un prix particulier à des funérailles qui devaient réhabiliter, parmi les catholiques, la mémoire si décriée de son mari. Aussi, dès le premier octobre 1589 (1), elle dépêchait à Rome son premier écuyer, Jacques de Montmorin, avec mission de supplier le Pape de faire au roi défunt les obsèques accoutumées. L'heure était mal choisie pour obtenir de telles faveurs. Sixte-

---

(1) Sur cette mission confiée à Montmorin on peut voir Bibl. Nat. Ms. F. Franc. 3473 f 92 et le livre de M. le comte de Baillon, sur la Reine Louise de Lorraine.

Quint était fort peu disposé à se prêter à un acte qui aurait pu passer pour un désaveu de son monitoire. De Montmorin ne tarda pas à s'en apercevoir. Quelques mois après son arrivée, il demandait son rappel et proposait à la Reine de lui donner un successeur dans la personne de d'Ossat, homme « grandement pratic en cette cour de Rome. »

Si cette faveur avait été de celles qui s'obtiennent, d'Ossat avait assurément tout ce qu'il fallait de talent et d'ardeur pour l'obtenir. Dès le premier jour de Juin, une lettre de la reine Louise (1) vint le charger de la mission confiée à de Montmorin. D'Ossat l'accepta par reconnaissance pour Henri III, mais d'ailleurs sans grand espoir de succès. Dès sa première lettre, il constate avec l'agent du grand duc de Toscane que « pour cette heure à grand peine le Pape accorderoit-il de faire en sa chapelle les obsèques pour le feu roi. » L'ambassadeur du grand duc était même d'avis qu'on devait s'abstenir d'en parler au Pape. D'Ossat voulut au moins tenter l'affaire ; il demanda à cet effet et obtint une audience du Pape. Le Pape l'assura qu'il était bien disposé à accorder à la reine toute la consolation qui était en son pouvoir, « mais quant aux obsèques, il n'étoit point temps d'en parler pour cette heure. » (2)

Quand le Pape s'arrêta, d'Ossat insinua discrètement que de toutes les façons de consoler la reine, aucune ne serait plus efficace ni plus opportune ; aucune n'attesterait mieux la désapprobation du Pape « pour un assassinat si détestable et si préjudiciable à l'Eglise et religion catholique. » Le Pape répliqua encore qu'il n'était pas temps d'en parler. « Je n'ai estimé, continue d'Ossat, le devoir presser plus avant, de peur d'en avoir un refus exprès. » (3)

Cette audience fut suivie d'une foule d'autres sur le

(1) D'Ossat à la reine Louise, I, 51.
(2) Lettre de d'Ossat à la reine Louise, I, p. 54.
(3) Ibid.

même objet. Nous n'avons pas le temps de nous y arrêter. A cette mission ingrate, d'Ossat apporta un dévouement qui n'eut d'égal que la pieuse obstination de sa royale cliente. Pendant cinq pontificats, il ne cessa de multiplier plaidoyers et sollicitations, il fit intervenir parents, amis, neveux, sœurs et conseillers de Papes, cardinaux de toute nation, cinq ou six ambassadeurs de Venise et de Toscane ; plus de douze ans après la mort d'Henri III, il demandait encore pour lui l'honneur des funérailles. Tout fut inutile, les Papes furent inflexibles. La mort de la reine Louise vint seule mettre un terme à des instances condamnées à un éternel insuccès. Passer douze ans de sa vie à solliciter des funérailles ! On serait tenté de plaindre d'Ossat, si, pendant ce temps, il n'avait négocié de bien plus graves affaires qui durent peut-être leur succès au mystère dont ce titre d'agent de la reine Louise permit de les entourer.

LIVRE II

LE DIPLOMATE

1re Partie — Négociations avant l'Absolution d'Henri IV.

CHAPITRE 1er. — Intervention des Papes dans les affaires de France — D'Ossat défend contre eux la cause d'Henri IV.

I. — *Politique de Philippe II — Politique des Papes — Préoccupations de Philippe II et de Sixte-Quint au lendemain de la mort d'Henri III. Projet d'intervention — Sixte-Quint mieux éclairé refuse de faire cause commune avec Philippe II.*

II. — *Grégoire XIV et l'intervention armée — D'Ossat prévoit l'insuccès de ses efforts — Il travaille à le détourner de cette intervention par son Mémoire italien sur les effets de la Ligue — Analyse de ce Mémoire. — Ce que fut réellement la Ligue à ses débuts, et ce que d'Ossat n'a pas assez vu. Hardiesse de ses protestations.*

III. — *Nouvelle orientation de la politique pontificale. — Henri IV tente de se rapprocher du Pape. Ses envoyés ne sont pas admis à venir à Rome — D'Ossat s'entremet pour retenir en Italie le marquis de Pisany — Heureux résultat de la lettre qu'il lui écrit. Elle rappelle l'attention de Henri IV sur d'Ossat.*

Les évènements qui se passaient en France attiraient depuis longtemps l'attention du roi d'Espagne et du pape ; mais aucun ne leur donna d'aussi vives appréhensions que la proclamation d'Henri IV comme roi de France.

Quel poignant sujet d'inquiétudes pour la politique de l'Escurial et du Vatican ! L'hérésie était aux portes de l'Espagne et de l'Italie !

Philippe II avait tout fait pour prévenir ce malheur. Après la mort du duc d'Anjou (1584), il s'était engagé par le traité de Joinville à assister les Guises et la Ligue de ses conseils et de ses subsides. Il avait tenu parole. Aujourd'hui, devant l'insuccès de ses efforts secrets, il était obligé de déchirer tous les voiles et de prendre l'affaire en mains. Rien ne l'empêchait plus de lutter au grand jour. La mort d'Henri III lui permettait d'entrer en scène sans manquer de respect à l'autorité royale, et, dans une question qui renversait toutes ses combinaisons politiques et religieuses, l'abstention n'était pas plus permise que l'indifférence.

Le prince de Béarn (comme l'appelaient les Espagnols), allait apporter, sur le trône de France, les revendications de Jeanne d'Albret sur la Navarre, ses haines, et, ce qui était bien pis, son hérésie. Son avènement constituait donc le plus grave des dangers pour l'Espagne et pour la foi catholique. S'il fallait même l'en croire, Philippe s'alarmait encore plus pour la foi que pour l'Espagne, « car il était homme, écrivait-il naguère au duc d'Albe, (1) à perdre toutes les provinces plutôt que d'accepter une concession qui ne fût pas conforme à la foi catholique. » On rapporte qu'un jour où il assistait à un auto-da-fe solennel, quand le défilé des condamnés passa devant lui, un gentilhomme florentin, filleul de Charles-Quint, Carlo di Seno lui dit : « Comment un gentilhomme comme vous laisse-t-il à ces moines un gentilhomme tel que moi ? » — « Je porterais, aurait répondu Philippe, le bois au bûcher pour brûler mon propre fils, s'il était aussi pervers que vous l'êtes. » Qu'elles aient été ou non prononcées, ces paroles expriment assez bien les convictions

---

(1) Philippe II au duc d'Albe, en le rappelant des Pays-Bas, cité par Forneron, *Hist. de Philippe II*.

intimes de Philippe et permettent de deviner quelle devait être la nature de ses sentiments à l'endroit du nouveau roi de France. Pour comprendre d'ailleurs l'ardente animosité qu'il nourrissait contre Henri IV, il est bon de ne pas perdre de vue l'idée qu'il se faisait de sa royauté. Sa dignité de roi catholique faisait de lui, pensait-il, le vicaire laïque de Dieu sur la terre, son délégué dans les affaires temporelles. A ce titre, il se regardait comme plus spécialement chargé par la Providence d'étendre son Eglise ici-bas, et surtout de la défendre contre les ennemis de la foi.

Ce rôle de défenseur du catholicisme convenait on ne peut mieux à sa politique, et la cause religieuse s'était si bien identifiée avec ses intérêts, qu'on peut se demander s'il n'entrait pas autant d'ambition que de conviction dans ce zèle contre l'hérésie. Souverain de l'Espagne, maître de la moitié de l'Italie, de la Franche-Comté, du Luxembourg, des Pays-Bas, à la tête d'un vaste empire colonial accru de toutes les possessions portugaises, Philippe devait s'assurer à tout prix de libres et faciles communications entre des Etats si étendus, si éparpillés, et déjà fort peu disposés à graviter dans l'orbite de l'Espagne. Or l'hérétique Angleterre, contre laquelle il avait naguère lancé sa malheureuse Armada, troublait par sa marine naissante la sécurité des mers ; les vaisseaux de l'insaisissable Drake retardaient ou accaparaient les galions qui apportaient à l'Espagne l'or et la richesse des Indes. La France avait naguère fait échouer les projets de monarchie universelle poursuivis par son père Charles-Quint ; elle restait toujours le plus grand obstacle aux siens. D'ailleurs, maîtresse de la plupart des grandes voies de communication entre l'Espagne et ses Etats tributaires de terre ferme, elle avait toujours facile accès auprès de ces peuples mécontents. Forte et unie, elle pouvait menacer la monarchie espagnole de l'enfermer dans la péninsule ibérique. L'invasion de l'hérésie avait fourni à Philippe l'occasion d'y fomenter des troubles qui avaient empêché les derniers Valois de s'immiscer dans ses affaires. Tant que la France, affaiblie par les guerres de religion, avait eu à sa tête les descendants dégénérés de François I, Philippe n'avait rien eu à craindre de ce côté. Il devait en être autrement si Henri IV parvenait à se faire accepter de toute la France. Encore jeune et robuste, renommé par sa bravoure, ce prince ne pouvait être pour l'Espagne qu'un dangereux voisin et un ennemi irréconciliable. N'avait-il pas à venger les usurpations dont les rois de Navarre, ses ancêtres, avaient été victimes ? Ne voudrait-il pas satisfaire les haines farouches de la secte dont il faisait profession ?

Par bonheur, dans cette difficile conjoncture, indépendamment des forces de la Ligue et de l'alliance du duc de Savoie, Philippe se croyait le droit de compter sur le concours d'un allié puissant entre tous, le Pape. L'Eglise n'avait-elle pas à s'effrayer plus encore que l'Espagne de l'avènement d'un prince calviniste ; ne menaçait-il pas de livrer à l'hérésie un des plus beaux royaumes qui restât encore à la religion catholique ?

A considérer la politique religieuse des Papes telle qu'elle se manifestait dans leur conduite, depuis plus de 50 ans, il ne semblait pas douteux que l'appui du Pontife régnant ne fût acquis aux projets de Philippe. Tous les Papes qui s'étaient succédé depuis l'apparition de la Réforme avaient mis, en tête de leurs devoirs, la guerre à l'hérésie. La grande réaction dont le concile de Trente avait donné le signal, vint décupler leur forces, et donner à leurs efforts plus d'intensité, d'étendue et de fixité. Sous l'active impulsion de Paul IV, de Pie IV, de Pie V, de Grégoire XIII et de Sixte-Quint, de nouvelles congrégations se fondent, des collèges s'élèvent, des prédicateurs se répandent ; un même esprit anime toutes ces institutions, elles naissent du même désir d'arrêter les progrès de l'hérésie, de reconquérir le terrain perdu. (1)

---

(1) Cfr. Ranke. *Les Papes au XVI° siècle*. Philippson : *La contre-révolution religieuse au XVI° siècle*.

Dans cette lutte engagée par les Papes contre l'hérésie, on ne les voit pas tous cependant mettre le même empressement à profiter des bonnes intentions de Philippe. Tout en louant son zèle, quelques-uns semblent se préoccuper de ne pas confondre la cause de l'Église avec la sienne ; il en est même qui laissent percer une défiance manifeste à l'endroit de certaines entreprises espagnoles, soi-disant dirigées contre l'hérésie. C'est que, si Philippe II est un auxiliaire précieux et dévoué, cet auxiliaire tend trop souvent à devenir un maître : les progrès de l'hérésie mettent en question l'existence de l'Église, la protection de Philippe met en péril son indépendance.

Comme princes italiens, jaloux de conserver intact un pouvoir temporel qui était la principale garantie de leur indépendance et de leur dignité, les Papes n'avaient pu voir sans inquiétude les Espagnols se rendre maîtres de la moitié de l'Italie. Bien avant la Réforme, Alexandre VI, Jules II, Léon X, Clément VII et plus tard Paul IV, mirent souvent leur argent ou leurs troupes au service de la cause de l'indépendance italienne. L'envahissement progressif des Espagnols était une menace pour tous les États libres. L'État pontifical était aussi intéressé qu'aucun autre à les arrêter.

Ceux d'entre les Papes qui étaient moins sensibles à ces considérations politiques ne pouvaient, néanmoins, voir d'un œil indifférent les tendances de la cour de Madrid à s'ingérer dans le gouvernement de l'Église. Philippe II surtout affichait, à ce sujet, des prétentions vraiment inquiétantes. Au nom de la mission divine qu'il attribuait à sa royauté, il se croyait le droit d'exercer une haute direction, ou du moins une sorte de contrôle dans les affaires ecclésiastiques. Tant qu'il se borna à présenter aux Papes des conseils respectueux, ou à leur faire des observations sur la couleur du costume des évêques espagnols, ou sur la longueur de leur soutane, on put mettre cette manie de réglementation sur le compte d'une piété méticuleuse, ou d'une excessive sollicitude, pour la dignité de l'Eglise espagnole (1) ; mais il n'y eut plus d'illusion ni d'excuse possible quand on le vit intervenir directement dans les élections des Papes, et prétendre donner son avis dans la direction de l'Eglise universelle.

Cette prétention, Philippe l'afficha de bonne heure. « Sa Majesté Catholique, disait un contemporain (2), qui avait vécu à sa cour, veut les Souverains Pontifes en tout dépendants et confidents ; aussi dans les élections fait-il en sorte qu'aucun des cardinaux d'intention française ne puisse parvenir, c'est-à-dire aucun de ceux étrangers à sa dévotion, ou d'une noblesse exceptionnelle. Il désire surtout que le Pape à élire soit de basse condition, et qu'il reconnaisse, si c'est possible, que c'est à lui qu'il doit et la pourpre et les autres grandeurs ; qu'il ait en outre des parents peu fortunés, afin, en les enrichissant par des bénéfices et des pensions, de se les faire confidents et partiaux ; il cherche de tout son pouvoir à mettre les Pontifes dans la nécessité de dépendre absolument de ses volontés, de les tenir ainsi dans le devoir, en approvisionnant leurs Etats avec les grains de la Pouille et de la Sicile, en défendant leurs rivages contre les incursions des Turcs et les déprédations des corsaires, et, enfin, en leur donnant à comprendre qu'il est en son pouvoir de convoquer un concile et d'y exposer leurs actions. » L'histoire des conclaves de cette époque confirme de tous points les observations du diplomate vénitien. Après la mort de Sixte-Quint, on verra Philippe mettre le sacré Collège en demeure de choisir le Pape entre six cardinaux à sa dévotion (3), et le sacré Collège obtempérera à cette insolente injonction. Et dire que la conscience du pieux Philippe ne lui montre dans ce monstrueux abus de pouvoir que l'accomplissement de ses devoirs de

---

(1) Cf. Hubner, *Sixte-Quint*, II. 27.

(2) *Relation* de Vendramin, ambassadeur de Venise, 1595, publiée par Alberic, 1re série.

(3) Cf. *Histoire diplomatique des Conclaves*, par Della Gatina, surtout les documents originaux cités.

protecteur de l'Eglise ! Avec un tel état d'esprit, il n'y a pas lieu de s'étonner que Philippe fasse visiter les couvents, pour s'assurer que la discipline monastique s'y observe de tous points, ou présente des remontrances à Sixte-Quint, sous prétexte que ses bulles élargissent trop les pouvoirs des confesseurs en temps de Jubilé (1), « car entre autres inconvénients, dit-il, elles confèrent le droit d'absoudre à des gens ignorants et décriés, comme le sont la plupart des confesseurs français. » (2) A l'entendre, il semble que le Pape eût dû venir prendre le mot d'ordre au fond de l'Escurial. Cette exigence n'eut probablement pas paru exorbitante aux ambassadeurs de Philippe. Leurs dépêches sont remplies de doléances sur la façon dont le Pape distribue les bénéfices, dispenses et provisions. Ils ne parlent de rien moins que de convoquer à Tolède un concile national, pour mettre bon ordre aux abus et rappeler le Pape à la stricte observation de ses devoirs. Sa Majesté Catholique est vraiment trop magnanime et trop patiente : « Le Pape ne nous craint plus, c'est le duc de Sessa qui parle à Philippe, parce que nous tolérons les injustices qu'il commet et les dommages qu'il fait éprouver à la chrétienté et à l'Espagne, en particulier. Tout le monde est unanime à dire que ce qui se passe sous ce pontificat est inouï. » (3) Ce qui était vraiment inouï, c'était de voir Philippe transformer la Papauté en un bénéfice à sa collation, et réduire le Pape à n'être plus que son chapelain.

Contre une protection si impérieuse et une tutelle si exigeante, les Papes avaient cherché de bonne heure un appui dans les sympathies de la cour de France. En face de la faction espagnole du Sacré Collège, ils virent d'un bon œil se former une faction française qui devait contrebalancer son influence. Quelques Papes entrèrent avec

---

(1) Hubner, *op. cit.* II, 31.
(2) Ibid. Lettre de Philippe à Olivarès.
(3) Lettre du Duc à Philippe II, dans Hubner. *op. cit.* II, p. 23.

éclat dans des alliances dirigées par la France contre l'Espagne; d'autres, sans prendre si ouvertement parti, favorisèrent ou soutinrent secrètement nos rois contre Charles-Quint ou Philippe II; tous, en cas de conflit avec l'Espagne, plaçaient dans la France leur espoir suprême. Son existence leur paraissait indispensable à l'équilibre de l'Europe, et son indépendance était à leurs yeux la condition nécessaire de l'indépendance même de l'Eglise et de la chrétienté.

La proclamation d'Henri IV mettait les Papes en face d'une situation nouvelle. L'avènement d'un prince protestant imposait à leur politique un brusque changement de front. Loin de leur offrir un appui contre l'Espagne, la France allait être placée par son roi à l'avant-garde des nations hérétiques. Par son prestige, par l'ascendant qu'elle exerçait déjà sur les esprits, elle risquait fort d'introduire l'hérésie en Espagne, en Italie et dans toute l'Europe civilisée. Qu'allait devenir la religion catholique ? Qu'allait devenir la Papauté ? Sixte-Quint se le demanda avec angoisse. L'effrayante perspective qui passa devant ses yeux lui traça rapidement son devoir. A tout prix il devait sauver la religion catholique, la sauver d'abord en France ; la sauver coûte que coûte, en luttant jusqu'à son dernier souffle contre le roi de Navarre, en l'empêchant de ceindre la couronne de France. Il s'y croyait d'autant plus personnellement obligé qu'il avait au début de son pontificat lancé contre ce prince une Bulle qui devait lui barrer le chemin du trône. Son amour-propre n'eût-il pas été en cause, l'exécution de la Bulle privatoire semblait le seul remède à la situation ; sauvegarder la religion si gravement compromise était pour lui un devoir sacré, et pour le remplir, il ne devait reculer devant aucune autre considération. Malgré ses anciennes répugnances, il s'allierait donc à l'Espagne, et dût la France y perdre son autonomie, dût-elle être démembrée, il ferait cause commune avec Philippe; « car comme Pape, il doit penser à la religion plus qu'à la France ; il doit exterminer l'hérésie, c'est-à-dire Navarre, et pour le faire, il a besoin des épaules de l'Espagne. » (1)

Philippe II se hâta de profiter de ces bonnes dispositions. « Il faut, écrivait-il au Pape dès le 18 Septembre 1589, (2) se hâter de secourir les affaires de France, car le prince de Béarn veut usurper le titre de roi. Il faut employer les armes spirituelles et temporelles, et si vivement que du coup s'éteigne ce feu qui pour le moment menace d'embraser la chrétienté. C'est une affaire où il ne faut pas de médiocrité. Pour moi, je n'épargnerai mes soins en une affaire si importante pour toute la chrétienté. »

Sixte-Quint n'avait pas attendu cette invitation pour prendre une décision. Dès le 12 Septembre, il annonça au Consistoire sa résolution d'envoyer un légat en France. Le cardinal Gaetano fut chargé de cette mission comme particulièrement agréable au roi d'Espagne. Il partait, le 2 Octobre, porteur de sommes d'argent considérables et d'instructions qui précisaient l'objet de sa légation, et lui indiquaient les meilleurs moyens de la remplir. Il devait travailler avant tout à la conservation de la foi catholique, à l'extirpation de l'hérésie, et s'efforcer de recruter des adhérents à la Ligue. Pendant ce temps, par l'ordre du Pape, le cardinal Gesualdo discutait avec le comte Olivarès les bases de l'alliance à conclure avec Philippe. (3) Cette alliance aura pour but de sauver la religion catholique en France et de préserver les pays limitrophes de la contagion de l'hérésie; le Pape s'engage à concourir dans la même proportion que le roi dans une expédition contre la France et à faire plutôt davantage ; dans l'éventualité de la mort du cardinal de Bourbon, il favorisera le candidat recommandé par Philippe.

---

(1) *Sixte-Quint* à Niccolini, agent du grand duc de Toscane. Hubner, *op. c.* p. 230.
(2) Archives du Vatican. *Gallia* Henrici III, f° 108, cité par H. de Lépinois. *La Ligue et les Papes*, p. 342.
(3) Hubner, *op. cit.* pp. 231 et s.

Mais pendant que le texte de l'alliance était envoyé en Espagne pour être soumis à l'approbation du roi, un revirement complet s'opéra dans l'âme de Sixte-Quint. Venise lui avait envoyé un ambassadeur extraordinaire pour plaider la cause de l'Italie, fort menacée par son alliance avec Philippe. Le Pape déjà ébranlé par les observations de Donato reçut bientôt du duc de Luxembourg-Piney des renseignements qui le rassurèrent pleinement sur le sort du catholicisme en France. Ce gentilhomme, envoyé par les princes et la noblesse catholique qui s'étaient ralliés à Henri IV, apprit à Sixte-Quint qu'avant d'embrasser la cause du roi de Navarre, les catholiques avaient stipulé toutes sortes de garanties pour la religion. Le roi leur avait même promis de se convertir avant longtemps. La situation se présenta dès lors au Pape sous un jour nouveau : le succès d'Henri IV n'entraînera pas la victoire de l'hérésie; rentré dans l'Eglise, devenu maître de son royaume, il peut recueillir en entier l'héritage de ses prédécesseurs ; l'Eglise romaine retrouvera ainsi dans les rois de France son soutien traditionnel contre la pression de l'Espagne.

L'alliance avec Philippe, qui avait été toujours si antipathique à Sixte-Quint, n'était donc plus indispensable au maintien de la religion catholique. Cette alliance ne pouvait que nuire à ses desseins. Tant que le roi de Navarre ne se serait pas converti, le Pape ne pouvait intervenir en France qu'au désavantage du prétendant hérétique ; mais toute intervention de ce genre devait avoir pour résultat d'arrêter Navarre et de compromettre l'effet de ses bonnes dispositions. Dans le cas où les armes du Pape jointes à celles de Philippe seraient vaincues, — et, dans son admiration pour la vaillance d'Henri IV, Sixte-Quint regardait cette éventualité comme très probable, — n'était-il pas à craindre que le roi de Navarre ne se crût pas dispensé de tenir sa parole et que la France ne fût vouée sans retour à l'hérésie? Si elles étaient victorieuses, l'Eglise n'y trouvait pas d'avantage sérieux, puisque le sort de la religion était assuré sans son intervention; Philippe seul profiterait de la victoire pour étendre sa domination au grand détriment de la France et de l'Eglise. Ne valait-il pas mieux dès lors rester dans l'expectative et s'abstenir de toute intervention ? Le roi de Navarre aurait facilement raison, grâce à l'appui des Catholiques royalistes, des Ligueurs et des Espagnols. Son retour au catholicisme, aussitôt que ses succès lui permettraient de se passer des Protestants, écarterait tout danger pour la foi et rendrait à la France son ancien rôle dans l'Europe et dans l'Eglise.

C'est à ce dernier parti que s'arrêta Sixte-Quint. Mais sur ces entrefaites arriva d'Espagne, revêtu de l'approbation royale, le fameux projet d'alliance. L'ambassadeur de Philippe II, le comte Olivarès, vint demander au Pape l'exécution de ses promesses. Il était trop tard. Sixte-Quint mieux informé s'est ravisé. Olivarès insiste, il emploie les prières, il recourt aux menaces, il essaie de tous les moyens d'intimidation ; un ambassadeur extraordinaire, le duc de Sessa, vient à son secours ; Le Pape reste intraitable. Harcelé par l'obsession incessante des agents de Philippe, trahi ou mal servi par son légat en France, peu compris par l'opinion publique mal éclairée (1), il se débat, sans faiblir, dans la situation la plus délicate et la plus douloureuse. Obligé par son état à combattre l'hérétique Henri de Navarre, entraîné par sa raison à faire des vœux pour son triomphe, pressé comme chef de la catholicité d'accepter les services du seul chef qui la défende, et condamné par l'intérêt secret de l'église romaine à craindre les succès trop éclatants de Philippe, il persiste avec une indomptable énergie dans cette abstention dont sa pénétrante perspicacité lui a

---

(1) Les prédicateurs prêchent contre lui à Madrid et à Paris. Sixte-Quint se plaint en consistoire qu'un jésuite de Madrid l'ait accusé d'être « Navarriste et fauteur d'hérésie. » *Acta consistorialia* f° 552. Cf Henry et Loriquet *Journalier de Pussot*, et Labitte, *De la démocratie dans les prédicateurs de la Ligue*.

fait voir la nécessité. Il succomba (1) brisé par sa résistance héroïque, mais il sortit victorieux de la lutte : « La papauté ne se fera pas l'instrument des ambitions politiques. Elle ne prêtera ni à Philippe, ni à la Ligue, les foudres du Vatican, ni les trésors du château Saint-Ange. Elle servira la cause de la religion qui est, en même temps, qui est toujours celle de la société. » (2)

Philippe pourra obtenir plus tard l'appui des Papes ; mais, grâce à la résistance de Sixte-Quint, leurs forces lui ont fait défaut au moment où, jointes aux siennes, elles pouvaient faire courir à la France de sérieux dangers. » (3)

Le successeur (4) de Sixte-Quint n'eut ni son indépendance de caractère, ni sa haute intelligence. (5) Le cardinal de Crémone — comme on l'appelait — « né vassal et sujet de Philippe II » (6) fut un des six candidats recommandés par le roi d'Espagne. Devenu Pape, le 5 Décembre 1590, sous le nom de Grégoire XIV, il fit concevoir, dès la première heure, bon espoir aux Espagnols et aux Ligueurs. « Il y en a qui présagent déjà, écrivait d'Ossat au lendemain de son élection, que ce Pontificat sera administré en grande partie au gré des Espagnols. » (7) Le duc de Mayenne partageait en France cette opinion. « Le Pape, écrivait-il à l'évêque d'Avranches, est l'ung de ceux que nous pouvions le plus désirer pour l'affection dont il a

---

(1) Le 27 août 1590.
(2) Hubner, *op. cit.* II, 341.
(3) Tel est l'avis du sénat vénitien et de Badoer son ambassadeur.
(4) Nous ne parlons pas d'Urbain VII qui mourut le 27 Septembre, 11 jours après son élection.
(5) « Mon opinion sur Crémone est qu'il est un homme très faible qui ne s'occupe d'autre chose que d'arranger des montres et de parer des autels, qu'il n'est ni docteur ni fait aux choses du monde, n'ayant jamais traité d'affaires d'Etat. » *Lettre du grand duc de Toscane, ancien cardinal de Médicis, au chevalier de Vinta*, 5 octobre 1590, citée par Della Gattina, *Histoire diplomatique des Conclaves*, II, 305.
(6) D'Ossat à la reine Louise, I, p. 287.
(7) Ibid.

toujours esté poussé à favoriser le bien de cette cause. » (1)
Ces diverses prévisions ne devaient que trop se réaliser.
Un mois après son élection, Grégoire XIV faisait connaître
ses vues sur les affaires de France. Elles étaient diamétralement opposées à celles de son prédécesseur. Sixte-Quint avait tout refusé à l'Espagne. Grégoire XIV lui
accordait tout. A la politique d'expectative succédait la
politique d'intervention et de lutte à main armée. La
rupture entre la France royaliste et le Saint-Siège était
prononcée. Le Pape, dans l'intérêt de la foi, disait-il, — et
nous croyons à sa sincérité — prenait parti pour la Ligue
et l'Espagne. Dès le 19 Janvier, il faisait connaître ses
intentions à Philippe ; il allait fournir à la Ligue 15000
écus d'or par mois, et il envoyait du premier coup quatre
mois de subventions. (3) Quinze jours plus tard, il exprimait sa résolution d'envoyer une armée rejoindre celle
de Philippe. Un mois après, un second secours de 300.000
écus était alloué à la Ligue, et un nouveau nonce était
envoyé en France. Le commandement des troupes pontificales fut confié au neveu même du Pape, au duc de Monte-Marciano, et le nonce Landriano arriva en France porteur
de plusieurs brefs pontificaux adressés à des ecclésiastiques et d'un monitoire pour les seigneurs catholiques
ralliés à Henri IV. Les uns et les autres y étaient sommés,
sous peine d'excommunication, de quitter sans retard
Henri et ses partisans.

A Rome, on avait beaucoup attendu de ces divers actes.
A en croire les Espagnols, à peine le drapeau du pape
aurait-il flotté en France, que tous les seigneurs abandonneraient Navarre (4), et la « France allait tomber à genoux,
au seul bruit de la levée des troupes faites par Sa Sainteté

---

(1) *Correspondance de Mayenne* publiée par Loriquet, p. 190.
(2) Archives du Vatican. *Regest. Gregor.* an. I, Ep. 110, citée par H. de Lépinois, *Les Papes et la Ligue*, p. 468.
(3) Ibid. Ep. 38.
(4) Lettre de Niccolini, agent du duc de Toscane. *Négoc. diplom.* t. V, p. 153.

et à l'exprès commandement porté par Landriano. » (1) D'Ossat avait mieux prévu ce qui devait arriver. « C'est une aide, disait-il dès le départ de Landriano et de Monte-Marciano, c'est une aide qui n'aidera pas tant l'un parti comme elle offensera l'autre. » (2) Ainsi en fut-il. Les deux fractions du Parlement royaliste de Paris siégeant l'une à Châlons, l'autre à Tours, ne gardèrent plus de mesure. Au mépris de toute convenance, ils déclarèrent « nulles et comme d'abus, les bulles de Grégoire soi-disant Pape, schismatique, hérétique, ennemi de la paix et de l'Eglise catholique ; » (3) son nonce était cité à comparaître, et ses bulles devaient être brûlées. Beaucoup plus modérée dans la forme, la protestation des quelques évêques réunis à Chartres aboutissait au fond au même résultat. Pour eux aussi les bulles devaient être tenues « pour nulles et non avenues, comme étant suggérées par la malice des étrangers ennemis de la France. » Quant aux nobles, de l'aveu de Landriano, le monitoire « les rendit plus attachés au roi de Navarre en achevant de leur persuader que le Pape n'agissait qu'à la requête des Espagnols, dans le seul but d'exclure de la couronne la maison de Bourbon. » (4) Le nonce était en même temps réduit à reconnaître que l'unique moyen d'arrêter les succès du « Navarrois » serait de séparer de lui la noblesse, et pour y parvenir, il faudrait une négociation et non pas la force. » (5) N'était-ce pas reconnaître ouvertement l'inefficacité de la politique d'intervention ?

Les troupes de Grégoire XIV n'avaient pas d'ailleurs plus de succès que ses Bulles. L'armée commandée par son neveu était partie de Rome, le 2 Mai, forte de 8000 hommes. Arrivée en Lorraine, elle fut réduite par la

(1) *Mémoires* de Villeroy, p. 39.
(2) D'Ossat à Zamet, 22 janvier 1591, éditée par T. de Lar.
(3) *Mémoires de la Ligue*, IV, 376.
(4) *Lettre de Landriano au secrétaire d'Etat*, citée d'après Henri de Lépinois, *op. cit.* p. 510.
(5) Ibid.

dysenterie à 5000, et sembla menacée d'être anéantie avant d'avoir vu l'ennemi. Ses débris tinrent tant bien que mal jusqu'au mois de mars 1591 pour aller se perdre dans les rangs de l'armée espagnole. Mais déjà Grégoire XIV avait été enlevé par la mort. Après moins de dix mois de règne, il laissait à sec le trésor rempli par Sixte-Quint. Il avait dépensé 700,000 écus et endetté le Saint-Siège pour 200,000. (1) Ces dépenses lui avaient été sans doute inspirées par le désir de conserver le catholicisme en France. Il n'avait pas perdu une occasion de protester, dans ses brefs, de la pureté de ses intentions. Il n'en est pas moins vrai que son intervention, qu'il le voulût ou non, servait les vues de Philippe II, et si elle eût triomphé, la France eût perdu son indépendance. Sixte-Quint, avec son coup d'œil politique, l'avait compris dès le premier jour. De là son refus de coopérer à l'œuvre de Philippe II. Grégoire XIV crut que les circonstances commandaient une autre attitude. Si dans l'appréciation d'une politique, il est bon de ne pas tenir compte seulement des intentions mais aussi des résultats acquis, la politique de Grégoire XIV n'avait pas été heureuse. Après tant d'argent et tant d'efforts dépensés, il n'avait pas enlevé à Henri IV un pouce de son territoire ni un seul de ses adhérents.

En revanche, cette politique avait porté à leur comble les haines des partis et les maux de la France. Tout espoir de pacification semblait indéfiniment ajourné. Ce résultat, d'Ossat ne s'était pas contenté de le prévoir. Il avait fait ce qui dépendait de lui pour le prévenir. Si Grégoire XIV avait des sympathies si ardentes pour la Ligue, c'est que, à ses yeux, sa cause s'identifiait avec celle du catholicisme, le succès de l'une garantissait le maintien de l'autre. D'Ossat s'efforça d'ôter au Pape et à son entourage cette persuasion. C'est dans ce but

(1) C'est le chiffre donné par Clément VIII dans le consistoire du 15 avril 1592. *Let. du cardinal del Monte, Nég. Dipl.* T. V, p. 157.

évidemment qu'il publia à cette date son Mémoire sur les effets de la Ligue. Quoi qu'on en ait dit, (1) c'est bien à cette époque, en effet, que remonte cet écrit. Il y est question des deux successeurs de Sixte-Quint, des secours que la Ligue en a reçus et du jeune duc de Guise encore détenu en prison. Or Grégoire XIV intervient dans les affaires de la Ligue dès le mois de Janvier 1591, et la captivité du jeune duc de Guise cessait le 15 août de la même année. Le mémoire dut donc voir le jour entre ces deux dates extrêmes. D'Ossat commence par y établir que la Ligue a été nuisible à la religion, à la France et même aux Guises. On ne saurait alléguer en faveur de ces derniers la pureté de leurs intentions, car ces intentions ne furent pas celles qu'on imagine ; ils n'ont réellement pas songé à rétablir le catholicisme et à détruire l'hérésie; leur manifeste de 1585 ne porte pas trace de cette préoccupation, leur conduite la dément, leurs alliances avec les hérétiques, leurs ménagements pour eux la contredisent. Quel était donc leur véritable but ? S'emparer du trône de France; c'est là que tendent les visées des ducs de Guise pendant les règnes des premiers fils d'Henri II. C'est là ce que préparent les Mémoires trouvés à Rome dans les papiers de l'avocat David et les prophéties répandues parmi le peuple par des agents des Guises. C'est en vue de ce projet, que Guise travaille à s'assurer le concours de Grégoire XIII et de Philippe II, et lève lui-même des troupes en Allemagne et en Suisse. La journée des Barricades n'était qu'une étape dans cette voie ; si Guise n'en tira pas tout le parti possible, c'est que la mer ne permit pas aux troupes espagnoles d'arriver à temps. Si dans la suite il s'accorda avec le roi, c'était pour lui arracher des dispositions testamentaires, qui lui ouvrissent la voie du trône ou lui permissent de le conquérir. C'est ainsi qu'il poussait le roi à des mesures qui devaient le rendre impopulaire, et

(1) Me. d'Arconville croit que ce Mémoire fut écrit en 1590. Le P. Lelong, par distraction sans doute, le date de 1600. *Biblioth. histor.*, 19571.

achevait de se concilier à lui-même, avec l'aide des prédicateurs, les sympathies du peuple. Il sut bientôt intéresser à ses desseins la reine Catherine de Médicis, et faire exclure tous les Bourbons du trône, à l'exception du cardinal de Bourbon, ce fantôme impuissant, qui devait servir de masque à son ambition. Et contre tant de manœuvres le roi Henri III était seul, méprisé par le peuple, décrié par les prédicateurs, attaqué par les protestants, abandonné par la noblesse. Pour échapper au déshonneur, pour sauver sa couronne et sa vie, il dut recourir « à un acte, à la vérité peu juste et peu digne de la majesté royale, mais qui, pour lors, devenait plus que nécessaire. » (1) D'Ossat concluait que la Ligue avait, en fait, détruit en France la religion catholique, l'Etat et ses propres auteurs, mais fortifié et multiplié les hérétiques. Elle n'avait donc rien qui pût lui servir d'excuse, ni consoler des maux qu'elle avait causés. « Ses chefs l'ont décorée du nom de Sainte-Union des catholiques, mais il est aisé de voir qu'elle n'était point sainte et qu'elle n'a point uni les catholiques. Elle a engendré la division et le schisme entre les Catholiques et les Ligueurs, qui sont maintenant moins unis, qu'ils ne l'étaient lorsqu'ils se liguèrent. Elle a presque anéanti la religion catholique dans le royaume et a procuré l'avancement et l'élévation des hérétiques. On peut donc l'appeler l'Union des hérétiques et la Désunion des catholiques. » (2)

Nous n'oserions pas affirmer que d'Ossat n'ait prêté un peu d'habileté aux Guises, ni mis dans leurs desseins un peu plus de suite qu'eux-mêmes. Mais s'il a été trop généreux pour eux, à coup sûr, il n'a pas été assez juste pour la Ligue. Il affecte de ne voir en elle que le soulèvement d'une populace abusée par des ambitieux et trompée par des prédicateurs. Il y a autre chose dans la Ligue.

---

(1) *Mémoire italien* de d'Ossat, *loc. cit.*
(2) *Mémoire italien*, page 147.

Née de la crainte qu'inspirait aux catholiques la perspective d'une royauté protestante, elle se présenta à eux comme le seul moyen de défendre leur foi menacée. Le danger était sérieux. Quelle que fût la sincérité d'Henri IV, quand il promettait de respecter la religion catholique, sa parole n'était pas une garantie suffisante contre le prosélytisme sectaire de quelques-uns de ses coreligionnaires. A une époque où le principe de la tolérance n'était admis par aucune confession, l'adage « *cujus regio ejus religio* » ne pouvai-il pas être appliqué en France et y produire les mêmes effets qu'en Angleterre et en Allemagne ? Ce péril, les catholiques zélés voulurent l'écarter à tout prix. Telle est l'idée qui leur mit les armes à la main et qui fit de la Ligue un soulèvement vraiment national. Par là s'expliquait aux yeux des Papes et doit s'excuser aux nôtres leur intervention dans les affaires de France. Ils venaient en aide dans la défense de leur foi à la grande majorité des Français, menacés d'oppression par une infime minorité. S'il fallait d'autres preuves du désintéressement de leur concours, on n'aurait qu'à comparer leur intervention à celle des princes protestants, d'Elisabeth par exemple. Par le traité de Hamptoncourt, elle fournit 5,000 hommes et 140,000 couronnes aux princes calvinistes, mais la place du Hâvre devait lui être livrée, et celui qui commanderait pour elle aurait le pouvoir de « limiter le nombre des Français, même ceux de la religion, qui seraient admis à y résider ; » elle ne pouvait être obligée à la rendre, qu'après la restitution de Calais et le remboursement intégral des sommes prêtées. « Aucune cession de territoire, remarque un noble historien, n'avait payé les subsides du Pape, ni le concours des bandes espagnoles, qui venaient d'entrer en Gascogne et à Paris. » (1)

Sans doute, Philippe II et les Guises, n'omirent rien pour détourner ce mouvement au profit de leur ambition.

(1) Duc d'Aumale. *Histoire des princes de Condé*, I. p. 161.

Mais s'ils réussirent trop souvent à l'égarer, ils ne purent jamais le faire dévier de son but. Les Guises n'obtinrent jamais des Ligueurs l'autorisation de prendre la couronne, et au plus fort de la fureur ligueuse, l'ambassadeur de Philippe en était réduit à écrire à son souverain : « Ce sont tous des Français, ils diffèrent de religion, mais ils sont d'accord pour écarter de la couronne tout étranger, et croire qu'aujourd'hui on va obtenir en France quelque chose par amour ou persuasion, c'est se tromper absolument. Rien ne vaut que la force ; c'est la force et pas autre chose qui leur fera faire de nécessité vertu ; ils aiment mieux le Béarnais, qui est de leur race, qu'un étranger quand il serait un ange. » (1)

Il est à remarquer d'ailleurs que la Ligue ne recruta pas seulement des partisans dans la grande masse aveugle, crédule et facile à fanatiser. Il lui en vint beaucoup de la petite noblesse et de la haute bourgeoisie, et parmi ceux-ci, quelques-uns même ont gardé une haute réputation de perspicacité et de sagesse. Les Bodin, les du Vair, les Molé, les Brisson, les Jeannin, les Villeroy furent de la Ligue et ils n'étaient pas gens à se laisser duper par les Guises ou par les prédicateurs. S'ils se rangèrent sous les drapeaux de la Sainte-Union, c'est qu'ils y virent, comme la masse du peuple, le plus puissant rempart de la religion catholique.

Voilà ce que d'Ossat ne semble pas avoir vu, ou dont il n'a pas tenu assez de compte. Aussi si son mémoire peut être regardé comme le réquisitoire le plus complet qui ait été rédigé contre la Ligue, il ne saurait être accepté comme un jugement définitif. Tel qu'il est, ce mémoire était du moins un acte de courage digne d'être signalé. Il n'était pas alors sans danger d'exprimer tout haut dans Rome, des sentiments si hostiles à la Ligue. Moins de deux ans auparavant, d'Ossat avait pu voir, exposée sur le pont

(1) Diego Maldonado à Philippe II, octobre 1592. Ms. Arch. Nat. K, 1587, p. 99, cité d'après Forneron, *Hist. de Philippe II*.

Saint-Ange, la tête de Camille Volta (1), un agent du duc de Nevers, qui ne devait pas lui être inconnu. Son plus grand crime avait été « d'avoir blâmé les actions du Pape et des supérieurs relativement aux affaires de France. » D'Ossat ne faisait pas autre chose. Sans doute, Grégoire XIV n'était pas un Sixte-Quint, mais s'il n'avait pas son extrême sévérité, il avait bien plus de sympathie pour la Ligue, et mettait moins de réserve à frapper en France ses adversaires. Faire, dans les termes de d'Ossat, le procès à la Ligue, à Rome même, n'était-ce pas se désigner aux foudres du Pape ? Mais n'était-ce pas aussi provoquer une réaction contre ces procédés, et ramener l'opinion aux idées de Sixte-Quint ? C'est là ce que voulait surtout d'Ossat et, pour y réussir, il n'hésitait pas à user, à ses risques et périls, du seul moyen qui fût en son pouvoir.

Innocent XI, qui succéda à Grégoire XIV, n'eut guère le temps de faire connaître ses vues, sur les affaires de France. Il semblait incliner vers une politique moins militante. (2) Mais le retour à une attitude vraiment pacifique, assez rapprochée de la politique de Sixte-Quint, date de Clément VIII. Sans doute, ce pape engagé par la politique de ses prédécesseurs, ne pouvait rompre brusquement avec le système adopté depuis plus de trois ans. Comme disait d'Ossat : « il fournit encore argent pour payer trois mille hommes de pied et 500 à cheval, qu'on levait sous son nom aux Pays-Bas, mais il réduisit immédiatement à 15000 écus par mois la somme que les Papes donnaient à la Ligue. (3) A la première occasion qui se présenta, il licencia les Suisses et bientôt après tout le reste des forces. » (4) La politique d'intervention

---

(1) On peut voir sur cette affaire, Baron de Hubner, *op. cit.* II, 238.
(2) « In fatto si vede il Papa raffredarsi nelle cose de Francia. » *Let. du cardinal del Monte*, 11 Déc. 1591.
(3) D'Ossat à la reine Louise, 1, p. 154. Les subventions avaient monté jusqu'à 68,000 écus par mois.
(4) D'Ossat au Roi, 1, 290.

armée avait fait son temps et donné ses preuves. Pour tout esprit non prévenu, son inutilité était clairement établie.

L'espoir de convertir Henri IV grandissait d'ailleurs à mesure que s'éloignait toute chance de le vaincre. Trois années de luttes l'avaient convaincu que ses succès eux-mêmes ne lui assureraient jamais la tranquille possession de la France tant qu'il ne serait pas revenu à la religion de ses sujets ; aussi prêtait-il de plus en plus l'oreille aux vœux des catholiques. Mais avant de prendre publiquement une décision, il voulait s'assurer que Rome ferait bon accueil à ses projets de retour. A cet effet, il songea à renouer avec le Pape les relations diplomatiques. Par une lettre en date du 8 octobre 1592, il manda à Clément VIII « qu'il avait résolu de faire prêter... et de rendre toute sa vie à Sa Sainteté, l'obéissance qu'il lui devait. » (1) En même temps, il lui députa le Marquis de Pisany ; le cardinal de Gondi devait se joindre à lui et travailler à lui obtenir bon accueil à Rome. C'était peut être un peu précipiter les choses ; le Pape cessait bien de lancer ses foudres, mais pouvait-il recevoir les mandataires d'un hérétique qui ne manifestait pas l'intention de revenir à résipiscence ? Le cardinal de Gondi, qui s'était déjà avancé jusqu'à Florence, s'y vit intimer, de la part du Pape, la défense de se rendre à Rome. Pisany ne put même pas aller si avant. Arrivé à Desenzano, petite ville de la Vénétie, il reçut du nonce du Pape un avertissement qui l'arrêta sur place. « Suspect d'hérésie comme ayant suivi un hérétique et porté (1) les armes pour son service, il lui était interdit d'entrer dans les Etats de l'Eglise sous peine de voir procéder contre lui. » (2) Devant de telles injonctions, Pisany n'avait qu'à suspendre sa marche. Il le fit et attendit. Mais le bouillant marquis n'était pas homme à s'accommoder longtemps de cette inaction forcée. Las

---

(1) Lettre de Henri IV à Clément VIII . Lettres Missives, t. III, p. 674.
(2) Davila. *Guerres civiles* cité d'après de Brémond d'Ars, *op. cit.* p. 332.

d'une attente à laquelle il n'était point fixé de terme, il songea à rentrer en France et en donna avis à sa femme restée à Rome. Les Français ou les partisans de la France qui se trouvaient dans cette ville s'alarmèrent de ce projet. Avec le départ de Pisany, ils voyaient disparaître toute chance de réconciliation entre le roi et le Pape. Ils supplièrent d'Ossat d'intervenir et de faire comprendre à l'impatient ambassadeur les inconvénients de son départ précipité. Le modeste d'Ossat ne se prêta pas sans difficulté à cette démarche. Mais les instances de ses amis, l'espérance de faire œuvre utile à son pays l'enhardirent ; il écrivit une lettre à Pisany.

Après s'être excusé de la liberté qu'il prenait de lui donner des avis, il exprimait les vœux de ses amis et les siens de lui voir ajourner son projet de retour. Il lui soumettait les raisons qui lui conseillaient de rester en Italie et répondait à toutes les objections possibles. Il pouvait sans indignité endurer de la part du Pape ce qu'on ne souffrait pas de la part d'un prince temporel ; le profit ici compensait la peine ; il s'agissait de servir le Roi, de faire aboutir ses projets de conversion ; or Rome seule pouvait par son approbation donner à cette conversion l'autorité nécessaire pour désarmer les Ligueurs. Mais si lui, Pisany, venait à rentrer en France, les Princes n'enverront plus probablement vers le Pape, et le Pape de son côté enverra encore moins vers eux ; tout sera rompu ; il n'y aura jamais fin au schisme qui sépare du Saint-Siège les Princes et autres catholiques de France. « Et ainsi, ajoute d'Ossat, en nous dépitant et en quittant tout là, nous aurions fait ce que veulent les hérétiques et les Espagnols, à savoir que nous soyons toujours mal avec le Saint-Siège et que les Français catholiques ne soient jamais et fermement unis ensemble. » (1)

Mais le Pape va faire attendre sa réponse jusqu'à la fin

---

(1) D'Ossat à Pisany, I, 226 et 3.

des Etats de la Ligue. Qu'importe? Rien n'empêche les princes et seigneurs royalistes de continuer de plus belle la lutte en France. Et si cette assemblée s'en allait en fumée et se trouvait impuissante à créer un roi, les partisans de la Ligue seront perdus de réputation auprès du Pape et du roi d'Espagne, notre représentant en sera mieux écouté à Rome qu'il l'eût été auparavant, et le Pape aura toute facilité pour fermer la bouche aux Espagnols et aux Ligueurs.

En conséquence, d'Ossat osait supplier Pisany « pour la conservation et amplification de la religion catholique, pour le repos et la restauration de notre pauvre France, de ne prendre aucune résolution qui rompe le cours des belles espérances qui luisent de tous côtés. » Pendant ce temps, lui et les amis de la France « font et feront tout ce dont ils pourront s'aviser pour accélérer sa venue. »

Il est à peine besoin de faire remarquer quelle haute intelligence de la situation et quelle étonnante perspicacité cette lettre révèle dans son auteur. L'insuccès éclatant des Etats de la Ligue allait justifier ces prévisions. Nous n'avons pas à signaler davantage le vif patriotisme qu'elle respire. A l'accent ému avec lequel il parle de « notre pauvre France, » on reconnait sans peine, celui que ses amis tenaient entre tous pour « bon français. » (1)

Pisany déféra à des avis si sages. Il différa son départ et attendit les évènements. D'Ossat avait vu juste. Moins d'un mois après, Henri IV faisait connaître au grand duc de Toscane sa résolution de rentrer dans l'Eglise. (2) Quelques jours plus tard, il s'ouvrait de ce projet à Pisany lui-même, et lui faisait connaître le genre de services qu'il se promettait de sa présence en Italie. (3) Le pape lui-même faisait dire sous main au marquis, de

(1) D'Ossat à Pisany. Ibid.
(2) Henri IV au grand duc de Toscane, 26 avril 1593. *Lettres Missives*. T. III.
(3) Henri IV à Pisany, 9 juin 1593. T. III. p. 790.

prendre patience. (1) Mais Pisany ne se borna pas à suivre les conseils de d'Ossat. Frappé de la clarté et de la justesse de ses raisonnements, il avait envoyé une copie de sa lettre au roi. On a dit que cette lettre avait fait connaître d'Ossat à Henri IV. Il y a là, quelque inexactitude. Henri IV, nous le savons par les Mémoires de la Huguerie, connaissait d'Ossat depuis plus de 15 ans, et dès cette époque, il l'estimait assez pour lui confier la rédaction de ses lettres les plus importantes. (2) Ce qui semble plus vrai, c'est que sa lettre à Pisany attira de nouveau l'attention d'Henri IV, sur cet ancien secrétaire oublié. Prêt à entamer des négociations avec Rome, il comprit d'abord le parti qu'il pouvait tirer des services d'un si habile conseiller, et il remercia d'Ossat « de son nouveau témoignage d'affection au bien de ses affaires. » (3)

(1) Henri IV à M. de Beauvoir, 2 juillet 1593. Ibid.
(2) Voir plus haut, page 22.
(3) C'est bien semble-t-il à cette occasion que Henri IV écrivit à d'Ossat cette lettre dont les éditeurs n'ont pu retrouver la date, et où il remercie d'Ossat « du nouveau témoignage d'affection au bien de ses affaires, dont le marquis de Pisany l'avait averti. » T. VIII *Suppl*. Guadet.

CHAPITRE II -- Mission du duc de Nevers. --
Concours que lui prête d'Ossat.

I. — *Conversion d'Henri IV. — Insuffisance de l'absolution de Saint Denis au double point de vue canonique et politique. — Nécesssité de recourir à Rome.*

II. — *Mission confiée au duc de Nevers. — Envoi préliminaire de la Clielle. — D'Ossat lui sert d'intermédiaire auprès du Pape.— Mémoire de l'Espagnol Ponce de Léon, pour détourner le Pape d'absoudre Henri IV. — Réponse de d'Ossat.*

III. — *Etat des esprits à Rome. — Le Pape Clément VIII. — Le Sacré Collège. — Influence de Philippe II. — Mauvais accueil fait à Nevers.*

IV. — *Insuccès complet. — Si Nevers a dédaigné les conseils de d'Ossat. — Services que lui rend d'Ossat. — Mémoire de d'Ossat pour Nevers. — Lettres de Nevers à d'Ossat et de d'Ossat à Nevers. — Vraies causes de l'insuccès de Nevers.*

Henri IV tint parole. Dès le 18 mai 1593, il chargea l'archevêque de Bourges, Renaud de Beaune, de faire connaître à la conférence de Suresne son intention de revenir au catholicisme. Les Ligueurs tout en se disant heureux de cette détermination déclarèrent qu'ils ne pourraient reconnaître le roi tant que sa conversion n'aurait pas reçu l'approbation de Rome. Le Pape qui par ses excommunications l'avait retranché du sein de l'Eglise avait seul qualité pour l'y réintégrer par son absolution. Henri IV avait prévu cette difficulté. Il n'eût pas demandé mieux que de se faire absoudre directement par le Pape. (1) Il songea, un moment, à entamer

---

(1) Henri IV à Pisany, 9 juin 1593. T. III. p. 790 et s.

des négociations à ce sujet. Mais il en fut détourné par la lenteur des démarches à tenter et plus encore par l'incertitude du succès. Le crédit du roi d'Espagne était tout-puissant à Rome et la conversion de son ennemi contrecarrait trop ses projets en France, pour qu'il ne s'efforçât d'empêcher le Pape d'y prêter les mains.

Il y avait peu à espérer que Clément VIII pût de sitôt se soustraire aux obsessions de l'impérieux monarque. Pour toutes ces raisons, Henri IV crut pouvoir se faire absoudre en France sans trop déplaire au Pape. « J'ai pensé, écrivait-il au marquis de Pisany, faire chose agréable au Pape d'y procéder par deçà, d'autant qu'il sera déchargé, ce faisant, des importunités et violences dont les Espagnols lui pourroient user si premièrement je m'en adressois à lui. » (1) C'était là une façon un peu gasconne de tourner les difficultés. Il fut cependant résolu qu'on s'y tiendrait. Le Roi demanderait l'absolution aux évêques français, sauf à recourir au Pape pour compléter ce qu'il y aurait d'insuffisant dans leurs pouvoirs.

Instruit de ces projets, le légat du Pape protesta (2) vivement. Il déclara à l'avance nulle et sans valeur, toute absolution donnée par les évêques, il leur défendit même, sous peine d'excommunication et de privation de bénéfices de tenter d'y procéder; de quel droit des évêques s'arrogeaient-ils le pouvoir de lever des censures prononcées par le Pape ? On le laissa dire, on passa outre. Les prélats s'autorisèrent des privilèges et libertés de l'Eglise gallicane, de l'impossibilité où était le roi de se rendre à Rome, et du danger de mort qu'il courait en attendant. Ces raisons ne parurent pas cependant assez évidentes pour enlever, dès la première heure, toute hésitation aux évêques. Ils durent argumenter pour se démontrer à eux-mêmes leur propre compétence. En fait, la base sur laquelle ils appuyaient leurs prétentions n'avait aucune solidité juridique. Les

(1) Henri IV à Pisany, 9 juin 1593. T. III. p. 790 et s.
(2) Voir L'Estoile. *Journal d'Henri IV.* T. VI, p. 61. Edition des bibliophiles.

partisans les plus fanatiques des libertés gallicanes étaient obligés de convenir que ces libertés n'avaient jamais reçu, à défaut de l'approbation du Pape, celle de toute l'Eglise ou d'un concile œcuménique. Dès lors, quelle pouvait bien être leur valeur contre le droit général de l'Eglise ? Quant au danger couru par le roi, il était réel ; il était vrai aussi que la jurisprudence canonique dispense l'excommunié de recourir à Rome toutes les fois qu'il ne peut le faire sans péril sérieux. Mais, pouvait-on répondre, si le danger était trop réel, n'était-il pas en grande partie volontaire ? qui obligeait Henri IV à exposer sa vie sur les champs de bataille ? Ces considérations et d'autres de même genre ne furent pas sans produire quelque impression sur l'esprit des évêques. Aussi, en admettant leur pénitent à l'absolution, ils ne se contentèrent pas de l'avertir, comme le voulait le droit canonique, du devoir où il était de recourir encore à Rome ; ils réservèrent (1) expressément les droits du Pape, lui écrivirent une lettre collective comme pour s'excuser d'avoir absous le roi et lui annoncèrent l'envoi d'un messager chargé de tout exposer à Sa Sainteté.

L'absolution de Saint-Denis n'allait donc pas lever pour Henri IV toutes les difficultés. Sujette à contestation, elle était loin de donner pleine satisfaction au sentiment catholique. Il ne faut donc pas s'étonner qu'elle n'ait pas mis fin à toutes les résistances. Les évêques avaient appris au roi qu'il lui restait des devoirs envers le Souverain Pontife, les Ligueurs le lui répétaient sur un autre ton. Nous avons déjà vu avec quelle réserve ils accueillirent l'annonce de sa conversion. Leur langage ne varia pas après la cérémonie de Saint-Denis. « Je crois, disait un des principaux Ligueurs, l'archevêque de Lyon, je crois que cela (la cérémonie de Saint-Denis) n'ébranlera point l'affection de nos bons catholiques, qui ne peuvent tenir le roi de

---

(1) Les textes de l'absolution et de la lettre au Pape sont publiés dans *Lettres de d'Ossat*, I. p. 248.

Navarre catholique jusqu'à ce qu'il soit recogneu pour tel par Notre Saint-Père. » (1)

Henri comprit que sa conversion serait toujours contestée tant qu'elle n'aurait pas reçu cette suprême sanction. Cette reconnaissance, il avait songé un moment à l'obtenir avant l'acte de Saint-Denis; il n'hésita pas à la demander après. N'en eût-il pas pris l'engagement à Saint-Denis, c'était là pour lui l'unique moyen de fermer la bouche aux Espagnols et aux Ligueurs.

Pour mener cette affaire à bon terme, Henri IV jeta les yeux sur un personnage considérable par sa naissance et ses dignités, aussi recommandable par son caractère que par son expérience des affaires. Louis de Gonzague, prince de la maison souveraine de Mantoue, duc de Réthel et de Nevers, était un des seigneurs français les plus estimés à Rome. Apparenté à plusieurs cardinaux, il s'était toujours signalé par la fidélité de ses sentiments catholiques. Un moment uni aux Guises, il était venu à Rome, au début du pontificat de Sixte-Quint, demander à ce Pape l'approbation officielle de la Ligue et l'excommunication d'Henri de Navarre. Il n'en rapporta pas la bulle qu'il désirait, mais bien la lumière qu'il ne cherchait point. Sixte-Quint refusa de se prêter aux sollicitations des Ligueurs. Ce refus jeta des doutes dans l'âme du noble duc. Qui donc avait qualité pour se constituer, sans l'aide du Pape, le défenseur de la Religion ? Dès là que le chef de la catholicité lui refusait son approbation, la Ligue devenait suspecte à ses yeux. De retour en France, Nevers se détachait donc peu à peu des Guises et prenait position dans le parti royaliste, entre les Protestants et les Ligueurs. A la mort d'Henri III, il reconnut Henri IV, mais refusa d'abord au roi calviniste l'appui de ses armes. Retiré dans ses terres, il resta en relations avec les divers Papes qui se succédèrent, et ne cessa de les détourner de

(1) Bib. Nat. Ms. 3894, f. 195, cité par H. de Lépinois, *op. cit.*

toute mesure qui pouvait compromettre ou ajourner la conversion du roi. Pour lui comme pour Sixte-Quint, comme pour d'Ossat, le salut était là, et là seulement. Le Saint-Siège fit toujours grand cas de ses avis, Sixte Quint (1) donna ordre à son légat de s'aboucher avec Nevers, le nonce de Grégoire XIV eut ordre de s'adresser à lui (2), et Clément VIII le fit consulter (3) sur la conduite à tenir dans les affaires de France.

Tel était le personnage à qui Henri IV confiait le soin de le réconcilier avec Rome. Singulière ironie des temps ! le duc de Nevers allait demander à Clément VIII d'abroger les effets de la bulle qu'il avait lui-même sollicitée de Sixte-Quint.

Les instructions (4) qui lui furent remises précisaient nettement l'objet de sa mission au double point de vue religieux et politique. Il avait à expliquer au Pape les retardsde la conversion du roi, à en démontrer la sincérité, à exposer enfin les motifs qui avaient déterminé le roi à demander l'absolution aux prélats français ; le roi n'avait nullement prétendu porter atteinte aux droits de Sa Sainteté ; au contraire, il voulait en cela, comme en tout le reste, lui rendre le respect et l'honneur qui lui étaient dus ; le roi aimait donc à penser que la cérémonie de Saint-Denis obtiendrait l'approbation de Sa Sainteté, et qu'en témoignage de cette approbation, Elle daignerait lui impartir sa sainte bénédiction.

Si les événements allaient au gré du roi, le duc de Nevers prêterait le serment d'obédience et le marquis de Pisany resterait à Rome en qualité d'ambassadeur ordinaire. Le Pape devait être ensuite supplié d'intervenir auprès des chefs ligueurs pour les obliger à déposer les

---

(1) H. de Lépinois, *op. cit.* p. 409.
(2) Archives du Vatican *Gallia*, t. xxxii, f° 169. H. de Lép. *op. cit.* 482.
(3) La lettre de Clément VIII ne porte pas l'adresse du destinataire, mais se trouve dans les papiers d Nevers. B. N. F. f. 3981, f° 206. H. deLép. *op. cit.*
(4) Instruction donnée à M. le duc de Nevers s'en allant vers le Pape. *Mémoires du duc de Nevers* II, p. 492 et s.

armes, en leur témoignant qu'elle désapprouvait leur résistance. Il manifesterait la même désapprobation au roi d'Espagne et ferait voir ainsi aux yeux de tous que, s'il continuait la guerre, ce n'était pas au nom de la religion, mais uniquement pour son propre intérêt ; au besoin, le duc de Nevers pourrait sonder le Pape et les princes d'Italie sur la possibilité d'une alliance à conclure avec la France, contre Philippe, l'ennemi commun..

C'était aller vite en besogne. Ce dernier article notamment accusait une ignorance complète des dispositions actuelles de la cour de Rome. On avait bien fait entrevoir au duc de Nevers que l'exécution de sa mission n'irait pas sans quelques difficultés, mais le grand-duc de Toscane s'était porté garant des bonnes intentions du Pape. (1) Fort de cette assurance, le duc de Nevers n'avait pas hésité à se charger, malgré le mauvais état de sa santé, d'une aussi importante négociation. Henri IV ne doutait pas davantage du succès ; il s'était imaginé qu'un mois ou six semaines suffiraient au plein accomplissement des négociations. Le duc avait donc reçu ordre de se retirer et de protester par une déclaration publique, si les négociations n'avaient pas reçu à cette date la solution désirée. A tout hasard le roi prit cependant quelques précautions pour assurer bon accueil à son ambassadeur. Le marquis de Pisany se rendit auprès de quelques princes d'Italie et leur demanda, au nom de son maître, de s'employer au bon succès de la mission du duc. (2) Le cardinal de Gondi (3) devait, si possible, se joindre à Nevers et l'accompagner à Rome « pour l'assistance adresse, support qu'il pouvoit recevoir de sa personne. »

En même temps des lettres du roi étaient adressées à six ou sept cardinaux des plus influents auprès du Pape. Des

(1) Lettre d'Henri IV au grand-duc de Toscane, 29 août 1593. *Lettres Missives*, IV, p. 21.
(2) Henri IV à Pisany, t. IV, p. 15.
(2) Henri IV à Gondi, t. IV, p. 20.

personnages de moindre importance, mais qui pouvaient être de quelque secours à Nevers en reçurent aussi. A aucun d'eux il n'en fut envoyé de plus élogieuse qu'à d'Ossat : « L'assurance que j'ai, lui disait le roi, que vous rapporterez volontiers l'intelligence que vous avez des affaires de delà et le crédit que vous y avez acquis, au bien de mon service et de ce royaume, m'a meu de vous écrire la présente, sur l'occasion du voyage que mon cousin le duc de Nevers va faire de ma part vers N. S. Père le Pape, et par icelle vous prier de voir mondit cousin le plus souvent qu'il vous sera possible, pour vous employer pour mondit service selon que par lui vous saurez être à propos : lui donnant aussi, sur ce, les bons avis que vous connoîtrez y pouvoir aider et être utiles en quelque chose. » (1)

D'Ossat n'avait pas attendu cette lettre pour travailler à faire accepter de Rome une conversion appelée de tous ses vœux. En attendant le départ du duc de Nevers que retenaient les préparatifs de sa solennelle ambassade, le roi voulut donner au Pape un témoignage immédiat de sa bonne volonté. Il lui dépêcha en toute hâte son maître d'hôtel, Bouchard de la Clielle. Il le chargea de préparer le terrain au duc et de remettre au Pape une lettre autographe. Dans cette lettre, Henri IV annonçait à Clément VIII son retour à l'Eglise et protestait de son intention d'y rester toute sa vie. En attendant l'envoi d'une ambassade solennelle, il avait voulu donner par « ces quelques lignes de sa main ce premier témoignage de sa dévotion filiale et le supplier de l'avoir pour agréable. » (2)

Parti d'auprès du roi le 18 août, la Clielle arriva à Rome le 11 septembre, il y demeura caché (3) « sans se laisser

---

(1) Lettres de d'Ossat, t. I. p. 240.
(2) Ibid. p. 248.
(3) *Mémoire que donna le sieur de la Clielle à M. de Nevers, revenant de Rome.* B. N. F. Brienne, ms 137, f° 116.

voir à personne qu'à MM. Séraphin (1) et d'Ossat. » Leur entremise allait lui permettre de pénétrer auprès du Pape. Un bon mot de Séraphin lui obtint une audience ; d'Ossat, s'il faut en croire Davila (2), put, grâce à ses intelligences auprès de Clément VIII, le rassurer contre l'accueil un peu sévère que le Pape croyait devoir lui faire. Dans ses fréquentes visites au Vatican, en sa qualité d'agent de la reine Louise, d'Ossat s'était lié d'amitié avec un certain Sannèze, vieux serviteur des Aldobrandini, qui, par ses confidences, lui avait permis de pénétrer quelquefois les secrètes intentions du Pape. Il semble même que Sannèze avait parlé avantageusement à Clément VIII de son ami d'Ossat.

Décidé à recevoir l'envoyé d'Henri IV, le Pape ne voulait ni s'engager trop avant, ni donner l'alarme aux représentants de la Ligue et de l'Espagne. Il chargea donc Sannèze (3), d'avertir d'Ossat qu'il ferait un assez dur accueil à l'envoyé du roi, mais cet envoyé ne devait pas s'en laisser rebuter.

L'audience eut lieu, en effet, le 13 septembre à une heure de nuit. Après les formalités d'usage, la Clielle présenta ses lettres au Pape. Celui-ci après les avoir examinées se plaignit que sa bonne foi eût été surprise ; il croyait, disait-il, n'avoir affaire qu'à un envoyé du duc de Montmorency. Il congédia la Clielle presque aussitôt, en lui disant qu'il eût à s'adresser désormais au cardinal Tolet. La Clielle apprit, de la bouche de ce cardinal, que le Pape se refusait à recevoir le duc de Nevers. Préalablement à toute négociation, le roi devait donner des signes de contrition et de pénitence, obtenir du Pape son absolution et sa réhabilitation comme relaps. Pour le moment,

---

(1) Séraphin prélat français, alors auditeur de rote depuis près de 30 ans. Comme Clément VIII faisait difficulté de recevoir la Clielle, Séraphin lui déclara qu'à sa place, il donnerait audience au diable même, s'il pouvait espérer sa conversion.
(2) Davila, *op. cit.* l. XIV, p. 364 et s.
(3) Davila, *op. cit.*

Sa Sainteté ne pouvait donc agréer aucune ambassade du roi. Dans l'impossibilité d'obtenir d'autre réponse, la Clielle quitta Rome pour revenir au devant du duc de Nevers.

Malgré le secret dont elle avait été entourée, la nouvelle de cette négociation avortée transpira dans Rome. Elle donna grand courage aux Espagnols et aux Ligueurs. Ils s'empressèrent de profiter des dispositions où ils voyaient le Pape, pour enlever tout espoir à Henri IV et à ses partisans.

Un camérier du Pape, un Espagnol (1), du nom de Gonzalès Ponce de Léon, publia un mémoire dont les conclusions tendaient à établir que le Pape n'avait même pas le pouvoir d'absoudre un relaps. Ce mémoire écrit par un homme qui ne manquait, dit de Thou (2), ni de talent, ni de notoriété, pouvait produire sur le Pape une impression fâcheuse pour nous et les impressions s'effaçaient difficilement dans l'âme de Clément VIII. (3) A la veille de l'arrivée du duc de Nevers à Rome, il importait de n'y pas laisser accréditer une opinion comme celle de Gonzalès de Léon. D'Ossat répondit aussitôt au mémoire du prélat espagnol et il le fit avec autant de science et beaucoup plus de conscience. Lui aussi (4) se demandait s'il fallait absoudre et réhabiliter Henri de Bourbon. Il n'hésitait pas à répondre affirmativement et il apportait à l'appui de son affirmation un grand luxe de preuves juridiques et historiques. Que le Pape eût le droit de procéder à l'absolution, il ne pouvait y avoir de doute là-dessus. Quant à la réhabilitation, comment le pouvoir d'un Pape pourrait-il être annihilé par celui de ses prédécesseurs; la puissance papale demeurait aujourd'hui ce qu'elle était hier, elle pouvait donc modifier maintenant ce qu'elle avait réglé jadis. Mais y avait-il des causes

(1) Thuanus, *Hist. lib.* CVII. cap. XII.
(2) Thuan, *op. cit.*
(3) *Relation* de Giovanini Dolfino au Sénat de Venise, *op. cit.* 1598.
(4) Ce mémoire se trouve en copie B. N. Ms. 137 f° 63 à 76.

suffisantes pour motiver cette modification? Ces causes existent, disait d'Ossat. C'est d'abord l'utilité qu'en retirerait la France, la réconciliation des catholiques, la restauration de la religion que ruinaient toutes ces divisions... La chrétienté entière y trouverait son profit : plutôt que se relâcher sur quelques canons, valait-il donc mieux la livrer « à la gueule béante du monstre ottoman, qui s'apprêtait à la dévorer? » (1) Impossible d'ailleurs de guérir par une autre voie les maux de la France ou de la chrétienté. Ils en sont venus à un degré qui défie tout autre remède. Et ici d'Ossat décrivait en termes saisissants le misérable état de ce royaume où toute autorité, tout commerce, toute industrie, avait disparu, où chaque chef agissait à sa guise, où chaque gouverneur se taillait dans sa province un royaume indépendant.

A la fin de son Mémoire, d'Ossat annonçait l'intention d'en écrire un autre, où il réduirait à néant l'argumentation de son adversaire. L'écrivit-il, nous l'ignorons ; celui qu'il venait de publier ne suffisait-il pas à convaincre tout homme de bonne foi ? De Thou nous apprend qu'il ne fut point livré à l'impression, mais circula de main en main. Si Clément VIII le lut, comme il y a tout lieu de le croire, il ne put manquer d'être ébranlé, et s'il ne fut pas absolument convaincu de son devoir, il fut assurément rassuré sur son droit d'absoudre Henri IV.

Sur ces entrefaites, le duc de Nevers s'était mis en route vers la fin de septembre. Avec lui venaient trois ecclésiastiques : l'évêque du Mans, Séguier, chanoine de Notre-Dame de Paris, Gobelin, religieux de l'abbaye de Saint-Denis. Tandis que le duc de Nevers parlerait au nom du roi, ces derniers devaient porter la parole au nom de leurs collègues, qui les avaient députés. Ils devaient exposer au Pape les motifs qui avaient porté les évêques de France à procéder à l'absolution du roi.

---

(1) « Quam christianitatem ea re debiliorem redditam cani ottomani inhianti ingulandam et devorandam tradi ». *op. cit.* p. 68.

Une brillante escorte de soixante-dix gentilshommes s'était jointe spontanément aux ambassadeurs. On était si bien persuadé que cette ambassade serait une marche triomphale à travers l'Italie, couronnée à Rome par une fastueuse réception ! Une telle illusion n'était possible qu'à des gens peu familiarisés avec l'état d'esprit qui régnait en ce moment au Vatican.

Le trône pontifical était alors occupé, depuis bientôt deux ans, par Clément VIII. Le cardinal Hippolyte Aldobrandini, comme on l'appelait avant son élévation, était un des nombreux enfants de Sylvestre Aldobrandini, un jurisconsulte de mérite, qui, banni de Florence par Cosme de Médicis, avait trouvé un asile à Rome, auprès de Paul IV et des Caraffa. (1) Placé d'abord dans une maison de banque, il avait pu, grâce à l'appui du cardinal Farnèse, entrer dans l'état ecclésiastique. Le crédit de son puissant protecteur lui aplanit rapidement la voie des honneurs. Après avoir été auditeur de rote et secrétaire du cardinal Alessandrino (2) qui venait en France comme légat, il accompagna, quelques années après en Espagne, le cardinal Buoncompagni, qui deviendra Grégoire XIII. Dans la suite du même cardinal, se trouvait le Frère Félice Peretti, qui sera Sixte-Quint.

C'est de ce dernier qu'Aldobrandini reçut le chapeau de cardinal. Nommé légat en Pologne, le cardinal Aldobrandini avait rempli sa mission au grand contentement du Pape et de la maison impériale. Celle-ci lui savait grand gré d'avoir obtenu la délivrance de l'archiduc Maximilien retenu dans les prisons de Sigismond, son compétiteur au trône de Pologne. Ce succès l'avait mis en évidence ; aussi, dans le premier conclave qui suivit la mort de Sixte-

---

(1) Sur les relations de Sylvestre Aldobrandini et des Caraffa, voir G. Duruy. *Carlo Caraffa.*

(2) Il deviendra pape sous le nom de Pie V

Quint, le nom d'Aldobrandini (1) retentit plusieurs fois dans les scrutins. Mais Philippe II ne pardonnait pas à Sixte-Quint son attitude dans les affaires de France ; il avait donc donné ordre à ses cardinaux de frapper d'exclusion toutes les créatures de ce pape. Au conclave qui précéda l'élection de Grégoire XIV, le nom d'Aldobrandini reparut encore. Un moment même, l'agent du duc de Florence put écrire à son maître qu'Aldobrandini était dans une position très favorable. (2) La coalition austro-espagnole l'exclut encore. Il en fut de même au conclave qui élut Innocent XI. Dans l'intervalle, le neveu de Sixte-Quint, le cardinal Montalto, fit sa paix avec le roi d'Espagne. L'exclusion qui frappait les créatures de ce Pape fut levée. Aldobrandini fut même inscrit (3) sur la liste des sept cardinaux seuls acceptés par Philippe II. Il fut le seul d'entre eux à réunir le nombre des suffrages nécessaires. Elu le 30 janvier 1592, après vingt jours de conclave, il prit le nom de Clément VIII.

Le Pape, laissé à lui seul, eût sans doute justifié à l'égard de la France ce nom de bon augure. Au rapport de Paruta (4) qui l'avait vu de près, il était homme de grande bonté, d'un caractère modéré et humain. Cette bonté et cette modération le portaient à tout concilier, à tout ménager. Mais vouloir tout concilier n'est pas toujours le plus court moyen de tout résoudre, surtout dans un conflit de passions irréductibles et d'intérêts diamétralement opposés. Telle était la situation où allait se trouver Clément VIII par rapport à la France. Des circonstances aussi complexes exigeaient avec la rapidité du coup d'œil qui trouve sur-le-champ la solution nécessaire, l'énergie de résolution capable de l'appliquer sans faiblir. Clément VIII n'avait ni l'une ni l'autre. Sans être dépourvu de cette sagacité moyenne qui suffit dans les situations ordinaires, sa volonté ne connut jamais cette

---

(1) *Histoire diplomatique des conclaves*, par Della Gattina. II, 305 et s.
(2) Ibid.
(3) Ibid.
(4) *Relation* au Sénat de Venise. Ed. Albéri. 2. série, t. IV, p. 362 et s.

promptitude de décision, ni son intelligence cette haute perspicacité que réclament quelquefois les affaires importantes, surtout les affaires d'Etat. En proie à une continuelle irrésolution, ballotté de projets en projets, il ne se décidait qu'après avoir tout vu, tout lu, tout examiné. Les conseils d'autrui ne pouvaient rien sur cet esprit indécis : car naturellement soupçonneux, (1) Clément VIII n'osait pas plus se fier aux vues d'autrui qu'aux siennes. Les considérations d'opportunité, les nécessités des circonstances, les exigences de la politique achevaient de mettre à la torture l'âme de l'ancien auditeur de rote qui tremblait de manquer de respect à la lettre de la loi, au texte abstrait du droit. Après le départ du duc de Nevers, la France semble perdue pour le Saint-Siège, le schisme est imminent; une seule pensée console Clément VIII de cette perspective : il avait pris la voie « que les canons et les plus anciens conciles de l'Eglise lui avaient indiquée ! » (2) Ses sentiments religieux, qui étaient profonds, ajoutaient à ses scrupules, plutôt qu'ils ne fixaient ses incertitudes. Pour peu qu'il y eût d'apparentes contradictions entre les suggestions de la politique et les conseils de la conscience, les hésitations n'avaient plus de terme.

Voilà l'homme que les Espagnols avaient laissé monter sur le trône pontifical. Ils n'avaient pas à craindre de lui l'indépendance d'un Sixte-Quint. Ce n'est donc pas que Clément VIII se fît illusion sur le véritable but de leur intervention dans les affaires de France. « Il voyait bien, disait un témoin oculaire (3), que leurs entreprises faites au nom de la religion tendaient à l'oppression du royaume de France » il l'avait même reconnu publiquement mais sa timidité naturelle (4) lui enlevait la force de secouer le joug. Alors même qu'il se défendait le plus d'être espagnol, il n'eût jamais consenti à affronter les conséquences d'une

---

(1) P. Paruta *Relat. loc. cit.*
(2) Lettre de Joyeuse au duc de Mayenne (inédite). B. N. Ms. 16042, f° 215.
(3) P. Paruta, *loc. cit.*
(4) Lettres de d'Ossat, I, 289.

rupture avec la nation la plus puissante de la catholicité. Cette crainte, il la laissait entrevoir, quelques jours après son avènement, à l'ambassadeur de Venise qui le sollicitait de prendre en considération les affaires de la France. Placé, disait-il, dans l'alternative de perdre le dévouement de l'Espagne ou de s'attirer la haine de la France, il devait se préoccuper de conserver au Saint-Siège ce qui lui restait; l'Espagne, à peu près maîtresse de la moitié de l'Italie, pouvait couper les vivres au Pape et affamer ses sujets. Clément VIII n'oubliait pas sans doute que le pieux Philippe II ne s'était pas fait faute de recourir à de tels moyens contre Paul IV, (2) le protecteur de son père, et il ne lui était pas démontré qu'il se fût fait scrupule d'y recourir encore.

Contre un bienfaiteur si ombrageux, Clément VIII n'avait pas à chercher un soutien dans le Sacré Collège. Depuis bientôt cinq ans, la France n'avait plus de part aux promotions cardinalices. Les cardinaux d'Este et de Rambouillet étaient morts, et les seuls cardinaux français résidant à Rome, Joyeuse et Pellevé (3) recevaient pension de Philippe II et étaient, à ce titre, aussi dévoués à sa politique que les autres qui lui devaient leur chapeau. Et le nombre de ces derniers était considérable. Sur soixante-dix cardinaux environ, que comptait le Sacré Collège dans les premiers temps de Clément VIII, il y avait treize Italiens « dont pas un n'avoit une veine françoise ; » (4) quatorze étaient par leur naissance sujets du roi d'Espagne, trois étaient ses proches parents, cinq faisaient profession ouverte d'être ses serviteurs, et outre ces vingt-deux cardinaux ostensiblement dévoués à ses intérêts, un bon nombre d'au-

---

(1) Notes de Leonardo Donato, ambassadeur extraordinaire près de Clément VIII, 1592, publiées par Baschet. *La Diplomatie vénitienne*, p. 206.

(2) Cf. G. Duruy, *Carlo Caraffa*.

(3) Le cardinal de Pellevé venait de mourir en France au lendemain de l'entrée d'Henri IV à Paris.

(4) D'Ossat au roi. II. 127.

tres étaient pensionnés par lui. Parmi ceux-là mêmes qui ne devaient à Philippe ni chapeau ni pension, il y en avait bien peu qui eussent complètement renoncé à l'espoir d'arriver à la Papauté. En temps ordinaire, « il ne s'estoit sitôt faict un Pape, disait le cardinal d'Este, (1) qu'il ne se pensât à l'élection de son successeur. » C'était bien pis depuis la mort de Sixte-Quint. Les vacances qui se succédaient si rapidement sur le trône pontifical avaient développé dans chaque cardinal le désir d'y parvenir à son tour. Paolo Paruta, un de ces politiques italiens, qui trouvent cette ambition fort légitime, s'étonne seulement de la voir s'accroître d'une façon si intense et si générale ; le fait lui semble assez extraordinaire et assez important pour être mandé à sa cour. (2) Mais pour arriver à la Papauté, il fallait compter sur le bon plaisir de Philippe; ne l'avait-on pas vu, à la mort de Sixte-Quint et de Grégoire XIV, frapper d'exclusion soixante-deux cardinaux, (3) et après plus de deux mois de résistance, le Sacré Collège avait été réduit, au grand scandale du monde catholique, à faire son choix parmi les sept candidats chers au roi d'Espagne ? Le moyen d'obtenir plus tard les faveurs d'un prince si vindicatif, si l'on se montrait aujourd'hui favorable au roi de France, son plus grand ennemi ? Aussi trouverons-nous le Sacré Collège encore plus réfractaire que le Pape aux sollicitations d'Henri IV ; Clément VIII gagné à notre cause, sera obligé de recourir à d'ingénieuses innovations pour s'assurer l'approbation de la majorité des cardinaux.

(1) Le cardinal d'Este à Villeroy. Mars 1585, cité par de Brémond d'Ars op, c. p. 161.
(2) « Non debbo io tacere che negozzi publici importantissimi al servizio della Christianita e alla sede apostolica particolarmente sono spesso, come se veduta in queste cose di Francia, trattati e misurati con termine di fazzione e con pratiche di Pontificato, referendo si ogni azione principali, che passi ora in quella corte, a questo solo oggetto. » P. Paruta, op cit. p. 381 et s.
(3) « Dites à Madruzzo de laisser l'élection libre et qu'il ne reste plus barricadé en quatre ou cinq cardinaux. On n'exclut pas par un caprice de ministre, soixante-deux cardinaux d'un coup. » Let. du grand-duc, 4 nov. 1591, Della Gattina, op. c. II, 321.

Loin de nous cependant la pensée de méconnaître tout ce qu'il y avait de nobles inspirations, de talents et de vues désintéressées dans le Sacré Collège de cette époque. Parmi ses membres, on n'en pourrait citer aucun dont la vie ne fût régulière et édifiante, et il en est plusieurs dont les noms ont honoré la science, la politique ou les arts. Il nous suffira de nommer le cardinal Tolet (1), le cardinal Montalto, le cardinal de Florence (2), le savant Frédéric Borromée (3), le sage Morosini (4), son compatriote le docte et pieux cardinal de Vérone (5) et bientôt Baronius, dont le nom dispense de tout éloge. Il faut même reconnaître qu'aux yeux du grand nombre, la cause de Philippe vue de loin pouvait se confondre en France avec celle de la religion et beaucoup croyaient sincèrement ne pouvoir nuire à l'une, sans porter atteinte à l'autre. Erreur ou illusion, ce fut là le grand obstacle contre lequel vint se heurter l'ambassadeur d'Henri IV.

Le duc de Nevers venait à peine de franchir les Alpes à la tête de son brillant équipage, quand il vit venir à lui le P. Possevin. Ce jésuite lui apportait de la part du Pape la défense de se rendre à Rome. Grande fut la surprise du duc de Nevers. Il s'attendait à voir la nouvelle de son ambassade accueillie auprès du Pape « comme les anges accueillent au ciel la nouvelle de la conversion d'un pécheur. » (6) Cet espoir s'évanouissait comme un rêve. L'ordre du Pape lui semblait si étrange qu'il ne pouvait y croire. S'arrêter aux portes de l'Italie, c'était attester aux yeux des Espagnols et des Ligueurs l'échec

---

(1) « Toledo, disait Montaigne, cet homme très rare en profondeur de savoir en pertinence et disposition » *Voyage*.

(2) Nous le verrons plus tard légat en France.

(3) De la famille des Borromée, auteur d'un grand nombre d'ouvrages, fondateur de l'*Ambroisienne* de Milan.

(4) Ancien nonce en France.

(5) Nous aurons occasion de parler plus tard de ce cardinal.

(6) Mémoire italien présenté au Pape par Nevers, rédigé par d'Ossat, v. plus bas, chapitre suivant.

humiliant de son maître. Le duc ne le pouvait pas. Coûte que coûte, il devait se rendre à Rome, fût-ce même au prix d'une humiliation personnelle. Il continue donc sa marche jusqu'à Florence. (1) De là, il demande instamment au Pape la permission de se rendre auprès de lui, sinon comme ambassadeur de France, du moins comme duc de Nevers. La permission demandée en ces termes fut accordée, contrairement à l'avis (2) des cardinaux de la « congrégation de France », mais avec une mauvaise grâce qui montrait assez au duc de Nevers combien on eût été heureux de lui voir repasser les monts.

L'arrivée de la Clielle vint confirmer le duc de Nevers dans ses sombres pressentiments. Il apprit, avec l'insuccès relatif de cette mission préliminaire, les exigences du Pape à l'égard du roi. Son voyage assombri par ces tristes débuts ressembla désormais plutôt à une fuite qu'à une marche triomphale. Arrivé à Rome, le duc fut réduit à y entrer de nuit par une porte dérobée. « Il était reçu, dit d'Ossat, comme s'il avait porté la plus triste et la plus malheureuse nouvelle du monde et fût venu pour causer au Saint-Siège autant de dommage qu'il lui apportait d'utilité et d'avantages. » (3)

Clément VIII considérait, comme nulle et non avenue, l'absolution donnée à Henri IV par les évêques de Saint-Denis. Il n'admettait pas que ce prince envoyât faire acte d'obédience avant d'avoir obtenu son absolution et, cette absolution, Clément VIII était bien résolu à la refuser encore. La conversion du roi ne présentait pas les caractères d'une suffisante sincérité ; avant d'y croire, le Pape attendait de lui de véritables signes de pénitence ; lui donner tout d'abord l'absolution, c'eût été scandaliser le monde catholique et faire courir à la religion, en France, de plus grands dangers que jamais. Devenu

---

(1) Cf H. de Lép. qui a utilisé les papiers du P. Possevin, *op. cit.* p. 606, et *Revue des Questions historiques*, t. XXXIV. p. 34-114.
(2) Ibid.
(3) *Mémoire italien* de d'Ossat.

maître de ce pays, grâce à l'absolution du Pape, le roi aurait toute facilité pour l'entraîner ensuite dans son hérésie.

L'absolution n'aurait d'ailleurs ses effets que dans la conscience du pénitent. Pour être reconnu comme roi de France par le Saint-Siège, Henri IV avait encore besoin d'une réhabilitation. Un acte pontifical, la bulle de Sixte-Quint, l'avait privé de ses droits au trône de France ; un nouvel acte pontifical pouvait seul annuler le premier. Cette réhabilitation, il eût été souverainement imprudent de l'accorder en ce moment ; les Ligueurs avaient encore les armes à la main et les Espagnols promettaient de tenter à bref délai un effort décisif. Fondé ou non, tel était, comme il s'en exprimera plus tard en plein consistoire, le raisonnement de Clément VIII et il n'était pas homme pour en démordre, à s'exposer de gaîté de cœur au ressentiment des Espagnols. Aussi, tout en mettant les conditions que nous savons à l'admission du duc de Nevers, prenait-il grand soin de rassurer ces derniers contre les conséquences possibles de sa venue. A peine avait-il consenti à le laisser venir qu'il expédiait un courrier en France, pour informer le légat et le duc de Féria de ses véritables intentions : en aucun cas, Nevers n'obtiendrait rien de ce qu'il pourrait demander pour le roi de Navarre ; ils avaient eux-mêmes à publier, à Paris et dans la France, cette résolution bien arrêtée du Pape. (1)

Dès son arrivée, le duc de Nevers se heurta donc à un parti-pris de ne rien écouter. Il eut beau dépasser les termes de son instruction, demander au Pape l'absolution du roi, le prier d'y joindre tout ce qu'il jugerait nécessaire pour le salut de son âme, lui offrir toutes les satisfactions et garanties qu'il pouvait attendre d'un vrai pénitent et d'un fils obéissant ; en vain se jeta-t-il à ses genoux en toute humilité, ses « instances, larmes, (2) mains

(1) *Mémoire italien*, Nevers-d'Ossat.
(2) Ibid.

jointes et levées » n'obtinrent rien. Dans cinq audiences Clément VIII répondit à toutes ses sollicitations qu'il ne recevrait jamais le roi, il se refusait à pourvoir d'aucune façon au salut de son âme, soit en lui accordant l'absolution, soit en indiquant au duc de Nevers les moyens de l'obtenir ; défense était même faite au duc de Nevers de visiter les cardinaux et à ces derniers de recevoir ses visites ou de les lui rendre. (1) C'était enlever à l'infortuné ambassadeur jusqu'à la possibilité de faire la lumière sur cette conversion du Roi qu'on disait si suspecte.

Les députés ecclésiastiques venus avec lui furent encore moins heureux. Avant de les admettre à ses pieds, le Pape exigeait d'eux qu'ils se fissent absoudre par le Chef de l'Inquisition : ils avaient, leur dit-on, encouru deux fois les censures pontificales en désobéissant aux monitoires de Grégoire XIV et en donnant une prétendue absolution au roi de Navarre. Le duc refusa de leur laisser subir ces formalités ignominieuses. Sans rien vouloir entendre davantage, le 20 Décembre, le Pape fit part au consistoire de sa volonté bien arrêtée de ne pas donner l'absolution au roi, et, deux jours après, il notifiait cette décision au corps diplomatique.

Le duc de Nevers dut s'avouer qu'il n'avait plus rien à faire à Rome il en sortit le 14 Janvier. Il partait, l'âme navrée, indigné du traitement qu'il avait reçu, plus mécontent encore de se voir déçu dans son espoir d'apporter remède à la lamentable situation de la France.

Quel avait été dans tous ces événements le rôle de d'Ossat ? Le duc de Nevers, comme le lui avait recommandé Henri IV, avait-il tenu compte de ses avis ? Les biographes de d'Ossat ont affirmé jusqu'ici que le duc n'avait eu pour lui aucune considération. A les en croire, le duc aurait compromis le succès de sa mission par sa hauteur, son défaut de souplesse et plus particulièrement

---

(1) *Mémoire italien*, Nevers-d'Ossat.

par son dédain pour d'Ossat et ses conseils expérimentés. Malgré tout ce qu'une pareille opinion peut avoir de flatteur pour d'Ossat, il n'est plus aujourd'hui permis de l'accepter. Des documents inédits et inconnus jusqu'ici nous permettent d'établir que Nevers fit le plus grand cas de d'Ossat et l'associa de très près à ses négociations. Dans notre récit de l'accueil fait au duc de Nevers, nous nous sommes surtout aidé d'un Mémoire que ce dernier, revenant en France, envoya de Florence au Pape. Ce Mémoire (1) rédigé en italien se trouve aujourd'hui à la Bibliothèque Nationale dans les papiers de Nevers. Il est intitulé : *Mémoire ou Discours au Pape, par d'Ossat*. Ce titre a été écrit par un contemporain de d'Ossat, peut-être par le duc de Nevers. Ceci nous autorise donc à l'attribuer à d'Ossat, comme l'ont fait les rédacteurs du Catalogue. Un passage d'une lettre inédite de d'Ossat à Nevers confirme cette attribution. Dans cette lettre datée du 7 février 1594, d'Ossat parle d'un écrit important que le duc lui avait demandé le jour de son départ, et il se fût bien gardé, dit-il, de le faire si le duc ne le lui avait expressément commandé. Cet écrit était, sans doute, le Mémoire en question ; car il est daté lui aussi du mois de février, et il est assez important pour motiver les excuses du modeste d'Ossat. On y retrouve d'ailleurs ses idées, sa marche régulière et méthodique.

Dans ce Mémoire, le duc de Nevers (il parle en son nom) expose d'abord tout ce que le roi et lui-même ont fait pour donner contentement et satisfaction au Pape. Il rappelle ensuite comment le Pape a peu répondu à leur bonne volonté; son refus de rien écouter ne peut manquer de produire en France de grands maux ; s'il les indique, ce n'est pas pour faire des menaces, mais c'est qu'il se croit tenu en conscience de prévenir le Pape des conséquences d'une décision qu'il peut encore réformer; il le supplie

---

(1) B. N. Ms. F.f 3989, f° 108, inédit. On en trouve quelques passages traduits dans les notes d'Amelot, qui d'ailleurs n'indique pas ses sources.

donc de revenir sur une détermination dont les suites vont être si préjudiciables à la religion catholique et à la France ; qu'il accueille le roi, qu'il lui impose telle condition juste et raisonnable que peut requérir le salut de son âme, qu'il ferme l'oreille aux conseils violents ; ceux qui les lui donnent le font dans leur propre intérêt et au préjudice du Saint-Siège et de la chrétienté. » (1).

Pour être en état de rédiger ce Mémoire après le départ de Nevers et entrer si bien dans ses sentiments intimes, d'Ossat avait dû être mêlé de très près à ses négociations. Mis en contact avec d'Ossat, Nevers n'avait pas tardé à apprécier sa valeur. Dès lors il mit souvent son expérience à contribution. Sa confiance dans son conseiller d'occasion nous est attestée par des témoignages sûrs. Leurs relations survécurent au rapprochement passager qui leur donna naissance. Il y eut entre eux un assez long échange de lettres, nous avons pu en découvrir quelques-unes. (2) Elles vont nous permettre de préciser la nature des rapports qui existèrent entre le duc de Nevers et d'Ossat. Nous y apprenons entre autres choses que d'Ossat (3) fut chargé par le duc de poursuivre à Rome quelques affaires d'ordre privé que son départ précipité avait laissées sans solution. Cet hommage rendu à l'habileté de d'Ossat était d'autant plus significatif que Nevers avait déjà à Rome un agent plus spécialement chargé de ses affaires. (4) Une autre fois (5) il confie à d'Ossat le soin de lui dresser un état comparé des forces et des possessions d'Henri et de la Ligue. Ce tableau devait être envoyé au Pape avec le Mémoire cité plus haut, et achever sans doute de lui enlever tout espoir de voir la Ligue triompher des armes

---

(1) B. N. Ms. F.f. 3989, f° 108.
(2) B. N. F. f. 3662-3991.
(3) 1re Lettre. 17 janvier 1594, Ms 3662. f° 25.
(4) Lomellin.
(5) Ibid. f° 47. Lettre du 7 février.

du roi. Cette correspondance se continue à intervalles plus ou moins réguliers jusqu'à l'absolution d'Henri IV; elle tient Nevers au courant des péripéties que traversent les négociations engagées en vue de cette absolution.

Nous aurons occasion de faire à ces lettres de larges emprunts. Ce que nous savons suffit dès maintenant à justifier Nevers contre les reproches qui lui ont été faits. Son insuccès ne provient donc pas de son dédain pour les services de d'Ossat; la cause de cet insuccès est ailleurs. Elle est surtout dans l'état d'esprit de Clément VIII. Le temps devait-il jamais venir où il pourrait absoudre Navarre ? le Pape ne le savait guère, mais il était bien persuadé que ce temps n'était pas venu ; tant qu'il n'aurait pas vu des preuves indéniables de véritable conversion ; tant qu'il n'aurait pas reçu des offres plus humbles et plus précises, (1) il ne devait pas ouvrir ses bras à l'ancien hérétique. Pour emprunter au cardinal Tolet une image quelque peu triviale, « quand Nevers vint à Rome le melon n'étoit pas encore meur. » (2) Par malheur, il était maintenant à craindre que le jour où Rome croirait « le melon assez meur », pour être cueilli la France ne fût plus d'humeur à le lui servir. Le renvoi humiliant de Nevers risquait fort, en irritant les catholiques, de les porter à des représailles dont les conséquences pouvaient être irréparables. D'Ossat va travailler d'abord à prévenir ce premier danger. Ses lettres inédites ne nous apprennent pas seulement les services que lui demande Nevers; elles vont nous permettre encore d'indiquer ceux qu'il rendit à la France dans ces graves circonstances.

(1) Lettre du cardinal del Monte au grand-duc. *Nég. dipl.* V. 176.
(2) D'Ossat à Nevers, 15 avril 1595, B. N. Ms. 3922, f 94.

CHAPITRE III. — D'Ossat conjure le danger d'un schisme entre la France et le St-Siège.

I. — *Irritation provoquée en France par l'accueil fait au duc de Nevers. — Mécontentement du peuple. — Représailles du Parlement et du conseil du roi. — Menaces de schisme.*
II. — *Modération d'Henri IV. — Quelle fut l'influence des conseils de d'Ossat sur son attitude ?*
III. — *Intrigues des agents du duc de Mayenne. — D'Ossat prémunit Gondi contre leurs calculs. — Renseignements et avertissements qu'il fait parvenir au duc de Nevers. — Joyeuse et Senecey sont réduits à l'impuissance.*
IV. — *Clément VIII promet au cardinal de Gondi de se montrer plus accessible à de nouvelles démarches. — Mission confiée à d'Ossat.*

Le duc de Nevers rentrait en France « plus attristé et plus désolé que jamais chevalier qui fut venu à Rome. » (1) Cependant ni lui ni les catholiques sincères ne renonçaient au désir de réconcilier Henri IV avec le Saint-Siège. Ils savaient trop que cette réconciliation permettrait seule au roi de recueillir les bénéfices de sa conversion. Abstraction faite de toute question de droit, cette conversion et l'absolution, qui l'avait suivie, devaient être, en fait, toujours contestées et partant inefficaces tant qu'elles n'auraient pas reçu la suprême reconnaissance de Rome.

(1) *Mémoire Nevers-d'Ossat.*

Mais, pour obtenir cette reconnaissance, il fallait au moins la demander, et n'était-il pas à craindre qu'après l'insuccès de sa première demande, le roi ne se crût dispensé d'en formuler une seconde ? N'était-il pas encore plus à craindre, qu'irrités de l'échec du duc de Nevers, le roi et son entourage ne se laissassent aller à des actes qui pourraient rendre le pape inaccessible à toute demande ultérieure ? De fait, les obstacles allaient désormais venir à la fois de Paris et de Rome.

Éloigné de France et dépourvu à Rome de tout mandat officiel, d'Ossat sut néanmoins trouver le moyen d'aplanir les difficultés qui vinrent de ces deux points opposés. L'amitié et la confiance du duc de Nevers le mirent à même d'agir en France, son habileté et son patriotisme firent le reste à Rome.

Le duc de Nevers avait annoncé au Pape que la France serait indignée, quand elle apprendrait les procédés (1) humiliants qu'avaient eu à subir les envoyés du roi. La prédiction était trop justifiée pour ne pas se réaliser. Le récit de l'accueil fait à son envoyé ne pouvait que provoquer, dans l'entourage du roi, une explosion de mécontentement contre le Saint-Siège. Cette perspective effrayait le duc. Il se préoccupait à bon droit d'apporter, avec la nouvelle de son insuccès, tout un plan de conduite qui pût en atténuer les effets redoutés. Cette fois encore, au moment même de son départ, il recourut à d'Ossat ; il voulut avoir son avis sur les mesures que comportait la situation. Cet avis, il lui fit promettre de le lui envoyer par écrit.

D'Ossat dut faire violence à sa modestie naturelle. Il s'exécuta, non sans s'excuser, de « son incapacité et de son indiscrétion ; » il écrivit la lettre qu'on lui demandait. « Il est, y dit-il, aussi ému que personne,

---

(1) Cette lettre complètement inconnue et inédite se trouve B. N. Ms fr 3988, f° 71.

des indignités qu'a eu à subir l'envoyé du roi ; mais la colère est mauvaise conseillère et il estime « qu'il sera bon de donner à cette furieuse passion du temps pour se rasseoir et refroidir, avant que d'entreprendre de résoudre contre la cour de Rome rien qui pense blesser la conscience et l'honneur du roy et des siens, empirer ses affaires, affaiblir son parti et qui apprestât à rire aux Espagnols et aux autres ennemis de Sa Majesté et de la France. » Surtout on devait s'abstenir de faire des déclarations, réglements contre la cour de Rome, comme trop de gens le conseilleraient. « Le roi et seigneurs de son conseil devront regarder non à ce que mériteroient les indignités reçues, mais plus tôt ce que requiert l'estat présent de France. »

Est-ce à dire que par crainte de Rome le roi doive s'interdire de faire valoir ses droits et d'achever la conquête de son royaume ? Bien loin de là. Mais entre les diverses mesures possibles il y a une distinction à faire et des précautions à prendre. Le roi pourrait faire librement tout ce qui serait utile ou nécessaire au bien de ses affaires et de son parti, comme par exemple de se dire bien et suffisamment absous par les évêques de son royaume, se faire sacrer, nommer aux évêchés, abbayes et autres bénéfices électifs suivant les concordats, « retenir pour le regard du temporel de l'Etat toutes les alliances, considérations et intelligences que les rois ses prédécesseurs lui ont laissé ou qu'il s'est acquis, se défendre non seulement contre les armes du Pape, mais encore contre ses bulles, en laissant plustôt néanmoins les cours de Parlement agir contre ces dernières. »

Mais on devait s'abstenir « de faire ses réglements comme du temps du Pape Grégoire, pour la provision des évêchés ou abbayes, prétendre se séparer de la personne du Pape, tout en se disant uni au Saint-Siège, ériger un patriarche. » Toutes ces mesures, sans rapporter aucun profit au roi, entraîneraient de nombreux inconvénients que d'Ossat énumère tout au long.

Voilà en somme ce que le Roi devait éviter, mais que devait-il faire pour avoir raison du Pape ? D'Ossat commence par rappeler qu'il n'en est pas du Pape comme des autres Princes ; tout prince chrétien et catholique peut et doit endurer patiemment de lui beaucoup de choses qu'on ne souffrirait pas d'un prince séculier. « Sa Majesté, particulièrement, qui ne fait que venir à l'Eglise catholique et à l'obéissance du Saint-Siège, ne doit pas pourchasser autre revanche ni victoire sur N. S. P. le Pape que par la patience et modestie et mesmement (surtout), en matière de pénitence et d'absolution. » Le meilleur moyen qu'aient le roi et les seigneurs qui l'assistent de se venger du Pape, « c'est de montrer d'un côté au monde tout le contraire de ce qu'il dit d'eux et d'autre côté employer toutes leurs pensées et toutes leurs forces et moyens à ce que des refus que le Pape leur ha faits réuscisse tout le contraire de ce qu'il s'en est proposé et qu'il en ha espéré. » Le Pape prétend que le roi n'est point sincèrement converti. Se porter à quelque résolution violente ou scandaleuse, ce seroit justifier son dire ; pour lui donner tort le roi n'a qu'à se conduire en parfait catholique. Le Pape a voulu desservir le roi et tout son parti, détacher de lui les catholiques et empêcher les Ligueurs de s'y rallier. Le moyen de frustrer le Pape de cette espérance et « de rendre vaine toute cette procédure n'est pas de publier des déclarations et des édits contre la cour de Rome, mais de se montrer plus dévot envers Dieu et le Saint-Siège, que ceux-là mêmes qui reçoivent toute faveur de Sa Sainteté. » En même temps le roi devait redoubler d'efforts pour achever de conquérir ce qui restait, « corroborer la générosité de ses entreprises par la tempérance et abstinence des voluptés qui dérobent le temps, détournent des affaires. » A la force le roi devrait ajouter « l'art », entretenir et même augmenter les soupçons et méfiances qui existaient parmi les Ligueurs, gagner enfin par de bons procédés ceux qui seraient à l'abri de la force ou de la ruse, faire jouir les peuples soumis à sa domination d'avantages qui fissent envier leur sort aux peuples encore rebelles. Par là, il améliorera peu à peu sa situation en France et du même coup ses affaires à Rome car « quand il seroit le meilleur catholique du monde jusqu'à faire des miracles tous les jours et à toute heure, si toutefois il étoit peu heureux au fait de la guerre et des conquêtes, il ne seroit jamais recongueu à Rome, comme au contraire il ne seroit que tolérable catholique, si toutefois par la force, par sa bonne conduite il devient au-dessus de ses affaires en France, on lui offrira du costé de Rome ce qu'on lui a indignement refusé. De toutes les vengeances c'étoit là la plus efficace et la plus utile. »

Tout est à admirer dans cette lettre et la sûreté du coup d'œil, et la finesse d'observation, et l'intelligence de la situation, et la sagesse des conseils proposés. Sans rien sacrifier des prérogatives de la couronne, d'Ossat n'oublie jamais le respect dû aux légitimes susceptibilités du Saint-Siège. Signalons particulièrement cette perspicacité prophétique, dont la suite des évènements allait si bien montrer la justesse.

Jamais d'ailleurs conseils si sages ne furent plus opportuns. L'arrivée du duc de Nevers et la nouvelle des procédés employés à son égard, soulevèrent dans la France royaliste une clameur d'indignation.

La masse du peuple ne comprenait rien à ces refus dictés par des scrupules de droit purement ecclésiastique : le roi était converti, il allait à la messe, il avait témoigné à Rome de son bon vouloir et de sa soumission, qu'attendait-on de plus? Puisque Rome le repoussait, il n'avait qu'à se passer d'elle. C'était là le sentiment général qu'exprimait Pasquin dans son gros et libre langage : « Si le curé fait tant de difficulté de bénir les œufs de Pâques, les paroissiens les mangeront sans qu'ils soient bénis. (1)

Ceux là même qui auraient dû calmer le mécontentement populaire étaient les premiers à l'exciter. L'occasion était trop belle pour le Parlement. Il s'empressa d'en tirer

---

(1) L'Etoile. T. VI, p. 257, éd. cit.

parti pour le plus grand profit de ses vieilles haines contre Rome ; il a toujours à sa tête le procureur général Servin qui avait requis naguère les fameux arrêts contre Grégoire se disant Pape Quatorzième. En ce moment même, le fougueux procureur préparait un ouvrage qui tendait à limiter « le prétendu pouvoir spirituel du Pape et à le réduire *ad legitimum modum.* (1) Le Parlement lui-même, fort aigri par les luttes de ces dernières années, était toujours dans les dispositions que louait chez lui, l'année précédente, le calviniste Duplessis-Mornay. « Les plus prudens seroient d'avis que Votre Majesté se différast jusqu'à la réponse de M. le marquis de Pisany, et si elle ne réussit, qu'alors absolument, on renonçast à Rome. A quoi Monsieur de Harlay est très résolu et chacun s'y dispose avec toutes les formalités requises. » (2) Quatre mois après l'échec de Pisany, Duplessis pouvait ajouter : « Le Pape n'a point voulu voir le cardinal de Gondi, ni le marquis de Pisany, par ainsi on ne nous importunera plus d'écrire au Pape, ni d'envoyer à Rome. Au contraire, je crois que le Parlement tentera les voies de montrer aux François qu'ils se peuvent passer de Rome ce qui n'est pas un petit coup sur l'autorité de la Beste. » (3). Ces dernières paroles nous font connaître, avec les sentiments des catholiques parlementaires, les désirs et les espérances des protestants.

Ceux-ci s'agitaient beaucoup pour amener la rupture définitive de Rome et de la France. A Rome ils faisaient insinuer que la conversion du roi était feinte, en France ils tâchaient d'aigrir le roi contre le Pape. On devine assez dans quel but. En s'alliant aux Politiques, les calvinistes français comptaient surtout travailler pour eux-mêmes ; comme l'a dit un écrivain calviniste, (4) « la France détachée de Rome était livrée à la Réforme. »

(1) Lettre à Duplessis Mornay, 22 septembre 1591, dans *Mémoires de Dupl. Morn.* Nouv, éd. v. 79.
(2) Id. p. 389.
(3) *Mém. de Dupl. Morn.* V. 400. Lettre à M. de Fontaine, 20 août 1573.
(4) M. Ouvré. *Aubéry du Maurier*, p. 52.

La même indignation contre Rome et les mêmes calculs se faisaient jour dans les conseils du roi. Là « deux sortes de gens étaient d'avis de laisser cette fois au Pape la qualité de poursuivant. Les uns étaient les réformés qui ne pouvaient souffrir que l'honneur du roi fût prostitué aux intrigues de la cour de Rome. Les autres étaient les catholiques qui aimaient le Roi et l'Etat et qui, ne doutant pas que le Pape ne voulût rendre ses bonnes grâces, au Roi au prix de quelque bassesse, auroient bien voulu que ce prince eût évité ce piège en laissant au Pape le soin de le rechercher. » (1) L'agent secret du grand-duc de Florence, Bonciani, dont les dépêches permettent de suivre au jour le jour l'état des esprits, confirme de tout point l'affirmation du protestant Elie Benoit. La grande majorité du conseil partage les préventions des Protestants à l'égard de Rome (2) le cardinal de Gondi multipliait ses efforts (3) pour empêcher une rupture, mais les catholiques le tenaient en suspicion. On le regardait comme trop favorable au Pape. (4) Un moment même, Bonciani pouvait écrire que la situation ressemblait de tous points à celle de l'Angleterre au temps d'Henri VIII. (5) Le schisme paraissait donc imminent, le grand conseil n'omit rien pour le consommer. Il défendit par arrêt de s'adresser à Rome pour obtenir les bulles ou expéditions de bénéfices ; les provisions devaient être données par l'archevêque de Bourges et des lettres du Parlement. Le légat du Pape, le fougueux cardinal de Plaisance, était lui-même obligé de reconnaître à son retour à Rome, vers la fin de 1594, que si le Pape ne donnait l'absolution, le schisme était tout fait sans qu'il y eût aucun remède. (6)

---

(1) Elie Benoit *Hist. de l'Edit de Nantes*, t. I, p. 142.
(2) Bonciani au grand-duc, 13 août 1594. *Nég Dip.* V. 293.
(3) Id. 17 janvier 1595, V. 310.
(4) Id, 29 novembre 1594, p. 295.
(5) Id. 19 oct. v. 293.
(6) Lettres de d'Ossat, I, 277.

Heureusement, la sagesse d'Henri IV évita de porter les choses à l'extrême. Froissé plus que personne des procédés du Pape, il ne désespéra pas cependant d'en triompher. Il rejeta sur les Espagnols tout l'odieux de cet affront et s'appliqua à s'en venger sur eux. En attendant, il refusa de se prêter aux diverses mesures qu'on lui conseillait de prendre contre Rome, il s'étudia à modérer plutôt qu'à aigrir les esprits.

Plus perspicace que la plupart de ses conseillers, il voyait qu'en s'engageant dans le schisme, il ajournait pour longtemps encore l'entière pacification de son royaume ; sans doute les villes de la Ligue continuaient à se rendre ; Orléans, Bourges, Meaux, Péronne, Montdidier s'étaient déjà prononcées pour lui. Mais plusieurs de ces villes capitulaient en stipulant (1) que le roi se ferait absoudre par le Pape, et celles qui lui résistaient prétextaient qu'il n'était pas encore tenu pour bon catholique par le Pape. Les principaux chefs Mayenne, Mercœur, et d'autres restaient toujours à soumettre, et derrière eux se trouvaient les Espagnols. Ce faisceau de résistances appuyées des sympathies du Pape pouvait encore tenir ses armes en échec, et le roi était las de la vie batailleuse qu'il menait depuis si longtemps ; il pouvait d'ailleurs trouver la mort dans ces combats quotidiens, et dès lors tout était remis en question. De son mariage avec Marguerite de Valois, il n'avait ni enfants ni espoir d'en avoir, son héritier présomptif, le prince de Condé, n'était qu'un enfant en bas âge, et sa légitimité très contestée serait difficilement reconnue par les autres princes du sang. Épris en ce moment de Gabrielle d'Estrées, il songeait à l'épouser, mais il lui fallait d'abord faire annuler son mariage avec Marguerite. Henri IV avait bien songé à faire prononcer cette annulation par le cardinal de Gondi (2) ; Mais celui-ci s'était déclaré incompétent et

(1) *Lettres Missives* d'Henri IV, 28 février 1594.
(2) Bonciani au grand duc. *Nég. dipl.* V. 294.

Henri avait dû reconnaître que le Pape seul aurait l'autorité suffisante pour prononcer cette annulation.

Là était donc en grande partie le secret de la modération du roi. Cette attitude, qui contrastait si fortement avec l'ardeur de son entourage, était de tous points conforme au programme de d'Ossat. Comme l'avait conseillé le sage correspondant de Nevers, le roi s'était fait sacrer à Chartres, il nommait aux évêchés et abbayes qui vaquaient; à l'expiration de la trêve, il avait repris contre la Ligue cette lutte incessante où la politique et la générosité avaient autant de part que les armes et ne lui assuraient pas moins de succès. N'était-ce pas encore s'inspirer des conseils de d'Ossat, que de traiter isolément avec les divers chefs de la Ligue ? (1)

Sans doute on n'a pas absolument le droit d'attribuer ces actes à l'influence de d'Ossat. La sage conduite du roi peut s'expliquer tout naturellement par son fin bon sens et sa vue très nette des intérêts de sa cause. Il est cependant permis de signaler cette étroite conformité entre les actes du roi et les vues de d'Ossat. Cette conformité n'est pas sans gloire pour ce dernier.

Y a-t-il eu entre ces vues et ces actes plus qu'une simple coïncidence ? La lettre de d'Ossat aurait-elle eu une influence réelle sur la conduite d'Henri IV ? Il serait difficile de le démontrer; il n'est pas téméraire de le supposer. Une lettre inédite de d'Ossat nous apprend que le duc de Nevers avait parlé de lui au roi et à son conseil et demandé même en sa faveur « quelque bien ou hon-

---

(1) « Aussi penserois-je que la pacification du royaume par accord particulier de chacune ville et de chacun seigneur ou de peu de villes et de seigneurs à part, seroit plus profitable au roi et de moindre préjudice à la couronne que par bon accord général de toute la Ligue ensemble, pour ce que entre autres raisons, ce parti là en demeureroit moins entier et plus décousu et désuni et la récidive et le contrepoids en seroit moins à craindre, comme aussi me sembleroit qu'il ne faudroit pas aisément rentrer en confidence de paix générale si Sa Majesté n'avoit assurance que l'accord se concluroit en peu de jours et jamais en trêve, pour ne remettre les villes de la Ligue en espérance de paix, etc. Lettre de d'Ossat à Nevers, 5 février 1594.

neur. » (1) Pour motiver cette demande, il dut assurément faire un exposé détaillé des services de d'Ossat. A ses yeux, cette lettre ne constituait pas assurément un des moindres services de d'Ossat, puisqu'il l'avait sollicitée si vivement et qu'il y attachait assez de prix pour la conserver dans ses papiers importants. Pourquoi dès lors ne l'eût-il pas communiquée au roi? Il est à croire qu'avant de confier à d'Ossat, sans doute à l'instigation de Nevers, l'importante mission de reprendre les négociations auprès du Pape, Henri IV, voulut s'enquérir de l'exacte valeur de cet homme. Nevers, pour l'éclairer, n'avait qu'à lui montrer cette lettre ; pourquoi ne l'aurait-il pas fait? Dès lors, si cette lettre n'inspira pas à Henri IV l'attitude qu'il garda désormais, elle ne put que l'y confirmer pleinement. Dans les deux cas, il ne semble pas excessif de revendiquer pour d'Ossat l'honneur d'avoir contribué à préserver son roi et son pays des aventures où pouvaient les entraîner une exaspération inconsidérée.

Que la modération du roi lui ait été dictée par sa propre prudence ou suggérée par les conseils de d'Ossat ; ce dernier travailla de son mieux à hâter les résultats qu'ils s'en promettaient l'un et l'autre. Il se mettait à l'œuvre dès le lendemain du départ de Nevers. Le jour même où celui-ci quittait Rome, le cardinal de Joyeuse et le baron de Senecey y rentraient. (2) Nous avons déjà vu comment le cardinal Joyeuse s'était rallié à la Ligue. Il l'avait servie de son mieux à Toulouse dont il était archevêque ;

---

(1) « Je recognois en moy n'avoir mérité en sorte du monde qu'un si grand prince feist aucune mention de moy au roy ni à personne de Messieurs de son conseil, et moins qu'il me moyennast aucun bien et honneur envers eux. Mais puisque de votre grâce, comme je voys par la dite lettre, il vous ha pleu user de cette surabondance, etc. » Lettre de d'Ossat au duc de Nivernois, Bib. Nat. Ms. Fr. 3991, f° 17. 5 septembre 1594 en réponse à une lettre que le duc de Nevers lui avait écrite le 24 juillet « du camp devant Laon. »

(2) Ils approchaient de Rome et n'en étaient plus qu'à un quart d'heure quand ils virent venir le duc de Nevers et son escorte qui se retiraient ; la rencontre fut plus que froide. Le duc de Nevers ne tira pas même son chapeau devant le cardinal. Lettre de Joyeuse à Mayenne, 18 janvier 1594, inédite. Bib. Nat. Ms. fr. 16046. f° 215.

il venait la servir à Rome comme agent du duc de Mayenne.

Quatre jours après son arrivée, Joyeuse pouvait écrire à Mayenne qu'autant qu'il pouvait en juger par ses paroles, par ses déclarations au consistoire et par ce que d'autres cardinaux lui en avaient dit, Sa Sainteté « était toute résolue de ne recevoir en façon du monde le roy de Navarre. »(1) Cependant, avant la fin de la semaine, le cardinal de Gondi recevait à Recanati l'autorisation de venir à Rome. Cette autorisation, Gondi la sollicitait vainement depuis 15 mois. Clément VIII dira plus tard à d'Ossat qu'il avait appelé le cardinal de Gondi immédiatement après le départ de Nevers « pour ne rompre point avec le roi, mais tenir ce filet attaché. » (2) S'il avait été si décidé à rester en relations avec Henri IV, qu'avait-il besoin de renvoyer le duc de Nevers? Les années avaient, sans doute, enlevé à Clément VIII le souvenir des raisons dont il s'était alors inspiré. D'Ossat soupçonna dans l'invitation envoyée à Gondi une manœuvre des agents de la Ligue. Le premier but de leur mission était d'obtenir du Pape qu'entre tous les candidats au trône de France, il se prononçât pour Mayenne; Mais si les succès d'Henri enlevaient aux Ligueurs la possibilité d'élire un roi, ils devaient demander au Pape de négocier un accord général entre le roi et la Ligue. Il pourrait, lui, exiger en faveur des Ligueurs comme conditions de l'absolution, des concessions plus avantageuses qu'ils n'eussent osé les demander eux-mêmes. Ces concessions, ils se promettaient de les obtenir du cardinal de Gondi qui était toujours l'envoyé du roi. Telle était du moins l'opinion de d'Ossat. « Je pense, écrivait-il à Nevers, ne me tromper point en croyant comme je fais qu'ils voudroient en apparence ordir une négociation d'un accord général à Rome avec une personne qui fût confi-

(1) Joyeuse à Mayenne. (Ibid).
(2) D'Ossat au roi, f. 294.

dente du roi, sous couleur d'écrire quelle formule le Pape devra demander pour la religion catholique et pour les choses de la Ligue, et puis faire durer cette négociation le plus qu'ils pourroient, pour plusieurs leurs intentions : premièrement, par le maintien et apparence de cette négociation couvrir leurs longs services auprès du Pape et leur vraie négociation avec Sa Sainteté et avec les Espagnols touchant l'élection de M. de Mayenne et le mariage de l'infante d'Espagne avec son fils et les grands secours qu'ils attendent d'ici et de là ; secondement, sous ce bon pourparler de paix à dresser à Rome, endormir les deux partis en France et obtenir sous l'autorité du Pape et par la persuasion de la personne confidente du roi, qui vint ici, tresve de Sa Majesté et empêcher les villes de leur parti, par cette vaine espérance, de s'accommoder avec Sa Majesté ; tiercement, faire cependant tout à leur aise leurs brigues, entretenant toujours les évêques de cette fresche négociation et donner temps à la lenteur espagnole de se reprendre et dresser son armée tout à loisir et à sa mode accoutumée, et cela pour avoir deux cordes en l'arc ; et si enfin les Espagnols ne vouloient bailler ladite infante, ni les villes de la Ligue attendre que l'ambition de leurs chefs fût assouvie ; en ce cas, se servir des feints pourparlers d'accord comme s'ils n'avoient pensé à autre chose et les continuer et poursuivre à bon escient et, par l'autorité de Sa Sainteté qui est partie comme eux, faire les conditions de la paix aussi larges et grasses qu'ils voudroient, et les plus chétives et maigres pour le parti du roi que faire se pourroit. En somme M. de Mayenne qui ha confirmé tous ces artifices n'y pouvant plus tirer les choses en longueur a insisté et machiné pour y parvenir par le moyen et sous l'autorité du Pape. » (1) D'Ossat comptait sur Nevers pour paralyser en France l'effet de leurs intrigues. Il promettait en même temps que Gondi, en

---

(1) Lettre de d'Ossat à Nevers, 12 février 1594. B. N. Ms. Fr. 3622, f° 6.

arrivant à Rome, trouverait « quelqu'un qui lui donneroit assez d'avis pour lui permettre d'échapper aux pièges qu'on lui tendoit. » Ce conseiller volontaire qu'annonçait d'Ossat n'était autre que lui-même. D'Ossat n'était pas, nous le savons, un inconnu pour le cardinal de Gondi. Ses avis l'eurent vite mis au courant de la situation, et moins de huit jours après, d'Ossat pouvait écrire à Nevers « que le cardinal de Gondi estoit bien loin de se laisser tromper par ceux de la Ligue, car il en a une aussi mauvaise opinion et s'en défie autant qu'un autre. » (1)

Les agents de Mayenne n'en continuèrent pas moins leurs menées. Ils commencèrent à parler d'un accord général à débattre par l'entremise du Pape. Entre autres inconvénients, cet accord aurait eu pour effet de « tenir debout (2) le parti de la Ligue voire après la paix faite et, par ce moyen, le royaume divisé et mi-parti. En même temps, il auroit maintenu la personne de M. de Mayenne en la bonne grâce et opinion du Pape et du roy d'Espagne et lui auroit permis de continuer les intelligences qu'il ha présentement avec eux afin que en temps de paix comme en temps de guerre il demeure chef de parti. »

D'Ossat qui renseignait en ces termes le duc de Nevers, avait soin de rappeler ce qu'il avait déjà dit à ce sujet. A son avis « des accords particuliers étoient plus expédiens au roy, à la couronne et au bien du royaume. » Si l'on devait en venir à un accord général, il fallait au moins le conclure avec Mayenne seul, sans intervention du Pape, ni des Espagnols. Grâce à ces avis, le duc de Nevers et, par lui, le conseil du roi, sauraient à quoi s'en tenir sur les propositions de paix qui leur viendraient de Rome.

Les prévisions de d'Ossat ne tardèrent pas à se réaliser. Devant les succès persistants d'Henri IV, Joyeuse

---

(1) « Je m'asseure que quand il n'y auroit que vous seul à empêcher ce dessein vous ferez aller en fumée toutes ces façons de frondeur cauteleuses. » Lettre de d'Ossat à Nevers, 12 février 1594. B. N. Ms. Fr. 3632, f° 6.

(2) Ibid.

et Sénecey durent s'avouer que la cause de Mayenne était désespérée ; au lieu d'une couronne, ils s'estimèrent heureux de pouvoir lui obtenir, avec l'aide du Pape, une paix avantageuse. A cet effet, ils représentèrent à Clément VIII que l'état lamentable de la France, exigeait un prompt remède. « Si la paix ne se concluoit avec l'autorité du Pape au profit de tous chacun en conclura une en son particulier, comme plusieurs l'ont déjà fait. Le Pape devait donc intervenir pour la conclure d'accord avec le roi d'Espagne. » (1) Sur leurs lèvres ces déclarations prenaient une importance que d'Ossat se hâtait de signaler à Nevers : « Il y a cela de bon, disait-il du Mémoire où étaient consignés leurs aveux, il y a cela de bon, qu'ils y disent leur *Confiteor*, recongnoissent certaines choses qu'on n'ha jamais voulu croire à Rome, quand ceux du costé du roi les y ont dites, à savoir que la France ne peut plus durer au présent état auquel les guerres l'ont réduite, qu'il est nécessaire de pourvoir à ce que lesdites guerres finissent pour ce que nos séditions n'ont servi jusqu'ici et ne servent encore aujourd'hui que de ruiner la religion catholique et l'Etat. » (2) Sans doute on retrouvait aussi dans ce Mémoire « l'intention d'amuser les villes et seigneurs qui se mestent du côté du roi, d'avoir par le moyen du Pape toutes sortes d'avantages, de maintenir puissant après la paix le parti de la Ligue, avec toutes ses intelligences avec les étrangers. » Mais d'Ossat avait prévu tout cela « et l'antidote en avoit été proposé advant qu'ils n'eussent développé leurs escrits. » (3)

D'Ossat ne s'y était pas trompé. Ce mémoire produisit à Rome une profonde impression. L'entourage du Pape

---

(1) D'après le résumé du Mémoire donné par H. de Lépinois, *op. c.* 613, M. de Lépinois attribue la rédaction de ce Mémoire à d'Ossat ; c'est là, sans doute, une erreur de lecture, c'est l'abbé d'Orbais qu'il devait dire.
(2) D'Ossat à Nevers, 26 Mars 1594, B. N. Mss fr. 3622, f. 169.
(3) Ibid.

commença dès lors à envisager avec moins de répugnance, l'idée d'absoudre le roi de France. Il s'exagérait peut-être le prix dont il pourrait faire payer au Roi cette absolution. Mais c'étaient là des questions de détail. Pour le moment, un grand point semblait acquis ; le Saint-Siège, reconnaissait que le roi s'était mis dans une situation où une entente avec lui devenait possible. Le cardinal de Gondi se hâta de profiter de cette nouvelle disposition des esprits. Mais avec la lenteur habituelle de la cour de Rome, avec l'irrésolution naturelle à Clément VIII, on fut assez longtemps sans trouver un terrain d'entente. A défaut de l'absolution immédiate du roi, le cardinal de Gondi, dut se borner à obtenir l'assurance d'un bon accueil pour ses nouveaux envoyés. (1)

Fort de cette promesse, le cardinal de Gondi rentrait en France vers la fin du mois de juillet 1594. Dès le mois suivant, Henri faisait choix de du Perron, pour l'envoyer reprendre à Rome la tentative avortée du duc de Nevers.

Mais avant de le faire partir, il décida que d'Ossat serait chargé à Rome de sonder le terrain. (2) Par une lettre en date du 8 octobre, le roi l'investissait officiellement de sa mission et l'accréditait auprès de Clément VIII, comme son agent. (3) Après avoir protesté de la sincérité de sa conversion, le roi remerciait le Pape de la bonne assurance qu'il lui avait fait parvenir par le cardinal de Gondi. Il aurait, disait-il, déjà fait envers Rome, les bons offices qu'on attendait de lui, si les affaires qu'il avait sur les bras lui en avaient laissé le loisir. A son défaut, il priait Sa Sainteté « de permettre à d'Ossat de lui exposer plus amplement ses intentions, » suivant le commandement qu'il lui en avait fait et dont il devait, il n'en doutait pas, s'acquitter fidèlement. Au bon succès de la mission de d'Ossat, était donc subordonné l'envoi ultérieur de du Perron et partant la réconciliation du roi et du Pape. C'est dire quelle en était l'importance.

(1) Lettres de d'Ossat, I, 465.
(2) Bonciani au grand duc. *Nég. dip.* V. 295.
(3) *Lettres Missives*, IV, 243.

CHAPITRE IV. — D'Ossat entame les négociations pour l'absolution. — Succès obtenus.

I. — *Caractère de la mission confiée à d'Ossat. — Difficultés de sa tâche. — Exigences de Clément VIII. — Efforts des agents du duc de Mayenne. — Opposition de l'ambassadeur d'Espagne. — Clément VIII n'ose rien décider sans consulter Philippe II. — Il lui envoie comme ambassadeur son neveu Jean-François Aldobrandini.*

II. — *Mauvais effet produit en France par cette attitude du Pape à l'égard du roi d'Espagne. — Craintes et hésitations d'Henri IV — Confiance de d'Ossat. — Il les fait partager au roi. — Assurances qu'il lui donne et comment il les fait approuver par le cardinal secrétaire d'Etat et par le Pape.*

III. — *Objet précis de la mission de d'Ossat. — Désirs plus ou moins avoués du Pape. — La paix avec l'Espagne et à son profit. — Rupture de l'alliance franco-anglaise et franco-turque. — Education catholique du prince de Condé. — Rétablissement du catholicisme en Béarn. — Publication du concile de Trente. — Question de la réhabilitation. — Satisfactions que d'Ossat obtient sur ces divers points du cardinal secrétaire d'Etat. — Comment il fait confirmer par le Pape les concessions de son neveu.*

Si Clément VIII avait repoussé les demandes du duc de Nevers c'est que le roi n'avait pas, disait-il, donné les preuves d'une sincère conversion, ni montré les signes d'une véritable pénitence. Après deux années de persévérance, la sincérité de la conversion ne pouvait guère plus être contestée. Mais que fallait-il entendre par ces signes de pénitence réclamés par le Pape ? D'Ossat avait mission de faire la lumière là-dessus.

Au fond, c'était l'absolution même qui était mise en question. Le Pape s'était sans doute montré favorable à l'idée de recevoir le roi, mais que pouvait valoir une promesse qui restait surbordonnée à des conditions peut-être inacceptables et pour le moment inconnues ?

Avec les exigences que la cour de Rome se laissait prêter sans protester, on n'était jamais sûr que les nouvelles négociations aboutissent au terme désiré. Cependant le roi ne pouvait courir ostensiblement les chances d'un insuccès qui eût fait de lui la risée de la France et de l'Europe. Il importait donc que les négociations fussent engagées et conduites dans le plus profond secret. La situation de d'Ossat à Rome se prêtait admirablement à ce mystère. Agent bien connu de la reine Louise, il avait ses entrées au Vatican ; il pouvait multiplier ses visites sans attirer l'attention, ni éveiller des soupçons. Aux yeux de tous, il continuerait à solliciter pour Henri III, la faveur peu dangereuse d'une messe chantée. Personne ne devait ainsi soupçonner l'importante mission qu'il avait reçue d'Henri IV.

Cette discrétion ne permettait pas seulement de ménager, à toute éventualité, l'amour-propre du roi, elle lui assurait le précieux concours des agents du grand-duc de Toscane et des cardinaux à sa dévotion. Leurs sympathies comme celle de leur maître étaient acquises au roi de France ; mais par peur des Espagnols, leurs tout-puissants voisins, jamais ils n'auraient osé prendre notre parti dans des négociations publiques.

Outre ces alliés déguisés, notre cause pouvait encore compter sur l'appui des cardinaux vénitiens, mais ils résidaient ordinairement dans leurs diocèses. Il en était de même du cardinal de Joyeuse rallié à Henri IV depuis le mois de septembre 1591. Il avait quitté Rome à peu près à cette époque et n'y devait rentrer qu'au mois d'avril suivant. Tout le poids des négociations allait donc retomber sur d'Ossat seul (1) et il n'avait à son service que

(1) C'est avec d'Ossat surtout que Clément VIII prétendait régler les affaires « essendosi Sua Santita aperta poco con l'ambasciatore di Vostra Altezza in comparazione di quello che ha fato con M. D'Ossat... per una lettera scritta... del cardinale Aldobrandini si sarebbe;.. mostrato che Sua Santita non avesse confidenza con Vostra Altezza. » Bonciani au grand-duc *Neg. Dipl.* T. V, p. 311.

son zèle patriotique, son habileté personnelle et son expérience de la cour de Rome. En revanche, que de difficultés! Clément VIII s'était bien prêté à la reprise des négociations, mais là se bornait sa bonne volonté. Il n'avait entièrement renoncé à aucune de ses espérances d'autrefois.

La Ligue n'était pas encore pleinement soumise; ses chefs gardaient toujours quelques places importantes. Le Pape se croyait obligé de leur obtenir du roi, en l'absolvant, des conditions avantageuses. Leurs agents se succédaient à Rome plus autorisés ou plus habiles les uns que les autres. Après le commandeur de Diou, étaient venus l'abbé d'Orbais, le baron de Senecey, le cardinal de Joyeuse, le chanoine Desportes, l'évêque de Lisieux. En ce moment même arrivait un M. Vincent, secrétaire du duc de Mayenne. Il était chargé, d'Ossat le supposait avec assez de vraisemblance, de supplier le Pape que « si Sa Sainteté ne lui aidoit des moyens du Saint-Siège, comme la sainte cause qu'il soutenoit le requéroit, du moins Elle tint bon et ne donnât point l'absolution au roi, quelques soumissions qu'il lui envoie, si premièrement sa Majesté n'a baillé les sûretés nécessaires et accordé la paix ou trêve avec le roi d'Espagne et autres Princes catholiques qui avec Sa Sainteté et sous son autorité, ont fait la guerre (1) pour la religion catholique.

Il en était parmi les Ligueurs qui, même à ce prix, ne voulaient entendre parler d'un accommodement avec le Roi. C'étaient ceux qui naguère demandaient aux Etats de la Ligue de ne pas recevoir le Roi, alors même qu'il se ferait catholique. (2) Aujourd'hui ils écrivent au Pape « contre la frauduleuse et feinte conversion que le roi dit avoir fait par devant aucuns prélats, ses fauteurs. » (3) Si le roi

---

(1) Lettres de d'Ossat I, 280.
(2) Lettre des Echevins de Reims aux Etats. *Procès-Verbaux des Etats-Généraux de 1593*, publiés par A. Bernard, p. 495.
(3) *Mémoire des consuls de Marseille au Pape*. Arch. du Vatican. *Gallia* XLIII. cité par de Lépinois, p. 622.

voulait être tenu pour bon catholique, il devait s'enfermer dans un monastère de capucins, pour y faire pénitence ! (1)

Ainsi en ont décidé ces fanatiques attardés qui se croient encore les vrais champions du catholicisme ! Déjà tous les cardinaux français et plus de cent évêques (2) avaient reconnu Henri IV, et les porte-paroles de ces illuminés ergotaient encore à la porte du Vatican contre la demande d'une absolution qui eût été, disaient-ils, « impie et insensée. » (3)

Déplorable aveuglement de l'esprit de parti ! Cet entêtement n'eût été que ridicule s'il n'avait retardé, avec l'absolution du roi, la pacification religieuse et la délivrance nationale.

Mais le grand obstacle à la cause d'Henri IV était toujours le crédit dont jouissait à Rome Philippe II. La conversion du roi avait irrité ce prince sans le surprendre. Il s'y attendait dès le jour où il avait vu Henri IV reconnu par Henri III comme son héritier. Mais s'il n'était pas en son pouvoir d'empêcher le prince de Béarn de se convertir, il comptait bien l'empêcher de tirer profit d'une conversion qui serait, disait-il, nécessairement feinte. A cet effet il n'avait qu'à lui faire refuser l'absolution par le Pape, et il se faisait fort d'y réussir. Un moment, Sixte-Quint lui avait donné des alarmes avec sa malencontreuse bulle du Jubilé : elle donnait aux confesseurs d'hérétiques des pouvoirs si étendus en matière de censures et d'excommunication ! Si le prince de Béarn allait profiter de l'occasion pour rentrer dans l'Eglise ! Philippe se hâta donc de réclamer pour qu'il fût défendu au clergé français de donner l'absolution au Béarnais : « C'est là, écrivait-il à son ambassadeur Olivarès, (4) le but principal vers lequel vous devez concentrer tous vos efforts. C'est le point important, et de la bonne ou mauvaise réussite de vos démarches dépend le salut ou la perte du

---

(1) *Etats-Généraux* de 1593, p. 498.
(2) *Mémoires de la Ligue*, IV, 179.
(3) *Nég. dipl.* V. 168. Mémoire d'un Capucin contre l'absolution.
(4) Hubner, op. cit. II, 312.

royaume de France et d'une notable portion du monde chrétien. » A la mort d'Henri III, sa première pensée fut de prévenir Sixte-Quint contre toutes les démarches que pourrait tenter Henri IV pour se faire absoudre. Il chargea Olivarès d'avertir le Pape que les hérétiques de France avaient consulté ceux d'Allemagne et d'Angleterre et que tous avaient été d'accord pour dire au roi de Navarre qu'il pouvait en bonne conscience feindre d'être catholique ; le Pape ne devait pas s'y laisser tromper. (1) Pour lui, il avait déjà recommandé à ses agents de ne pas perdre de vue que rien ne pouvait faire courir autant de dangers à sa cause que la réhabilitation de Béarn et l'admission par le Pape de son abjuration. (2) L'attitude belliqueuse de Grégoire XIV le délivra de toute crainte à ce sujet. Mais avec la conversion du roi le danger apparut de nouveau à Philippe plus menaçant et plus grave que jamais. Ses grands projets sur la France avaient échoué aux Etats de la Ligue ; il n'avait pu ni la soumettre à l'Espagne ni la donner à sa fille ; du moins il ne renonçait pas à l'espoir de la démembrer ou de la ruiner pour de longues années ; mais pour y réussir, pour continuer la guerre avec succès et attirer des divisions en France, l'appui du Pape devait lui être d'un grand secours. L'absolution lui enlevait immédiatement cet appui. A tout prix, il fallait l'empêcher ou la faire ajourner indéfiniment. Dans ce but, son ambassadeur à Rome, le duc de Sessa, eut à faire bonne garde autour du Vatican.

Chez ce diplomate de carrière, homme fort accort, dit d'Ossat, la ténacité et la passion froide égalaient l'adresse. Philippe II n'avait pas eu à lui tracer d'instructions précises à propos de l'absolution. Depuis longtemps, il connaissait assez les intentions de son maître, pour savoir que tout ce

---

(1) Archives du Vatican. *Gallia Henrici III*. Lettre de Philippe, citée par H. de Lépinois. *op. cit.* p. 341.
(2) Hübner, II. 312.

qui serait nuisible aux intérêts du prince de Béarn, était de nature à lui plaire. Le zélé ambassadeur n'y épargnait rien. Il s'aidait sans scrupule de tous les moyens en son pouvoir. Dès les premiers jours du pontificat de Clément VIII, il avait su gagner par ses bons offices la domesticité du Vatican. (1) Par ses pensions à la plus grande partie des cardinaux, il avait acheté le droit de leur donner le mot d'ordre. Lors de la venue du duc de Nevers, sa pression, ses intrigues, ses démarches auprès des cardinaux, ses menaces auprès du Pape avaient contribué pour beaucoup à faire éconduire l'envoyé d'Henri IV. Il comptait bien se servir encore de ces moyens qui lui avaient si bien profité une première fois.

Sa passion toujours en éveil lui fournissait réponse à toutes les difficultés. A ceux qu'effrayait la perspective d'un schisme gallican et qui, dans le désir de le prévenir, inclinaient vers l'absolution, il objectait que cette mesure aurait un effet tout contraire à celui qu'ils s'en promettaient. « Le schisme qu'on craint tant maintenant, le roi le fera après l'absolution avec plus de facilité et avec plus grande ruine de la religion. » (2) Les prétextes ne lui manqueront point : outre ceux qu'il fera naître de jour en jour, « il en a déjà un tout fait et formé et prêt à mettre en œuvre tout aussi tost que l'absolution lui sera donnée. » Le roi veut, disait-il avec une effroyable clairvoyance, demander dispense de répudier sa femme et se remarier à une autre. Ce qui ne lui étant accordé, comme Sa Sainteté ne le lui accordera, voilà le schisme tout fait et lui cependant roi absolu au moyen de l'absolution que le Pape lui aura donnée. » Son avis était donc qu'il fallait « dénier tout à plat l'absolution, et continuer la guerre par le Pape, le roi d'Espagne, la Savoie et ce qui restoit de la Ligue en France. » (3)

---

(1) Baschet. *La Diplomatie vénitienne.* Notes de L. Donato, p. 206.
(2) Lettres de d'Ossat, I, 276.
(3) Ibid.

Au besoin, si les raisons ne suffisaient pas, il usait sans scrupule des moyens d'intimidation mis jadis en honneur par Olivarès. Le duc de Nevers parle de ses violentes menaces au Pape ; d'après des historiens italiens (1) bien informés, il n'hésita pas, pour épouvanter Clément VIII, à faire venir des Abruzzes, et à jeter sur les Etats pontificaux, six cents spadassins dont on n'avait pas voulu pour la guerre des Turcs.

En présence de tant d'obstacles, on comprend que les agents du duc de Florence n'osassent pas faire trop grand fonds sur les dispositions du Pape. Malgré des promesses réitérées, ils croyaient que tout était à redouter de sa timidité et des audaces des Espagnols. (2)

Du reste, Clément VIII était assez porté à s'exagérer ses obligations envers les Espagnols. Avant de se décider à donner l'absolution, il voulut connnaître les sentiments de Philippe II. Il semblait craindre d'agir avant d'avoir obtenu son acquiescement. « Désespérant entièrement de mettre à mal le prince de Béarn, dit Herrera (3), affligé par les succès des Turcs, il était résolu à se défaire des embarras que lui créait les affaires de France. Mais jugeant qu'il ne convenait point d'en venir à traiter de l'absolution, sans tenir compte du Roi Catholique et voulant lui témoigner le respect qui lui était dû pour le saint et sincère zèle avec lequel il avait employé ses forces pour le bien de la France et la défense de la foi catholique, le Pape lui envoya son neveu Jean-François

---

(1) Il duca di Sessa ambasciatore di Spagna, non avendo istruzione precisa dal re Filippo del contegno da tenere nell affare dell'assoluzione del re di Francia, prorompeva in minnace contro il pontefice e andava attorno ai cardinali lusingandoli con promesse secondo l'età, le passioni e gl'interessi di ciascheduno. Ma per porre in augustie il papa naturalmente timido ed irresoluto, recorse al compenso politico del conte Olivarez suo antecessore, e fece che dall, Abruzzo entrassero nello Stato Ecclesiastico seicento facinorosi divisi che la spedizione per l'Ungheria avea lasciato. — Galluzi *Storia del Granducato*. Lib. V, cité d'après Alberi *Relazioni*, 2ᵉ série, t. IV, p. 385, note.

(2) Niccolini au grand-duc, *Nég. Dipl.* V. 200 et s.

(3) *Historia general del mundo*, per Antonio de Herrera, coronista mayor de S. M. II, 505 et s.

Aldobrandini, avec la mission de lui dire que Sa Sainteté connaissant les embarras que lui donnait la guerre de France, s'était assez décidée à prêter l'oreille aux sollicitations nombreuses qui lui étaient faites par des princes, pour le déterminer à admettre le prince de Béarn. »

Clément VIII était-il aussi convaincu du zèle désintéressé de Philippe II, que l'affirme son chroniqueur officiel? Je ne sais. Toujours est-il qu'il n'osait procéder à l'absolution d'Henri IV, sans le bon plaisir du roi d'Espagne. Il croyait du moins devoir se faire pardonner cette audace en ménageant entre les deux princes une paix toute à l'avantage de Philippe. Assurément dans l'entourage du Pape on attribuait un tout autre but à la mission d'Aldobrandini. Il devait, disait-on, entretenir Philippe des affaires de Hongrie et l'engager à tourner ses armes contre les Turcs. D'Ossat ne s'y trompa pas. « Je me suis confirmé, disait-il à Villeroy (1), toujours de plus en plus en ce que je vous en écrivois et entre autres choses qu'il (J.-F. Aldobrandini) a commission de tirer du roi d'Espagne, à quelles conditions il voudroit faire paix ou trêve avec nous, pour puis après les faire accorder par le Roi avant que lui donner l'absolution. »

Telle était bien, semble-t-il, la première concession que le Pape eût été heureux d'obtenir du roi. Il n'en eût pas fallu beaucoup de ce genre pour donner raison à ceux qui prétendaient — et ils étaient nombreux en France — que le roi n'obtiendrait l'absolution qu'à des conditions fort désavantageuses pour les intérêts du royaume. Aussi sous le prétexte fort louable de sauvegarder la dignité de la couronne, étaient-ils d'avis qu'on devait s'abstenir de toute nouvelle démarche auprès du Pape. On se bornerait à attendre qu'il se résignât à accorder de lui-même, l'absolution pure et simple.

Inspirés par des préjugés inconscients, ou par des

---

(1) Lettres de d'Ossat, I, 243.

calculs de secte, ces conseils ne laissaient pas de produire une forte impression sur l'esprit du roi. Placé, croyait-il, dans l'alternative de subir des exigences humiliantes, ou d'aboutir à un insuccès retentissant, il en venait à se demander s'il ne valait pas mieux laisser là toutes les négociations. Plusieurs fois même, au dire de l'agent du grand-duc de Toscane à Paris (1), il fut question de renoncer à l'envoi de du Perron et partant de mettre fin à la mission de d'Ossat. Ces hésitations du roi se firent jour jusque dans ses premières (2) lettres à d'Ossat. Les négociations étaient déjà engagées qu'il lui faisait encore part de ses craintes et lui demandait de lui en écrire franchement son avis.

Avec son grand sens et sa merveilleuse connaissance de la cour pontificale, d'Ossat ne pouvait que désapprouver ces tergiversations et ces lenteurs. Il voyait trop bien le tort qu'elles causaient au roi. Elles faisaient d'abord le jeu de ses ennemis qui contestaient toujours la sincérité de sa conversion, et elles retardaient d'autant les fruits espérés de cette conversion ; car attendre de Clément VIII qu'il ouvrît spontanément la porte de l'Eglise à un ancien hérétique qui ne donnait aucun signe de pénitence, c'était se préparer de longues déceptions. Sans se faire illusion sur la gravité des obstacles, d'Ossat avait foi au succès. Il travailla à faire partager au roi sa confiance. Il le fit avec une abondance de raisons qui convainquit le roi du premier coup.

L'affaire offrait, sans doute, des difficultés que d'Ossat ne pouvait point lui cacher. C'était d'abord le tempérament formaliste de la cour de Rome, c'étaient surtout les influences qui pesaient sur elle en sens contraire. « Il y avoit ceux que la haine aveugloit au point qu'ils n'auroient pas voulu que cette grâce fût accordée jamais à quelque condition que ce fût et quelque grand dommage et mechef

---

(1) Bonciani au gr. duc 19 Octobre 1594, *Nég. dip.* V. 294 et s.
(2) Lettres de d'Ossat I, 306.

qui en deust advenir à la chrétienté. » Il y avait en outre les Espagnols et les débris de la Ligue qui s'apprêtaient à « y donner toutes les traverses et empêchements qui se pourroient imaginer. » (1)

Sans surfaire ces obstacles, d'Ossat ne se croyait pas le droit de les cacher au roi ; car, ajoutait-il, « je serois trop ignorant et simple si j'en pensois autrement et trop déloyal et indigne de la fiance dont il vous plaît m'honorer si je vous en écrivois contre ce que j'en pense. » Il louait donc le roi d'avoir pris ses précautions avant de renouer publiquement les négociations, mais c'eût été, à son avis, exagérer maladroitement les précautions que de renoncer à envoyer à Rome ; il fallait profiter des bonnes dispositions du Pape ; n'avait-il pas promis deux fois d'admettre les personnes qui lui seraient envoyées ? Le roi peut donc envisager avec confiance l'issue des négociations. Il a pour lui non seulement l'équité de sa cause, ses actes de soumission et les déclarations réitérées du Pape, mais encore et surtout l'avantage qu'il a de plaider saisi, l'impossibilité où l'on est de le contraindre à faire chose qui soit contre sa dignité, son profit ou son gré. L'échec semble donc peu probable, car tout refus serait plus préjudiciable au Pape qu'au Roi ; les longueurs qu'y pourraient faire apporter les Espagnols ne tourneront pas au désavantage du roi et l'on verra à qui le temps paraîtra plus long, de ceux « qui sont dans le fort, à couvert, à leur aise devant un bon feu ou de ceux qui sont dehors, derrière la haie, au vent, à la pluie, à la grêle, tremblant le grelot. » (2) Si contre toute espérance ses démarches venaient à échouer, le blâme et le dommage en retomberaient sur ceux qui en auraient mal usé. Le Roi aurait donné des preuves indéniables de son bon vouloir en consentant à traiter une seconde fois avec Rome.

C'était peut-être exagérer les avantages de la cause

(1) Lettres de d'Ossat I, 134. et s.
(2) Ibid.

du Roi. Mais dans une telle occasion, la présomption était moins à redouter que le désespoir. Si convaincantes que fussent ses raisons, d'Ossat n'était pas sans comprendre quel surcroît de force persuasive leur eût donné une déclaration du Pape faite dans ce sens. Cette déclaration, il l'eût difficilement obtenue, si d'un incident qui semblait devoir tout compromettre, il n'avait su tirer une occasion de la provoquer. Il venait d'envoyer la lettre que nous avons analysée, quand d'Elbène et Lomellin, les agents du cardinal de Gondi et du duc de Nevers, reçurent de ces derniers d'importantes lettres. (1) Il y était dit que d'Ossat avait reçu des lettres du roi qu'il leur communiquerait. Si d'Ossat n'avait eu à compter qu'avec le roi, il eût pu sans inconvénient mettre dans la confidence de ses négociations Lomellin et d'Elbène. Ils étaient « gens d'honneur et très affectionnés au service du roi. » Mais il y avait aussi le grand-duc et le Pape, et l'un et l'autre avaient exigé le plus rigoureux secret pour ne pas se compromettre vis-à-vis des Espagnols. Avouer l'existence des négociations engagées, c'eût été trahir l'un et s'exposer à passer auprès de l'autre pour un homme vain et partant peu propre à inspirer confiance dans les négociations. D'Ossat ne le pouvait pas. D'autre part, s'il ne s'ouvrait à Lomellin et à d'Elbène, ceux-ci n'allaient pas manquer de montrer leurs dépêches au Pape et à son neveu. Or, il y était dit que d'Ossat avait à traiter avec le Pape d'affaires plus importantes que celles dont il l'avait entretenu. Dès lors, le Pape pouvait s'imaginer que le roi ne procédait pas sincèrement avec lui ou que son représentant était un homme double, qui ne communiquait pas tout ce qu'il avait ordre de dire. D'Ossat risquait ainsi, au grand préjudice de sa mission, d'être déconsidéré aux yeux de Clément VIII.

Une inspiration de génie vint à son secours. Il laissa Lomellin et d'Elbène dans leur ignorance, et courut chez

(1) Lettres de d'Ossat, 1, 333.

le cardinal secrétaire d'Etat avant qu'ils eussent pu le voir. Il commença par lui raconter l'épreuve à laquelle sa discrétion venait d'être soumise et la façon dont il s'en était tiré. Le cardinal l'en loua fort. Mais d'Ossat se hâta de le prévenir que, dans les dépêches de Lomellin et de d'Elbène, il lirait que d'Ossat avait à traiter avec le Pape d'autres questions que celles dont il l'avait entretenu. Il n'en était rien. Il avait exposé fidèlement tout ce que son maître lui avait commandé ; il est vrai que dans ses lettres le roi lui avait fait part « des doutes que quelques-uns lui donnoient sur les intentions du Pape au sujet de l'absolution. » Mais ces confidences personnelles du roi ne s'adressaient qu'à son agent. Il n'avait donc pas à en faire part au Pape. « Mais, ajouta d'Ossat, puisque l'erreur d'autrui l'avoit contraint d'en venir si avant, il feroit encore davantage... S'il plaisoit à Sa Sainteté, il s'offroit d'exposer entièrement les doutes et les scrupules du roi, afin que les réponses qu'il avoit à faire... fussent plus conformes à la volonté et intention de Sa Sainteté et qu'il ne répondît chose qui en fût éloignée et même d'autant que pour la secrétesse qu'il s'étoit imposée il n'avoit voulu ni ne vouloit en communiquer à personne. (1)

Cette offre adroite fit le plus grand plaisir au cardinal ; il s'empressa d'en profiter. D'Ossat commença par protester qu'il n'eût point fait ces communications de sa propre autorité, sans la contrainte où il se trouvait d'enlever au Pape, et à lui tout soupçon ; il avait d'ailleurs la conviction qu'en servant Sa Sainteté, il ne préjudiciait en rien au service du roi. S'il désirait être tenu par eux pour très dévot serviteur du Saint-Siège, il ne désirait pas moins « être regardé comme un homme de bien et loyal : » « Après ce commencement, dit d'Ossat, je vins au point, lui disant que comme auprès du Pape se faisoient tous les jours de mauvais offices contre Votre Majesté, aussi n'y

---

(1) Ibid.

avoit-il faute de gens qui en faisoient auprès de Votre Majesté contre le Pape et contre toute cette cour. Et encore que Votre Majesté ne voulût croire de Sa Sainteté sinon ce qui se doit croire du vicaire de Jésus-Christ et du Père commun de tous les chrétiens, néanmoins les artifices des hommes étoient si grands et les rigueurs passées si récentes, qu'il ne se pourroit faire que cela n'engendrât quelque scrupule en l'esprit de Votre Majesté et de vos principaux conseillers, au moins pour désirer s'informer de ce qui s'en disoit et en vouloir avis de vos serviteurs de deçà. Qu'on avoit voulu vous persuader que le Pape n'avoit aucune volonté de vous donner l'absolution et que ce qu'il vous avoit fait dire par Monsieur le cardinal de Gondi, quand il s'en retourna par delà, n'avoit été que pour empêcher que sur le refus rapporté par delà par M. de Nevers, vous ne prissiez quelque résolution en vos affaires et au fait des évêchés et abbayes et autres choses ecclésiastiques qui sont en grand désordre et confusion. Je lui disois ainsi crûment, Sire, tout exprès afin d'obliger tant plus le Pape à déclarer qu'il vouloit vous donner l'absolution. » (1) Cette habileté produisit son effet. Le cardinal protesta énergiquement de la loyauté des intentions du Pape. Il n'eût pas, disait-il, repris cette négociation s'il n'avait voulu la mener à bonne fin. Il reconnaissait d'ailleurs que en cette réconciliation il n'y allait pas seulement de l'intérêt du roi, mais aussi de celui du Saint-Siège. « Qu'on fasse seulement de delà, dit-il en terminant, ce que l'on doit et qu'on y procède par les termes convenables et qu'on ne doute point que le Pape ne donne l'absolution. » (2)

Tel était bien l'avis de d'Ossat; mais il avait été heureux d'en donner au roi un garantie plus sûre que ses affirmations personnelles. Les négociations purent dès lors s'engager sans avoir rien à redouter des hésitations d'Henri IV.

(1) Lettres de d'Ossat, I, 337.
(2) Id. I, 343.

Avant d'en exposer les diverses péripéties, il ne sera peut-être pas inutile de rappeler à quel titre d'Ossat allait y prendre part. A s'en tenir aux termes de la lettre qui l'accréditait, d'Ossat n'avait guère qu'à exposer au Pape les motifs qui empêchaient le roi de faire partir aussitôt son nouvel ambassadeur. Officiellement, il n'avait donc ni à présenter les propositions du roi ni à recevoir ou discuter celles du Pape. Ce rôle était réservé à l'ambassadeur qui devait venir de France. Mais en réalité, du moins dans la pensée du roi, la mission de d'Ossat devait s'étendre plus loin. Sans s'engager dans des négociations proprement dites, il devait essayer de pénétrer les intentions du Pape sur les conditions de l'absolution; il lui ferait entendre ce qu'il y avait d'excessif dans certaines conditions prévues et travaillerait par des représentations discrètes et opportunes à les lui faire abandonner, en tout ou en partie. Enfin il tendrait peu à peu à circonscrire le terrain où devaient s'engager les négociations définitives; il préparerait même assez ces dernières pour que l'accord y fût à peu près complet sur les points importants; de cette façon, si d'Ossat réalisait les vues du roi, à l'arrivée de du Perron, il ne resterait plus à régler que des formalités secondaires dont la solution ne pourrait en aucun cas compromettre le succès final.

Au nombre des concessions chères à Clément VIII, figurait, au premier rang, la conclusion d'une paix avantageuse à l'Espagne. Cette paix répondait trop bien à son constant désir de réunir contre les Turcs toutes les forces de la chrétienté. Aussi y avait-il songé dès la première heure.

Pressenti d'abord par des gens de l'entourage du Pape sur ce qu'on pourrait se promettre d'Henri IV, d'Ossat s'étudia à leur laisser peu d'espoir. A son avis, le roi ne consentirait jamais à laisser dépendre la question de son absolution d'une affaire temporelle, telle que la paix ou la trêve avec les Espagnols et les Ligueurs. Il voulait bien, dans la question de l'absolution, procéder à l'égard du

Pape « comme dévot fils avec toute humilité et obéissance filiale ; » mais avec le roi d'Espagne, le roi de France voulait traiter pour le moins d'égal à égal. Envers ce qui restait de la Ligue, le roi voulait agir en maître et proportionner sa clémence à leur soumission.

Après l'absolution, le Pape aurait tout loisir d'intervenir en vue de la paix. « Mais alors le roi de France voudroit en être requis aussi honorablement que le roi d'Espagne ; et l'on se trompoit fort si l'on pensoit envoyer une ambassade honorable en Espagne pour y prendre l'oracle et bon plaisir de Sa Majesté Catholique, et puis le faire savoir au roi par une sarbatane et le semondre de s'y accorder, et encore bien aise que le sourcil espagnol ait daigné s'abaisser jusqu'à lui faire la loi. » (1) Vouloir ajourner l'absolution jusqu'après la paix, c'était la retarder pour des mois, peut-être pour des années. Car la paix était subordonnée au règlement de certaines affaires qui, comme celles de la Navarre ou du Marquisat de Saluces, ne pouvaient recevoir de longtemps une solution.

Cette paix si difficile à obtenir n'était pas d'ailleurs moins nécessaire — d'Ossat l'établissait péremptoirement — aux Espagnols qu'aux Français, et vouloir la faire conclure toute à l'avantage de Philippe II, c'était donner trop bien raison à ceux qui pensaient que dans tout ce qu'il avait fait et devait faire, le Pape n'agissait que sous le bon plaisir des Espagnols. Cette dernière réflexion était de nature à produire d'autant plus d'effet sur Clément VIII que ce Pape se défendait beaucoup d'être le serviteur des Espagnols. (2.

Ces propos « tenus devant des gens qui avaient l'honneur de parler souvent des conditions de l'absolution avec le Pape et ses neveux (3) » ne durent pas manquer d'être

---

(1) Lettres de d'Ossat, I, 254.
(2) Id. I, 245.
(3) Ibid. I, 243.

rapportés à ces derniers. Ils leur enlevèrent tout espoir d'arriver à la paix par l'absolution. Le Pape crut même devoir dissiper tout soupçon à ce sujet. Il saisit l'occasion d'expliquer à d'Ossat ses sentiments à cet égard.

D'Ossat lui exprimant un jour le regret que le roi fût obligé de tourner ses armes contre le roi d'Espagne, alors que la chrétienté « avoit si peu besoin de ses divisions, » assaillie et envahie qu'elle était par les Turcs et autres infidèles. « Non, reprit le Pape, sans lui laisser le temps de continuer, non elle n'en auroit pas besoin, ains requerroit que tous les Princes chrétiens fussent bien unis ensemble pour la défendre. Et pour ce que je suis averti que par delà ils sont entrés en soupçon qu'avec le fait de l'absolution, je voulusse conjoindre un traité de Paix ou de Trêve entre ces deux couronnes, je vous dirois que si je pouvois, en faisant l'un, faire l'autre, je penserai faire office de bon Pape et ensemble chose utile à ce prince-ci de lui pacifier le royaume dedans et dehors. Mais au fond quand j'y aurai fait mon devoir, je vous dirai à vous, comme j'ai dit au duc de Sesse même, que si je ne puis conduire ces deux affaires conjointement je les séparerai et ne lairrai de faire ce qu'un bon Pape doit faire. » (1)

Les observations de d'Ossat avaient porté leur fruit ; il était bien entendu désormais que la question de la paix n'entraverait pas celle de l'absolution. Le Pape en avait bien pris son parti, et ayant eu encore occasion de parler un autre jour devant d'Ossat de son désir de voir terminer la guerre, il prit bien soin de spécifier qu'il n'y travaillerait que par voie d'exhortation en laissant au roi la liberté de faire ce qu'il lui plairait. (2)

A défaut de la paix, on eût été heureux d'obtenir du roi qu'il abandonnât au moins ceux de ses alliés qui étaient les ennemis de la foi, à savoir les Turcs et les hérétiques. Les vœux secrets de Rome allaient même plus loin. Elle

(1) Lettres de d'Ossat, I, 249.
(2) Ibid, I, 314.

eût voulu engager le roi de France dans la Ligue dirigée contre les Turcs et l'amener, après la paix, à reprendre les armes contre les hérétiques du dedans ou du dehors. Par là assurément, Henri IV aurait montré d'une façon indéniable, qu'il ne gardait au fond du cœur aucune attache à l'hérésie, mais il se privait du même coup des secours qui lui avaient permis et lui permettaient encore de tenir tête à Philippe II. La crainte des Turcs empêchait ce roi de lancer toutes ses forces contre la France et inclinaient Clément VIII à donner, par l'absolution du roi, un aussi vaillant défenseur à la catholicité. A défaut de la reconnaissance, l'intérêt de sa couronne défendait au roi de se séparer de ses alliés.

Mais on se faisait une arme, contre la sincérité de la conversion du roi, de son intention de rester l'ami et l'allié des hérétiques et des Turcs. D'Ossat sentait, aussi bien que personne, tout ce qu'il y avait de délicat dans une telle situation. Aussi, quand il apprit que le Pape désirait faire entrer le Roi dans la Ligue contre le Turc, il évita adroitement de heurter de front ses sentiments. Le désir du Pape, dit-il aux gens de la cour pontificale, lui semblait fort louable, et il ne doutait pas que le Roi de France ne fût prêt à faire pour la défense de la chrétienté tout ce que devait faire un Roi très chrétien, « mais avant de défendre les autres, il falloit s'assurer soi-même, et, en ce moment, il ne tenoit ses ennemis en respect que grâce au bon succès de ses affaires et à la peur qu'on a des Turcs. » L'alliance qui l'unit à eux n'est pas d'ailleurs son œuvre, il en a hérité de ses prédécesseurs et ils s'en étaient toujours servis pour le grand bien d'une foule de chrétiens qui, de l'aveu même de plusieurs papes, eussent été massacrés sans leur intervention ; « les Espagnols qui crioient si fort contre cette alliance avoient mis tous leurs cinq sens de nature pour y supplanter les François » ; en quittant la place, le roi aurait ménagé à Philippe un appui de plus dans ses rêves de monarchie universelle. (1)

(1) Lettres de d'Ossat, I, 266.

Rome aurait voulu que le roi s'engageât au moins à empêcher la reine d'Angleterre et le comte Maurice de Nassau de nuire au roi d'Espagne, (1) tant qu'il serait occupé contre les Turcs. A des prétentions pareilles d'Ossat fit la réponse qu'elles méritaient. Il lui semblait assez étrange qu'on voulût obliger le roi de France à garder les pays d'un prince qui détenait les siens, à faire la guerre à ceux qui l'aidaient à se défendre de lui. Convenait-il « à la grandeur, à la bravoure et vanterie espagnole de demander à un prince de Béarn, comme ils l'appellent, sûreté qu'il ne les offensera point, ni ne les laissera offenser ? Telles sûretés sont ordinairement demandées par des gens faibles et qui ont peur. »

Ces reparties, si justes et si spirituelles, déconcertèrent les interlocuteurs de d'Ossat. Ils n'osèrent pas insister. Le Pape lui-même, mis par eux au courant de l'entretien, se le tint pour dit. Quoiqu'il eût laissé entrevoir (2) son intention d'inviter Henri IV à la guerre contre le Turc, il n'osa jamais s'en ouvrir dans les négociations qui suivirent. Il y fut bien question de l'alliance du roi avec les hérétiques. Mais ce fut d'Ossat qui mit la question sur le tapis. Invité par le cardinal Aldobrandini à lui communiquer les raisons qui faisaient craindre au roi un insuccès à Rome, il lui représenta que le roi « ne demandoit pas mieux que de convertir les hérétiques, de voir tous ses sujets catholiques et d'oster la diversité de religion pour être contraire à l'honneur de Dieu et sûreté de l'Etat ; » (3) mais on ne pouvait maintenant leur faire la guerre sans nuire même à la religion catholique. Le roi avait trouvé les deux couronnes unies, et les causes qui avaient porté ses prédécesseurs à contracter ces alliances l'obligeaient à les garder. (4) Soit qu'il fût rassuré par les promesses de

---

(1) Lettres de d'Ossat, I, 270.
(2) Lettres de d'Ossat, I, 355.
(3) Ibid. I, 338.
(4) Ibid.

d'Ossat, soit qu'il fût convaincu par ses raisons, le cardinal n'insista pas. « Le Pape vouloit en général, dit-il, tout ce qui étoit pour tourner à l'honneur et gloire de Dieu, et si en France on pouvoit extirper les hérésies par guerre ou autrement, il en seroit très aise, mais s'il ne se pouvoit faire, Sa Sainteté ne demandoit choses impossibles et se contenteroit toujours de ce qui se pourroit faire. Il en étoit de même au sujet des alliances et des confédérations. »

La discussion fut moins vive et l'entente plus facile sur trois autres conditions que le Pape désirait (1) voir souscrire par le Roi. Sans l'exiger absolument, il attendait de lui qu'il retirât des mains des hérétiques le prince de Condé, son héritier présomptif, et le fît élever dans le catholicisme. L'accord se fit immédiatement sur cette question, le roi avant toute négociation avait manifesté l'intention de donner satisfaction aux désirs du Pape. Le roi montrait la même bonne volonté au sujet de la restauration du catholicisme en Béarn que le Pape souhaitait vivement. A Rome on eût voulu qu'il y eût été déjà procédé. Le roi en avait sincèrement l'intention, mais les égards dont il n'osait se départir à l'égard de ses anciens coreligionnaires, retardèrent longtemps l'effet des promesses que d'Ossat faisait en son nom. Il y eut échange de mêmes vœux et de mêmes promesses à l'égard de la publication du concile de Trente. Rome attachait un grand prix à cette publication. Elle ne cessait de la demander et elle avait bien songé à en faire une des conditions préalables de l'absolution. Devant les observations de d'Ossat on se radoucit ; il affirma que le roi désirait lui-même cette publication, «, il y étoit tout résolu et la feroit au plus tôt qu'il pourroit, quand même le Pape ne demanderoit. » Mais cette publication soulèverait plus de difficultés que l'on ne pensait à Rome, et il fallait du temps pour y préparer les esprits (2) en France. Si l'on exigeait cette

(1) Lettres de d'Ossat, I, 339.
(2) Lettres de d'Ossat, I, 340.

publication avant l'absolution, on s'exposait à retarder indéfiniment celle-ci, au grand préjudice du royaume et de l'Eglise. Le Pape ne prétendait pas pousser les choses si loin. Tout en regrettant que cette publication n'eût pas encore été faite, il renvoya au temps où les envoyés du roi seraient arrivés « pour voir ce qui se pourroit faire. Il n'obligeroit jamais personne à chose qui ne se peut faire. » (1)

La grande bataille devait se livrer autour de la question de la réhabilitation. « C'étoit là, disait d'Ossat, le point le plus difficile, et si cette négociation avoit à finir mal, ce seroit par là. » (2)

Henri IV était toujours, aux yeux du Pape, sous le coup de la bulle privatoire de Sixte-Quint. Dans cette bulle, ce Pape ne s'était pas borné à frapper d'excommunication « Henri, prétendu roi de Navarre. » « Sous prétexte que l'autorité donnée par l'immense puissance du Roi éternel au bienheureux Pierre et à ses successeurs s'élève au-dessus de tous les pouvoirs des rois et des princes de la terre, » il s'était arrogé le droit de déclarer « Henri de Navarre inhabile de plein droit à la succession de toute seigneurie et domaine et particulièrement du royaume de France. »

A part les Ligueurs trop intéressés dans la question, personne (3) en France n'avait accepté cette ingérence du Pape dans la question tout intérieure de la succession. Ni le clergé ni le Parlement n'avaient tenu compte de ce que Hotman avait appelé fort irrévérencieusement un *Brutum fulmen*. Sixte-Quint, personnellement très attaché à l'opinion de son omnipotence spirituelle et temporelle, était en retard sur son siècle. Si les Papes avaient, dans des circonstances extrêmes, exercé le droit de déposer les Princes, « ce droit était, comme le reconnaissait naguère

---

(1) Lettres de d'Ossat, I, 345.
(2) Ibid. I, 315.
(3) « In generale dispiace a tutto il popolo in particolare a questi di roba lunga. » *Nég. dipl.*, t. IV, p. 507.

un autre Pape (1), une conséquence du droit public alors en vigueur et du consentement des nations chrétiennes, qui reconnaissaient dans le Pape le juge suprême de la chrétienté et le constituaient juge sur les princes et les peuples, même dans les matières temporelles. » A l'époque qui nous occupe, ce consentement n'existait plus. Sixte-Quint n'avait pas voulu en convenir et Clément VIII n'osait pas lui donner tort en considérant sa bulle comme non avenue ; s'il fallait céder quelque chose, il était même disposé « à se relâcher plutôt sur l'absolution que sur la réhabilitation. » (2) Henri IV ne pouvait se prêter à de telles exigences. Reconnaître au Pape un droit que ses successeurs et lui-même lui avaient toujours contesté, c'était condamner les efforts tentés jusqu'alors pour conquérir son trône, c'était annuler du même coup tous les actes royaux accomplis depuis bientôt six ans.

Avec un tel parti pris, il semblait assez difficile que le Pape et le roi en vinssent à une entente. Avant de prendre une décision définitive Henri IV recourut à son conseiller habituel. Il demanda à d'Ossat son avis personnel sur cette question. Les vues de son agent étaient d'accord avec les siennes. A son avis, le roi n'avait à demander que l'absolution, ses agents devaient déclarer qu'ils n'avaient point charge de demander la réhabilitation, que celle-ci ne serait même jamais acceptée en France, surtout si elle était formulée en termes exprès. Cependant plutôt que d'en venir à une rupture, à défaut de meilleur expédient, on pourrait permettre au Pape de déclarer, après l'absolution, qu'il entendait que la bulle de Sixte-Quint du 9 septembre 1585 ne pût en rien préjudicier au roi. (3) Si Rome ne se contentait pas de cette concession et voulait mettre dans la Bulle « quelque mot désagréable pour le Roi, » d'Ossat eût toléré que les ambassadeurs

---

(1) Discours de Pie IX à une députation de l'Académie de la Religion catholique publiée dans l'*Instruction pastorale des évêques Suisses*, — 20 juillet 1871.
(2) Lettres de d'Ossat, I, 315.
(3) Id. I, 317.

« montrassent de s'en contenter et le roi aussi, mais une fois que les relations avec Rome auroient été reprises, le Procureur Général pourroit, sur quelque occasion qu'on feroit naître, ou qui se présenteroit d'elle même, demander à voir la bulle et, sur les mots qui lui auroient déplu, se pourvoir en la cour de Parlement, laquelle y ordonneroit ce qu'elle verroit bon, soit secrètement ou publiquement, selon qu'il seroit trouvé meilleur et plus expédient. » (1) Ce dernier procédé sentait quelque peu son Gascon. Mais, hâtons nous de le dire, d'Ossat, qui l'indiquait, ne l'approuvait pas. « Cet expédient, disait-il, Sire, n'est pas selon mon humeur, mais s'étant présenté à moi, je n'ai voulu laissé de le mettre ici, à toutes avantures, pour ce que, en choses si intriguées et où les Parties ont volontés et prétentions du tout contraires, l'on est contraint de s'aider de pires expédients que celui-ci ne seroit. » (2) En face du Pape, d'Ossat éprouvait quelque hésitation à mettre sur le tapis cette question « la plus chatouilleuse de tout l'affaire, et que malaisément déduiroit-on tout à fait, sinon lorsque l'on viendroit du tout au fait et au prendre. » (3) Il s'y hasarda cependant, ne fût-ce que pour permettre aux ambassadeurs du roi de dire plus tard au Pape que Sa Sainteté avait été avertie par d'Ossat « de ce point aussi bien que de tous les autres qui ne se pourroient faire ou du tout ou ainsi qu'on voudroit ici. » (4) Les lenteurs du Roi provenaient en grande partie de ce qu'il lui avait été dit « que le Pape le voudroit contraindre à prendre une réhabilitation. Sans doute le roi n'eût personnellement fait aucune difficulté de prendre absolution, réhabilitation et « tout ce qui seroit encore au-dessous, mais la dignité de roi de France qui étoit annexée à sa personne, mais la prééminence de cette couronne qui au temporel n'avoit jamais eu autre que Dieu par dessus

---

(1) Lettres de d'Ossat, I, 318.
(2) Lettres de d'Ossat, I, 341.
(3) Ibid.
(4) Ibid.

elle » les déclarations des États généraux, les sentiments bien connus de l'Eglise gallicane, les arrêts des cours de Parlement « répugnoient à l'application de ce remède et requéroient quelque bon expédient. » D'Ossat suppliait donc le Pape et le cardinal de lui apprendre et commander ce qu'il avait à répondre pour enlever au roi ses doutes et scrupules.

Déconcerté par ces communications et la demande insidieuse qui les terminait, le cardinal éprouva quelque gêne à répondre. « Comme ce point concernoit, dit-il, l'autorité du Saint Siège et était de plus profonde considération, il n'en pouvoit parler si hardiment comme des autres. Puisqu'il y avoit eu une privation prononcée par le Saint-Siège, il sembloit donc qu'il y falloit aussi une réhabilitation. Sans cela ce seroit nier obliquement l'autorité du Saint-Siège qu'on prétendoit reconnaître. Si la réhabilitation lui étoit nécessaire, le Roi ne devoit pas faire difficulté de la prendre. Mais si le Roi n'avoit pas à la prendre, le Pape ne devoit pas prétendre la donner. » Par cette réponse, où se trahissait assez son embarras, le cardinal secrétaire d'Etat cherchait pour le moment à écarter plutôt qu'à trancher la question en litige. La solution définitive ne pouvait, disait-il, être donnée que quand les envoyés du roi seraient arrivés auprès du Pape. Mais d'ores et déjà il donnait l'assurance que Sa Sainteté « entendroit toujours la raison tant d'un côté que d'autre, et, ni en ce point ni en aucun autre, il ne voudroit sinon ce qui seroit raisonnable, et de la façon qu'il se devait faire ; qu'en telles difficultés, il se trouvoit mille tempéraments et ne pensoit pas que ce point fût pour accrocher ni retarder l'affaire, non plus que les autres. » (1)

C'était là surtout l'aveu que désirait d'Ossat. Il venait de le recevoir de la bouche du cardinal secrétaire d'Etat. Pour plus de sûreté, il eût voulu le faire confirmer par le Pape. Son habileté sut en trouver l'occasion. Reçu en

(1) Lettres de d'Ossat. I, 345 et s.

audience, quelques jours après, par le Pape qu'il voit fatigué et souffrant, il fait mine de vouloir lui répéter tout au long les récentes communications qu'il a faites au secrétaire d'Etat. Le Pape ne lui en laisse pas le temps. Il était, lui dit-il, pleinement informé de ce qu'il avait dit et de ce qui lui avait été répondu. « Et moi incontinent ai ajouté, raconte d'Ossat, (1) que je ne voulois plus importuner ses oreilles, tenant ce que j'avois dit à M. le cardinal son neveu comme si je l'avois dit à Sa Sainteté même et les réponses que m'avoit faites ledit sieur Cardinal comme si Sa Sainteté me les avoit faites de sa bouche, et il m'a répondu par deux fois : *Cosi è, cosi è*, il est ainsi, il est ainsi, et j'ai été encore plus aise qu'auparavant de lui avoir par ce moyen fait ratifier les réponses que ledit seigneur cardinal me fit quand je lui dis tous les doutes et scrupules que Votre Majesté et son conseil avoient ; laquelle ratification je m'étais aussi proposée avant que je partisse de mon logis pour le fruit le plus certain de l'audience à laquelle j'allois. » (2) Il n'y avait donc plus de doute, le Pape était bien décidé à tenir les promesses du Secrétaire d'Etat.

---

(1) Lettres de d'Ossat. 1, 345 et s.
(2) Ibid. 1, 365.

CHAPITRE V. - D'Ossat maintient les résultats acquis, malgré les difficultés que lui créent l'expulsion des Jésuites et le retard de du Perron.

I. — *Les Jésuites sont englobés dans l'attentat et dans la condamnation de Jean Châtel. — Emotion causée à Rome par la nouvelle des mesures de rigueur prises contre eux. — Habileté et efforts de d'Ossat pour calmer le Pape.*

II. — *Arrivée à Rome des Jésuites expulsés. — Parti qu'en tire l'ambassadeur d'Espagne. — D'Ossat réussit enfin à détruire entièrement l'impression de ce fâcheux événement.*

III. — *Retard de du Perron. — Mécontentement que l'on en éprouve à Rome. — D'Ossat s'emploie à faire prendre patience au Pape.*

IV. — *Du Perron arrive comme ambassadeur du roi. — D'Ossat lui est adjoint. — Résultats déjà acquis.*

Les négociations étaient en bonne voie ; la cause du roi semblait gagnée, quand un événement des plus imprévus faillit remettre tout en question. Le 27 Décembre 1594, un jeune fanatique du nom de Châtel tenta d'assassiner le roi. Le coup manqua ; Henri IV ne fut atteint qu'à la lèvre supérieure. Il fut découvert, au cours de l'instruction, que le jeune assassin avait autrefois étudié chez les Jésuites ; il n'en fallut pas davantage pour englober ses anciens maîtres dans l'affaire. Le Parlement se hâta de frapper une société à laquelle il ne pouvait pardonner de s'être faite en France la grande propagatrice des idées ultramontaines. (1) En moins de 48 heures, les Jésuites, que Châtel avait complètement disculpés, furent arrêtés, jugés et enveloppés dans la sentence qui frappait le jeune régicide. Ils étaient condamnés, comme corrupteurs de la jeunesse, perturbateurs du repos public, ennemis du roi et de l'Etat, à sortir, dans trois jours, après la publication de l'arrêt, de Paris et des autres villes où ils étaient établis, et quinze jours après du royaume. Ceux qui, passé ce terme, s'y trouveraient encore, devaient être punis comme criminels de lèse-majesté ; (2) en même temps, leurs biens étaient confisqués, et sur l'emplacement de la maison de Châtel démolie, devait s'élever, aux dépens des Jésuites, une pyramide ornée d'inscriptions qui perpétueraient à jamais la honte du crime et le souvenir de l'expiation.

Une pareille sentence ne saurait se justifier. « On ne sait, dit Sismondi, peu suspect en ces matières, on ne sait ce qu'on doit regarder comme plus déplorable, du fanatisme qui armait un assassin contre le roi, ou de la cruauté, de la précipitation, de la lâche servilité du premier corps de la magistrature, qui ne se contentait pas de faire périr dans d'atroces tourments le jeune coupable, mais qui étendait les châtiments jusqu'aux innocents, qui ne se donnait pas le temps de reconnaître la vérité et qui condamnait, en 48 heures, à un exil déshonorant, une nombreuse société religieuse qui n'avait été ni écoutée, ni défendue, pour une tentative de régicide à laquelle elle n'avait eu aucune part. Ce n'était pas seulement une scandaleuse iniquité, c'était un grand acte de lâcheté politique. En effet, toute sa sévérité n'avait qu'un but, celui

---

(1) « L'expulsion des Jésuites est un coup inestimable sur ces nouveaux estançons de la toute-puissance de Rome ». *Mémoires de Duplessis-Mornay*, édit. 1824, p. 159-160.

(2) Un jésuite, le P. Guignard, fut même condamné à mort et exécuté. Son crime particulier fut d'avoir gardé, comme bibliothécaire de sa maison, quelques écrits publiés du temps de la Ligue contre Henri III. Le Parlement avait ordonné de détruire tous les papiers de ce genre.

de faire excuser sa précédente opposition à l'autorité royale. » (1)

Cet arrêt n'était pas seulement un acte d'iniquité et de lâcheté, c'était en ce moment une imprudence dangereuse. Le roi était en instance à Rome, pour obtenir sa réintégration dans l'Église. Quel bel argument contre sa conversion que ces mesures de rigueur notoirement injustes prises sous son approbation, contre un ordre considéré, à bon droit, comme le plus vaillant champion du catholicisme ? Le roi avait laissé faire. Il partageait encore à l'égard des Jésuites les sentiments de la plupart de ses conseillers. « Quant aux Jésuites, disait-il à Bellièvre, ma résolution est conforme à l'arrest de ma cour de Parlement que je désire être exécuté, ne pouvant attendre de ceux de cette compagnie que beaucoup de mauvaise volonté; les effets de laquelle ne se peuvent (éviter) que par leur absence. » (2)

A Rome, la question fut envisagé à un tout autre point de vue. D'Ossat avait reçu ordre de rendre compte au Pape de l'attentat de Châtel. Il voulut profiter de la circonstance pour engager Clément VIII à donner au roi, au plus vite, et à moins de frais, cette absolution qui devait le mettre à l'abri de tels attentats. Le Pape déplora l'événement moins peut-être à cause du roi que par sympathie pour les Jésuites (3) qui avaient tant à en souffrir. Il était d'autant plus sensible aux mesures prises contre eux qu'il leur avait porté de tout temps la plus vive affection. En ce moment même, il accordait toute sa confiance au cardinal Tolet, un ancien Jésuite.

Aussi, la première audience qu'il donna à d'Ossat, après la nouvelle de l'expulsion, fut-elle particulièrement

---

(1) Sismondi, *Histoire des Français*, T. XXI, p. 319 et s.
(2) Henri IV à Bellièvre, *Edit. Halphen*, p. 148.
(3) Niccolini à Vinta. *Nég. dipl.* V. 198.

émouvante. « Aussitôt que je commençai à lui parler (1), Notre Saint-Père jeta un grand soupir du profond de son cœur et se mit à pleurer. » Il était, disait-il, bien marri de ce qui était arrivé ; mais « il étoit aussi très marri de l'arrest par lequel le Parlement chassoit les Jésuites de France, alors que le malfaiteur n'avoit rien dit contre eux. » Pour aggraver le mal, le Parlement avait déclaré hérétique cette proposition : « Que ce prince ne devoit être reçu et reconnu s'il n'avoit l'absolution du Saint-Siège. » Autant valait dire que cette absolution, qu'on réclamait en ce moment, était une formalité sans importance. Emanant d'un des corps les plus considérables de l'Etat, cette déclaration avait blessé très fort le Pape. « Voyez, d'Ossat, lui dit-il en l'appelant par son nom, si c'est le moyen d'accommoder les choses comme nous désirons et comme elles étoient très bien acheminées ; et puis, continue d'Ossat, il tourna à soupirer et à me dire qu'il en étoit infiniment marri. » D'Ossat ne répondit rien, d'abord parce qu'il ne savait rien de l'arrêt incriminé, puis, il craignait en répondant au Pape, en ce moment si irrité, de l'exaspérer sans le convaincre. Car « en ce moment que les douleurs sont encore crues et sanglantes, on ne prend pas si facilement la raison en payement, comme après que ces premières impétuosités sont ralenties. » Il battit prudemment en retraite. Il ne connaissait pas, répéta-t-il, le texte de l'arrêt ; le malheur des temps et l'indignation causée par cet affreux parricide pouvaient d'ailleurs, entraîner les esprits à bien des excès. Quelques jours après, nouvelles doléances du cardinal Aldobrandini. D'Ossat entrevit cette fois toutes les conséquences que ces évènements pouvaient avoir sur les négociations en cours. « L'expulsion de tout un ordre, disait le cardinal, alloit donner un grand scandale en France et dans les autres nations, surtout en un temps où l'on parloit de se réconcilier avec le Saint-Siège. De tels ordres étant des soutiens de la

---

(1) Lettres de d'Ossat, I, 373 et s.

religion catholique, le Saint-Siège seroit contraint de prendre la protection et défense de ses membres. » D'Ossat évita encore d'entrer en discussion. Il vouloit auparavant voir le texte même de l'arrêt et attendre les avis du roi. Bien lui en prit ; la proposition alléguée ne se trouva pas de tout point conforme au texte cité par le Pape, et la variante (1) permettait à d'Ossat d'en donner une interprétation fort « bénigne. » Quelques jours après, une lettre du roi vint lui donner toutes les explications désirables. Aussi, après avoir bien considéré qu'elle ne contenait rien qui pût offenser le Pape, il s'empressa d'aller la lire au cardinal secrétaire d'Etat « avec un ton qui n'ôtoit rien de la vigueur de la lettre. » (2) Celui-ci, après l'avoir entendue, en demeura ébahi « sans pouvoir rien dire, sinon qu'il confessa ingénument qu'il ne pouvoit répondre sur le champ à une lettre si grave et de telle importance. » Il en demanda un extrait à d'Ossat qui le lui donna volontiers et n'eut garde d'oublier rien « de ce qui appartenoit à la justification de ce qui avoit été fait, ni à l'appréhension qu'il vouloit que le Pape eût de la conséquence et des maux qui étoient pour en suivre, si Sa Sainteté n'y appliquoit bientôt le remède nécessaire. » (3) L'extrait de la lettre produisit l'effet qu'en attendoit d'Ossat. Huit jours après, il avait audience du Pape. Le résumé de la lettre du roi lui avait été communiqué; aussi d'Ossat n'eut pas besoin de lui exposer de nouveau les faits. Il se borna à demander au Pape ce qu'il devait répondre à son maître. Clément VIII commença par énumérer encore tous ses sujets de mécontement; mais il le fit cette fois « sans montrer aucune colère ni aigreur

(1) Lettres de d'Ossat. I, 376. Il y avait dans l'arrêt « *par fausses et damnables instructions, il a dit être permis de tuer les rois et que le roi Henri IV à présent régnant n'est en l'Eglise jusqu'à ce qu'il ait l'absolution ; lesquels propos ladite cour a déclarés et déclare scandaleux, séditieux et condamnés comme hérétiques par les saints décrets.* » I, 377.
(2) D'Ossat prétendait que ces mots « *condamnés comme hérétiques*, pouvaient et devaient s'entendre de la première proposition. *Il est permis de tuer les rois*, etc.
(3) Lettres de d'Ossat, ibid.

et aussi amiablement que la matière le pouvoit comporter. » (1) Aussi d'Ossat ne jugea-t-il pas à propos d'entrer en contestation, il résuma ce qu'il avait déjà dit au cardinal Aldobrandini et présenta le texte exact de l'arrêt en tâchant de l'adoucir, « par une équitable et bénigne interprétation, » (2) déplorant avec lui « le malheur de ces temps, où un désordre en appeloit un autre, voire plusieurs, et ce divorce du Saint-Siège et de la couronne qui donnoit occasion à plusieurs désordres qui ne cesseroient jamais que par une bonne réconciliation entre eux deux. » Ces explications calmèrent Clément VIII. « Pour tout cela, lui dit-il, il n'avoit point changé de volonté. Que l'on fît de cela ce qu'on devoit et, de son côté, il ne manqueroit à faire ce qui seroit de son devoir. » (3)

L'incident des Jésuites semblait donc définitivement clos ; D'Ossat, du moins, le croyait. Mais il avait compté sans l'ambassadeur du roi d'Espagne. Comme nous l'avons dit, les négociations se poursuivaient dans le plus grand secret entre le Pape et d'Ossat. Celui-ci demandait toujours ses audiences comme agent de la reine douairière. Il avait déjà amené en un bon point la question de l'absolution d'Henri IV, et la domesticité du Vatican, toute à la dévotion du duc de Sessa, s'imaginait qu'il venait encore solliciter les obsèques solennelles d'Henri III. Le duc de Sessa soupçonnait bien qu'il s'ourdissait quelque trame en faveur du prince de Béarn, mais il ne réussissait pas à éventer la mine, il ne connaissait d'ailleurs aucun nouveau méfait à alléguer contre le prince de Béarn. L'expulsion des Jésuites vint lui fournir l'occasion désirée. Dès que la nouvelle en fut parvenue à Rome, le bouillant ambassadeur mena grand bruit autour de l'arrêt pris contre eux. Ce fut bien pis quand les Jésuites expulsés arrivèrent à Rome. Ce fut

---

(1) Lettres de d'Ossat. Ibid.
(2) Id. I, p. 390.
(3) Lettres de d'Ossat. I, 391.

alors une explosion de clameurs étourdissantes. D'Ossat n'osait même pas les rapporter à Villeroy « car c'eût été impossible et en plusieurs endroits impertinent. » (1) C'était à qui défendrait plus bruyamment les Jésuites ou attaquerait le Parlement, le Roi et tout son conseil. On en fit même « un écrit en latin, » qui fut répandu dans Rome. Comme bien on pense, on y brocha sur le tout. On y annonçait au Pape et aux cardinaux que ce bannissement des Jésuites n'était que le commencement de l'exécution d'une résolution prise par l'assemblée des protestants de Montauban. Après les Jésuites, les Chartreux, les Minimes, les Capucins allaient avoir même sort; en attendant, les pieux catholiques, tels que les Séguier, étaient chassés de leur charge; l'édit de 1577 était renouvelé en faveur des Protestants; le maréchal de Bouillon saccageait les églises du Luxembourg et foulait aux pieds le Saint-Sacrement; « bref la France s'en alloit quant à la religion en pire état que l'Angleterre. » (2)

D'Ossat tint tête à l'orage. Il se rendit à plusieurs reprises chez le cardinal Aldobrandini. Il lui représenta ce qu'il y avait de faux ou d'exagéré dans les propos mis en circulation par les ennemis de la France : l'arrêt pris contre les Jésuites, lui dit-il, n'avait rien à voir avec l'assemblée de Montauban. Elle avait eu lieu dix ou douze ans avant l'attentat qui, seul, avait motivé l'expulsion; il avait été d'ailleurs procédé contre les Jésuites inculpés avec plus de douceur qu'on ne l'eût fait en Italie (3) et en Espagne, les faits allégués contre le maréchal de Bouillon n'étaient même pas vraisemblables; ce prince avait toujours été l'un des plus modérés de sa secte et avait tout intérêt à ne pas mécontenter les catholiques de son armée. Quant aux autres religieux, personne n'avait encore songé à les inquiéter, quoique cependant le sentiment public fût

(1) Herrera, *op. cit.*
(2) Lettres de d'Ossat, I, 395 et s.
(3) Des réflexions de Niccolini à Vinta confirment les dires de d'Ossat, *Nég. dip.* V. 198.

vivement choqué de leur refus de prier pour le roi. Les efforts de d'Ossat produisirent un excellent effet. « Ledit cardinal, raconte-t-il à Villeroy (1), m'envoya appeler et me dit qu'il avoit rapporté au Pape ce que je lui avois dit et qu'outre ce que lui cardinal m'avoit répondu de lui-même, Sa Sainteté lui avoit ordonné de me confirmer les mêmes choses de sa part et en outre me dire que Sa Sainteté avoit commandé au général des Jésuites de pourvoir à ce que ses Religieux n'usassent d'aucune médisance, ni détraction et d'envoyer même hors de Rome ces deux qui étoient venus naguère de France. Et de fait j'ai depuis su que ledit général les a envoyés à Frescati, où ils sont à présent, en attendant qu'on leur ait assigné quelque autre lieu plus loin. Aussi est-ce chose vraie que Sa Sainteté a depuis permis aux susdits trois ordres de Chartreux, Minimes et Capucins, de prier Dieu pour le roi, sans toutefois leur en bailler rien par écrit; mais elle l'a dit de vive voix à leurs Protecteurs pour le leur faire savoir. » (2)

Les mauvais calculs de l'ambassadeur d'Espagne venaient encore échouer contre l'habileté de d'Ossat et la bonne volonté du Pape. Henri IV en faisait lui-même l'aveu, dans une lettre à M. de Bellièvre : « Le bannissement des Jésuites n'a déjà donné que trop de sujet à nos ennemis de m'y calomnier et si la bonté de N. S. P. n'eust été plus forte que leur malice, ils y eussent renversé toute chose. Mais le sieur d'Ossat m'a escrit que Sa Sainteté a pris en assez bonne part les raisons qui m'ont contraint et mes sujets de m'en défaire et la enfin assurée qu'Elle ne laissera de voir de bon œil celui que j'y envoierai et de procurer de tout son pouvoir le bien et repos de mon Royaume. » (3)

L'ambassadeur définitif pouvait donc venir. Il était sûr de trouver bon accueil; les derniers évènements n'avaient

(1) Lettres de d'Ossat, I, 404.
(2) Ibid.
(3) Lettres d'Henri à Bellièvre, *Ed. Halphen*, p. 160.

pas modifié les bonnes dispositions du Pape, ni détruit, comme on l'aurait pu craindre, les résultats acquis par d'Ossat. Cet ambassadeur devait être, nous l'avons dit, du Perron. Le roi l'avait désigné dès le mois d'août 1594 ; nous savons pour quelles raisons il n'avait pas jugé à propos de le faire partir de sitôt. Il avait tenu d'abord à connaître l'issue de la mission confiée à d'Ossat. Les bons résultats obtenus dès le mois de Janvier 1595 semblèrent quelque temps compromis par l'affaire de l'expulsion des Jésuites ; deux mois plus tard, le terrain perdu était reconquis. Rien ne semblait plus s'opposer à l'arrivée de du Perron.

Clément VIII ne soupçonnait peut-être pas toute l'importance que Henri IV attachait à la mission de d'Ossat ; aussi s'attendait-il à recevoir (1) du Perron dès l'instant même où il avait été désigné. Il avait donc fait partir aussitôt pour Madrid son neveu Jean-François. L'objet avoué de cette ambassade était, nous l'avons vu, d'obtenir du roi d'Espagne des secours contre les Turcs, mais nous savons aussi, par l'historiographe de Philippe II, que les affaires de France n'étaient pas étrangères à ce voyage. A en croire même les conjectures assez vraisemblables de d'Ossat, quand on fit partir Jean-François Aldobrandini, on pensait que du Perron était déjà par les chemins et « selon ce qu'il apporteroit à Rome, dit d'Ossat, et selon la docilité qu'on y trouveroit pour les choses que l'on lui proposeroit, on écriroit d'ici audit Jean-François, de demander ou de conclure ceci ou cela de plusieurs cordes qu'on peut avoir en l'arc pour tirer selon la posture en laquelle on verra Sa Majesté. » (2) Le retard de du Perron dérangeait ces calculs ; aussi ne cessait-on de demander impatiemment à d'Ossat quand viendrait enfin Monsieur du Perron. « Il n'y a pas une personne de qualité, disait d'Ossat à Villeroy, depuis le plus grand jusqu'au moindre

(1) Lettres de d'Ossat, I, 354.
(2) Ibid.

de tous qui ne s'informe fort soigneusement pourquoi il demeure tant et dans combien de temps il pourra être ici. » (1) Pour lui, il ne conseillait guère au Roi de se hâter, tant que Jean-François Aldobrandini serait à Madrid. Tout au plus, fallait-il éviter de traîner en longueur par crainte de la mort du Pape. Clément VIII avait déjà usé de toutes les longueurs, et les Espagnols très puissants au conclave pourraient faire nommer un Pape moins bien disposé que lui.

Le Pape devina enfin les vrais motifs du retard de du Perron. Il donna ordre à son neveu de revenir au plus tôt « donnant pour raison qu'il vouloit oster, dit d'Ossat, le soupçon et l'ombre qu'on estime que cette ambassade donne à plusieurs et mesmement (surtout) au roi qui en pourroit envoyer d'autant plus tard ses ambassadeurs (2) par deçà ». Jean-François quitta donc Madrid et revint à Rome. Il y arriva le 16 avril 1595. (3) Il semblait dès lors que du Perron n'allait pas tarder à venir. La nouvelle de son départ, un moment annoncée, ne fut pas confirmée. Le Pape commençait à s'impatienter. D'Ossat s'employa de son mieux à lui faire prendre patience, soit en expliquant les retards écoulés, soit en annonçant le départ pour une date très rapprochée. Mais ses prédictions furent une fois ou deux prises en défaut. On apprit, il est vrai, plus tard, qu'une maladie du roi avait retenu du Perron, mais en attendant, ces retards successifs semblaient donner raison à l'ambassadeur d'Espagne, qui répétait que l'intention du roi était de n'envoyer personne. Dans l'entourage du Pape, on commençait à concevoir des doutes sur la bonne foi du roi. (4) On en vint même à délibérer sur ce que le Pape aurait à faire dans le cas où il ne viendrait point d'ambassadeur. On parla de s'unir de

---

(1) Lettres de d'Ossat, I, 276.
(2) Ibid, I, 406.
(3) Ibid, I. 430.
(4) Ibid. I, 444.

nouveau à Philippe II, d'envoyer en France les forces destinées à la Hongrie, de fulminer de nouvelles excommunications, de prendre, enfin, une décision quelconque. Une lettre de Villeroy vint heureusement tirer le Pape de sa perplexité et d'Ossat de son embarras. (1) Du Perron s'était mis en marche. Dans une autre lettre, le roi donnait de ce retard si prolongé un motif assez plausible. Le véritable motif, au moins depuis quelque temps, était de ceux qu'un chef d'Etat n'avoue pas à des étrangers. Henri IV le fait connaître en ces termes dans une lettre à Bellièvre. « Le sieur Duperron doit partir dedans trois jours pour aller à Rome, ne l'ayant pas fait plustôt non plus que moi par faulte d'argent. » (2) La même raison avait fait renoncer à l'envoi des deux autres personnages qui devaient d'abord accompagner du Perron. Le roi se trouvait « contraint de l'envoyer seul par faulte de moyens d'en deffrayer un plus grand nombre ; » mais il s'en consolait facilement, car il allait « le faire assister dudit sieur d'Ossat qui suppléera par sa suffisance et la pratique qu'il a des choses de Rome au défaut des autres. » (3)

Henri IV pouvait en parler en connaissance de cause. Depuis six mois qu'il voyait d'Ossat à l'œuvre, avait-il jamais rencontré plus de dextérité dans le maniement d'affaires aussi délicates ? Par son habileté à tirer parti des situations les plus compromises, d'Ossat avait obtenu en quelques mois des succès inespérés. Grâce à lui, le roi était sûr de trouver bon accueil à Rome et d'y recevoir l'absolution désirée. Cette absolution restait toujours subordonnée à des conditions qui devaient, disait-on, sauvegarder l'autorité du Saint-Siège, mais on était maintenant pleinement rassuré sur les vraies intentions du Pape. D'Ossat l'avait déjà fait renoncer à toutes les

(1) Lettres de d'Ossat, I, 453.
(2) Henri IV à Bellièvre. *Ed. Halphen*, p. 172.
(3) Ibid. 160.

conditions qui auraient pu blesser la dignité du roi ou troubler le royaume; celles dont l'exécution, inopportune à cette heure, eût par trop retardé l'absolution étaient ajournées, et on avait obtenu, pour les autres, sinon toutes les satisfactions désirées, du moins la promesse solennelle qu'aucune d'elles n'entraînerait la rupture des négociations.

Ainsi, il était désormais acquis que le roi obtiendrait l'absolution sans être obligé de faire la paix avec le roi d'Espagne ou la guerre avec les Turcs; le Pape n'exigerait de lui ni édits contre les hérétiques, ni publication préalable du concile de Trente, ni rétablissement du catholicisme en Béarn; il se contenterait des promesses et des bonnes intentions du roi; la question même de la réhabilitation ne devait pas être un obstacle insurmontable à l'entente des deux cours.

Redevable à d'Ossat de ces premiers succès, Henri IV devait avoir naturellement la pensée de l'associer aux négociations officielles de la dernière heure. On conçoit de même qu'il se soit promis le plus grand bien de son concours. Le passé répondait ici de l'avenir. Le roi pouvait donc envisager sans crainte l'issue des négociations définitives. « J'espère beaucoup de ce voyage, disait-il à Bellièvre, estant les choses mieux disposées à Rome que ne publient mes ennemis qui sont plus industrieux que puissants. »

(1) Henri IV à Bellièvre. *Ed. Halphen*, 172.

CHAPITRE VI. - Négociations définitives.

I. — *Du Perron à Rome. — Mécontentement et manœuvres des Espagnols pour faire confier l'affaire au consistoire. — Leurs calculs sont déjoués par les agents du grand-duc de Florence. — Stratagème proposé par le cardinal de Florence. — Le pape l'adopte : consultation individuelle des cardinaux.*

II. — *Première congrégation générale des cardinaux. — Discours du Pape. — Retour offensif et instances des Espagnols.*

III. — *Négociations définitives. — Discussion détaillée des conditions de l'absolution. — Points particulièrement débattus. — La réhabilitation, l'admissibilité des hérétiques aux charges et honneurs, la publication du concile de Trente. Succès des procureurs du roi. — Rôle particulier de d'Ossat dans ces négociations.*

IV. — *Le Pape communique ses intentions aux cardinaux réunis en congrégation générale. — Efforts désespérés du duc de Sessa. — Le Pape passe outre et prononce l'absolution. — Cérémonie de l'absolution. — Sentiments que ce succès dut faire éprouver à d'Ossat.*

Du Perron, le nouvel envoyé d'Henri IV, dont l'arrivée était si impatiemment attendue, rentrait, enfin, à Rome le 12 juillet 1595. Il y était précédé d'une réputation, somme toute, avantageuse. Cette réputation, l'ancien lecteur d'Henri III, ne la devait pas seulement à son savoir prodigieux et à ses brillantes saillies. Théologien hors de pair, dialecticien redouté, à bon droit, des protestants, il avait, par ses discussions contre les calvinistes, contribué plus que personne à ramener Henri IV au catholicisme. Mais si Rome se réjouissait de la conversion, elle tenait rigueur au convertisseur : ne s'était-il pas arrogé le droit d'ouvrir la porte de l'Eglise à un hérétique que le Pape en avait nommément chassé ? Aussi avait-elle prêté quelque temps une oreille facile aux méchants propos des Ligueurs contre le Normand, fils de pasteur calviniste, irrégulier par homicide, pourvu par le roi hérétique de l'évêché d'Evreux et principal architecte de l'absolution de Saint-Denis. (1) Heureusement le cardinal de Plaisance avait, à son retour de France, détruit l'impression produite autour du Pape par ces calomnieux rapports. Surpris dans Paris par l'entrée d'Henri IV, le légat avait été traité avec déférence par le roi victorieux ; il en avait reçu l'autorisation de se retirer en toute liberté. Du Perron, chargé de l'accompagner jusqu'à Montargis, avait su, par ses bons offices, détruire les préventions du légat et gagner ses bonnes grâces. Aussi, dès sa rentrée à Rome, ce cardinal fit de grands éloges de du Perron. S'il en avait mal parlé autrefois, c'était, disait-il, qu'il en avait écrit ce qu'on lui avait dit avant qu'il l'eût vu ; à présent qu'il l'avait vu, il en disait le bien qu'il en avait connu. (2)

Ces éloges, joints aux succès que du Perron continuait de remporter sur les Protestants, avaient peu à peu gagné à l'envoyé d'Henri IV les sympathies de Rome. Il était donc attendu au Vatican avec autant d'impatience que de curiosité. De telles dispositions étaient faites pour donner de bonnes espérances; le talent très réel de du Perron ne pouvait que les affermir. Il faut dire cependant que jusqu'ici du Perron n'avait eu affaire qu'à des ministres protestants, et les controverses théologiques, avec leurs formules immuables et leurs procédés scolastiques, préparent mal aux négociations épineuses et ondoyantes de la diplomatie. Le diplomate improvisé était surtout complètement dépourvu de l'avantage qu'assurait à ceux qui étaient appelés à y négocier la connaissance de cette cour

---

(1) Lettres de d'Ossat I, 287.
(2) Id. I, 277.

de Rome, « où il y avoit, disait d'Ossat, plus de finesse que dans le reste du monde ». (1) Aussi Henri IV avait pris soin de lui adjoindre d'Ossat avec mission de lui servir de guide « comme celui qui a plus de connaissance des choses de delà. » (2)

Conformément aux instructions du roi, dès son arrivée à Bologne, du Perron se mit en relation avec son collègue et le prévint de son approche. Il lui déclarait, en même temps, en termes fort aimables, que depuis le jour où le roi l'avait destiné pour le voyage d'Italie, il s'était proposé « pour un des plus doux fruits de sa commission le bonheur de jouir de l'entretien et de la conversation de son bel esprit. » (3)

Arrivé aux portes de Rome, du Perron y trouva d'Ossat venu à sa rencontre ; ils se rendirent ensemble auprès du Pape qui les admit séance tenante à lui baiser les pieds. Du Perron communiqua ses pouvoirs et instructions à d'Ossat. Dans la requête qu'ils avaient à présenter au Pape comme procureurs du roi, ils avaient charge de supplier « Sa Béatitude d'octroyer au Roi sa sainte bénédiction et souveraine absolution des censures par lui encourues et contre lui déclarées. »

L'arrivée de du Perron fut pour les Espagnols le signal d'une nouvelle prise d'armes. A vrai dire, ils n'avaient jamais désarmé ; mais depuis le renvoi de Nevers, ils se tenaient moins sur leurs gardes. Le mystère dont d'Ossat avait su entourer ses démarches ne leur avait jamais laissé soupçonner la reprise des négociations. L'envoi officiel de du Perron ne permettait plus de leur dérober ce secret.

Alarmés par la première nouvelle qui s'en était répandue, ils se rassurèrent devant les retards successifs mis à son départ. Nous avons vu qu'ils avaient même tenté d'en

(1) Lettres de d'Ossat, IV, 287.
(2) Henri à Bellièvre, I, 60.
(3) *Ambassades*... de du Perron, lettre à d'Ossat, p. 193.

tirer parti pour faire suspecter la bonne foi du roi. L'arrivée de du Perron leur infligeait un cruel démenti. L'accueil qui lui était fait par le Pape enlevait tout espoir de le faire renvoyer comme le duc de Nevers. Le duc de Sessa en fut consterné. (1) Tous ses efforts échouaient misérablement ; le roi son maître avait déjà montré à Jean-François tout le déplaisir que l'absolution du prince de Béarn devait lui causer, le Pape lui-même avait déjà déclaré tant de fois qu'il ne le recevrait pas, et voilà qu'on marchait à grands pas vers cette maudite absolution.

Le duc de Sessa ne pouvait rien négliger pour empêcher qu'un tel affront ne fût infligé au Roi, son maître. Il exhuma pour la circonstance les promesses antérieures du Pape et ses déclarations en plein consistoire : n'avait-il pas assuré, à l'époque où il renvoyait Nevers, qu'il se ferait écorcher plutôt que de rebénir Navarre ? Ne déclarait-il pas alors qu'il ne croirait jamais à sa conversion tant qu'un ange ne viendrait pas la lui confirmer ? (2) Qu'étaient devenues ces solennelles protestations ? Navarre avait-il cause gagnée ? Bien loin de là ; le connétable de Castille venait de remporter en Bourgogne une brillante victoire sur ses troupes.

Cette dernière nouvelle était fausse (3), mais le duc, qui en attendait bon effet, n'avait pas hésité à la répandre.

Par ces misérables expédients, on peut concevoir quels procédés il employait auprès de Clément VIII lui-même. Il lui demanda d'être entendu officiellement sur la question de l'absolution ; il poussa l'irrévérence jusqu'à lui recommander d'agir avec prudence et de s'inspirer en tout des sentiments du Consistoire. (3)

Est-il besoin de le dire ? Cette déférence pour les sentiments du Consistoire était loin de prendre sa source dans

---

(1) Cardinal del Monte au grand-duc. *Nég. dip.* V, 214.
(2) Niccolini au grand-duc *Nég. dip.* V. 218. Lettres de d'Ossat, I, 251, et del Monte au grand-duc. *Nég. dip.* V. 211.
(3) Del Monte au grand-duc. V. 218.

un juste respect des usages consacrés à Rome. Le rusé diplomate s'était vigoureusement employé à gagner à ses vues la majorité du Sacré Collège, il croyait y avoir réussi. A l'approche de du Perron et après son arrivée, il reprit ses visites chez les cardinaux. Il n'y eut pas de jour où il ne passât plusieurs heures chez quelques-uns d'entre eux; le jour ne suffisait pas à sa dévorante activité. Il courait des nuits entières (1) de porte en porte pour achever de triompher des dernières résistances des cardinaux. Aux yeux des uns, il faisait toujours miroiter la perspective de la tiare, à d'autres il présentait des bénéfices pour eux ou leurs neveux, à tous des pensions C'est ainsi qu'on pouvait le voir, disait d'Ossat, (2) « présentant à des cardinaux, à un mille écus, à un autre deux mille, à un autre trois mille, à condition qu'ils diront contre l'absolution tout à fait, ou pour le moins qu'ils ne seront point d'avis de la donner si le prince de son côté ne donne de bonnes sûretés pour la religion catholique. Et, pouvait ajouter d'Ossat, il n'y a pas faute de cardinaux qui se vendent et de ceux-là même qui ont par ci-devant parlé ouvertement et publiquement pour l'absolution. C'est chose qui se sait par tout Rome et les connait-on par nom et surnom. »

Ces promesses et ces offres ne trouvaient pas les cardinaux insensibles. Les choses en vinrent à ce point que le Pape dut se plaindre en plein consistoire « qu'une seule affaire dominait toutes les autres et attirait à elle seule tous les regards, à savoir les intrigues en vue de la tiare ». (3) Aussi voyait-on, dit un témoin oculaire « plusieurs cardinaux et autres prélats, qui avaient placé leur espoir dans la faveur de Philippe, faire de grandes démonstrations sous pré-

---

(1) Lettres de d'Ossat, I, 458.
(2) Lettres de d'Ossat, I, 426.
(3) In modo che il Papa, chi a notizia del quale pervengono tutte queste cose e dissegni, disse nel consistorio che un solo negocio premeva in Roma e ad un solo s'attendeva con pregiudicio degli altri, cio è alla practica del pontificato. — Paruta op. cit. p. 381.

texte de servir la cause de la religion, alors qu'ils s'agitaient uniquement pour leurs intérêts. » (1)

Le nombre de ces opposants était assez considérable pour que, après divers pointages, le duc de Sessa se crût sûr de la victoire, (2) et le cardinal Giustiniani, qui était favorable à la France, pouvait assurer que, « si l'affaire était proposée en consistoire, elle serait perdue ». (3) On voit dès lors pourquoi le duc de Sessa demandait au Pape de suivre les avis du consistoire.

Les agents de Toscane s'avisèrent d'un expédient qui, sans soulever de nouvelles perplexités dans l'âme du Pape, lui donnait toutes chances de gagner le Sacré Collège à ses vues. Le cardinal de Florence le proposa à Clément VIII après entente avec du Perron et d'Ossat. Le Pape devait entretenir individuellement les cardinaux et leur défendre, sous peine d'excommunication, de faire connaître le résultat de leur entretien avec lui. Il les réunirait ensuite en congrégation plutôt qu'en consistoire, car, ajoute Nicolini, « dans une congrégation les cardinaux ne délibèrent pas, le Pape est plus libre ». (4) Clément VIII n'ignorait pas les marchandages qui se faisaient autour de lui ; il savait quelles voix étaient pour et contre son intention ; (5) aussi goûta-t-il fort le conseil du cardinal de Florence. L'entretien secret lui donnait plus d'action sur les cardinaux et dérobait ceux-ci à l'influence des cardinaux espagnols et au contrôle du terrible duc de Sessa. Celui-ci flaira le piège. A son instigation sans doute,

---

(1) Molti cardinali e altri chi nel favor del re catholico han o riposte gran speranza a loro dissegni, niente ritenuti perche questi lor. interessi fossero palesi e notissimi al mundo, sono andati strepitando per la corte, benche copriendo loro affeto sotto il manto della religione e tenendo lungamente cupiditi e sturbati i consigli. — Paruta. ibid.

(2) Lettres de Niccolini au grand-duc, 2 mai et 16 mai 1595.

(3) Idem, ibid, V. p. 211.

(4) Niccolini au grand-duc. V. 214.

(5) « Perche in congregazione i cardinali non deliberanno, il Papa é piu libero » Niccolini au grand-duc, 19 juillet *Nég. dip.* V. 226.

les cardinaux espagnols allèrent engager le Pape à porter l'affaire devant le consistoire ; ils lui promirent même de seconder ses vues personnelles, sauf à jeter le masque en plein consistoire. (1) Le Pape avait trop bien compris les avantages de l'entretien secret ; il s'y tint. Par son ordre (2) d'Ossat et du Perron visitèrent les cardinaux et vinrent lui rendre compte de leurs visites. Trois jours plus tard, il réunit les cardinaux en congrégation générale. Il leur exposa tout au long quelle avait été son attitude dans les affaires de France, depuis les débuts de son pontificat, l'inutilité de ses efforts et les succès croissants du roi ; ce prince n'en continuant pas moins à solliciter son absolution, il s'était décidé à recevoir ses envoyés qui étaient venus porteurs de sa demande ; cette démarche était assurément la plus grande affaire que le Saint-Siège eût eu depuis plusieurs centaines d'années. Il priait donc et conjurait les cardinaux d'y vouloir bien penser ; qu'ils eussent soin de mettre à part toutes sortes de passions et intérêts humains et de ne regarder qu'à l'honneur de Dieu, à la conservation et amplification de la religion catholique et au bien commun de toute la chrétienté ; il ne s'agissait pas ici d'un homme privé, mais d'un grand et puissant prince qui commandait à des armées et à plusieurs peuples ; il ne fallait donc pas tant considérer sa personne que le royaume qui le servait et dépendait de lui, ni tenir si grande rigueur, en absolvant des censures qu'en remettant des péchés. Ils auraient donc à lui dire sans faveur, ni crainte ce que leur conscience leur conseillerait. Pour leur assurer à cet égard toute liberté et facilité, il leur demandait « de lui venir donner leur voix l'un après l'autre, en chambre et particulièrement. » (3)

Ce discours où les désirs du Pape étaient si peu voilés,

(1) Niccolini au grand-duc. *Nég. dip.* V. 214.
(2) Lettres de d'Ossat. I, 464 et s.
(3) Ibid.

n'était pas fait pour plaire aux Espagnols. La consultation à huis clos déconcertait tous leurs calculs. Désespérant d'imposer au Pape les volontés du consistoire, ou plutôt les leurs, ils comptèrent se rattraper sur les conditions de l'absolution. (1) Ils voyaient là un moyen « d'accrocher entièrement l'affaire, ou pour le moins d'en tirer quelque profit et avantage pour Philippe. » (2) Mais ici encore ils allaient se heurter à de nouvelles déceptions. D'Ossat en négociant à leur insu avait déjà obtenu du Pape l'abandon des conditions que réclamaient les Espagnols. Ils ne devaient connaître que plus tard l'habileté de « cet Arnaud d'Ossat qui, sans se montrer serviteur du prince de Béarn, allait dans Rome, avec grande dissimulation, poussait activement l'affaire, sollicitant par diverses voies et moyens, d'ailleurs personnage grave, fort instruit, et sous ses habits de clerc conduisant les négociations sans ostentation et sans fracas. » (3)

Il restait donc encore à déterminer les conditions qu'on comptait réellement imposer au roi, mais, cette fois, les négociations allaient s'entamer et se poursuivre en dehors de l'influence du duc de Sessa. Le Pape et son neveu, d'Ossat et du Perron, devaient seuls prendre part aux débats. Des quatre négociateurs trois nous sont connus. Le nom du quatrième, le jeune cardinal Cynthio Aldobrandini (4), s'est déjà rencontré plusieurs fois sous notre plume. Il ne nous a guère arrêtés. C'est qu'à cette date, il n'exerce pas encore grande influence sur la politique papale. (5) Toute son ambition se borne à remplir avec conscience son rôle de secrétaire d'État, et tout ce rôle consiste alors à servir de porte-voix à son oncle. A ce titre, il avait eu à intervenir plusieurs fois dans les négociations entamées par d'Ossat; il s'était montré généralement bienveillant et actif.

(1) Niccolini au grand-duc, *Nég. dip.* V. 249.
(2) Lettres de d'Ossat, I, 276.
(3) Herrera : *Historia del Mundo, III part.*, p. 505.
(4) Il avait alors 23 ans.
(5) P. Paruta, *op. cit.*

Les négociations qui allaient suivre avaient donc pour objet d'achever l'œuvre ébauchée dans les premières ; sur plusieurs points Clément VIII et du Perron n'eurent même qu'à sanctionner officiellement les articles consentis par Aldobrandini et d'Ossat.

Ces négociations commencèrent aussitôt après que le Pape eut achevé de recevoir les avis individuels des cardinaux. Les instructions remises par Henri IV à ses agents leur interdisaient de laisser remettre en discussion les résultats obtenus par d'Ossat. Ainsi, sous aucun prétexte, il ne devait être question de la paix à conclure avec l'Espagne, ni de la guerre à déclarer aux hérétiques ou aux Turcs ; ils avaient à opposer la même fin de non-recevoir à toute demande concernant le rappel des Jésuites, ou l'approbation des nominations ecclésiastiques faites par Mayenne. Sur diverses autres questions ils avaient à renouveler les assurances déjà données par d'Ossat ; ailleurs, par exemple sur la question de la réhabilitation, ils avaient ordre de s'opposer de tout leur pouvoir aux prétentions de Rome. S'ils ne parvenaient pas à triompher des volontés du Pape, avant de rien accorder, ils devaient en référer au roi. En somme, tout en cherchant à donner satisfaction au Pape, ils devaient se refuser à tout ce qui pourrait porter atteinte à la dignité du roi, ou à l'intérêt de la France.

Le Pape, bien résolu à absoudre le roi, attendait de lui deux sortes de concessions. Les unes devaient réparer les maux que l'Eglise de France avait eu à subir du fait de son hérésie ; les autres attester aux yeux de tous la sincérité de sa conversion.

Du Perron et d'Ossat ne firent aucune difficulté de se prêter (1) aux conditions que réclamait la justice, ou qui découlaient du fait même de la conversion du roi.

---

(1) Sur toutes ces négociations on peut voir *Les Ambassades* de du Perron, p. 156 et s. et les *Mémoires* de Cheverny, Ed. Petitot, 303-311. Toutes nos citations sont tirées, sauf indication spéciale, des textes publiés dans ces deux ouvrages.

Ainsi l'accord fut facile, tant qu'il s'agit d'imposer au roi le serment d'obéir aux commandements de l'Eglise et du Saint-Siège, de faire élever son successeur le prince de Condé dans le catholicisme, de respecter le Concordat, de ne donner les dignités ecclésiastiques qu'à des catholiques et de rendre aux gens d'Eglise les biens dont ils avaient été dépouillés pendant les dernières guerres.

La résistance ne fut guère plus longue au sujet de quelques pratiques religieuses qu'on exigeait du roi, telles que l'assistance à la messe, et la récitation de quelques prières à certains jours déterminés, etc. Au nombre de ces obligations figurait cependant celle de construire dans chaque province un monastère d'hommes ou de femmes. Les procureurs se récrièrent, la pénitence leur paraissait excessive, « ils eussent voulu faire réduire à quatre ou cinq, ce grand nombre de monastères. Mais le Pape répondit que c'étoit là une pénitence de roi, conforme aux ruines de tant de monastères et d'églises qu'il avoit lui-même vues en passant par la France. » A cela, dit du Perron, « les procureurs n'eurent pas toute la liberté de répliquer qu'ils avoient en ce qui n'estoit point de pénitence ; » ils se soumirent.

Les discussions un peu sérieuses ne commencèrent guère que sur la forme de l'absolution. Le vœu des agents du roi eût été de ne prendre aucune absolution du Pape; ils auraient voulu qu'il se fût borné à confirmer l'acte de Saint-Denis. Tel était le désir du roi. A cet effet, il avait fait remettre à du Perron deux formules de procuration dont l'une ne supposait pas la nullité de l'acte de Saint-Denis. On se heurta à la résistance du Pape qui tenait toujours pour non avenue et sans valeur l'absolution donnée par les évêques de France.

Du Perron et d'Ossat durent bien convenir que si l'absolution de Saint-Denis était valide, celle du Pape devenait inutile, et dès lors pourquoi venaient-ils la demander? Ils se résignèrent donc à recevoir purement et simplement l'absolution, surtout quand le Pape eut consenti de son côté à regarder comme valides tous les actes de religion « qui avoient été accomplis en la personne du roi et de Sa Majesté en vertu de la susdite absolution ». Mais ici surgirent de nouvelles difficultés. Le Pape voulait faire donner l'absolution en France même, par un légat, entre les mains duquel le roi prononcerait son abjuration. Ce fut au tour des procureurs à se montrer inflexibles. Ils avaient ordre, dirent-ils, de traiter l'affaire eux-mêmes, et l'envoi d'un Légat amènerait des retards par trop préjudiciables à l'état de la Religion en France. Ils firent revenir le Pape, mais ce ne fut pas sans peine ; (1) il consentit donc à laisser les procureurs faire l'abjuration à Rome au nom de leur Roi, mais il entendait que lui-même renouvelât cette abjuration en France, en personne et en public ; nouveaux refus des agents, nouveaux pourparlers. Enfin, il fut décidé qu'on se contenterait de l'abjuration des procureurs, et que le roi ratifierait ce qu'ils auraient fait.

Mais où la discussion s'échauffa le plus, ce fut autour du rétablissement du catholicisme en Béarn ; les procureurs promettaient que le roi s'y emploierait de bonne foi et de tout son pouvoir. Le Pape exigea un engagement plus précis et plus positif ; il reconnaissait d'ailleurs que « le roi seroit toujours excusable de quelque façon que la promesse en fust conçue ; » les procureurs cédèrent. Ils s'engagèrent au nom du roi à rétablir purement et simplement le catholicisme en Béarn. Le Pape demandait en même temps que les biens confisqués aux églises de cette province leur fussent restitués. Les procureurs reconnaissaient le bien fondé de cette réclamation, ils ne voulurent pas cependant accepter cet article ; ils n'avaient pas, dirent-ils, le pouvoir de le promettre, mais ils s'offrirent au nom du roi à pourvoir convenablement à l'entretien des évêques, jusqu'à ce que les biens pussent être

---

(1) Lettres de d'Ossat, 1, 469.

restitués aux églises. Le Pape se contenta de cette promesse.

La question de la publication du concile de Trente souleva plus de difficultés ; les procureurs étaient les premiers à reconnaître les avantages de cette publication. Elle ne devait pas seulement profiter à la religion et à l'Eglise, mais encore à l'accroissement de l'autorité du roi, car si « les prêtres et autres personnes ecclésiastiques eussent été réglés en France selon ledit concile, faisant leur devoir et ne se mêlant que de la fonction spirituelle, ils n'eussent causé au feu roi ni à celui-ci les travaux que leurs Majestés ont eus, ni à la France et à eux-mêmes la ruine et désolation qui s'y est vue par tant d'années et dont tout le royaume se ressentira d'ici à longtemps ». Mais les décrets de ce concile se heurtaient à tant de préjugés et inspiraient tant d'ombrage aux Protestants, aux Parlements et au Clergé du second ordre que sa publication pure et simple menaçait de rouvrir l'ère des dissensions qu'on prétendait clore. Du Perron et d'Ossat s'offrirent donc à publier le concile, mais avec des restrictions exigées par l'état de l'opinion en France. Ces restrictions n'étaient pas du goût du Pape, et la résistance fut longue ; mais les procureurs étaient bien résolus à ne pas céder ; « ils suèrent, disent-ils, sang et eau » et finirent par l'emporter de haute lutte. Le roi s'engageait à faire publier et observer le concile, mais une exception était faite pour « les choses qui ne se pourront exécuter sans troubler la tranquillité du royaume, s'il s'y en trouve de telles. » Henri IV ne promettait pas plus qu'Henri III, qui s'était offert à publier le concile avec ces réserves. Sixte-Quint n'avait pas voulu d'une publication mutilée. Clément VIII était réduit à s'en contenter.

Rome se montrait particulièrement exigeante en ce qui concernait les hérétiques. Pour lui plaire, le roi eût dû révoquer l'Edit de 1577, n'admettre les hérétiques à aucune charge ni office, et, après la paix avec l'Espagne, n'admettre en France que l'exercice de la religion catholique. Souscrire à de telles conditions, c'était rallumer et perpétuer à jamais les guerres de religion. Les Procureurs ne pouvaient endosser une pareille responsabilité ; ils refusèrent net de se prêter à des engagements de si funeste conséquence. Après de vives discussions, un article fut rédigé qui donnait satisfaction au Pape sans déplaire aux Procureurs. « Le roi, y était-il dit, montreroit par faits et dits, même en distribuant les honneurs et dignités, que le catholicisme lui est cher, de façon que chacun connaisse clairement qu'il désire qu'en la France soit et fleurisse une seule religion et icelle la catholique, apostolique et romaine, dont il fait profession. » (1)

Ici s'arrêtèrent les concessions des agents du Roi ; les demandes ou les désirs de la cour de Rome allaient beaucoup plus loin. Le Pape souhaitait que le roi cessât de poursuivre les partisans de la Ligue et leur rendît leurs charges et emplois ; les procureurs refusèrent, au nom du roi, comme l'avait déjà fait d'Ossat, d'accepter un intermédiaire entre lui et ses sujets. Rome eût voulu encore que le roi conclût au moins une trêve avec l'Espagne jusqu'à ce qu'on pût trouver les moyens de faire la paix. D'Ossat n'eut qu'à renouveler les observations qu'il avait déjà présentées aux gens du Pape. Clément VIII n'insista pas ; il dut renoncer, pour la même raison, à faire rétablir les Jésuites et à voir effacer de l'arrêt rendu contre Châtel la proposition qui lui avait tant déplu. Il eût voulu encore faire confirmer les dispenses accordées par ses légats cardinaux Gaetan et de Plaisance, les nominations ecclésiastiques faites par Mayenne ; les procureurs se refusèrent à prendre là-dessus aucun engagement ; ils ne consentirent pas davantage à ce que des ambassadeurs pris dans tous les ordres vinssent se porter garants de la persévérance du Roi. Le Pape demandait encore au Roi de reconnaître expressément que, s'il retournait à ses

(1) *Ambassades*, loc. cit.

anciennes erreurs, il perdrait tous ses droits à la couronne. (1) Se prêter à cette condition, c'eût été avouer indirectement que les bulles de Sixte-Quint lui avaient déjà fait perdre ses droits et qu'il avait par conséquent besoin de réhabilitation. Cet aveu, les Procureurs se refusaient à le faire ; ils connaissaient trop bien les intentions du roi à ce sujet. On a dit même que du Perron et d'Ossat furent sondés secrètement pour savoir si, dans la cérémonie de l'absolution, ils ne consentiraient pas à déposer la couronne de France aux pieds du Pape, qui la leur remettrait sur la tête après leur avoir donné l'absolution ; ils s'y refusèrent avec une énergie qui déconcerta toutes les instances ; il fallut même renoncer à mettre dans la bulle quelque chose qui ressemblât à une réhabilitation. (2).

Sur ce dernier point, considéré de part et d'autre comme un des plus importants, Henri IV obtenait donc gain de cause. Ce dernier succès couronnait dignement des négociations marquées par tant de victoires. Le Roi ne sortait nullement humilié, comme on le lui avait prédit, de ses négociations avec Rome ; il échappait même à toutes les conditions réellement onéreuses. Des seize articles auxquels avaient abouti les négociations, les uns s'adressaient à l'hérétique converti ; ils ne lui imposaient pas d'autres obligations que celles qui sont exigées de tous les hérétiques repentants ; les autres atteignaient le roi, et de ce chef, il n'était pas plus demandé à Henri IV qu'aux rois ses prédécesseurs, ou bien les exigences du Pape admettaient des tempéraments qui devaient mettre à l'aise la conscience et la dignité du Roi. C'était là un succès considérable. Si on ne perd pas de vue les vrais désirs du Pape, si l'on tient compte des obstacles de tout genre dont les procureurs eurent à triompher, on ne peut que partager les sentiments qu'ils expriment dans

---

(1) B. N. Ms, F. Brienne, n° 137, f° 143 et s.
(2) Lettres de d'Ossat, II, 223.

une lettre au roi. « Premièrement sur tous les articles, lesdits sieurs du Perron et d'Ossat supplient très humblement le roi et les seigneurs de son conseil, à qui les articles seront communiqués, qu'il leur plaise attendre la pleine et entière information et relation de toute la négociation et des grandes et extrêmes difficultés qu'ils y ont eues, jusqu'au retour du sieur du Perron, qui en fera le rapport au long et par le menu, et, cependant, considérer la qualité et nature de l'affaire aussi grand ou plus qu'aucun autre affaire du monde, dont il soit mémoire, la souveraine dignité, autorité, puissance et intérêts de N. S. Père le Pape, à qui on a affaire, et les honneurs et prétentions de ceux de la cour de Rome, dont Sa Sainteté est conseillée et servie, et par les mains de qui les sieurs du Perron et d'Ossat n'ont pas fait peu d'échapper à si bon marché, et mêmement (surtout) qu'ils n'ont rien accordé qui soit contre leurs instructions, et que s'ils se sont laissés aller à quelque chose, ç'a été pour le regard du spirituel, dont le Pape est chef souverain. Mais ils n'ont dépendu un seul poil de l'autorité temporelle du roi ni de ses cours de parlement ou d'autres de ses magistrats, quelque grande presse qui leur ait été faite et art dont on a usé envers eux. » (1)

Nous aimerions à savoir quelle part revient plus spécialement à d'Ossat dans le triomphe collectif des deux procureurs, quel fut son rôle personnel dans ces négociations. En l'absence de tout compte-rendu détaillé des débats, il est assez difficile de le déterminer d'une façon précise. Une tradition qui s'est formée assez vite après l'évènement veut que d'Ossat se soit montré beaucoup plus ferme et moins accommodant que du Perron; et, si même, sur quelques points, on n'obtint pas de meilleures conditions, la faute en serait à ce dernier. Elie Benoit recueillait les échos de cette tradition dans son *Histoire de l'Edit de Nantes*. A l'en croire, « d'Ossat qui

(1) *Ambassades* de du Perron, I, 157.

avoit le plus de probité paraissoit assez chagrin de ce qu'on accordoit au Pape plus qu'il n'avoit conseillé, mais du Perron, son collègue, étoit le plus autorisé.... Ce fut un malheur pour le Roi que, des deux Procureurs qui devoient le représenter dans cette affaire, celui qui avoit le secret et l'autorité, n'étoit pas le plus honnête homme. » (1) Un mémoire anonyme contemporain, ou peu s'en faut, nous fait assister à la formation de cette tradition : « Le Pape, y est-il dit, voyant qu'on ne pouvait triompher de du Perron et de d'Ossat réunis.... fit inviter du Perron à un repas avec quelques cardinaux et là, on ne sait par quels discours étranges, cet esprit ambitieux se laissa amener à des conditions qui équivalaient à une capitulation de la majesté royale devant la dignité de du Pape.

Du Perron ayant donc déclaré accepter les conditions, le Pape fit mander d'Ossat en présence de du Perron, lui annonça tout d'abord qu'on était d'accord de part et d'autre sur la question des censures ecclésiastiques, et continua en disant que tout serait fini le dimanche suivant. D'Ossat protesta qu'il n'avait consenti à aucune cérémonie. Le Pape n'en répéta pas moins les mêmes mots : « Dimanche prochain tout sera fini. » (2) Des récits de ce genre, dont il est assez difficile de contrôler les sources, ne sauraient inspirer grande confiance. Ils émanent pour la plupart de plumes calvinistes, et l'on sait que les calvinistes n'ont jamais été tendres, ni même toujours justes pour le *Convertisseur*. Mais leurs assertions reçoivent aujourd'hui une confirmation inattendue dans les lettres des agents de Florence qui viennent d'être publiées. On apprend dans ces lettres que « d'Ossat était un peu captieux (3) dans les négociations. » Quand on fut tombé d'accord sur les dispositions importantes que nous avons

---

(1) *Histoire de l'Edit de Nantes*, I. p. 142.
(2) Notes d'Amelot, dans *Lettres de d'Ossat*. I, 498.
(3) « Accenando che d'Ossat fusse un poco cavilloso. » Niccolini au grand-duc. *Nég. dip.* V. 267.

indiquées, il resta à fixer les cérémonies mêmes de l'absolution, la formule du décret pontifical, et celle de l'abjuration à prononcer par les procureurs. De nouvelles discussions s'engagèrent à ce sujet. C'est à ces négociations que fait allusion le Mémoire anonyme qui nous parle de la résistance extrême de d'Ossat. Les lettres des agents du duc nous apportent le même témoignage. Le cardinal Giustiniani annonce le 14 septembre à Niccolini que « les difficultés ne portent que sur deux ou trois points où il lui semblait que d'Ossat avait tort et se montrait trop pointilleux. » (1) Le cardinal priait donc Niccolini d'agir auprès de d'Ossat et de son collègue pour les déterminer à condescendre aux désirs du Pape. Les torts de d'Ossat ne parurent pas si évidents au diplomate florentin. Il répondit même qu'à son avis les Français avaient raison, il refusait pour sa part d'intervenir. Sur le refus de Niccolini le cardinal Giustiniani voulut essayer d'agir lui-même sur d'Ossat; mais ajoute Niccolini, d'Ossat après avoir tenu tête la veille au cardinal Tolet, répondit par de si forts raisonnements au cardinal Giustiniani et lui montra si bien jusqu'où s'étendait la limite de leurs pouvoirs, que le cardinal resta muet et convaincu. Si Rome reçut donc le surlendemain plus de satisfaction que l'on n'eût souhaité en France, d'Ossat n'eut pas l'initiative, il ne doit pas avoir la responsabilité de ces complaisances.

Une fois que l'entente se fut établie, le Pape réunit, le 30 août, les cardinaux en consistoire. Il leur déclara qu'après avoir recueilli les voix dans ses entretiens particuliers, il les avait trouvés presque tous favorables à l'absolution du roi de France. (2) Il avait donc déjà arrêté avec ses Procureurs les conditions

---

(1) « La difficulta di questo negozio era ridotta in uno o due capiti di pocco momenti ne quali gli pareva che Monsignor d'Ossat avesse il torto e che volesse star troppa in su puntiglio ; onde mi pregava che io facessi opera con detto Monsignore et con Monsignore Du Perron per che condescendessero a quello che si proponeva da Sua Santita. » Niccolini au grand-duc. *Nég. Dip.* V, 268.

(2) Lettres de d'Ossat, I. 467.

de son absolution, il tâcherait d'en obtenir d'autres par l'entremise d'un légat ou de ses nonces. Plusieurs cardinaux dévoués à l'Espagne voulurent prendre la parole « pour accrocher l'affaire sur certaines conditions qu'ils prétendoient devoir être examinées en congrégation, espérant y faire naître des épines et difficultés. » (1) Le Pape leur imposa silence et répondit qu'il y avait été déjà pourvu. Battus sur cette question, les Espagnols ne désarmèrent pas encore. Devant l'intention si solennellement manifestée par le Pape de donner l'absolution, ils voulurent essayer encore sur Clément VIII et sur son entourage l'effet de leurs calomnies cent fois réfutées. Mal accueillis sur ce point, ils portèrent leurs efforts ailleurs ; ils firent présenter au Pape toutes sortes de considérations pour le déterminer à faire porter l'absolution en France par un légat, au lieu de la donner à Rome. « Ils espéroient, dit d'Ossat, trouver moyen que le Légat ne partiroit de quelque temps et qu'il seroit longuement par les chemins, et qu'avant qu'il fût venu en France il pourroit survenir des choses qui feroient que l'absolution ne se donneroit jamais. » (2) Sans s'occuper des mobiles qui faisaient agir les Espagnols, le Pape goûtait fort le projet d'envoyer un légat ; il offrait même de se rendre en personne à Avignon ou dans telle autre ville de France qui plairait au roi pour lui donner l'absolution. Les Procureurs eurent fort à faire pour triompher des desseins malveillants des Espagnols et résister à l'empressement du Pape. (3)

Les insuccès, qu'il ne comptait plus, ne décourageaient pas l'opiniâtreté du duc de Sessa. Impuissant à empêcher que l'absolution se donnât à Rome, à sa vue, il fit tout ce qu'il put pour la retarder. Il en fit tant que le Pape (4) se

---

(1) Lettres de d'Ossat.
(2) Ibid. I. 469.
(3) Ibid.
(4) Niccolini au grand-duc. *Nég. dip.* V, 202.

lassa de l'écouter; le peuple romain, impatienté lui-même et indigné de telles manœuvres, insulta ses pages dans les rues et menaça de mettre le feu à sa maison si, par son fait, l'absolution n'était pas donnée, dans le mois, au roi de Navarre. (1) L'obstiné diplomate fut inébranlable. La veille même de l'absolution, on le vit arriver au Vatican suivi d'un pompeux cortège. Il entra dans les appartements du Pape accompagné de deux auditeurs de rote, d'un secrétaire d'ambassade et d'un écuyer ; et, en présence de ces témoins officiels, il lut à Clément VIII une solennelle protestation contre l'absolution du prince de Béarn. Le Pape le laissa lire et, pour toute réponse, lui déclara qu'il l'avait entendu. « *Audivimus.* » (2) Il avait enfin pris son parti de l'opposition espagnole, il décida que l'absolution serait donnée au roi de France le dimanche 17 septembre.

Ce jour-là, le Pape se tenait, d'assez bon matin, sur la place de Saint-Pierre, entouré des cardinaux (3) et évêques présents à Rome, des prélats et officiers de sa maison. Autour d'eux se pressaient les flots d'une foule immense accourue pour assister à un spectacle sans précédent pour elle. Les procureurs s'approchèrent du Pape et lui demandèrent de vouloir bien absoudre leur roi; ils promettaient en son nom d'exécuter les ordres qui lui seraient intimés. Lecture fut aussitôt donnée du décret d'absolution : la prétendue absolution donnée à Henri par un prélat de France y était déclarée nulle et sans valeur. « Nous voulons cependant, ajoutait le Pape, que les actes de religion d'ailleurs catholiques dignes d'approbation qui ont été accomplis en vertu de cette absolution tant en faveur de celui qui l'a reçue que par lui-même soient et demeurent valides, comme si Henri de France avait été absous par nous. » Du Perron et d'Ossat

---

(1) Ibid. *Nég. dip.* V, 254.

(2) Niccolini au grand-duc. *Nég. dip.* V, 272.

(3) Sauf le cardinal Alessandrino qui s'était prononcé toujours contre l'absolution.

à genoux devant le Pape prononcèrent la formule d'abjuration et la profession de foi. Le Pape fit donner lecture des conditions imposées comme actes de pénitence; nous les connaissons déjà. Les Procureurs eurent à les accepter et signer. Le chant du *Miserere* commença, le Pape ayant à la main une baguette de pénitencier en touchait légèrement les épaules de du Perron et de d'Ossat « ainsi que l'on a accoustumé, dit L'Estoile, de faire aux hérétiques pénitents en acte de leur absolution. » (1) Le Psaume fini, le Pape se leva et prononça les paroles de l'absolution. A peine avait-il achevé les derniers mots, qu'éclatent dans l'air les plus joyeuses symphonies, trompettes et tambours résonnent; de la place et des rues adjacentes s'élèvent des cris et des exclamations d'allégresse, le canon du château Saint-Ange qui les domine semble vouloir en propager au loin l'écho.

Ainsi était scellée la réconciliation du Saint-Siège et de la France. Ainsi se terminaient, à la satisfaction du roi, ces laborieuses et délicates négociations, auxquelles d'Ossat avait pris depuis deux ans, à des titres divers, la part la plus active. Si désirée qu'elle fût par la conscience du prêtre, cette absolution donnait peut-être encore plus de satisfaction aux vœux du patriote. Avec elle s'évanouissaient les rêves ambitieux de Philippe II; tous les efforts de sa politique venaient se briser contre cette cérémonie de Saint-Pierre. Par elle, l'Eglise échappait à sa tutelle onéreuse et la France à ses étreintes; réunie tout entière sous les drapeaux de son roi, elle pouvait regarder sans trembler les vieilles bandes espagnoles; privées désormais de l'appui des Papes, des renforts des Ligueurs et des sympathies de l'opinion catholique, elles cessaient d'être une menace pour notre indépendance nationale.

D'Ossat pouvait être fier d'un tel résultat qui était en grande partie son œuvre. Il venait de triompher là où avaient successivement échoué le duc de Luxembourg, le

---

(1) L'Estoile, IV, 330.

marquis de Pisany, le duc de Nevers, le cardinal de Gondi. Sans doute les succès d'Henri IV en France avaient facilité la tâche de son représentant à Rome, mais il restait cependant encore assez de difficultés pour dérouter une habileté ordinaire. Tel est l'aveu d'un témoin oculaire, fort expert en matière diplomatique et initié de très près aux négociations de l'absolution. « Jusqu'au dernier jour, disait le célèbre Paolo Paruta, (1) on avait pu tout redouter de l'irrésolution du Pape et de la pression des Espagnols, et il avait fallu plus qu'un génie humain pour faire aboutir cette merveilleuse affaire de l'absolution. » (2) Une telle appréciation, sur les lèvres d'un juge si autorisé, nous dispense de parler plus au long des grandes qualités dont d'Ossat dut faire preuve en cette affaire.

Si l'âme de d'Ossat avait pu s'ouvrir, en ce moment, à ce genre de sentiments, quelle satisfaction cette absolution ne donnait-elle pas du même coup à l'amour-propre du diplomate ! Quelle éclatante justification pour les idées politiques qui avaient été celles de toute sa vie ! Au milieu des défaillances de tant d'amis, et contre toutes les tentations de découragement, d'Ossat n'avait eu d'autre soutien que la perspective de cette réconciliation. Dans ces temps troublés où la clairvoyance manquait aux plus habiles et le sang-froid aux plus fermes, il s'était tenu résolument dans la voie qui seule pouvait assurer à la France la conservation de sa foi et de son indépendance. Alors que du Vair, Villeroy et Jeannin, pour ne nommer que les plus sages, ne croyaient pouvoir sauver le catholicisme en France, qu'en s'aidant des armes espagnoles, d'Ossat n'avait cessé de prédire que la solution désirée par lui comme par eux, devait être uniquement cherchée

---

(1) Il était, à l'époque des négociations, ambassadeur de Venise auprès de Clément VIII.

(2) « E tutto che il negozio di Francia (si puo dir miracolosamente piu che per consiglio umano guidato) sia riuscito in bene, l'uo cosa di somma maraviglia. » P. Paruta, Relaz al Senato, op. cit. p. 381 à 426.

dans la conversion du roi et dans sa réconciliation avec Rome.

S'il est vrai que la résistance armée de la Ligue ait contribué plus que les arguments des théologiens à la conversion du roi, cette conversion ne faisait pas disparaître tous les dangers. On put craindre qu'en face des sévérités de Rome, les représailles des catholiques irrités, ne vinssent tout compromettre. Une rupture faillit se produire et qui sait si une fois lancée sur cette voie, d'où il est si difficile de revenir, la France et son roi n'auraient pas été insensiblement menés au protestantisme? Le schisme provisoire pouvait devenir si facilement une scission définitive; l'exemple de l'Angleterre, rappelé plus d'une fois dans ces circonstances, ne montrait-il pas qu'à vouloir rompre uniquement avec le Pape, on ne tarde pas à se séparer du catholicisme? La Ligue épuisée par ses efforts antérieurs et, depuis la conversion, abandonnée peu à peu par les masses, aurait pu difficilement obliger le roi à compter avec le Pape. Quelques bons esprits surent s'interposer et arrêter le Pape et le roi sur une pente fatale. Aucun ne s'y employa plus efficacement que d'Ossat. Par son patriotisme dès longtemps éprouvé, il s'imposa à la confiance du roi et de son entourage. Par l'habileté et l'honnêteté de sa diplomatie, il sut faire renoncer le Pape à des exigences intempestives. Grâce à lui des concessions arrachées aux deux puissances, rendirent possible une entente si nécessaire. L'initiative de cette entente évita-t-elle seule à la France les inconvénients d'un schisme? il serait peut-être exagéré de le prétendre, mais, à coup sûr, elle lui épargnait plusieurs années de guerre civile.

CHAPITRE VII. — Accueil fait à l'absolution

I. — *Manifestations sympathiques du peuple romain.* — *L'absolution en France.* — *Enthousiasme de la première heure.* — *Récriminations ultérieures contre les cérémonies de l'absolution.*

II. — *Accusations de Sully contre d'Ossat.* — *Injustice de ces accusations.* — *Réponse de d'Ossat.* — *Critiques des catholiques gallicans.* — *Répliques de d'Ossat.* — *Mobiles intéressés de certains mécontents.*

III. — *Sentiments d'Henri IV.* — *Il ne partage point le mécontentement de son entourage.* — *Joie que lui fait éprouver l'absolution.* — *Témoignage de sa satisfaction.*

IV. — *Ses sentiments particuliers à l'égard de d'Ossat.* — *Il le nomme à l'évêché de Rennes.* — *Difficultés pour l'obtention des Bulles.* — *Comment d'Ossat envisage l'épiscopat.*

V. — *Il est chargé de gérer l'ambassade de France en attendant l'arrivée de Luxembourg.* — *Sa grandeur d'âme et hauteur de ses sentiments.*

L'importance de l'acte qui rétablissait la paix entre la France et le Saint-Siège ne pouvait échapper au peuple romain. « Il en montra une joie incroyable, » dit d'Ossat et il ne pensait pas « qu'il y eût ville de Royaume où l'on en eût été plus aise qu'à Rome... A peine le Pape avoit-il achevé les derniers mots de l'absolution, que les trompettes et tabourins commencèrent à sonner et s'ouïrent incontinent cris et exclamations de joie de toute sorte de gens par toutes les places et rues, et on vit mettre les armoiries de France sur les portes de plusieurs maisons. Il n'y avoit pas jusqu'aux plus pauvres qui à peine avoient du pain à manger qui n'achetassent un portrait du roi, dont on avoit auparavant imprimé une grande quantité pour les mettre en vente ce jour-là. » (1)

Des *Te Deum* furent chantés successivement à Saint-Pierre, à Saint-Louis-des-Français, à la Trinité du Mont et à toutes ces cérémonies faites en l'honneur du roi de France, « assistèrent non-seulement les prélats et gentilshommes françois (2), mais aussi bon nombre de prélats et de gentilshommes romains et une infinité de peuple qui en montroit sentir grande joie. Aussi à la fin de tous ces actes, il y avoit une bonne quantité d'artillerie qui tiroit, et, les trois premiers soirs, force feux de joie par les rues et de lumières aux fenêtres. »

Les procureurs allèrent dès le lendemain remercier le Pape accompagnés de cinq évêques, de plusieurs prélats et gentilshommes français. Ils visitèrent ensuite les cardinaux, « qui pour fin de leurs propos s'offrirent de servir le Roi en tout ce qu'il plairoit à Sa Majesté leur commander ; » (3) ils vinrent eux-mêmes visiter du Perron.

La tristesse des Espagnols déconfits contrasta vivement avec ces manifestations de joie ; ils auraient voulu que le château Saint-Ange ne tirât pas, et il eût fallu ajourner toute manifestation publique jusqu'après la ratification solennelle des conditions de l'absolution et la venue de l'ambassade d'obédience. On n'eut aucun égard à leurs réclamations. Le canon avait tiré et, comme disait d'Ossat, « ils en avoient encore mal aux oreilles ; les signes de réjouissance se succédoient et ils leur faisoient mal aux yeux. » (4) Décidément le crédit des Espagnols baissait à Rome.

La première nouvelle de ces événements causa d'abord en France le même enthousiasme, et y donna lieu aux

---

(1) Lettres de d'Ossat. I, 481.
(2) Ibid.
(3) Lettres de d'Ossat, I, 487.
(4) Ibid. I, 475.

mêmes démonstrations de joie. « Il y eut, dit L'Estoile, grandes réjouissances entre le peuple (1) et en furent faits partout et commandés feux de joie. » Le roi écrivit lui-même aux évêques et aux gouverneurs pour leur faire part de la joie que lui faisait éprouver l'absolution ; il les invitait en même temps à l'aider à en remercier Dieu. (2)

Mais bientôt, quand le cérémonial de l'absolution fut mieux connu, des protestations de mécontentement s'élevèrent çà et là. Les procureurs s'étaient prosternés à genoux devant le Pape qui leur touchait les épaules d'une légère baguette ; on cria au mépris de la dignité royale. Une estampe publiée (3) à Cologne par un nommé Jean Boteron de Bénèze, connu, dit de Thou, par plusieurs ouvrages, avait transformé la baguette de Pénitencier en un gros bâton, et le Pape pensait assommer ces complaisants procureurs qui se roulaient à ses pieds dans de misérables loques. La légende était créée : protestants et gallicans s'en emparèrent et la grossirent à l'envi. L'Estoile avait dans ses papiers une Relation des cérémonies (4) de l'absolution où il était dit « que pendant le chant du *Miserere*, Sa Sainteté ayant une baguette de Pénitencier frappoit sur les épaules desdits du Perron et d'Ossat ainsi que l'on a accoustumé de faire aux hérétiques pénitents en acte de leur absolution. » Dans ses *Mémoires*, (5) il parla « des coups de houssine que du Perron receut du Pape » et il inséra complaisamment toutes les plaisanteries que les protestants se permirent, à ce propos, sur le compte de du Perron. D'Aubigné y était venu de la sienne : « Ne voyez-vous pas, dit-il, que ce brave roi, après tant d'armées défaites, tant de sujets

---

(1) L'Estoile, VII, 35.
(2) *Lettres Missives*, IV, 468.
(3) Notes d'Amelot dans Lettres de d'Ossat, II, 257.
(4) L'Estoile, IV, 330.
(5) Id. VII, 37.

soumis, tant de grands princes, ses ennemis, abattus à ses pieds, il a fallu que lui, se prosternant aux pieds du Pape, ait reçu les gaulades en la personne de M. le Convertisseur et de M. d'Ossat. » (1) Voltaire parlait sur le même ton de cette absolution, où « d'Ossat ni du Perron ne purent se soustraire à la cérémonie de s'étendre le ventre à terre et de recevoir des coups de baguette sur le dos, au nom du roi, pendant qu'on chantait le *Miserere*. » (2)

C'était à qui plaindrait le roi d'avoir été soumis à ces humiliantes cérémonies par la complaisance intéressée de procureurs traîtres à leurs mandats. Car on n'en doutait pas ; s'ils avaient permis au Pape de fouler aux pieds, en leur personne, la Majesté royale, c'est qu'on leur avait offert le chapeau pour prix de leur bassesse et ils n'avaient pas hésité à l'acheter d'un tel prix. Ces accusations figurèrent dans maints pamphlets calvinistes ; nulle part elles ne s'étalèrent avec autant d'injustice que dans les *Mémoires* de Sully. C'est la première fois que nous avons à défendre d'Ossat contre les imputations de Sully : ce ne ne sera pas la dernière. Le rancunier ministre d'Henri IV avait deux grands griefs contre d'Ossat. C'était beaucoup trop pour qu'il pût être juste à son égard. Adversaire de Villeroy et de son système politique, il étendait sa haine et sa malveillance à tous les amis de son collègue. Calviniste endurci, il ne pouvait pardonner à d'Ossat d'avoir travaillé au rapprochement du roi et du Saint-Siège. A ses yeux, le roi avait fait assez en abjurant le protestantisme.

Cette fois, Sully accuse d'Ossat d'avoir servi d'instrument à Villeroy, pour indiquer au Pape les conditions qu'il devait imposer au roi. « Ils (3) réduisirent, dit-il, toutes leurs sollicitations à celle de la réconciliation du

---

(1) *Conf. de Sancy*, l. I, ch. I.
(2) *Histoire du Parlement*, ch. XXXVII, p. 560, éd. Garnier.
(3) Jeannin et Villeroy.

Roi avec le Pape et le Saint-Siège, croyant que par ce moyen ils parviendroient plus facilement à ce qu'ils désiroient, comme il en arriva quelque chose, d'autant qu'il y avoit un ecclésiastique à Rome nommé Arnaud d'Ossat, qui avait servi aux ambassadeurs et protecteurs précédents, qui estoit créature du sieur de Villeroy, et le faisant entremettre de cette réconciliation, ils lui firent bien faire en sorte que le Pape mettroit tout ce qu'ils voudroient dans les conditions de son absolution. Et afin de faciliter tant mieux ce dessein, ils firent choisir au roi du Perron.... lui promirent que prenant bonne intelligence avec ce M. d'Ossat, ils leur procureroient à chacun d'eux un chapeau de cardinal. Tellement que toutes les difficultés que fit le Pape de donner une absolution au roi pure et simple, comme il n'y eût pas failli, (tant les diminutions de son autorité en France, aussi bien aux choses spirituelles que temporelles, lui étoient insupportables à cause de la grande perte de ses revenus) ne procédèrent que de la démonstration que firent ces deux négociateurs de n'avoir point désagréable que le Pape, apposât des conditions à icelle, entre lesquelles ils ne manquèrent pas d'y faire mettre la publication du concile de Trente et le rétablissement des Jésuites. » (1) Sully a une singulière façon de travestir les faits et d'intervertir les rôles. Ce n'est plus le Pape qui exige des conditions : ce sont les agents de Villeroy qui viennent le supplier d'en demander. Quand on apporte des assertions aussi invraisemblables et aussi en désaccord avec tout ce qui est historiquement admis, on devrait présenter ses preuves. Sully n'en fournit aucune. Il ne prend même pas la peine de se mettre toujours d'accord avec lui-même. Dans un autre endroit de ses *Mémoires*, il raconte qu'avant l'absolution il couroit parmi les Protestants des bruits « qui sembloient n'être pas du tout hors d'appa-

---

(1) Sully. *Œconomies*.... Coll. Michaud, I, 425 et s.

rence, ni de vraisemblance, à savoir que le Pape et les cardinaux, obsédés par la puissance de la maison d'Autriche, s'étoient obligés par serment à ne recevoir jamais le roi à réconciliation avec le Saint-Siège, qu'il n'eust approuvé, juré et signé une certaine quantité d'articles qui tendoient à lui faire entreprendre l'extermination et ruine absolue de ceux qui ne voudroient reconnoître les Pontifes romains pour chefs de l'Eglise chrétienne. » (1) Cette fois-ci, les auteurs responsables du refus du Pape et de ses exigences ne sont donc plus du Perron et d'Ossat.

On est même en droit de se demander si, avant de lancer de si graves accusations contre les deux agents du roi, Sully a pris la peine de relire les articles arrêtés entre eux et le Pape. On en peut douter quand on voit les erreurs qu'il commet. Il fait figurer, parmi les conditions, le rétablissement des Jésuites dont il n'est pas dit mot dans les vrais articles de l'absolution ; la publication du concile n'était pas encore faite au moment où Sully écrivait ses *Mémoires*, or il ne devait pas ignorer que, si on avait pu la retarder ainsi, c'était grâce aux réserves dont les Procureurs avaient su entourer la promesse de publication.

Deux faits pourraient, il est vrai, donner un semblant de base aux allégations de Sully. Les Procureurs se sont prêtés à des cérémonies jugées dans la suite ignominieuses en France, et ils ont plus tard reçu le chapeau. Mais rien ne démontre qu'il y ait quelque connexion entre ces deux faits. Il suffit de remarquer que d'Ossat et du Perron ne reçurent le chapeau que plusieurs années plus tard sur les instances réitérées d'Henri IV. D'ailleurs les deux Procureurs avaient d'autres titres aux honneurs de la pourpre. Nous le verrons plus tard pour d'Ossat. Pour disculper du Perron nous n'aurions qu'à rappeler le propos de Sully au lendemain de sa fameuse conférence de

(1) Id. Ch. xxv.

Fontainebleau contre Duplessis-Mornay. « Duplessis, (1) dit-il alors, étoit bien plus Pape qu'on ne pensoit, car il alloit valoir le chapeau à M. d'Evreux (du Perron) ». Sully n'était donc plus à croire qu'il s'y était déjà acquis tous les droits par ses complaisances dans l'affaire de l'absolution.

Mais, dira-t-on, pourquoi d'Ossat et du Perron, se sont-ils prêtés de gaîté de cœur à des cérémonies dont la signification humiliante ne pouvait leur échapper ? Ils ne s'y sont pas prêtés, pourrions-nous répondre, sans difficulté ; d'Ossat notamment a poussé assez loin la résistance; ces cérémonies, d'ailleurs, n'eurent rien de spécial au roi, on les employait à chaque instant dans la réintégration des hérétiques. D'Ossat nous fournit une réponse plus décisive : « Nous n'eussions pas, dit-il à Villeroy, subi ladite cérémonie, n'eust été pour oster aux Espagnols et aux autres esprits malins, l'occasion de dire que le roi n'avoit été bien absous et que son absolution seroit nulle pour n'avoir ses Procureurs voulu souffrir une des principales façons et cérémonies contenues au Pontifical. » (2)

Cette réponse pouvait s'adresser aussi bien aux catholiques qu'aux protestants ; parmi eux aussi quelques-uns s'étaient montrés mécontents du cérémonial de l'absolution. A leurs yeux le seul fait de rechercher et d'accepter l'absolution du Pape était déjà une atteinte aux libertés de l'Eglise gallicane et à la dignité du roi. Fatigué de tant de critiques, d'Ossat fit à ces censeurs obstinés la réponse qu'ils méritaient. « Si tout le monde, dit-il, croyoit comme eux ou si ce peu de nombre qu'ils sont, eût pu garantir au roi et à ses enfants leur vie, leur majesté et leur royaume et restituer à la France son repos, son union et son ancienne force, grandeur, splendeur et dignité, ils pourroient être écrits parmi gens qui, mettant la conscience à

---

(1) Duplessis était appelé à la cour d'Henri IV, Le *Pape des Huguenots*.
(2) Lettres de d'Ossat, II, 258.

part, mesureroient toute chose au temporel de cette vie. Mais, puisqu'ils ne sont qu'une poignée de gens en comparaison de tant de milliers d'amis et d'ennemis françois et étrangers qui croyent tout autrement qu'eux, qu'ils n'ont moyen de persuader une telle infinité de gens et moins de les forcer à reconnoître le roi et sa prospérité ni de faire cesser les troubles et la destruction de la France, ni les conjurations et attentats qui se faisoient contre la vie du roi, il les faut prier que se réservant à eux cette haute sapience et générosité extraordinaire, ils nous permettent à nous gens d'une capacité et courage ordinaire, de nous accommoder à la plus grande et à la plus forte partie et au temps même et à la nécessité d'embrasser le seul moyen qu'il y avoit d'oster tout prétexte aux malins, et tout scrupule aux simples, d'assurer la vie et l'état au roi et aux siens, de préserver et restaurer le royaume et de rendre en particulier meilleure la condition de tous les gens de bien et de ceux-la même qui se plaignent. (1) Quant à l'Eglise gallicane, on savoit combien elle avoit été misérablement vilipendée, gourmandée, déprédée et asservie par les autres deux Etats et comment il étoit impossible de la relever et affranchir par un autre moyen que celui qu'on a suivi. » (2)

On se tromperait d'ailleurs si on attribuait ces protestations à l'unique désir de défendre la dignité du roi ou de l'Eglise gallicane. Chez ces censeurs implacables, le souci de cette noble cause passait après des préoccupations d'un ordre tout différent. Le fait du chancelier de Cheverny peut servir d'exemple. Il n'y en avait pas en ce moment qui criât plus fort contre l'absolution. Cela ne l'avait pas empêché jadis d'accourir pour être des premiers à en recueillir le bénéfice. Elle venait à peine d'être prononcée, qu'à l'insu du roi il faisait demander la pourpre pour son fils. Cette demande était deux fois indiscrète ; elle ne fut

(1) Lettres de d'Ossat, II, 5
(2) Id., II, 8.

pas accueillie. Le chancelier mécontent n'eut plus assez de critiques contre l'absolution. Le Pape, qui n'ignorait pas la vraie cause de l'opposition du chancelier, la fit connaître à d'Ossat qui, pour cette fois, crut devoir éclairer Villeroy. Il ne l'eût pas fait, disait-il, « n'étoit qu'en cette occasion de l'opposition à l'absolution il importe trop au service du roi et au bien public de la France que Sa Majesté et vous sachiez de quel esprit quelquefois les hommes sont poussés. » (1)

Hâtons-nous de le dire, le roi ne partagea, à aucun moment, les mécontentements sincères ou feints de son entourage. Il avait ressenti, dès le premier instant, la plus vive joie de se voir réconcilié avec le Saint-Siège ; les renseignements qui suivirent ne modifièrent en rien ce premier sentiment. Il écrivit à tous les cardinaux qui lui avaient prêté leur concours dans l'affaire de l'absolution ; dans toutes ces lettres il montre une joie sans mélange et une reconnaissance sans bornes. Dans celle qu'il écrivit pour le même objet au grand-duc de Florence, il déclare notamment que « entre toutes les grâces qu'il a plu à Dieu de lui départir, il donne le premier rang, après celle de sa conversion, à la souveraine absolution qu'il a reçue du Pape et à sa réconciliation avec le Saint-Siège. » (2) Mais c'est surtout dans sa lettre au Pape que sa joie déborde. Si ses ennemis ne l'en eussent empêché, il serait venu se jeter aux pieds du Pape « pour rendre sa gratitude aussi mémorable qu'elle le sera à la postérité et a été grande en son endroit la largesse et bienveillance de Sa Sainteté. » (3)

La vivacité de ces sentiments ne permet guère d'en contester la sincérité. Le roi ne se démentira pas dans la suite. On le vit bien par l'accueil qu'il fit six mois plus tard à du Perron, à son retour de Rome. « Il me fit de très

(1) Lettres de d'Ossat, II, 14.
(2) *Lettres missives*, IV, 396.
(3) Id. IV, 445.

grandes caresses, écrivait du Perron à d'Ossat, m'embrassant par cinq ou six reprises et me favorisant de plusieurs louanges et promesses de faire merveille pour pousser et avancer ma fortune. » (1)

Aussi, bien loin de se plaindre que ses agents eussent payé trop cher son absolution, il se montra lui-même moins difficile qu'eux. Ils avaient stipulé (2) que l'acte de l'abjuration ne serait point inséré dans l'instrument de ratification. D'Ossat avait même été chargé de rédiger le projet de ratification dans les formes qui auraient toutes chances d'être approuvées en France ; le roi n'y regarda pas de si près. A la demande du Légat, le cardinal de Florence, il signa une ratification qui contenait avec la bulle d'absolution le procès-verbal d'abjuration dont il n'avait jamais été question devant les Procureurs et « où l'Inquisition, disait d'Ossat, résonnoit et retentissoit partout. » (3) Le Parlement ayant voulu faire des difficultés au sujet de quelques expressions de la bulle, (4) le roi intervint de sa propre autorité, et le contraignit de passer outre.

Dans l'ivresse de sa joie, le roi n'oublia aucun de ceux à qui il était redevable du bienfait de sa réconciliation. D'Ossat eut particulièrement sa part dans la gratitude d'Henri IV. « S'il fut libéral de ses bonnes paroles en mon endroit, écrit du Perron à d'Ossat, il ne le fut pas moins au vôtre, célébrant votre prudence, votre affection, votre fidélité. » (5)

Henri IV n'avait pas d'ailleurs attendu le retour de du Perron pour témoigner sa reconnaissance à d'Ossat. Dès le mois de janvier 1596, il lui faisait parvenir le brevet de sa nomination à l'évêché de Rennes. Cet évêché était dès

---

(1) Bib. Nat. Ms. f. 3474, f° 65. Lettre inédite de du Perron à d'Ossat, août 1596.
(2) Lettres de d'Ossat, II, 215 et s.
(3) Id. II, 255.
(4) H. de Lépinois, *op. c.* p. 637.
(5) Lettre inédite de du Perron à d'Ossat, *loc. cit.*

lors un des plus importants et des plus considérés de la Bretagne.

Avec sa modestie ordinaire, d'Ossat remercia vivement le roi d'une dignité qui, disait-il, passait beaucoup son mérite. Il se déclarait impuissant à trouver des paroles « qui répondissent à la gratitude qu'il en avait en son âme. » (1) Ce n'étaient pas là pour lui de banales formules. D'Ossat fut et restera toujours l'homme simple et humble que nous connaissons; alors que les plus importantes négociations le mettaient en vue, un témoin de sa vie quotidienne pouvait dire que d'Ossat voulait « mériter sans apparence. » (2) Avec Villeroy, à qui il ouvrait son cœur en toute simplicité et toute franchise, d'Ossat s'exprime comme avec son roi. En lui donnant l'évêché de Rennes, le roi, dit-il, l'honore « non seulement par dessus son mérite, mais aussi par dessus son désir. » (3) On peut l'en croire ; le prêtre modeste, qui avait refusé la dignité de secrétaire d'État, était bien homme à ne pas convoiter un évêché.

D'Ossat fut seul du reste à s'étonner de cette nomination, Tout le peuple romain loua la générosité du roi qui savait si bien reconnaître et récompenser les services rendus. (3) Du Perron encore présent à Rome en rendait témoignage. Il s'honora en joignant ses remerciements à ceux qui furent à cette occasion adressés au roi. « Avec la lettre que j'écris en ce moment à Votre Majesté, disait-il au Roi, (4) j'ai estimé encore et particulièrement lui adresser ceste-ci pour lui rendre grâce de la faveur qu'elle a faite à M. d'Ossat de le nommer à l'évêché de Rennes ; car outre ce que vous ayant plu me le donner pour adjoint en l'exécution de votre service, je pense être aussi conjointement obligé en la gratification qu'il en reçoit. Il m'a semblé d'ailleurs que cette libéralité de Votre Majesté

---

(1) Lettres de d'Ossat. II, 38.
(2) Lettre de d'Elbène. B. Nat. Ms. 3991, f° 81.
(3) Lettres de d'Ossat, II, 39.
(4) Du Perron au roi, 13 mars 1596. *Ambassades*, p. 37.

méritoit d'être louée et remerciée avec certaines particularités que la modestie dont il fait profession ne lui permettoit pas de toucher. Je dirois donc véritablement à Votre Majesté que de longtemps elle n'a fait action qui ait donné meilleure odeur de ses actions à Rome que celle-ci et dont non seulement l'approbation mais la louange ait été plus universelle. » Le Pape lui-même témoigna à plusieurs reprises combien il était heureux de cette nomination. (1)

Cependant, en dépit des bonnes dispositions du Pape, l'expédition de l'évêché de Rennes ne se fit pas sans quelques difficultés en cour de Rome. La Bretagne, dont faisait partie le diocèse de Rennes, n'était pas, comme on disait alors, en pays concordataire. Pour comprendre le sens de cette expression, il faut savoir que le concordat de François Ier n'avait été stipulé que pour les pays alors soumis à la couronne de France. La Bretagne n'était pas de ce nombre. Les rois de France n'y avaient donc pas de plein droit la nomination aux bénéfices ecclésiastiques. Ils devaient à leur avénement demander ce privilège au Pape. Henri IV ne l'avait pas encore obtenu ; la nomination de d'Ossat était donc en stricte rigueur de droit nulle et sans valeur. Avant d'obtenir l'approbation de la nomination, il fallait obtenir l'Indult qui conférait au roi le droit de nomination ; or cet Indult ne s'accordait primitivement que contre des lettres patentes qui garantissaient au Saint-Siège la conservation de ses droits dans la province en question. Ces formalités généralement assez longues le furent plus particulièrement cette fois. Sans refuser l'Indult (2), Clément VIII, avant de l'accorder, voulait que le Légat qu'il envoyait en France eût reçu du Roi la ratification des actes de l'absolution. Ces diverses mesures prirent du temps et d'Ossat nommé par le Roi au mois de Janvier ne put être préconisé par le Pape que le

---

(1) Lettres de d'Ossat, II, 41.
(2) Id. II, 170.

2 septembre suivant. Le Pape le fit d'ailleurs de la façon la plus gracieuse pour d'Ossat. Il proposa lui-même cette préconisation en plein consistoire et, « avec termes, dit toujours modestement d'Ossat, qui surpassoient tout ce que je saurois mériter ; mais Elle (Sa Sainteté) voulut en cela honorer le Roi que je sers, tellement que je dois à Sa Majesté non-seulement l'évêché, mais aussi l'honneur de la proposition et la grâce de l'expédition. » (1) Nous ne voulons pas trancher la question de savoir si les bons offices du Pape s'adressaient au roi ou à d'Ossat ; constatons seulement l'empressement de d'Ossat à renvoyer à d'autres les honneurs dont il est l'objet ou l'occasion.

Le nouvel évêque de Rennes se fit sacrer, le 27 octobre suivant, par un prélat vénitien de grand mérite, le cardinal Agostino Valieri, évêque de Vérone. (2) Le choix d'un tel prélat comme consécrateur ne fut pas assurément pour d'Ossat chose indifférente. En s'adressant de préférence à un Vénitien, il voulait témoigner de sa reconnaissance pour cette république qui s'était toujours montrée sympathique à la cause d'Henri IV. Mais il tenait sans doute encore plus à manifester son intention de prendre pour modèle de son épiscopat un des meilleurs prélats de son temps. Nul doute que d'Ossat n'eût fait reluire aux yeux de ses diocésains de Rennes les vertus de son consécrateur et grossi en France le nombre de ces évêques réformateurs, qui, comme Léonard de Trappes à Auch, Arnaud de Pontacq à Bazas, Fumée à Beauvais, et un peu plus tard Cospéan à Aire, François de Sales à Genève, travaillèrent avec tant de zèle à guérir les maux produits par la Ligue ou le protestantisme. A leur

(1) Id. II, 214.
(2) Imitateur zélé de Saint Charles Borromée, le cardinal de Vérone avait une très grande réputation de vertu et de savoir. Son nom rallia dans trois conclaves un bon nombre de voix. Mais l'Espagne avait frappé d'exclusion tous les cardinaux vénitiens, et le cardinal Valieri devait mourir sur le siège de Vérone, où il résidait très fidèlement. Sur ce personnage, voir *Vie de Saint Philippe de Néri* par Capecellatro traduction Bazin, T. II, p. 436 et *Mémoires du cardinal Bentivoglio*, notes dans Lettres de d'Ossat, II, 284.

exemple, il envisageait moins dans l'épiscopat une dignité et un bénéfice « qu'une charge instituée à l'honneur et gloire de Dieu, à l'édification de son Église et au salut des âmes. » (1) Dès la première heure, il se préoccupe de tous ses devoirs d'évêque et surtout de celui de la résidence, il n'attend que l'arrivée de l'ambassadeur désigné par le roi pour venir résider en son évêché. Son désir restait cependant subordonné à celui du roi et aux intérêts de la France. « Car au reste, dit-il à Villeroy, comme je ne voudrois pas que le Pape pensât ici que je ne me soucierois point de mes diocésains, ni du devoir d'évêque, aussi voudrois-je encore moins que le Roi estimât par cela que tout ausitôt qu'il m'a fait du bien je pense à me retirer. » (2) Le pieux dessein de d'Ossat ne devait jamais se réaliser ; les intérêts de la France retiendront toujours l'évêque de Rennes hors de son diocèse.

Réconcilié avec le Saint-Siège le roi allait reprendre les relations diplomatiques interrompues depuis huit ans. Il était d'usage, dans les cours catholiques, d'envoyer au Pape au début de son pontificat une ambassade dite ambassade d'obédience. Henri IV n'ayant pas encore été admis à l'envoyer devait commencer par là. Cette mission tout honorifique était ordinairement confiée à un grand personnage. Cette fois, Henri IV avait fait choix du prince de Luxembourg-Piney. Mais il devait s'écouler quelque temps avant que l'ambassadeur désigné ne pût se rendre à Rome ; aussi, comme l'intérêt de ses affaires réclamait au plus tôt la présence d'un représentant officiel à Rome, il avait, dès le mois de mai 1595, chargé d'Ossat de remplir ce rôle en attendant l'arrivée d'un ambassadeur en titre ; il lui avait même fait parvenir une somme de 2000 écus pour le mettre en état de faire meilleure figure dans cette nouvelle fonction. D'Ossat fut en cette qualité accrédité auprès du Pape par une lettre du roi en date du 12 Novembre 1595. Sa Sainteté y était

(1) Lettres de d'Ossat, II, 38.
(2) Id. II, 285.

priée par le roi « de croire le sieur d'Ossat de tout ce qu'il lui représenteroit en son nom en attendant qu'arrive auprès d'Elle celui qu'il délibéroit y dépêcher pour lui jurer obédience. » (1)

C'est donc à d'Ossat qu'incombait l'honneur de renouer entre la France et le Saint-Siège les relations dont la rupture datait du jour où le monitoire de Sixte-Quint l'avait chassé de Rome en compagnie du cardinal de Joyeuse et du marquis de Pisany. Que d'événements survenus dans ce laps de temps ! que d'hommes changés, que d'idées nouvelles ! Celles de d'Ossat avaient pu rester immuables. Sa situation sans doute avait grandi : le secrétaire du Cardinal Protecteur, devenu évêque de Rennes, tenait maintenant la place de l'ambassadeur de France. Mais ses sentiments n'avaient pas eu à varier. Il avait toujours gardé au fond de son âme la même fidélité à son roi, le même attachement à la cause nationale et aussi la même noblesse de sentiments. Parmi les serviteurs que le roi comptait autour de sa personne ou ailleurs, il était du petit nombre de ceux qui n'avaient rien à cacher ni à renier dans leur passé.

Le premier usage que d'Ossat fit de sa nouvelle puissance mérite d'être signalé. Après avoir terminé sa mission à Rome, du Perron songeait à rentrer en France. D'Ossat avait déjà par deux fois fait instance auprès du roi pour qu'il demandât le chapeau en faveur de son collègue à qui le Pape l'eût certainement accordé. (2) Cette fois, il ne voulut pas le laisser partir sans faire connaître au roi l'heureuse impression que l'évêque d'Evreux laissait à Rome. Au risque de diminuer son propre mérite, il voulut rendre un dernier et solennel hommage aux grandes qualités de son collègue. « Il laisse, disait-il au roi, un grand regret de soi à toute cette cour pour les rares qualités que Dieu a mises en lui.

(1) Henri IV au Pape. *Lettres Missives*, t. IV, p. 445.
(2) Lettres de d'Ossat, I, 497 et 503.

Outre la prudence, fidélité, zèle et bonheur qu'il a portés au service de Votre Majesté, il a encore, par son savoir, fait honneur à notre nation en toutes les compagnies de grands et savants personnages où il s'est trouvé. Et pour mon regard, de plusieurs faveurs et honneurs qu'il a plu à Votre Majesté me faire, je lui suis principalement obligé pour m'avoir associé en un si grand affaire à un si grand personnage, duquel je confesse avoir beaucoup appris non seulement en matière de sciences et lettres, mais aussi d'affaires. » (1) Il revient encore, dans une lettre à Villeroy, sur l'éloge de son collègue qu'il trouve « excellent non seulement en savoir, en quoi il est incomparable, mais aussi à traiter et négocier affaires d'importance ; le roi fera donc beaucoup pour son service et pour le bien de son royaume s'il continue à l'employer ci-après aux affaires et occasions qui se présenteront. » (2)

Si nous insistons sur cette attitude de d'Ossat à l'égard de du Perron, c'est que ces éloges si flatteurs pour celui qui en est l'objet ne sont pas moins honorables pour celui qui les donne. Ils permettent de saisir sur le vif, une fois de plus, cette modestie de d'Ossat dont nous avons déjà eu tant d'exemples, ils achèvent de mettre en lumière un des traits les plus admirables de son caractère. A la différence de tant d'autres, d'Ossat joint au talent de faire de grandes choses, le mérite encore plus rare de n'en pas tirer vanité. Sc grande âme supérieure aux suggestions d'une vulgaire jalousie n'hésite même pas à diminuer son mérite pour grandir celui d'autrui.

(1) Id. II, 79.
(2) Id. II. 80.

2ᵐᵉ Partie. — Négociations après
L'Absolution

La reprise des relations avec le Saint-Siège allait ouvrir une nouvelle carrière à l'activité de d'Ossat. Retenu à Rome par la volonté de son roi, il aura pour mission générale de soutenir auprès du Pape les intérêts français, d'aider de ses lumières nos représentants à Rome, et surtout d'éclairer le Roi et son ministre Villeroy de ses conseils et de ses informations. Pour comprendre l'importance d'une situation dépourvue (1) de tout caractère officiel, il ne faut pas oublier l'influence toute spéciale que le Saint-Siège exerçait sur les affaires de l'Europe occidentale. Bien qu'affaibli par les conquêtes de la Réforme, le pouvoir des Papes restait encore considérable. Leur antique ascendant n'avait pas complètement disparu dans les Etats protestants eux-mêmes; Sixte-Quint à son avènement se voit supplier par l'empereur Rodolphe qui agissait sous leur inspiration, de ne pas lancer de bulle privatoire contre les princes protestants d'Allemagne. (2) Ailleurs, c'est-à-dire en France, dans l'Espagne

---

(1) A part les temps où d'Ossat tenait la place des ambassadeurs absents

(2) Voir sur cette curieuse affaire Hübner, *Sixte-Quint*. I. p. 428, in-12.

et dans ses vastes possessions de l'ancien et du nouveau monde, dans la Pologne, dans la moitié de l'Allemagne, dans toute l'Italie, le Pape est toujours le chef incontesté de la catholicité, ses décisions sont souveraines en matière religieuse et ses avis toujours écoutés avec déférence. Aussi la cause qui avait pour elle les sympathies du Saint-Siège recevait de ce chef un appoint considérable. On l'avait bien vu, en France, à l'occasion de la Ligue.

Le Pape avait en outre, dans ces divers Etats, en droit strict, la libre disposition des biens ecclésiastiques, et si, en fait, les princes en disposaient en grande partie, ce n'était jamais que dans la mesure déterminée ou consentie par le Pape et toujours sous sa haute surveillance.

Il ne faut pas oublier non plus que le Pape était un prince italien, le plus puissant même des princes de la péninsule. A une époque où l'Italie tenait une si grande place dans les préoccupations de la politique française et espagnole, les souverains de ces deux nations avaient grand intérêt à entretenir à Rome d'habiles agents.

Rome était d'ailleurs la ville du monde où les nouvelles affluaient de tous côtés et le plus vite. A une époque où la rapidité des informations était encore plus précieuse que de nos jours pour les hommes d'Etat, il était d'une grande importance pour le roi de France de tenir à ce poste d'observation une sentinelle aussi vigilante que perspicace et expérimentée.

Sans porter ses regards hors de ses frontières, Henri IV se trouvait, dans son royaume, aux prises avec des difficultés pour la solution desquelles le concours du Pape devait lui être toujours précieux, quelquefois indispensable. De plus, après avoir arraché son royaume à ses ennemis et lui avoir rendu la paix à l'intérieur, il devait tenir à honneur de lui rendre le rang élevé d'où les derniers événements l'avaient fait déchoir ; dès lors il avait tout intérêt à s'assurer à Rome de puissantes sympathies.

Ces considérations n'avaient pas échappé à l'esprit

sagace et avisé d'Henri IV. Aussi, dès le lendemain de la paix de Vervins, il s'ouvrait au président Groulard de son intention de gagner plus de crédit que jamais dans le consist ire « qui enfin est la clef du bien et du mal du royaume. » (1) Il parla même, plus tard, pour le jour où il aurait plusieurs enfants mâles, de faire donner la pourpre à l'un d'eux et de l'envoyer résider à Rome pour s'y acquérir un crédit prépondérant (2).

Le rôle que Henri IV destinait à un de ses fils, d'Ossat allait le remplir pour le moment. Il dut donc renoncer à son intention de rentrer en France ; le roi ne croyait pas pouvoir se priver de ses services à Rome. Sa prudence et son habileté, maintenant bien connues, son expérience des hommes et des idées de la cour de Rome, ses talents diplomatiques enfin, promettaient trop de secours à son gouvernement pour que le roi pût en faire le sacrifice aux intérêts d'un diocèse. D'Ossat restera donc à Rome comme l'interprète permanent de la pensée d'Henri IV, comme l'avocat, le conseiller et l'auxiliaire de sa politique. Nous aurons à apprécier le concours qu'il prête à Henri IV, à tous ces divers titres. Mais pour mieux préciser la nature et l'influence de ses services, nous verrons particulièrement comment il s'associa aux diverses mesures qui eurent pour objet la libération du territoire, la pacification de la France au-dedans, son relèvement au-dehors.

(1) *Mémoires* de Cl. Groulard. Ed. Petitot, p. 483.
(2) Lettre d'Ubaldini, nonce en France, au cardinal secrétaire d'Etat citée par Perrens, *Mariages espagnols*, p. 185.

CHAPITRE I. -- Services que d'Ossat rend à Henri IV pour la libération du territoire.

I. — *Tentatives des Espagnols contre Marseille. — Renseignements que d'Ossat fait parvenir au roi sur les mouvements des armées espagnoles, sur le duc d'Epernon, sur Mercœur. — Préparation à l'ouverture des négociations de la paix de Vervins.*
II. — *D'Ossat ambassadeur extraordinaire à Venise et à Florence. — Il est chargé de demander au grand-duc la restitution des îles d'If et de Pomègues dont il s'était emparé. — Négociations à ce sujet. — Difficulté de ces négociations. — Succès de d'Ossat.*
III. — *Contentement d'Henri IV. — Il donne à d'Ossat l'abbaye de Saint-Nicolas de Verdun. — D'Ossat le prie de la laisser à Séraphin. — Il est nommé conseiller d'État.*
IV. — *Henri IV le recommande pour la pourpre. — D'Ossat est fait cardinal. — Hommages qu'il reçoit à cette occasion.*

La réconciliation du Roi et du Pape enlevait sa raison d'être à ce qui restait encore de la Ligue. Plusieurs grandes provinces telles que la Bourgogne, le Maine, l'Anjou, la Provence, firent successivement leur soumission. Les chefs les plus importants de la Ligue, qui résistaient encore, Mayenne et Bois-Dauphin, s'empressèrent de faire leur paix avec le roi. Ceux qui refusèrent de les imiter ne purent plus couvrir leur rébellion d'un prétexte religieux. Ils n'étaient plus les champions du catholicisme, mais bien les alliés de l'ennemi, des traîtres à la cause nationale.

Cette perspective n'effraya pas la ville de Marseille, ou plutôt ceux qui y commandaient. A la tête de cette ville, qui s'était de bonne heure prononcée pour la Ligue, se trouvaient alors le viguier Louis d'Aix et le consul Cazaux. Ces deux hommes avaient, par leurs violences et leurs vexations, vivement indisposé la population de Marseille. Aussi, depuis l'absolution, leur situation dans la ville était devenue fort précaire ; ils ne pouvaient espérer résister longtemps aux troupes royales qui se trouvaient en Provence. Dès lors, soit par crainte d'être mal défendus par Henri IV contre les ressentiments des Marseillais, soit par espoir de tirer de Philippe II de plus grands avantages personnels, ils entrèrent en pourparlers avec les Espagnols pour leur livrer Marseille.

La nouvelle de cette tentative causa un grand émoi à Rome. « C'est aujourd'hui, disait d'Ossat, le plus grand souci que la France et l'Italie aient. » (1) Marseille, en effet, restait pour la France l'unique porte ouverte sur l'Italie, depuis que le duc de Savoie s'était emparé du Marquisat de Saluces ; les ambassadeurs de Toscane et de Venise tremblaient de la voir se fermer. Ils se concertèrent avec d'Ossat et avec du Perron encore à Rome. Il fut décidé qu'on supplierait le Pape d'aviser et au besoin d'intervenir pour faire échouer à tout prix les projets de Cazaux.

Clément VIII fit bon accueil à cette ouverture ; comme prince italien, il partageait, lui aussi, les alarmes des autres Etats indépendants; mais comment agir sur les Marseillais sans se prononcer contre les Espagnols ? Les représentants de Venise, pas plus que ceux de Toscane, ne voulaient d'une action trop ouvertement dirigée contre le roi d'Espagne; le Pape encore moins, non qu'il eût, disait d'Ossat, mauvaise volonté en notre endroit, comme certains le disaient en France, mais par suite de sa timidité naturelle. Il n'osa donc pas envoyer ouvertement un prélat à Cazaux. Mais le secrétaire du cardinal

---

(1) Lettres de d'Ossat, II, 16 et s.

Aquaviva partit à cette époque pour rejoindre son maître à Avignon, et comme son itinéraire l'obligeait à passer par Marseille, d'Ossat supposa avec assez de vraisemblance qu'il avait mandat du Pape d'agir au mieux de nos intérêts. (1) Le cardinal de Joyeuse, qui se rendait aussi en France, songeait à envoyer un de ses gentilshommes à Cazaux ; mais il prit soin auparavant de demander à d'Ossat « un peu d'instruction sur la façon d'accoster ce diable d'homme, qui menaçoit de tuer tous ceux qui lui parleroient de reconnoître le roi. » (2) D'Ossat rédigea cette instruction, mais ne borna pas là son action. Désespérant d'obtenir du Pape ni des autres Etats Italiens « qu'ils fissent en temps et avec avantage ce qu'ils seroient contraints de faire après temps et avec désavantage si les Espagnols venoient à bout de leur dessein, » (3) il supplia Clément VIII d'engager au moins les ambassadeurs des Princes d'Italie à exhorter leurs cours à prêter de l'argent au roi pour l'aider dans sa lutte contre les Espagnols. Le Pape se prêta volontiers aux désirs de d'Ossat. Les exhortations du Pape étaient de nature à faciliter au roi ses emprunts en un moment où « le nerf de la guerre » lui faisait souvent défaut. Enfin, la nouvelle de la prise de Marseille par nos troupes fut apportée à Rome le 24 Février et vint dissiper les craintes de d'Ossat et des petites cours italiennes. L'intervention sollicitée par d'Ossat n'avait pas sans doute obtenu tous les résultats qu'il désirait ; les alarmes des Italiens avaient montré du moins avec quel intérêt ces puissances suivaient les péripéties de nos luttes avec l'Espagne. Ces Etats avaient donc l'œil ouvert sur les dangers que la victoire de nos ennemis faisait courir à leur propre indépendance. Il y avait là de précieuses indications à recueillir pour l'orientation de notre politique en Italie.

---

(1) Lettres de d'Ossat, II, p. 15 et s.
(2) Id. II, 23.
(3) Id. II, 26.

Pour le moment, si d'Ossat n'avait pas pu contribuer à rendre la ville de Marseille au roi, il veilla pour la lui garder ; les Espagnols n'avaient pas renoncé à tout espoir de se rendre maîtres d'une place qui eût été si avantageuse pour eux. Quelque trois mois plus tard, d'Ossat avait vent qu'ils préparaient un autre coup contre Marseille ; vite il se hâta de faire part à Villeroy (1) de ses appréhensions et d'appeler son attention sur l'état insuffisant des défenses de Marseille. « On tient, lui écrivait-il, que Marseille n'est pas si fort du côté de terre que Calais, ni au reste mieux fourni de vivres et de munitions ; et de la façon que les Espagnols serrent et étonnent une place avec tant d'artillerie et tant de vitesse, il n'y a rien qui ne soit à craindre et ne puisse advenir. La vérité est que, outre ce qu'ils pourront faire venir d'Espagne, ils font levée de gens au royaume de Naples et au duché de Milan ; et grand amas de galères sous prétexte de vouloir défendre cette côte de l'invasion des Turcs, qui n'y pensent point pour cette heure. » Deux mois plus tard, nouveau projet de descente, les Espagnols veulent cette fois s'emparer des îles d'Hyères ; d'Ossat, averti par le grand-duc de Toscane, s'empresse de donner avis à Villeroy (2) et de prévenir en toute hâte le duc de Guise, gouverneur de Provence. Cette fois encore ces projets furent déjoués.

D'Ossat ne se bornait pas à surveiller les Espagnols du côté de Marseille ; il faisait parvenir au roi tous les renseignements qui pouvaient lui être de quelque utilité. Il a l'œil toujours ouvert sur les divers mouvements des troupes espagnoles en Italie : tantôt il annonce le départ du gouverneur de Milan pour la France, tantôt il signale la faiblesse de notre frontière du Piémont et la nécessité de la bien défendre : « Un bon soldat en Piémont, vaudroit toujours comme dix ailleurs. » D'autres fois il lui fait

(1) Lettres de d'Ossat, II, 112.
(2) Lettres de d'Ossat, II, 228.

connaître les propos qui trahissent les craintes ou les espérances des Espagnols, ou l'impression produite sur les Italiens, par leurs succès ou leurs défaites. (1)

Il ne néglige même pas, à la distance où il est, de se renseigner sur les agissements des derniers Ligueurs. C'est ainsi qu'il peut avertir Villeroy du double jeu que poursuit d'Epernon ; quelque temps après avoir reçu du duc des offres de soumission, le roi pouvait apprendre de d'Ossat que ce personnage faisait des démarches à Turin et à Milan, dont le gouverneur lui avançait une somme de six mille écus, pour le mettre en état de continuer la guerre. (2)

Une autre fois, d'Ossat entretient le roi des visées du (3) duc de Mercœur. Ce prince lorrain fut, on le sait, le dernier à se soumettre au roi. Il avait longtemps compté se rendre indépendant dans son gouvernement de Bretagne. Pour légitimer ses prétentions, il invoquait de vieux droits que sa femme aurait eus sur la Bretagne, comme héritière de l'antique maison de Penthièvre. Il avait pu se maintenir jusqu'ici grâce à l'appui des Espagnols. Réduit maintenant à traiter avec le roi, il espérait, sous couleur de réconciliation, se faire confirmer dans la possession de son gouvernement. Ces divers projets du duc et les arguments qu'il comptait faire valoir à l'appui furent révélés à d'Ossat par un confident de Mercœur. D'Ossat manda le tout au roi. La connaissance exacte de ces prétentions et la réfutation dont d'Ossat l'accompagnait pouvait n'être pas sans utilité, au moment où le duc faisait des ouvertures de soumission.

Cette soumission, d'Ossat travaillait à Rome même à la hâter. L'évêque de Verdun, Eric de Lorraine, étant venu à Rome, d'Ossat entretint le Pape de l'obstination du duc de Mercœur, frère de cet évêque ; il le priait en même

---

(1) Lettres de d'Ossat, II, 103, 164, etc.
(2) Id. II, 28.
(3) Lettres de d'Ossat, II, 457.

temps (1) d'engager l'évêque de Verdun à agir auprès du duc rebelle. D'Ossat ne se faisait pas cependant grande illusion sur l'effet de ces interventions et il ne voulait pas en donner davantage au roi ; il lui répétait que la force seule aurait raison de la résistance du duc. Pour lui, il travailla encore en vue de ce résultat, de la seule façon qui lui fut possible. Il prévint le Pape contre le duc ; il fit annuler les nominations ecclésiastiques que Mercœur avait osé présenter à l'approbation du Pape. (2)

D'Ossat prenait, à la même époque, une part fort active aux négociations qui devaient préparer la paix générale. L'initiative de ces négociations était partie de Rome. Le Pape, nous l'avons vu, avait un moment songé à obtenir cette paix de Henri IV pour prix de son absolution. Devant les résistances de d'Ossat, il avait dû y renoncer. La rentrée de Henri IV dans l'Eglise raviva chez Clément VIII le désir d'établir la paix entre les deux princes belligérants. Il comptait cette fois l'obtenir de leur bonne volonté ; il eût été bien heureux de faire cesser les maux que la guerre causait à deux peuples chrétiens, peut-être tenait-il encore plus à réunir contre les ennemis de la foi les deux forces des deux princes les plus puissants de la catholicité. L'idée de la croisade n'avait jamais cessé de hanter l'esprit des Papes ; Clément VIII croyait le moment venu de la mettre à exécution. Henri IV n'avait plus à lutter contre la Ligue, et Philippe allait être débarrassé, par la paix, des ennuis que lui portait la guerre de France. Il fallait tout d'abord amener les deux rois à entendre les premières propositions de paix. Le cardinal de Florence fut envoyé en France dès le mois de Juin 1596 comme légat ; il devait recevoir solennellement la ratification de l'acte de l'absolution, mais il avait aussi ordre de parler secrètement de la paix à Henri IV. A la même époque, le cordelier Calatagirone, qui se rendait en

(1) Id. II, 401.
(2) Id. II, 268.

Espagne pour visiter les maisons de son ordre, devait, de son côté, sonder Philippe et l'amener discrètement à se prêter à l'ouverture des négociations de paix.

Dans l'intervalle, Clément VIII ne cessait d'entretenir d'Ossat de cette paix, qui était l'objet de tous ses vœux, et il l'engageait à y exhorter son maître. Henri IV ne demandait pas mieux que de terminer la guerre et de voir le Pape s'entremettre dans ce but. Il n'hésitait même pas à reconnaître que si « Sa Sainteté n'y mettoit la main et près d'Elle, il seroit impossible de commencer seulement cette négociation, tant s'en falloit qu'elle pût être acheminée. » (1) Mais il ne voulait la paix qu'à des conditions honorables. S'il était même heureux de l'intervention du Pape, il tenait à lui faire savoir loyalement qu'il n'entendait pas user de cette paix dans l'intérêt des projets que le Pape nourrissait contre l'Angleterre et les Turcs. D'Ossat eut à communiquer à Clément VIII les véritables intentions du Roi et à les lui faire agréer. Avec un Pape tel que Clément VIII, la chose n'était peut-être pas aussi facile qu'on se le figure. La question religieuse primait toujours chez lui les considérations de la politique. Ce n'était pas déjà faire preuve d'une perspicacité très affinée que de prétendre unir, pour la conquête de l'Angleterre, les Français et les Espagnols, au moment où ils se faisaient la guerre avec tant d'animosité. Ce qui devait achever de rendre le Pape réfractaire aux représentations de d'Ossat, c'est qu'il faisait assez bon marché de certaines conditions morales que l'honnêteté la plus élémentaire commandait de respecter. « Le roi, disait-il à d'Ossat, n'avoit fait serment qu'à une hérétique, et les Rois se permettoient toutes choses qui tournoient à leur profit ; (2) la chose en était venue si avant qu'on ne le leur imputoit point et ne leur en savoit-on point mauvais gré. » Et, en preuve de son dire, il citait un singulier

---

(1) Lettres de d'Ossat, II, 372.
(2) Id. II, 357.

propos du duc d'Urbin, pour lequel il ne manifestait aucune désapprobation. « Si un simple gentilhomme, disait-il, ou un seigneur non souverain manquoit à sa parole, il en seroit déshonoré et blâmé d'un chacun, mais les Princes souverains pour raisons d'Etat pouvoient, sans autre grand blâme, faire des traités et s'en départir, prendre des alliances et les laisser, mentir, trahir et toutes autres choses. » (1) D'Ossat n'avait, dit-il, que trop à répliquer à de tels principes « mais il pensa ne se devoir arrêter en un lieu si glissant et sentant si mal. » (2) Nous non plus. Qu'il nous suffise d'avoir signalé l'état d'esprit qu'un tel exposé de principes suppose.

Un autre préjugé fort enraciné à Rome et non moins préjudiciable à notre cause, c'était que le roi de France avait seul intérêt à faire la paix ; on pouvait donc se montrer plus exigeant à son égard. D'Ossat eut à faire justice de ce préjugé. Dans un mémoire aussi nettement composé que finement pensé, il démontra d'une façon péremptoire que le roi d'Espagne avait pour le moins autant d'intérêt que le roi de France à la cessation des hostilités. (3) Il découvrit aux yeux de tous, comme l'histoire devait le faire plus tard, la faiblesse réelle de cet empire, qui semblait si fort: la décrépitude de Philippe II, l'incapacité et l'inexpérience de son successeur, le mécontentement des provinces soumises, leur éloignement, l'acharnement des ennemis qu'avaient mis en lutte contre l'Espagne d'insolubles questions religieuses, enfin la jalousie des autres princes, les banqueroutes récentes, la longueur d'une guerre qui dévorait toutes les forces vives de la nation. Le Mémoire, qui dépeignait en traits si vifs le misérable état de l'Espagne, ne pouvait manquer de frapper fortement l'esprit des négociateurs appelés à préparer la paix.

(1) Lettres de d'Ossat, II, 357.
(2) Ibid.
(3) Lettres de d'Ossat, II, 320 et s.

Devant les difficultés qu'il éprouvait à faire accepter la paix, Clément VIII songea un moment à ménager, entre les deux rois, une trêve ou un armistice, sauf à les changer plus tard en paix définitive. (1) Cette fois encore d'Ossat eut à faire comprendre à Clément VIII les inconvénients d'un tel projet. Le roi ne pouvait souscrire à une trêve tant qu'il n'aurait pas recouvré les places que les Espagnols venaient de lui prendre, et ceux-ci, tout fiers de leurs récentes conquêtes, n'étaient pas d'humeur à les rendre ; ils ne manqueraient pas d'ailleurs de mettre la trêve à profit pour les rendre imprenables. Henri IV avait tout à perdre à un tel jeu. Le Pape dut en convenir. Il fut bien décidé que les négociations auraient pour objectif la conclusion d'une paix. Mais où se conclurait cette paix ? La question semblait peu importante. Henri IV attachait cependant quelque prix à voir engager à Rome les négociations préliminaires. D'Ossat eut à insister dans ce sens auprès du Pape (2) qui préférait les voir traiter en France. On finit par tomber d'accord : les négociations, qui devaient aboutir à la paix de Vervins, eurent lieu, comme on sait, en France.

Deux mois après la conclusion de cette paix, le roi ménageait à d'Ossat le plaisir d'aller la notifier officiellement à la république de Venise. Cette mission, toute d'apparat, fournissait à d'Ossat l'occasion de voir fonctionner sur place le mécanisme si curieux de ce gouvernement vénitien, pour lequel il éprouvait autant de sympathie que d'admiration. Il ne s'en cacha pas dans le discours solennel qu'il adressa au doge et à ses conseillers. Venise aussi connaissait de réputation l'ambassadeur extraordinaire que lui envoyait le roi de France. Ses ambassadeurs, Badoer, Moro, Paruta, Dolfini, avec qui d'Ossat avait toujours eu d'excellents rapports, n'avaient pas manqué d'entretenir Sa Seigneurie

---

(1) Id. II, 371 et s.
(2) Id. II, 370 et s.

des mérites et des qualités de l'agent de Henri III et de Henri IV. Aussi, quand le 20 juillet le Doge et la Seigneurie eurent appris que d'Ossat était dans leurs murs, ils envoyèrent deux *Sages* qui lui exprimèrent leurs regrets de n'avoir pas été informés de sa venue, pour lui faire l'honneur qu'il méritait ; ils voulurent le conduire du moins en un palais de l'Etat, où ils le traitèrent avec tous ses gens. Le Patriarche, le cardinal Priuli, qui l'avait connu à Rome, vint le visiter et lui offrir son logis. Trente sénateurs en robe rouge vinrent le chercher pour le conduire à Saint-Marc. Il y exposa devant le Doge et ses conseillers l'objet de sa mission. Il fit connaître les conditions de la paix conclue à Vervins, indiqua les raisons qui avaient déterminé le roi à la signer et l'usage qu'il comptait en faire, soit pour mettre l'ordre et l'abondance dans son royaume, soit pour acquérir des forces qui lui permissent de venir au secours de ses alliés d'Italie. (1)

Sans doute, (d'Ossat était le premier à le faire remarquer) (2), ces honneurs s'adressaient à l'ambassadeur du roi de France plutôt qu'à la personne de d'Ossat. Cependant le Doge ne manqua pas de témoigner l'estime particulière qu'on avait à Venise pour la personne de l'évêque de Rennes ; la modestie de d'Ossat l'a empêché de nous rapporter les termes, ni même le sens des paroles du Doge.

Après cinq jours passés en compliments et en visites, d'Ossat quitta Venise. Il se dirigea vers Florence, pour remplir ostensiblement auprès du grand-duc la même mission. Mais ici une plus grave affaire l'attendait. Il s'agissait de mener à bonne fin des négociations engagées déjà depuis quelque temps.

Avant d'exposer l'ensemble de ces négociations, il nous faut reprendre les choses de plus haut. A l'époque où

---

(1) Lettres de d'Ossat, II, 130 et s.
(2) Id. II, 158.

Espagnols, Savoyards et Lorrains profitaient des embarras d'Henri IV pour lui arracher quelque lambeau de son royaume, le grand-duc de Florence ne crut pas devoir rester en arrière. Mais, placé vis-à-vis de Henri IV et de Philippe II dans une situation particulière, ce prince était tenu à quelque précaution. Comme tous les petits souverains de l'Italie, il faisait des vœux pour le triomphe de Henri IV : la victoire des Espagnols leur eût permis d'étendre encore dans la Péninsule leur puissance déjà si redoutable. Mais le grand-duc se gardait de laisser transpirer ses sentiments, c'eût été s'attirer les Espagnols sur les bras. Cependant l'occasion de s'agrandir aux dépens de la France était si belle ! Au risque de mécontenter à la fois Philippe II et Henri IV, il accourut pour prendre sa part à la curée.

Le grand-duc Ferdinand occupait depuis longtemps le sud de l'île d'If, quand, au mois d'août 1591, (1) le duc de Savoie rentra en Provence et se rendit maître du château de Notre-Dame de la Garde. Il menaça même de s'emparer du château qui dominait l'île d'If. Ferdinand, qui suivait d'un œil jaloux les conquêtes de Charles-Emmanuel, pensa que, si le château et l'île d'If devaient être enlevés à Henri IV, mieux valait les faire tomber entre ses mains. (2) Il s'en empara et en chassa la garnison française. Cette conquête risquait fort de le brouiller avec les Espagnols et les Français ; il essaya, par ses explications, de donner le change aux uns et aux autres. Auprès des Espagnols, (3) qui voulaient eux-mêmes s'emparer de ces îles, il conta qu'il avait voulu agir de concert avec eux ; s'il n'avait pas attendu leurs vaisseaux, la faute en était au prince Doria, qui, par sa lenteur, avait failli faire échouer l'entreprise. A Henri IV il fit savoir qu'il s'était rendu maître de ces îles pour empêcher le duc de Savoie

---

(1) **Lettres de d'Ossat**, I, 143.
(2) Id II, 226.
(3) Id. III, 47.

et les Espagnols de les lui prendre et de s'emparer de Marseille. Aux Ligueurs, enfin, il déclara qu'il s'en était rendu maître pour en fermer l'entrée aux hérétiques, et il était d'ailleurs décidé à les rendre au futur roi de France catholique. (1)

Au fond, son intention bien arrêtée était de se saisir d'abord de ces îles pour lui-même, et ensuite de prendre peu à peu Marseille et la Provence. Il s'était même ouvert de ses projets à quelques seigneurs de la province, dans le but d'obtenir leur appui. (2) Il fondait ses prétentions sur je ne sais quels droits séculaires dont sa femme, Christine de Lorraine, se disait héritière. Les explications fournies par ce trop fidèle disciple de Machiavel ne trompèrent personne ; en revanche, elles indisposèrent tout le monde contre lui. Les Espagnols ne pardonnèrent jamais au grand-duc de les avoir empêchés (3) de prendre Marseille. Nous verrons ce qu'en pensa Henri IV. Les Marseillais furent les premiers à prendre ombrage de cette usurpation du château d'If; il y avait là pour leur ville une menace peu déguisée. Ils se hâtèrent de fortifier l'île de Ratonneau ; aussitôt arrivèrent de Florence de nouvelles galères commandées par le frère naturel du grand-duc, Jean de Médicis. Entr'autres actes d'hostilités, les nouveaux venus commencèrent à bâtir un fort dans l'île de Pomègues et s'emparèrent d'une barque qui portait des vivres aux Marseillais dans l'île de Ratonneau. Sur ces entrefaites, une galère espagnole s'étant présentée dans ces parages, Jean de Médicis lui fit bon accueil et lui fournit des approvisionnements ; une autre galère ayant été prise par des Français, Jean de Médicis délivra les Espagnols et mit les Français à la chaîne. Il était difficile

(1) Lettres de d'Ossat, III, 49 et s.
(2) Id. III, 50.
(3) « Non si scorderanno gli Spagnuolli che castel d'Yff ha impedita l'impresa di Marsiglia da essi perduta d'un punto... che l'haver combattuto le navi spagnuole non si partirà in eterno della loro memoria. *Relaz. di Spagna.* Agostino Nani, 1598, cité par M. E. Rott. *Henri IV, les Suisses et la Haute Italie*, p. 80.

de se méprendre sur le caractère hostile de ces divers actes. (1)

Cependant, tant qu'il eut sur les bras les Espagnols et les Ligueurs, Henri IV dissimula son mécontentement ; il avait à plusieurs reprises emprunté au grand-duc des sommes considérables, et il ne lui était même pas toujours possible de solder les intérêts.

Au moment où il en était réduit à négocier des emprunts jusque chez le Grand Turc, il ne voulait pas renoncer à l'espoir de revenir encore, en dernière ressource, frapper à la porte de son riche créancier de Florence. Aussi, en dépit de certaines lettres interceptées qui ne laissaient aucun doute sur la duplicité du grand-duc, il feignit d'ajouter foi à ses bonnes protestations. (2) Mais dès que les conférences de Vervins furent sur le point d'aboutir à la paix, le roi songea à rentrer en possession de tout le domaine de la couronne. Ferdinand eut à s'expliquer sur ses usurpations. Il donna les moins mauvaises explications qu'il put ; enfin, forcé dans ses derniers retranchements, il finit par déclarer qu'il gardait sa conquête comme gage de ses prêts antérieurs. Henri trouva la prétention un peu raide. Il était dans l'impuissance absolue de rembourser sa dette, mais il prétendait bien ne pas laisser au grand-duc le gage dont il s'était saisi. En dehors de toute considération d'honneur national, c'eût été livrer notre commerce du Levant à la merci du grand-duc à peu près maître du port de Marseille. Henri IV tenait donc à rentrer immédiatement dans son bien, dût-il même, pour le conquérir, en venir aux armes. Cependant, avant de recourir à cette extrémité, il voulait tenter la voie des négociations.

Quand il fallut faire choix d'un négociateur, le nom de du Perron fut prononcé dans l'entourage du roi. (3) Il

(1) Lettres de d'Ossat, III, 50 et s. M. Rott s'est pourtant encore mépris sur les vraies intentions de Ferdinand
(2) Lettres de d'Ossat, III, 47.
(3) Bonciani au grand-duc, *Nég. dip.* V. 323.

semblait, à son défaut, que l'affaire dût être confiée à Luxembourg, notre ambassadeur à Rome. A du Perron et à Luxembourg Henri IV préféra d'Ossat. La confiance qu'il avait mise dans le négociateur de son absolution, grandissait à mesure qu'il le connaissait davantage. Il le déclarait à lui-même, en tête de l'*Instruction* qu'il lui envoya. (1) « Monsieur de Rennes, lui disait-il, je me suis si bien trouvé de toutes les charges que je vous ai commises pour mon service, qu'il faut que je vous en adresse encore une qui m'importe grandement et que j'ai très à cœur, espérant en avoir, par votre entremise et moyen, aussi bonne issue que des précédentes. Du moins, suis-je très assuré qu'il ne tiendra pas à vous que je n'en sois satisfait et que tout autre que j'y pourrois employer, n'arriveroit au devoir que vous y ferez.... J'ai telle fiance en votre prudence et fidélité que j'approuverai toujours tout ce que vous direz et ferez à ce regard » Le roi achevait sa lettre par cette conclusion des plus flatteuses pour d'Ossat. « Entreprenez l'accommodement de ce fait avec votre accoutumée prudence, diligence et fidélité ; si vous ne le faites, un autre n'en viendra jamais à bout. » (2)

Une fois renseigné sur les intentions du roi, d'Ossat fit ses préparatifs de départ. Henri IV savait combien la publicité donnée aux négociations pourrait déplaire au duc de Florence, qu'elles risquaient de compromettre auprès des Espagnols ; aussi avait-il recommandé à d'Ossat d'agir dans le plus grand secret possible. Il lui avait même donné ordre de ne communiquer sa mission au Pape, que dans le cas où il lui serait absolument impossible de la lui cacher.

A cet effet, il lui envoyait une lettre que d'Ossat lui remettrait, s'il le jugeait indispensable et quand il le croirait à propos. Les circonstances vinrent servir d'Ossat à souhait, et il sut profiter avec adresse des avantages

---

(1) Lettres de d'Ossat, III, 44 et s.
(2) Lettres de d'Ossat, III, 63

qu'elles offraient. Au moment où lui parvint la lettre du Roi, le Pape était sur le point de partir pour Ferrare, qui venait de faire retour au Saint-Siège par la mort de son dernier duc. Tout le corps diplomatique devait l'accompagner. D'Ossat vit là le moyen de s'arrêter à Florence, sans attirer l'attention de personne. Sous prétexte que ses ressources ne lui permettaient pas d'aller aussi vite que le Pape, il le devança de huit jours. L'itinéraire direct le menait à Florence, il y arriva le 14 avril 1598.

Il allait se trouver en face de diplomates de grande réputation. Le grand-duc actuel, qui avait été le cardinal de Médicis, était un politique de premier ordre. Esprit supérieur, très actif, plein de ressources, il avait montré jadis sous la pourpre une habileté redoutée à bon droit par les aspirants à la tiare (1) qui avaient le malheur de lui déplaire. Cette habileté, disait-on, n'avait d'égale que son absence de scrupules (2) ; tous les moyens lui étaient bons, dès qu'ils servaient ses fins. Il avait pour ministre le chevalier Vinta un vieux diplomate rompu aux affaires. Les grands-ducs avaient assez apprécié ses talents pour lui confier depuis longtemps la mission la plus délicate et la plus importante de leur politique : celle de préparer et de manier les conclaves au gré de leurs intérêts. Le grand-duc Ferdinand n'avait pas moins d'estime pour lui. Malgré son désir de terminer rapidement une affaire qui ne devait pas être ébruitée, il ne voulut pas entamer les

---

(1) On peut voir notamment son rôle dans le conclave où fut élu Sixte-Quint. Hübner, *op. cit.* I, 149 et s.

(2) Voici une ruse qui pourra donner une idée du personnage. Pour garder les territoires usurpés et fermer la bouche à Henri IV, dont le trésor était vide, il le mit en demeure de les lui laisser ou de rembourser les sommes prêtées. Mais une revendication si brutale, que rien n'eût motivée, aurait trop laissé percer la mauvaise foi. Il imagina de se dire menacé d'une guerre avec le Pape au sujet d'une place détachée jadis du duché de Ferrare et annexée à ses Etats. Le pape qui venait de recouvrer ce duché n'allait pas manquer, disait-il, de lui réclamer *Borgo-San-Sepolcro*, et plutôt que de le céder, il se verrait obligé de recourir aux armes. Dès lors les sommes prêtées au roi lui devenaient nécessaires. Pour bien établir aux yeux des Français cette nécessité, il fit part de ses craintes à Luxembourg, lui demanda même de faire entendre au Pape que le roi de France prendrait fait et cause pour son allié, le grand-duc. Le moyen de contester la sincérité d'un prince qui prend de telles précautions contre 'une

négociations avant l'arrivée de son ministre absent. On l'attendit pendant deux jours.

D'Ossat laissa voir dès la première heure qu'il était homme à tenir tête aux diplomates florentins. Invité à visiter la grande-duchesse « qui avoit accouché d'un quatrième fils mâle cinq ou six jours auparavant » (1), il resta une heure et demie auprès d'elle sans dire un mot de la mission qui l'amenait. Il réservait la question pour le grand-duc seul « pour plusieurs raisons, dit-il, et principalement pour leur donner à connaître que jaçoit qu'en tout ce qui s'est passé de bien et de mal aux îles d'If, Ratonneau et Pomègues, il ait interposé le nom de Madame sa femme et montré de faire le tout au nom d'elles, si est ce que nous tenons que cet affaire est tout du grand-duc et entendons nous adresser à lui seul sans penser autrement à elle. » (2)

Les négociations s'engagèrent dès l'arrivée du chevalier de Vinta. D'Ossat avait ordre de demander que le grand-duc retirât dans le plus bref délai ses troupes des forts de l'île Pomègues et du château d'If. A des revendications

---

guerre imminente ? Comment douter dès lors des besoins d'un créancier placé en face de si graves éventualités ? Luxembourg ne conçut en effet aucun doute sur la bonne foi du duc. Seulement, avant de faire la grave démarche qui lui était demandée, il s'en ouvrit à son collègue. Cette demande quelque peu étrange surprit d'Ossat ; du premier coup d'œil il soupçonna un piège. Cette peur lui semblait feinte « à quelque dessein, disait-il, pour nous sonder ou divertir nos pensées de quelque chose qu'ils trament possible et sont après à faire eux-mêmes. » Il dissuada donc Luxembourg de faire auprès du Pape la moindre démarche en faveur du grand-duc et cela « pour deux causes : l'une pour ce que la chose qu'on craignoit n'étoit pas vraie, l'autre pour ce qu'il étoit bon d'attendre qu'elle fin auroit l'affaire qu'il avoit à traiter avec le grand-duc et de l'issue de laquelle dépendroit ce que Sa Majesté auroit à faire pour Son Altesse. Et ceci sera bon, ajoutait d'Ossat, non seulement à vous excuser, mais aussi à donner scrupule au grand-duc et à lui faire penser que s'il fait ce qu'il doit envers nous, on fera ce qu'on devra pour lui : sinon que nous le traiterons de même qu'il nous fera. Aussi bien ai-je délibéré, si je n'en ai bonne réponse, de le lui dire enfin haut et clair. » Lettres de d'Ossat, III, 64 et s.

D'Ossat avait deviné juste. Comme il devait l'apprendre plus tard, le pape n'avait jamais songé à des revendications qui pouvaient entraîner une guerre ; la perspicacité de notre négociateur l'avait préservé d'un piège très adroitement tendu ; le trompeur seul était pris à ses filets.

(1) Lettres de d'Ossat. III, 69.
(2) Ibid.

si justes, les Florentins opposèrent diverses difficultés. Ils demandèrent d'abord à conserver l'île de Pomègues. D'Ossat s'y opposa énergiquement ; cette île était la plus importante des trois ; « elle étoit plus éloignée de la côte et avoit un port où plusieurs galères pouvoient séjourner malgré Marseille. » (1) Tout ce qui avait été usurpé sur le roi devait lui être rendu ; le duc demanda, de plus, qu'on lui payât les dépenses faites pour l'entretien des troupes et la construction des forts. Le roi avait prévu ces exigences et y avait consenti ; d'Ossat eût préféré voir régler ces comptes en France, mais le duc tenait à obtenir sur l'heure un règlement définitif, et pour mettre un terme à des négociations qui menaçaient de trop se prolonger, d'Ossat consentit à laisser dresser le compte devant ses yeux sauf à le faire réduire le plus possible. Le roi l'avait autorisé à promettre, à la rigueur, le remboursement des sommes employées à construire, malgré lui, le fort de Pomègues ; (2) d'Ossat fut moins accommodant. Il soutint haut et ferme que le roi n'avait rien à payer de ce chef ; il refusa même de voir le compte. Quand l'un des négociateurs, l'archevêque de Pise, « qui est un grand docteur et qui a longtemps été auditeur de Rote (3), voulut maintenir que le roi devoit rembourser les dépenses faites pour assurer l'usurpation qu'il avoit faite du château d'If, » la patience échappa à d'Ossat et il leur parla « avec tant de véhémence (4) pour ne pas dire de colère qu'oncques depuis ils n'y retournèrent. »

Mais la concession qui coûta le plus à d'Ossat et autour de laquelle il se livra de vraies batailles fut un article relatif à des cautions. Par cet article il était stipulé que douze personnages français, que son Altesse désignerait dans deux mois, s'obligeraient personnellement eux et

---

(1) Lettres de d'Ossat, III, 95.
(2) Id., II, 60.
(3) Id. III. 83.
(4) Id. III, 233.

leurs héritiers à parfaire sur leurs propres biens ce qui manquerait à la somme des cinquante mille écus que le roi devait payer, chaque année, jusqu'à entier acquittement de sa dette. D'Ossat sentait bien tout ce que cet article avait d'onéreux pour les personnages qui seraient choisis. Il prévit sans peine toute l'opposition qu'il rencontrerait en France, il s'opposa donc de toutes ses forces à son adoption ; le duc de son côté fut inflexible, le refus de d'Ossat lui fournissait enfin le prétexte désiré de retenir les places conquises. D'Ossat, prenant en considération l'importance de ces places, crut devoir, à tout prix, ôter au grand-duc ce prétexte ; (1) il se résigna à ses exigences excessives. Tout ce qu'il put faire, ce fut de n'abandonner le terrain que pied à pied ; il refusa d'abord de laisser désigner comme otages les habitants de Marseille, il stipula ensuite que ces otages seraient des Français, « qui habitent auprès de Sa Majesté, ou à vingt lieues à la ronde. Par là, pensait d'Ossat, le roi devoit avoir plus de moyen de leur parler et persuader ce qui seroit à son service et du bien du royaume, et seroit en mesure de les préserver de la trop grande rigueur des exécutions si le roi en vouloit abuser. » (2)

A ces conditions, le grand-duc devait dans quatre mois évacuer entièrement les château et îles d'If et de Pomègues. C'était plus que n'en demandait Henri IV, puisqu'il consentait à laisser au grand-duc la partie de l'île d'If qu'il occupait avant ces évènements.

Il fut donc stipulé, dans les principaux articles, que le grand-duc retirerait ses troupes du château et de l'île d'If, sans y rien démolir. Il lui serait dû, pour l'entretien des troupes pendant toute la durée de l'occupation et pour les diverses constructions faites dans l'île d'If, une somme de deux cent mille sept cent trente-sept écus d'or au soleil. Le paiement de cette somme devait se faire par annuités

---

(1) Lettres de d'Ossat, III, 230.
(2) Id. III, 231.

de cinquante mille écus, garanties par des assignations « des meilleures et plus valables de son royaume et par l'engagement que prendroient douze personnages françois à désigner par son Altesse. » Le grand-duc devait, dans le même délai de quatre mois, retirer ses troupes de l'île de Pomègues, et il lui était permis de démolir les forts qu'il avait bâtis, à condition toutefois de ne pas détériorer le port. (1)

La confection de l'instrument diplomatique souleva quelques discussions, mais sans grande importance. Le grand-duc se refusait à signer lui-même le traité : la signature du chevalier Vinta devait suffire pour lui, comme suffisait pour le roi celle de l'Evêque de Rennes. D'Ossat ne l'entendait pas ainsi. Il menaça de monter immédiatement à cheval « sans plus dire ni écouter un seul mot de tout cet affaire, » (2) si le grand-duc persistait à ne pas signer. Devant une attitude si résolue, le grand-duc s'exécuta ; il signa. D'Ossat put partir le cinq mai, après trois semaines de négociations.

A peine connu en France, le traité y produisit l'effet qu'en attendait d'Ossat. Le roi fut enchanté du résultat, les courtisans menacés d'être pris pour cautions se récrièrent contre l'article qui livrait douze otages au grand-duc. Sully notamment eut des paroles très dures pour ceux qui vinrent lui proposer (3) d'être du nombre des cautions. Devant cette opposition, le roi n'osa pas soutenir, dans son entier, l'œuvre de son ministre.

D'Ossat reçut ordre de faire renoncer Ferdinand à l'article des cautions. Il revint donc à Florence, cette fois, avec la mission officielle de notifier la conclusion de la

---

(1) Lettres de d'Ossat, III, 217 et s.
(2) Id. III, 234.
(3) Il répondit à Villeroy qu'il n'y avait jamais eu de banquier dans sa famille. Comme Villeroy lui représentait que les autres n'avaient fait aucune difficulté. « Je le crois, répondit Sully, aussi n'y en a-til pas un qui ne soit sorti ou du trafic ou de la robe. »

paix de Vervins. Les événements survenus dans l'intervalle des deux voyages avaient notablement modifié l'esprit du grand-duc. La paix n'était plus seulement un projet et une espérance. Signée à Vervins depuis bientôt trois mois, elle avait rendu à Henri IV et aux Espagnols toute leur liberté d'action. Le grand-duc avait tout intérêt à ne pas s'aliéner le roi de France. Henri IV avait d'ailleurs eu soin de le comprendre parmi ses amis dans le traité de paix ; Ferdinand n'était insensible ni à ces considérations, ni à ces bons procédés. La raison éloquente de d'Ossat fit le reste : l'article des cautions avait, représenta-t-il, vivement indisposé le roi ; il portait un grand préjudice à sa réputation et donnait à croire que le roi ne pouvait ou ne voulait payer ses dettes ; il nuisait gravement à ses affaires, puisque désormais tous ceux auprès de qui il serait contraint de contracter des emprunts exigeraient semblables cautions, entr'autres les Suisses à qui il devait déjà de fortes sommes. (1) Ces cautions pouvaient bien d'ailleurs ne pas donner les résultats que s'en promettait Son Altesse ; la parole du roi serait toujours la plus sûre des garanties.

Frappé de la valeur de ces raisons, le grand-duc déféra, sur-le-champ, aux vœux de d'Ossat. « Aussi me fit-il en cela, dit d'Ossat, un des plus grands plaisirs que j'ai jamais reçus pour la peine où je voyois que vous étiez tous. » Il déclara donc qu'il renonçait aux cautions pour ne pas déplaire au roi et aussi, ajouta-t-il, pour la considération des Suisses « desquels il savoit combien l'alliance était utile au Roi et à sa couronne. Il aurait même fait remise au roi de toute la dette « n'eust été le besoin que son Etat et ses enfants pourroient un jour avoir des sommes à lui dues. » (2)

Quelques discussions de détail et quelques réclamations sans importance terminèrent au mois d'août 1598 ces négociations. Elles rendaient à la France deux îles fort importantes par leur situation, sinon par leur étendue.

(1) Lettres de d'Ossat, III, 119 et s.
(2) Id. III, 121.

Du même coup, elles conservaient à Henri IV un allié dont les secours lui avaient été et pouvaient encore lui être des plus utiles. Ces résultats acquis à peu de frais pour nous n'avaient pas été obtenus sans de grandes difficultés. D'Ossat pouvait écrire à Villeroy : « Je n'eus jamais tant de peines en affaire qui me soit passé par les mains; sans ma grande patience, non seulement je n'eusse obtenu de ces gens-ci ce que vous verrez par lesdits articles, mais je n'eusse pas seulement pu les faire entrer en traité avec nous. » (1)

Henri IV ne tarda pas à marquer à d'Ossat sa reconnaissance pour ce beau succès. Moins d'un an après l'évêché de Rennes, il lui avait déjà offert (2) l'importante abbaye de Saint-Nicolas de Verdun ; d'Ossat ne devait jamais en jouir. Ce don n'en atteste pas moins la générosité du roi à son égard.

Cette nomination fut pour d'Ossat l'occasion de manifester une fois de plus son désintéressement et sa délicatesse. L'abbaye de Saint-Nicolas de Verdun était située en pays non concordataire. Henri IV n'avait pas encore les Indults nécessaires pour nommer aux bénéfices de ce pays. Aussi à peine eut-on connu, à Rome, la mort du dernier titulaire, le pape se hâta de disposer du bénéfice vacant en faveur de Séraphin. Sur ces entrefaites arriva à Rome le brevet qui conférait cette abbaye à d'Ossat. Celui-ci se confondit en remerciements, mais supplia le roi de ne pas donner suite à sa nomination. L'abbaye avait été donnée à un Français, vieux serviteur de son pays, qui, auditeur de rote depuis 33 ans, n'avait pas encore reçu un bienfait de son roi. C'eût été, d'ailleurs, peu sage pour d'Ossat, comme il le faisait remarquer lui-même, d'entrer en contestation avec le Pape pour une question où son intérêt personnel était en cause. Il pourrait, ajoutait-il, « débattre avec Sa Sainteté et soutenir les droits du Roi en occasion semblable et en

(1) Lettres de d'Ossat. III, 75.
(2) Ibid. II, 34.

toute autre avec plus de liberté et de fermeté et plus de fruit et bon succès (1) pour le service du roi, » quand son intérêt personnel ne serait point en jeu. Henri IV agréa les raisons de d'Ossat. Cette abnégation de d'Ossat était à cette heure singulièrement méritoire ; au moment où il renonçait à cette abbaye, il se trouvait fort à l'étroit dans ses affaires. L'évêché de Rennes donnait beaucoup plus d'éclat que de revenus ; d'Ossat n'avait encore pu en rien tirer. (2)

Six mois plus tard, le roi conférait à d'Ossat la dignité de conseiller d'Etat. Dans ce titre tout honorifique, d'Ossat ne vit qu'un nouvel engagement à travailler au service du roi et de la France ; il promit de s'y employer « autant que ses forces se pourroient étendre. » (3)

Mais dans la pensée de Henri IV, ces honneurs étaient un acheminement à la plus haute dignité que le roi pût procurer, et Rome accorder à un ecclésiastique : le cardinalat. L'opinion publique désignait depuis longtemps d'Ossat pour cet honneur. Déjà en 1596, peu de temps après l'absolution, on agissait auprès du roi pour qu'il proposât ou laissât proposer d'Ossat pour le chapeau. Bonciani, l'agent du grand-duc, pouvait écrire à son maître que le roi était favorable à cette promotion. (4) Bien que le nombre de chapeaux qu'il avait à espérer fût fort limité, Henri se fit un devoir de faire figurer (5) le nom de l'évêque de Rennes, parmi les Prélats que Luxembourg devait recommander au Pape. Il revenait à la charge quelque temps (6) après dans une lettre au même ambassadeur ; il désirait, disait-il, voir « gratifier du cardinalat à l'exclusion de tous autres, Séraphin, Lomellin, le comte de la Chapelle et l'évêque de

---

(1) Id. II, 351.
(2) Lettres de d'Ossat, III, 435.
(3) Id. III, 486.
(4) Bonciani au grand-duc, 26 novembre 1596 et 18 Déc. 1596, *Nég. dip.* V. 323.
(5) Henri IV à Luxembourg. *Edit Galitzin*, p. 215, 20 janvier 1597.
(6) Id. p. 238, 6 octobre 1597.

Rennes, trois desquels, ajoutait-il, ont si bien mérité du Saint-Siège et de moi que, si je les avois abandonnés, je serois indigne d'être servi et me sera plus honorable et plus avantageux qu'il ne s'en face pas du tout à ma contemplation que de laisser ceux-ci derrière. » (1)

L'annonce des projets du roi surprit le modeste d'Ossat au-delà de toute expression. Il ne sait comment témoigner au roi toute sa gratitude. Il ne peut attribuer « qu'à la bonté du roi la mention qui a été faite de lui parmi tant de grands personnages, au moindre desquels, dit-il, il n'est pas à comparer. « Sur quoi, ajoute-t-il, je ne puis dire autre chose, sinon que Votre Majesté peut bien augmenter le pouvoir de la servir, mais la fidélité et dévotion ne sauroient plus croître. » (2) La perspective du cardinalat ne parvint pas cependant à l'éblouir. Dans une lettre où il remercie Villeroy de cet honneur, qu'il confesse tenir surtout de lui, il avoue qu'il le voit venir d'un œil indifférent : « Comme, dit-il, je ne dois rien faire pour empêcher ce que le Roi et vous estimez être bon pour son service, aussi ne ferai-je un pas ni dirai une parole pour avoir ce que je ne mérite point et qui est trop disproportionné à ma condition. » (3)

Il restait à faire agréer au Pape les choix du roi. S'il faut en croire une lettre de Luxembourg (4), Clément VIII ne fit pas difficulté de conférer la pourpre à d'Ossat; il eût seulement désiré en lui « l'extraction de plus grande maison ; » mais l'ancien commis de banque, élevé au trône pontifical, ne pouvait montrer à ce sujet une exigence bien rigoureuse. Un prélat, (5) qui vivait alors à ses côtés, affirme « que la demande du chapeau pour d'Ossat lui fit le plus grand plaisir : plus tard, il avait même coutume de

(1) Ibid.
(2) Lettres de d'Ossat, II, 472.
(3) II, 473.
(4) Citée par Amelot. Lettres de d'Ossat. I, 53.
(5) Bentivoglio *Memorie* Ed. Venet, 1648, p. 90.

dire qu'il l'aurait promu de son propre mouvement, quand le roi ne l'eût pas demandé.

Le chapeau se fit cependant attendre encore : le Pape ne fit pas de promotion dans l'année 1598. Henri fit de nouvelles instances à la suite de l'heureuse issue des négociations de Florence. D'Ossat fut compris dans la première promotion qui suivit. Elle eut lieu le 3 mars 1599. Avec lui reçurent le chapeau le cardinal de Sourdis et douze autres évêques ou prélats étrangers, parmi lesquels on peut signaler le savant jésuite Bellarmin, Tosco, qui faillit être Pape après Clément VIII, le cardinal Bonvisi, « que le roi avoit voulu en temps et lieu être recommandé de sa part au Pape pour être promu à cette dignité. » (1)

Il était d'usage que le Pape assignât un nom aux nouveaux élus. Clément VIII voulut que l'évêque de Rennes s'appelât de son nom cardinal d'Ossat. Il eût pu l'appeler cardinal de Rennes, du nom de son évêché, ou cardinal de Saint-Eusèbe de son titre ; il jugea sans doute que ce nom qui avait figuré avec éclat dans tant d'affaires importantes pouvait faire honneur même à un cardinal.

Cette nouvelle dignité fut pour d'Ossat l'occasion d'honneurs habituels en ces circonstances. Tous les cardinaux et tous les ambassadeurs vinrent le visiter au palais de Monte-Giordano, où le cardinal de Joyeuse avait voulu loger son vieil ami resté toujours simple et pauvre au milieu des distinctions qui venaient le trouver. D'Ossat signala surtout la visite du duc de Sessa. « Il m'a tenu, écrivait d'Ossat, tous propos de courtoisie envers moi et de respect et révérence envers le Roi. » (2) Quelles réflexions l'élévation de d'Ossat ne devait-elle pas inspirer à l'ambassadeur espagnol, son malheureux adversaire d'antan !

Si le nouveau cardinal parle ainsi des hommages dont il est l'objet, ce n'est pas qu'il en éprouve quelque senti-

(1) Lettres de d'Ossat, III, 299.
(2) Id. III, 306.

ment de vaine gloire ; « il n'est pas, dit-il à Villeroy, si chatouilleux de ces grandeurs, il ne s'estime rien de plus que auparavant, mais il est du devoir de sa charge de donner avis de ce qui s'est passé et surtout de l'honneur et respect qui a été rendu au Roi. » (1) Encore cette fois d'Ossat se laissait aveugler par son habituelle modestie. Cette dignité et ces hommages étaient amplement mérités par les loyaux services qu'il n'avait cessé de rendre à son roi, à sa patrie, à l'Eglise. Vingt ans de négociations à peu près ininterrompues, la réconciliation du roi et l'heureux succès du traité de Florence lui assuraient déjà des titres incontestables à cette dignité ; mais à ces titres s'ajoutaient chez lui toutes les qualités et les vertus qu'une telle dignité suppose ou requiert. « Jamais homme, dit Bentivoglio, n'en fut plus digne par son zèle religieux, par l'intégrité de ses mœurs, par l'éminence de ses connaissances. » (2)

(1) Ibid.
(2) Bentivoglio, *op. cit.*

CHAPITRE 1ᵉʳ. — (Suite)

I. — *Le Marquisat de Saluces et les ducs de Savoie. — Charles-Emmanuel s'en empare. — Le traité de Vervins remet la question à l'arbitrage de Clément VIII.*
II. — *Dispositions du roi. — Sentiments de d'Ossat. — Inclinations du Pape. — Envoi d'un délégué pour demander une prolongation.*
III. — *Propositions du duc. — L'envoyé du Pape demande la mise sous sequestre du Marquisat. — Henri IV l'accorde contre l'avis de d'Ossat. Charles-Emmanuel refuse. — Ses insinuations contre le pape. — Clément VIII se récuse.*
IV. — *Le traité de Paris. — Fourberie du duc. — La lutte à main armée. Henri IV sollicite les avis de d'Ossat. — D'Ossat demande qu'on ne laisse à aucun prix le marquisat au duc.*
V. — *Légation du cardinal Aldobrandini. — Traité de Lyon. — Ses conséquences fâcheuses pour notre politique italienne. — Il répond peu aux désirs de d'Ossat. — Vanité des calculs prêtés à Henri IV. — Justesse des vues de d'Ossat.*

Les traités de Florence et de Vervins ne mirent pas fin à toutes les revendications territoriales de Henri IV. La paix de Vervins laissa même expressément subsister entre la France et la Savoie le différend qui les divisait depuis dix ans au sujet du marquisat de Saluces. Ce différend ne devait recevoir de solution qu'après trois ans de négociations et de guerres. D'Ossat fut mêlé de très près à ces négociations ; il n'y en a même pas qui tienne plus de place dans sa correspondance. C'est qu'il y eut peu d'affaires où les Papes, et partant nos représentants à Rome, fussent plus mêlés. Soulevée par une usurpation de

Charles-Emmanuel, agissant avec l'appui peu déguisé de Sixte-Quint (1), la question du Marquisat fut plus tard confiée à l'arbitrage de Clément VIII, et elle ne reçut une solution qu'après douze années de litige. Or, pendant cet intervalle, d'Ossat est le seul représentant de la France qui n'ait presque jamais quitté Rome, le seul qui y soit resté le serviteur constant des intérêts français.

Situé au pied du mont Viso, à une demi-journée de Turin, entre le Piémont, le Montferrat et le Dauphiné, le marquisat de Saluces avait de tout temps excité les convoitises des ducs de Savoie. Emmanuel-Philibert s'en était emparé une première fois, sous le règne de Henri III; il avait été obligé de le rendre quelques mois après la mort du roi. Quand, vers la fin de l'année 1588, Charles-Emmanuel vit le roi Henri III chassé de sa capitale, en lutte avec les Etats Généraux, la Ligue et les protestants, il crut le moment venu de renouveler la tentative de son père. Dans la nuit du 1er au 2 octobre, il fit avancer à l'improviste ses troupes sur Carmagnole, s'en empara, et prit peu à peu de la même façon toutes les villes du marquisat. Il avait eu soin d'assurer à son entreprise, l'approbation du Pape (2); il y avait réussi par la promesse de chasser les huguenots du Marquisat et de fermer aux hérétiques les portes de l'Italie. A Henri et aux autres princes, il déclara qu'il n'avait occupé les places fortes du marquisat que pour les mettre à l'abri des attaques de Lesdiguières et les conserver ainsi au roi.

Henri III et la noblesse française réunis à Blois ressentirent vivement l'affront d'un pareil procédé. Il fut question de recourir aux armes pour mettre à la raison l'imprudent envahisseur. Mais les évènements se précipitèrent; le meurtre des Guises, la prise d'armes de la Ligue firent oublier Saluces et la Savoie. La mort de Henri III survint bientôt après, et Henri IV à son avènement avait trop à

---

(1) Hübner, *op. cit.* I, 401.
(2) Ibid.

faire avec Mayenne, les Parisiens et les Espagnols pour songer à la Savoie. Charles-Emmanuel profita même de nos dissensions et de nos désastres pour donner suite à ses vastes projets de conquête. Avec l'aide des Espagnols, il se répandit sur la Provence, le Dauphiné et le Lyonnais. (1) Il songea même un moment à se faire nommer roi de France. A défaut de ce titre, il travaillait à s'acquérir celui de roi de Provence, quand le maréchal de Lesdiguières vint souffler sur les projets de l'aventureux duc. Il le fit rentrer dans ses montagnes, sans pouvoir toutefois le déloger du marquisat de Saluces.

Les Espagnols, qui avaient d'abord regardé d'un assez mauvais œil la prise de Saluces, l'approuvèrent hautement quand ils furent en guerre ouverte avec Henri IV. Ils confondirent même si bien leur cause avec la sienne, qu'à l'époque de la conversion de Henri IV, ils voulaient le faire comprendre dans la paix à imposer au roi de France. (2) Quatre ans plus tard, à l'époque de la paix de Vervins, les dispositions de Philippe II à l'égard de son gendre s'étaient légèrement modifiées. Soit qu'il attachât peu d'importance à la question de Saluces, soit qu'il fût bien aise de tenir occupé du côté de la France le remuant duc de Savoie, il laissa en dehors du traité de paix l'affaire du marquisat ; du commun accord des puissances contractantes, l'absolution en fut confiée à l'arbitrage du Pape.

Charles-Emmanuel avait oublié depuis longtemps la promesse faite au moment de l'usurpation du Marquisat. Il s'était alors offert à le remettre au roi, le jour où il y mettrait un gouverneur catholique. Mais il s'était aperçu bien vite que ce qui avait été si facile à prendre, n'était pas plus difficile à garder ; il s'avisa dès lors de mettre en avant certains droits que sa maison aurait eus autrefois sur ce marquisat.

Tel était l'état de la question, quand le traité de Vervins

(1) Lettres de d'Ossat, I, 260.
(2) Lettres de d'Ossat, I, 262.

renvoya les deux parties devant le Pape. Henri IV, qui eût été heureux de se faire un allié du duc de Savoie, était d'abord assez disposé à modérer ses revendications. Il l'avait fait entrevoir au duc : « C'était avec la France seule, lui faisait-il dire, qu'il pouvoit faire fortune, lui et les siens. » (1) Tels n'étaient pas, il s'en faut, les sentiments de d'Ossat à l'égard du duc de Savoie. Il n'hésita pas à s'en ouvrir au roi avec sa franchise ordinaire : « Je ne voudrois pas qu'en la paix, ni après la paix, il fit autre fortune avec la France pour soi ni pour les siens, ne pouvant oublier combien coûte cher à la Maison Royale et à toute la France la fortune qu'ont faite avec elle ceux de la maison de Lorraine. Le roi auroit plus grand besoin de chercher à s'affranchir de ces gens-ci que non pas de se surcharger de ces petits louveteaux de Savoie qui ne vous promettent d'être de rien meilleurs que leurs pères et qui s'entremangeront un jour si nous les laissons en leurs montagnes et tanières sans nous donner aucun travail, sinon autant que nous leur en donnerons le moyen. De ma part, je ne voudrois pas qu'on leur donnât seulement une compagnie d'armes. » (2) Pour achever de faire revenir Henri IV de ses dispositions, d'Ossat lui dépeignait l'état de l'opinion italienne, toute contraire aux prétentions du duc de Savoie ; le grand-duc de Florence et la république de Venise faisaient solliciter Henri IV de reprendre à tout prix le marquisat. Ces diverses considérations firent impression sur le Roi ; il déclara quelque temps après au secrétaire du duc de Savoie qu'il ne se prêterait jamais à un accord, tant qu'il ne serait pas entré dans la possession du Marquisat. Rien ne réjouit autant d'Ossat que cette nouvelle. (3)

Les dispositions de la cour de Rome, appelée à trancher

---

(1) Id. II, 403.
(2) Lettres de d'Ossat, II, 404.
(3) Id. III, 343.

la question, semblaient peu rassurantes pour nous. Sans être nettement hostile, le Pape redoutait par dessus tout l'entrée de l'hérésie en Italie et le duc de Savoie lui semblait plus en mesure que personne de lui en fermer les portes. Or, aux yeux des théologiens, ses conseillers naturels, quand il s'agissait de conserver la religion à un pays ou de le préserver de l'hérésie, « le Pape non seulement pouvoit, mais devoit l'ôter au vrai seigneur et possesseur et le donner à tout autre qui n'y eut rien, mais qui veuille et puisse mieux y maintenir la foi. » (1) D'Ossat croyait bien parer la difficulté en conseillant au roi d'assurer au Pape qu'il ne mettrait jamais au Marquisat que des gouverneurs catholiques, mais en ce moment même le pape était fort mécontent de Henri IV qui venait de publier l'Edit de Nantes. Le duc de Savoie avait su d'ailleurs se ménager de puissantes sympathies à la Cour pontificale en y donnant la protection de ses affaires et une abbaye de ses Etats au cardinal-neveu. (2)

Les deux adversaires ne se hâtèrent guère de recourir au tribunal de leur arbitre. Les représentants du duc de Savoie n'arrivèrent qu'au commencement de février 1599. Ils venaient munis de tout un attirail de chartes et de consultations. (3) Toutes « ces autorités » n'effrayaient guère d'Ossat. Il se faisait fort d'établir, par actes publics et authentiques, que le Marquisat, apporté à la couronne de France avec le Dauphiné, n'avait cessé d'être gouverné par nos rois depuis François Ier jusqu'à Henri III, à qui Charles-Emmanuel l'avait enlevé. Il attendait, pour engager la lutte, l'arrivée du nouvel ambassadeur de France, qui apportait les instructions directes de la cour. Malheureusement Sillery n'arriva à Rome qu'à la fin d'avril 1599. A cette date, les pouvoirs accordés au Pape pour un an étaient à la veille d'expirer ; il fallut songer à demander

(1) Id. III, 157.
(2) Lettres de d'Ossat, III, 270.
(3) Id III, 272.

une prolongation. D'Ossat n'était guère d'avis de l'accorder. (1) A ses yeux, les droits du Roi « se pouvoient déduire en moins d'une heure, c'étoient choses toutes notoires. » D'Ossat avait raison, et Clément VIII en eût assurément jugé comme lui, s'il n'avait eu à considérer que les droits respectifs de Henri IV et de Charles-Emmanuel ; mais derrière la Savoie il y avait l'Espagne et l'Empire pour lesquels Saluces piémontais signifiait exclusion des Français de la Péninsule. Il y avait aussi surtout les calvinistes et la possibilité pour eux de pénétrer en Italie si le Marquisat revenait au roi. Tiraillé entre l'équité et l'intérêt de la religion, entre les Français et les Espagnols, Clément VIII s'effraya des difficultés de son rôle d'arbitre. « Quoi qu'il dise, (2) écrivait d'Ossat, il sait bien ne pouvoir prononcer jugement en cette cause sans faire déplaisir à un des plus grands et plus puissants partis qui soient en chrétienté, à savoir celui d'Espagne ou de France. Et faut tenir pour chose toute certaine qu'il ne veut encourir l'inimitié ni de l'un ni de l'autre. »

Sous prétexte de demander une prolongation, il décida d'envoyer aux deux parties le cordelier Calatagirone, l'heureux médiateur des négociations de Vervins. En réalité, il lui donnait mission de travailler à amener entre les deux princes une entente basée sur la cession du Marquisat à la Savoie, contre une compensation à donner à la France. D'Ossat devina les intentions du Pape : « Je tiens pour certain, disait-il à Villeroy, qu'elle l'envoie encore pour essayer de composer ce différend par voie d'accord et qu'il vous portera divers expédiens lesquels tendront tous à ce que ledit Marquisat demeure à Monsieur de Savoie, comme je vous ai prédit ci-devant. » (3)

D'Ossat n'était pas, en principe, opposé à l'envoi d'un

---

(1) Id. III, 350.
(2) Id. III, 384.
(3) Lettres de d'Ossat, VI, 313.

représentant du Pape ; il lui semblait même plus convenable à la dignité de la couronne que cette question fût traitée en France. Le duc de Savoie aurait ainsi à envoyer prendre les conditions, et ces conditions n'auraient pas l'air d'être imposées par le Pape aux deux adversaires. Le roi pouvait même y trouver quelque avantage plus solide ; il lui serait toujours plus facile de résister à un nonce en France, qu'à ses agents à Rome de tenir tête au Pape. Il redoutait seulement que le roi ne se laissât circonvenir par les bonnes paroles de l'envoyé du Pape. A cet effet, il ne cessait de l'engager à ne se prêter à aucun traité tant que le Marquisat ne fût remis entre ses mains. La seule pensée d'un tel abandon l'indignait et lui inspirait des accents aussi émus qu'éloquents : le roi devait « ôter ce déshonneur et reproche au nom françois. (1) Quand ses droits seroient douteux, il ne faudroit pas qu'un duc de Savoie triomphât des dépouilles de la France, de l'honneur et réputation de Sa Majesté... ni qu'il se vantât d'avoir relégué les François par delà les monts et de leur avoir ôté tout moyen de faire profit en Italie des occasions que le temps et les choses humaines pourroient apporter.... Il n'y a prince en Italie (2) qui ne fût marri que cette usurpation lui demeurât et bien aise que son orgueil fût rabattu et lui rangé à la raison.... Pour toutes les considérations susdites, disait-il en terminant, si le roi se laissoit aller à l'obstination et flatterie de cet usurpateur.... et n'otoît ce déshonneur et reproche au nom françois, il décherroit de réputation et penseroit-on que les actes glorieux et miraculeux qu'il a conduits à chef par ci-devant fussent provenus de quelque sien bonheur particulier, plutôt que de vraie vertu, valeur et résolution. » Avec un adversaire qui comptait sur la lassitude du roi pour obtenir ce qu'il

---

(1) Id. **III, 352.**
(2) Ibid.

ne pouvait espérer de son bon droit, cette insistance n'était pas superflue.

Pour traîner les choses en longueur, Charles-Emmanuel s'avisa d'engager Clément VIII à inviter les princes chrétiens à une ligue contre les Turcs. Si le roi acceptait, le duc restait, pendant le temps des hostilités, tranquille possesseur du Marquisat ; s'il refusait, il mécontentait le Pape, qui, par dépit, serait encore plus porté à se prononcer contre lui. Le piège était trop grossier ; le Pape lui-même n'osa pas adresser à ce moment une telle invitation à Henri IV, et les trop ingénieuses propositions du duc n'eurent pas d'autre suite. D'ailleurs, le centre des négociations n'était plus à Rome, mais à Paris, où venait d'arriver Calatagirone.

Les débuts de ses négociations furent heureux. Il obtint tout d'abord du Roi que le Marquisat fût remis sous séquestre entre les mains du Pape. Henri IV s'applaudissait de cette concession ; sans qu'il lui en coutât rien à lui-même, elle allait enlever le Marquisat aux mains du duc de Savoie ou indisposer le Pape contre lui. D'Ossat ne partagea pas cette opinion. A ses yeux, le roi avait fait un mauvais calcul. Par cet abandon, il renonçait au *possessoire* qui était le plus sûr de ses droits, et il serait moins facile d'arracher le marquisat au Pape qu'au duc ; le séquestre l'obligerait à rendre les villes de la Bresse dont il s'était emparé, et il allait être tenu, tant que le séquestre durerait, à contribuer à l'entretien des garnisons, sans être plus sûr d'obtenir le Marquisat. (1) Le cardinal se consolait de la perspective de ces inconvénients trop réels en pensant que « la mauvaise foi dont le duc useroit en cette procédure ne manqueroit pas de donner au roi occasion de retirer sa parole. » Il ne se trompait pas. Charles-Emmanuel ne voulut pas se dessaisir du Marquisat. Comme, après ce refus, il avait lieu de craindre que le Pape ne se prononçât contre lui, il

---

(1) **Lettres de d'Ossat, III, 390.**

fit insinuer par son ambassadeur à Rome qu'il prévoyait déjà la décision qui allait être prise : le Pape ne manquerait pas d'attribuer le Marquisat au roi de France, qui s'était engagé à le lui rétrocéder ensuite. Quand Clément VIII vit planer de pareils doutes sur son impartialité et son désintéressement, il se récusa. C'est tout ce que voulait l'astucieux duc.

Nous n'avons pas à raconter ici comment, après tant d'artificieuses négociations, Charles-Emmanuel vint à Paris sous prétexte de traiter en personne avec le roi. De ces négociations sortit le traité de Paris. Entr'autres dispositions, il laissait au duc le droit de choisir entre la restitution du Marquisat de Saluces ou la cession de la Bresse, de la ville et citadelle de Bourg, de Barcelonnette, du val de Sture et de Pignerol ; un délai de trois mois lui était laissé pour faire connaître son choix.

D'Ossat n'eut aucune part à ces négociations, il ne dut guère le regretter ; il se faisait trop peu d'illusion sur la fragilité de leur résultat. A la nouvelle du traité de Paris, il prédisait à Villeroy que le duc ne procéderait pas plus « promptement à l'exécution de cet accord qu'il n'avoit fait en la négociation, et qu'il mettroit volontiers, pour retenir son usurpation, toute la chrétienté à feu et à sang s'il trouvoit les autres princes aussi faciles à rompre la paix. » (1)

C'était parler en homme qui connaissait son duc. On sait en effet qu'au moment où il séjournait à la cour du roi, son hôte, sous prétexte de s'accorder avec lui, Charles-Emmanuel ne visait qu'à fomenter des révoltes dans l'entourage de Henri IV et à soudoyer contre lui des assassins. Bien plus, à peine eut-il apposé sa signature sur l'acte du traité de Paris, qu'il se hâtait d'envoyer des ambassadeurs à Philippe et à l'archiduc Albert pour leur apprendre que tout était rompu et leur demander des secours. (2) Rentré dans ses Etats, il faisait dire au Pape

(1) Id. III, 482.
(2) Rott, *op, c.* p. 12.

que, ayant appris l'accord intervenu entre Henri IV et lui, « les hérétiques se vantoient de faire bientôt retourner les ministres en certaines vallées du Marquisat dont le duc les avoit bannis, et de chasser l'Inquisition de Saluces où le dit duc l'avoit mise. » (1) Aucune nouvelle n'était plus fausse, mais aucune n'était plus propre à irriter le Pape, à l'engager à conserver le Marquisat au duc. D'Ossat eut à mettre le Pape en garde contre ce nouvel artifice ; il pouvait lui assurer, après avoir pris ses informations, que ces prétendus hérétiques « étoient gens soupçonnés non tant de Luthéranisme ou de Calvinisme que de Francésisme. » (2)

Il n'y eut pas jusqu'à l'indolent Rodolphe II, dont Charles-Emmanuel ne vint fatiguer les oreilles de ses revendications sur le Marquisat. Le vieil empereur qui assistait presque indifférent à la dislocation et à la ruine de l'Empire, s'éprit soudain d'un beau zèle pour un fief détaché depuis 200 ans de ses Etats. Il se plaignit qu'on eût, au mépris de ses droits impériaux, disposé du Marquisat de Saluces et de la Bresse. D'Ossat vit dans ce langage de l'empereur une nouvelle fourberie du duc ; il avait compté amener le Pape, dans l'intérêt de la religion et l'empereur pour le sien propre, à prendre sur eux la violation de ses promesses, pendant qu'il feindrait lui-même de vouloir les exécuter. (3) L'intervention de l'empereur n'était que ridicule. On y prêta l'attention qu'elle méritait : on n'en parla plus.

Mais la fourberie du duc ne s'arrêta pas là. D'Ossat eut vent qu'il machinait des coups plus tragiques. Il osait à peine en donner avis au roi, mais tout lui semblait vraisemblable de la part d'un ennemi aussi déloyal. (4) « J'ai horreur d'ajouter, écrivait-il, une autre chose que gens de

---

(1) Lettres de d'Ossat, III, 519.
(2) Id. III, 521.
(3) Id.
(4) Id. IV, 31.

qualité m'ont dit qu'il attend avec plus de désir et d'espérance que tout cela, mais je ne dois et ne puis vous la taire plus longuement ; c'est le succès et événement des embûches et assassinats qu'il a dressés et apostés en diverses façons contre la vie de votre Majesté. » Ce qui paraissait alors invraisemblable à d'autres qu'à d'Ossat, n'était que trop vrai. La découverte de la conspiration de Biron devait le montrer deux ans plus tard et venait justifier une fois de plus la perspicacité de d'Ossat et la sûreté de ses informations.

Notre cardinal ne fut donc nullement étonné quand, à l'expiration du délai qui lui avait été laissé pour faire son choix entre la Bresse et le Marquisat, le duc prétendit garder à la fois les deux provinces. Il ne put qu'engager le roi à couper court à tous ces subterfuges, et le mettre encore en garde contre toute nouvelle démarche du duc.

A la période des négociations tant de fois éludées allait succéder celle des armes. En s'y engageant, le roi, qui n'avait guère à redouter les forces du duc de Savoie, n'était pas sans crainte du côté des Espagnols. Leur intervention dans le débat pouvait donner à cette lutte des proportions inattendues et une tout autre issue. D'Ossat put, grâce à ses informations, dissiper ses craintes. « Les Espagnols, disait-il, avant qu'entrer en une guerre si injuste pour servir aux caprices du duc de Savoie, y penseroient cent et cent (1) fois. » Ils n'étaient d'ailleurs ni si prêts ni si disposés à la guerre qu'ils voulaient faire croire ; leurs sourdes menaces n'avaient pour but que d'empêcher le roi de recourir aux armes ; en tout cas, ils ne tenteraient rien avant l'hiver. « En attendant, ajoutait d'Ossat, nous faisons ici ce que nous pouvons envers N. S. Père à ce qu'il empêche, en tant qu'il pourra, qu'ils ne se mettent point de la partie. » (2) Le roi goûta fort l'avis de d'Ossat, et, appréciant de plus en plus son

(1) Lettres de d'Ossat, IV, 50.
(2) Id. IV, 100.

habileté en toute chose, il lui demanda son sentiment sur les mesures à prendre dans le cas où les Espagnols se joindraient au duc de Savoie. Tout en s'excusant de donner des conseils en pareille matière, d'Ossat était d'avis qu'il faudrait laisser les Espagnols prendre l'offensive et continuer de plus belle à serrer Charles-Emmanuel « sans distraire les forces ailleurs, sinon autant comme en faudra pour la préservation et la sûreté des frontières. » (1) Il indiquait ensuite tout au long les avantages du plan de campagne qu'il proposait. Nous n'avons pas à l'apprécier ici ; les résultats seuls auraient pu nous apprendre ce qu'il valait au juste ; l'occasion de le mettre à exécution ne vint jamais.

Les Espagnols qui avaient lancé le duc dans cette aventure se tinrent prudemment à l'écart. Henri IV put poursuivre en toute liberté le cours de ses rapides succès. En moins de quatre mois d'hostilités, après la prise des citadelles de Bourg et de Montmélian, le roi pouvait écrire (2) que toute la Savoie jusqu'au mont Cenis était réduite à son obéissance, et Charles-Emmanuel n'était plus « qu'un duc sans Savoie. » (3) Le duc s'était fait fort de lui faire longtemps porter la cuirasse. Henri IV plus fidèle à sa parole « lui faisait porter la besace. » (4)

Dès la première heure de la guerre, le Pape s'était vivement ému de cette prise d'armes. Il n'avait jamais renoncé à l'espoir d'amener une solution pacifique du conflit par les bons offices de ses envoyés. Sans se laisser décourager par l'insuccès de ses efforts antérieurs, il se décida à en tenter de plus grands. Il songea à envoyer un légat au-delà des Alpes avec la mission de rétablir la paix. D'Ossat, à qui ce projet fut communiqué, s'y montra peu favorable. Comme tous les princes italiens, il redoutait que le roi, par déférence pour le Pape, ne se laissât aller à abandonner Saluces aux mains du duc ; et il était bien aise que le

(1) Lettres de d'Ossat, IV.
(2) *Lettres Missives*, V, 347.
(3) Henri IV à Marie de Médicis, 22 décembre 1600.
(4) L'Estoile, VII, 237.

roi eût tout loisir pour mater à son gré son artificieux ennemi. Mais le parti du Pape était pris ; le cardinal Baronius, qui le communiquait à d'Ossat, avait seulement pour mission d'apprendre de lui quel cardinal lui semblait plus propre à mener à bien l'œuvre de la paix. Dès lors, d'Ossat ne songea plus qu'à gagner du temps. Le roi, pensait-il, aurait dans l'intervalle mis le duc à la raison, et le légat, à son arrivée, n'aurait qu'à sanctionner les conventions stipulées entre eux. Mais l'ambition du cardinal Aldobrandini vint précipiter les choses. Le jeune neveu du Pape avait cru qu'il y aurait pour lui gloire et profit à remplir cette légation. S'il faut en croire d'Ossat, (1) les Espagnols lui avaient mis en tête qu'il viendrait mieux que personne à bout de toutes les difficultés et qu'il réussirait par là à marier une de ses nièces avec le prince de Savoie.

Le Pape s'était montré peu favorable au projet de son neveu. Le cardinal (2) crut qu'il triompherait de sa résistance, s'il pouvait s'autoriser de l'assentiment de d'Ossat. Celui-ci connaissant, par la communication de Baronius, la véritable intention du Pape, devina la ruse d'Aldobrandini ; aussi, quand le jeune cardinal lui communiqua le projet, qu'il prêtait au Pape, de vouloir l'envoyer lui-même en France, d'Ossat lui fit entendre qu'on n'avait nul besoin d'un légat, encore moins d'un neveu du Pape, pour résoudre la question du Marquisat. Le roi voulait reprendre son bien, rien ne pouvait l'en empêcher. (3) Il développa plus au long les raisons de son opinion dans un mémoire qu'il présenta quelques jours après au Pape, sur son invitation. « Comme cardinal et non comme françois, sans avoir d'autre but que le bien de l'affaire en soi, c'est-à-dire la paix et la réputation de Sa Sainteté, » il pouvait dire qu'ici comme en toute paix « l'invention des

---

(1) Lettres de d'Ossat, IV, 56.
(2) Id IV, 67.
(3) Lettres de d'Ossat, IV, 63.

remèdes dépendoit principalement de la connaissance des causes du mal et de la complexion et tempérament des malades, » aussi estimait-il « que pour bien trouver les moyens de faire cesser la guerre, il falloit savoir la cause d'icelle et la complexion des parties. » (1)

Après ce lumineux début, il montrait comment la guerre avait eu pour cause unique l'usurpation du Marquisat, dont il faisait l'histoire et exposait les suites. Pour faire connaître les complexions des parties, il traçait du duc de Savoie, des Espagnols et de Henri IV un portrait aussi habile que ressemblant; il proposait ensuite les remèdes que comportait la situation, à savoir la restitution du Marquisat à son véritable maître; la réintégration des parties dans leurs droits respectifs. Il répondait enfin aux objections que pouvaient soulever ces diverses propositions et concluait que, si le Pape était irrévocablement résolu à envoyer un légat, mieux vaudrait attendre encore deux mois avant de l'envoyer.

On voudrait pouvoir citer en entier cet admirable mémoire où l'élévation des vues, la justesse des raisons s'harmonisent si bien avec la franchise du langage, la netteté du style et la régularité de la composition.

Il y avait là assurément de quoi convaincre le Pape, si le Pape avait pu être convaincu. Mais le roi avait, dans l'intervalle, demandé au cardinal Aldobrandini d'aller bénir à Florence son mariage avec Marie de Médicis. Le Pape vit là un gage de succès pour la légation que désirait toujours son neveu. Son envoi fut résolu. Il quitta Rome le 25 septembre. Après avoir béni le mariage royal à Florence et s'être abouché, à Tortone (2), avec le duc de Savoie et le comte de Fuentès, gouverneur du Milanais, il arrivait auprès de Henri IV le 25 Novembre et inaugurait aussitôt son rôle de médiateur.

D'Ossat, tout en renseignant le roi sur les agissements

(1) Id. IV, 76-98.
(2) **Lettres de d'Ossat**, IV, 457

de son astucieux ennemi, ne perdait pas de vue les négociations qui allaient s'engager à Lyon. Consulté par Villeroy, il se prononça encore, pour la dixième fois, contre toute proposition qui comporterait l'abandon du Marquisat. A tout prix il fallait recouvrer cette province, dont la possession devait être si importante pour notre politique en Italie. Elle promettait d'être en nos mains « comme un frein (1) non moins nécessaire au variable et précipiteux naturel du duc que profitable à la France.... Un jour nous pourrions en avoir plus grand besoin encore qu'à présent, si, d'aventure, le roi d'Espagne et l'Infante venoient à mourir sans enfants. » La réputation du roi et de la France était d'ailleurs engagée dans l'affaire ; on ne pouvait pas laisser dire au duc de Savoie qu'il avait fait la loi au Roi ; on ne pouvait signifier aux princes d'Italie qu'ils eussent à rabattre de la bonne opinion qu'ils avaient du roi. Quitter le Marquisat, c'était renoncer aux bonnes occasions que les circonstances pouvaient un jour nous ménager, c'était perdre le seul point stratégique d'où l'on pût faire trembler l'Espagne pour ses possessions d'Italie. Aucune offre de compensation, quelque avantageuse qu'elle fût, ne devait l'emporter, ajoutait-il, sur les considérations qu'il lui soumettait. Pour lui, si d'autres sentiments venaient à prévaloir, « si vous vous laissiez aller, disait-il, à chose qui fût contre le bien de la couronne (2) et contre la réputation du roi, je ne voudrois point être né françois. »

Il en coûte de dire que les conseils dictés par un patriotisme si clairvoyant et une conviction si pénétrante ne furent point suivis. Le roi finit par se laisser ébranler, comme l'avait craint d'Ossat, par les sollicitations du Légat, et, pour complaire à Sa Sainteté (l'aveu est du roi), (3) il consentit au projet de traité que proposa son neveu.

(1) Id. IV, 52.
(2) Id. IV, 110.
(3) Lettres de d'Ossat, V, 29.

Ce traité comportait en première ligne la renonciation au Marquisat qui restait acquis au duc de Savoie avec quelques places environnantes (1) Le roi de France recevait en échange la Bresse, le Bugey, le Valromey, le bailliage de Gex et Château-Dauphin.

Ce n'était pas là le traité que rêvait d'Ossat. Sans doute, « à ne considérer que l'étendue des territoires cédés de part et d'autre, leur population et leurs ressources, la France paraissait retirer de grands avantages de cet échange. En la place d'un petit pays de 25,000 âmes, enclavé dans le Piémont et séparé du Dauphiné par les Alpes, elle acquérait une contrée riche et fertile, surnommée avec raison le grenier de la Savoie et qui produisait plus de deux cent mille écus de revenus. La Bresse, le Bugey, le val Romey assuraient en outre à leur nouveau maître la libre navigation du Rhône presque jusqu'à sa sortie du lac Léman, tandis que la citadelle de Bourg, défendant la vallée de l'Ain, allait fortifier la frontière du royaume du côté de la Franche-Comté. La Savoie, en revanche, tenue en bride par le fort Barreaux dans la haute vallée de l'Isère, restait sans défense contre les invasions françaises depuis la démolition du fort Sainte-Catherine. » (2)

C'étaient là des avantages matériels indiscutables, mais considérer les choses à ce point de vue c'était justifier le mot de Lesdiguières : « Le duc a agi en prince et le Roi en marchand. » Le cardinal d'Ossat s'était placé à un point de vue plus élevé, et ce point de vue, nous semble-t-il, était le bon. Comme il le disait avant le traité, « un peu de revenu de plus, surtout en un grand roi, ne fait pas la réputation, mais la réputation acquiert les revenus et les États, les conserve et les maintient. » (3) Or c'était la réputation même d'Henri IV qui était gravement compro-

---

(1) Centat, Roque-Sparvière, Mont et le passage par le pont de Grésin.
(2) Rott, *op. c.* p. 98.
(3) Lettres de d'Ossat, IV, 165.

mise au-delà des Alpes par le traité de Lyon. Les États libres de la Péninsule ne s'étaient pas bornés à faire des vœux pour le triomphe de Henri IV, ils y avaient contribué de leurs deniers. Dans l'antipathie sourde qu'ils nourrissaient contre les Espagnols, leurs maîtres odieux ou leurs voisins menaçants, les Italiens plaçaient leur espoir suprême dans l'aide de la France. Le Marquisat de Saluces resté en son pouvoir lui permettait de tenir toujours un pied en Italie. Placées là comme dans une citadelle avancée, ses troupes rassuraient les peuples libres contre les convoitises espagnoles. Le traité de Lyon venait brutalement déclarer à ces peuples qu'ils n'eussent plus à mettre en nous leur espoir. La désillusion fut cruelle. Il était établi désormais qu'aux yeux de Henri IV les sympathies et les services étaient comptés pour peu de chose dès qu'il s'agissait d'acquérir quelques arpents de terre ou quelques écus de plus.

Des historiens, nous le savons, ont voulu justifier de tous points le traité de Lyon et condamner par le fait les regrets de d'Ossat. En renonçant au dernier débris de nos possessions d'au-delà des Alpes, Henri IV se ménageait toute facilité d'intervenir en Italie, sans exciter la méfiance de ses alliés. (1) Il serait désormais évident aux yeux de tous que son intervention était pleinement désintéressée. Malheureusement on peut se demander si cette intervention serait désormais possible. Il est sûr du moins qu'elle devenait bien difficile, et il n'est pas prouvé que le prétendu désintéressement de Henri IV dût lui assurer des avantages capables de compenser les inconvénients qui en résultaient.

Il en est qui ont pris plus nettement parti pour Henri IV contre d'Ossat. « Le roi, dit-on, pensait qu'une fois les Français hors de l'Italie et manifestant clairement qu'ils renonçaient à toute idée de conquête dans la Péninsule, les ducs de Savoie deviendraient pour eux d'utiles et

(1) Robiou. *La politique d'Henri IV en Italie. Revue des Quest. Hist.* T. XXI, p. 1-34.

fidèles alliés. » (1) Pour l'honneur de Henri IV, nous lui supposons plus de perspicacité. Pouvait-il encore, à l'époque du traité de Lyon, se fier à un prince dont il avait tant de fois éprouvé la fourberie et la mauvaise foi ? Quel fonds eût-il pu faire sur la constance d'un allié dont la versatilité était légendaire ? La reconnaissance n'a jamais été, nous le savons, la vertu de la maison de Savoie. Les sympathies des politiques de Charles-Emmanuel vont toujours du côté où se trouvent leurs plus grands intérêts. Pour l'amener à l'alliance que projetait Henri IV, il ne suffisait pas de lui abandonner le Marquisat, il eût fallu lui laisser encore la Bresse et le Bugey ; et à ce prix eût-on pu s'assurer encore de sa fidélité ? Philippe III, son beau-frère, faisait miroiter à ses yeux la succession des archiducs aux Pays-Bas, la main d'une Infante pour son fils et, peut-être, le trône d'Espagne pour le cas où il viendrait à mourir sans postérité ? A moins de lui céder son trône, Henri IV eût-il jamais pu payer d'un tel prix l'alliance de Charles-Emmanuel ? Si, au début, il avait pu se bercer de l'espoir de rallier le duc de Savoie à sa politique, il n'aurait pas tardé à être cruellement déçu. La nouvelle des démarches faites auprès de Philippe III, la découverte de la conspiration de Biron lui enlevèrent toute volonté « d'entrer en aucun traité avec le duc de Savoie. » (2)

Il dut s'avouer dès lors que le cardinal d'Ossat avait été mieux inspiré, lorsqu'il conseillait de garder à tout prix le Marquisat. Que n'eût-il pas dit, s'il avait eu connaissance des dépêches où les ambassadeurs espagnols déclaraient à leur roi que la tranquillité de ses Etats dépendait de l'expulsion des Français du Marquisat et qu'en s'opposant à la restitution de Saluces, il enlèverait aux princes

---

(1) A. Duméril. *Annales de la Faculté de Bordeaux*. Année 1882, p. 166.

(2) Lettres de Henri IV à Fresne-Canaye, 11 novembre 1603. *Lettres et Ambassades* de Fresne-Canaye, II, 59.

indépendants, la possibilité de s'adresser au roi et d'en recevoir des secours tout à leur aise ? (1)

A défaut de ses avertissements si propres à justifier les conseils de d'Ossat, Henri IV put entendre du moins les propos gouailleurs des soldats Savoyards, dont l'Estoile nous a conservé quelques échos dans ses *Mémoires*. « Vous ne croiriez pas combien les Savoyards méprisent maintenant la France, combien ils louent la prudence du duc et du Légat, qui, *cunctando*, disent-ils, *restituit rem* et en un instant renvoient les Français chez eux. Brief l'air de Savoie retentit de risées contre la France. » (2) Ce n'était donc pas seulement la politique française, c'était bien, comme l'avait insinué d'Ossat, la réputation du roi qui était atteinte par le traité de Lyon.

D'Ossat accueillit sans enthousiasme une paix qui répondait si peu à ses désirs. Mais la parole du roi était engagée ; il s'abstint de toute récrimination inutile. Il se contenta de dire à Villeroy qu'il ne manquerait pas de la louer comme utile et avantageuse, le jour où il serait bien constaté qu'elle était durable. Il se déclarait seulement impuissant à la mettre en bonne réputation en Italie. « Encore, ajoutait-il mélancoliquement, y auroit-il bien de la peine à la faire passer pour utile envers ceux qui tiennent qu'à un grand état et à tout grand prince, l'utilité qui n'est accompagnée de réputation, n'est pas même utile. » (1)

Cette expression étouffée de ses regrets laisse assez deviner ce que dut souffrir chez lui l'amour-propre du patriote. On ne peut que partager ce sentiment. La mise

---

(2) Mas, senor, la total importancia (de la restitution de Salucio) es que los principes de Italia no tengan puerta abierta y a la mano por donde puedan entrar las ayudas que pidieran al rey de Francia, » Dépêche de Inigo Mendoza à Philippe III, V. 1601, citée par Rott, *op. cit.* p. 103.

(3) L'Est. VII, 262.

(1) Lettres de d'Ossat, IV, 256.

en pratique de ses conseils eût évité à notre pays ce qu'un diplomate étranger a pu appeler « une des grandes erreurs commises par la politique française au commencement du XVII° siècle. » (1)

(1) Rott, *op. cit*, p. 98.

CHAPITRE II. — D'Ossat aide Henri IV dans ses efforts pour améliorer la situation intérieure de la France.

I. — *Triste état de la France après la Ligue.* — *Tâche qui s'imposait à Henri IV.* — *Concours que lui prête d'Ossat.*
II. — *Pacification religieuse : Edits en faveur des protestants.* — *Mécontentement du Pape.* — *Plaidoyer de d'Ossat en faveur des mesures de tolérance.* — *Edit de Nantes.* — *Violente irritation du Pape.* — *D'Ossat parvient à le calmer.*
III. — *Réforme du clergé.* — *Publication du concile de Trente.* — *Obstacles qu'elle rencontre en France.* — *D'Ossat la sollicite en France, et fait prendre patience au Pape.* — *Le roi s'y résout et consulte d'Ossat.* — *Le Parlement fait échouer les bonnes intentions du roi.* — *D'Ossat aide Henri IV à pacifier la chaire.*
IV. — *Clergé régulier.* — *Sympathies de d'Ossat pour les religieux réformés.* — *Les Jésuites.* — *Plaidoyers de d'Ossat en leur faveur.*
V. — *Marine d'État à créer.* — *Instances et conseils de d'Ossat.*
VI. — *Annulation du mariage de Marguerite de Valois et de Henri IV.* — *Grande part de d'Ossat dans cette affaire.*
VII. — *Le roi lui donne l'abbaye de Nant et le nomme à l'évêché de de Bayeux.*
VIII. — *Budget du cardinal d'Ossat.* — *Représentations au roi sur le misérable état du peuple.* — *Colère de Sully.* — *Sa vengeance contre d'Ossat.*

Vaille que vaille, le traité de Lyon assurait définitivement la paix à la France. Cette paix allait permettre à Henri IV de consacrer toute son activité au relèvement de son royaume. C'était là un des vœux les plus ardents de d'Ossat : « Votre Majesté, écrivait-il au roi, pourra vivre désormais en plus grande sûreté et repos et soulager son pauvre peuple et tous les Etats de son royaume, qui sont fort chargés à l'occasion des guerres passées tant civiles qu'étrangères, et vaquer à redresser la Religion, la Justice, la Police, la Discipline militaire, les finances et autres choses, qui en ont besoin et achever de purger les mauvaises humeurs qui sont restées de la contagion et corruption des années passées, et assurer le repos de la France et l'autorité royale, non-seulement pour son temps, mais aussi pour sa postérité, comme étant les principaux fruits qui se doivent attendre et se peuvent recueillir de cette paix. » (1)

Cette longue énumération des maux à guérir traçait au roi tout un programme de réformes nécessaires. Après avoir disputé les derniers lambeaux de son royaume aux Espagnols, aux Ligueurs, aux Florentins et aux Savoyards, il était urgent de l'arracher à son misérable état. Depuis plus de trente ans, les guerres civiles et religieuses avaient déchaîné sur notre malheureux pays tous les fléaux qu'on peut imaginer. Plus de trois millions d'hommes avaient trouvé la mort dans ces luttes sanglantes. Il y avait telle province, la Picardie par exemple, où l'on ne rencontrait, disait un contemporain, que veuves et orphelins. Neuf villes, deux cent cinquante villages, et cent vingt-huit mille maisons avaient été détruits. (2) « Autour de Paris même, disait L'Estoile, on n'oïoit parler d'autre chose, tous les jours, que d'hommes, femmes et enfants mangés par les loups, arrachant les enfants du sein de leur mère et les allant quérir souvent jusque dans leurs foyers. » (3) Que devait-il en être dans les autres provinces moins défendues contre les fléaux de la nature ou contre les violences et les cupidités d'une

---
(1) Lettres de d'Ossat, IV, 254.
(2) Poirson, *Histoire du règne d'Henri IV*. Préface p. xi. Ed. 1856.
(3) L'Estoile, VII, 125.

soldatesque sans scrupules et sans discipline ? L'excès des souffrances consternait tous les voyageurs. En suivant les routes défoncées, ils n'apercevaient que maisons en ruine et villages brûlés. « De la frontière à Paris, écrivent des Espagnols, toute communication entre les villes a cessé depuis longtemps; les bourgeois ne font plus de trafic, ne touchent plus de fermage, ne se procurent plus de vivres; ils sont misérables et découragés. » (1) L'agriculture avait péri dans plus du tiers des campagnes.

La tâche qui s'imposait à Henri IV était immense, et pour en venir à bout, ce n'était pas trop du concours de tous les ministres habiles et dévoués dont il sut s'entourer. Il n'est que juste de ranger d'Ossat au nombre de ces précieux auxiliaires ; toutes les fois qu'il eut l'occasion d'unir ses efforts à ceux de Henri IV, il la saisit avec empressement. Parmi les mesures que le roi devait prendre pour porter remède à la situation, il en était qui requéraient le concours du Pape, et d'autres qui risquaient fort, en revanche, de soulever son opposition. L'œuvre de d'Ossat fut d'obtenir que le bon succès des unes n'eût pas à souffrir du mécontentement provoqué par les autres.

Le premier moyen de guérir les maux dont souffrait la France, c'était assurément d'en détruire la cause, à savoir les dissensions religieuses. De là étaient venues les guerres de religion et plus tard la Ligue, qui avait amené les Espagnols. Maintenant la Ligue était éteinte et les Espagnols expulsés; il fallait songer à prévenir à jamais le retour des guerres religieuses. Pour y parvenir Henri IV n'avait le choix qu'entre trois moyens ; il fallait convertir les Protestants, les détruire, ou les tolérer. De ces trois moyens, le premier, l'expérience l'avait démontré, était impraticable ; le second, tenté par les derniers Valois, n'avait pas réussi ; il ne restait qu'à tolérer ce qu'on ne pouvait ni changer, ni détruire. Tel était bien l'avis de Henri IV. A défaut de toute autre raison, la reconnais-

(1) **Lettres de Tassis et Moreo**, à Philippe II, 30 déc. 1589. Ms Arch. N. 1569, cité par Forneron, *Hist. de Philippe II*. T. IV, p. 201.

sance pour les services rendus et l'intérêt de la France, lui en faisaient une nécessité. Mais la chose n'était pas alors, il s'en faut, aussi facile qu'il nous semble aujourd'hui. La tolérance doctrinale n'était admise par personne comme un principe indiscutable ; protestants et catholiques la réprouvaient également ; en fait, elle n'existait nulle part. En Angleterre comme en Espagne, la croyance dominante voulait être exclusive ; maîtresse, elle devenait persécutrice ; il n'y avait, semble-t-il, que deux attitudes possibles pour des croyants de deux confessions en présence ; ils ne cessaient d'être opprimés que pour devenir oppresseurs. On n'eût jamais fait pénétrer dans la masse des esprits de ce temps l'idée moderne de l'Etat neutre étendant à tous les cultes le bénéfice d'une égale protection.

Outre ces difficultés générales, Henri IV, dans ses efforts pour amener les deux religions à vivre en paix, devait se heurter à des difficultés toutes spéciales. Les Protestants se croyaient le droit d'être plus exigeants avec leur ancien coreligionnaire, et les Catholiques étaient assez portés à prendre ombrage des concessions faites par un prince d'une orthodoxie de fraîche date. Rome (est-il besoin de le dire ?) partageait toutes les préventions des catholiques. Pour elle, la destruction de l'hérésie restait toujours la grande affaire et le principal objectif de sa politique ; elle y poussait de tout l'effort de son influence les princes catholiques, et ces princes avaient à compter avec Rome. « Car, faisait remarquer d'Ossat (1), la cour de Rome peut faire beaucoup de bien au Roi, mais elle lui peut faire encore beaucoup plus de mal. Nous l'avons trop expérimenté sur la fin du règne du feu Roi et ès premiers six ans du Roi d'à présent. Le Roi d'Espagne, avec toute sa puissance et employant toutes ses forces tant par mer que par terre, ne vous peut nuire comme fait cette cour en son séant. » Henri IV ne le savait que trop. Aussi était-il

(1) Lettres de d'Ossat. III, 23.

bien aise, à chaque concession qu'il faisait aux Protestants, d'avoir à Rome un représentant qui sût calmer les susceptibilités du Pape ; c'était là le rôle de d'Ossat. Son caractère modéré plus encore même que sa situation à Rome le rendait éminemment propre à ce ministère de conciliation. Fermement attaché à la religion catholique, il avait su cependant se tenir en garde contre cette orthodoxie farouche qui avait précipité quelques membres du clergé français dans les pires excès de la Ligue. La régularité de sa vie, ses pratiques religieuses, ses habitudes de piété (1) défendaient d'ailleurs la pureté de sa foi contre tous les soupçons.

Rome commença de bonne heure ses réclamations contre les concessions faites aux Protestants. Dès les premières négociations de l'absolution, elle prétendit exiger du Roi la révocation de tous les édits portés en faveur des hérétiques ; (2) c'était, avant de terminer la guerre entre catholiques, vouloir en rouvrir une nouvelle entre catholiques et protestants. D'Ossat s'y refusa ; le Saint-Siège céda ou plutôt ajourna ses réclamations ; il les reproduisit avec ténacité à la veille de l'absolution. Le Pape voulait, nous l'avons vu, que le roi s'engageât à révoquer immédiatement l'Edit de 1577, (3) à ne donner aucun office aux hérétiques, à faire en sorte après la paix qu'il n'y eût en France qu'une seule religion. Il fallut rabattre beaucoup de ces exigences devant la résistance de du Perron et d'Ossat.

Mais bientôt, quand ils le virent entièrement maître de la France, les Protestants eux-mêmes ne se contentèrent pas des demi-faveurs obtenues jusqu'alors du roi. Leurs vœux collectifs dans les assemblées synodales, leurs réclamations, leurs menaces lui arrachèrent successivement diverses concessions plus ou moins importantes. A

(1) *Oratio in funere Ossati*.
(2) Lettre de d'Ossat, I, 338, 344, 396, 399, 402, 404.
(3) L'Edit de 1577 laissait aux protestants la liberté de conscience, la liberté du culte dans un village de chaque sénéchaussée, des chambres mi-parties dans les parlements du Midi, l'admissibilité aux charges, etc.

chaque fois ce fut à Rome une explosion de plaintes et de mécontentements que d'Ossat dut s'efforcer de calmer le mieux qu'il put.

Une des scènes les plus caractéristiques en ce genre fut celle qui suivit l'enregistrement de l'Edit de 1577, par le Parlement de Rouen en 1596. D'Ossat étant venu à l'audience, le Pape lui demanda à tout hasard s'il avait été fait quelque chose en faveur des Protestants. « Tant que s'étoit tenue cette assemblée (celle du synode de Loudun), il avoit été, disait-il, en continuelle peur qu'on n'accordât quelque chose en faveur des hérétiques. » (1) Force fut à d'Ossat ainsi interpellé, de répondre ce qu'il savait. Le Pape aussitôt changea de couleur et de contenance, il aurait voulu, dit-il, « que le Roi n'eût point fait cela, quand ce ne seroit que pour le respect de Sa Majesté même qui en seroit blâmée. » (2)

D'Ossat avait prévu le coup et préparé ses réponses. Aussi ne manqua-t-il rien à son habile plaidoyer. Le Roi, assura-t-il d'abord au Pape, partageait son désir de voir tous ses sujets réunis à l'Eglise, et il userait de tout son pouvoir pour amener cette unité de foi. Mais pour y réussir, il fallait la paix au dedans, et il était impossible de l'obtenir sans cet Edit. Cet Edit lui-même n'était pas l'œuvre du Roi régnant, mais de Henri III ; ce prince l'avait accordé après avoir bien constaté que les guerres contre les Hérétiques étaient plus nuisibles qu'utiles à la religion catholique ; il avait été contraint de le donner alors que toute la France reconnaissait son autorité, alors qu'il était en paix avec tous les princes étrangers ; or, en ce moment, (3) l'autorité de Henri IV était encore contestée par un grand nombre de catholiques, et il était en lutte avec de puissants ennemis étrangers. Néanmoins il avait pu contenter les Protestants avec celui des Edits de Pacification qui leur

(1) Lettres de d'Ossat, II, 426.
(2) Id. II, 427.
(3) On était en mars 1597. Id. 420 et s.

était le moins favorable. D'ailleurs la nécessité n'avait pas de loi, « Jésus-Christ, dans son Evangile, n'enseignoit-il pas à tolérer l'ivraie dans notre champ, quand il y avoit danger d'arracher et de gâter ensemble le bon blé ? » Les autres princes les plus catholiques n'en usaient pas autrement que le roi de France, on ne leur en faisait nul reproche. « Le duc de Savoie, tout grand zélateur qu'il se fait de la religion catholique, toléroit les hérétiques en trois vallées d'Italie. Charles-Quint avoit fait l'*Interim* que chacun sait, et son fils, Philippe II, qui est tenu pour archicatholique et qui soutient l'Eglise et la religion catholique, tout ainsi qu'Atlas le ciel, toléroit encore en son royaume les Morisques avec leur Mahométisme, et faisoit offrir aux hérétiques des Pays-Bas le libre exercice de leur religion s'ils vouloient le reconnoître et lui obéir au reste. » (1)

D'Ossat montrait en même temps les Huguenots prêts à susciter une nouvelle guerre civile, excités d'ailleurs par les artifices des Espagnols, et sûrs d'être soutenus par leurs coreligionnaires anglais et allemands. Pour leur enlever toute idée de rebellion, il avait donc été nécessaire de leur accorder l'extension de l'Edit à la Normandie.

Ce long plaidoyer épuisait la question. Comment le réfuter ? Le Pape ne le voyait guère ; il se contenta de répondre qu'il verrait ce qu'en écrirait le Légat. Du même coup, d'Ossat préparait la voie à des mesures plus larges dont le roi lui avait déjà fait entrevoir l'éventualité. « Le parti de ceux de la religion, lui écrivait Henri IV à la date du 7 mars 1597, est en mon royaume aussi puissant que jamais, tant pour les villes et places qu'ils occupent en toutes provinces d'icelui qui sont en grand nombre et des mieux fortifiées que par l'appui et support qu'ils tirent de mes voisins. » Il prévoyait donc le cas où il serait contraint d'accorder aux Huguenots « plus qu'en l'édit de

(1) Lettres de d'Ossat, II, 433 et s.

1577 », et il priait d'Ossat « de persuader Sa Sainteté de croire qu'il ne le feroit que pour éviter un plus grand mal et pour favoriser et fortifier la religion catholique. » (1)

Par ses dernières réponses au Pape, d'Ossat avait déjà beaucoup fait pour servir les desseins du roi ; il dut se convaincre, cependant, à la nouvelle de l'Edit de Nantes, qu'il restait beaucoup à faire pour amener le Pape à une tolérance toute relative.

Nous n'avons pas à exposer ici tous les articles de cet Edit ni à faire son histoire ; rappelons seulement que, par ses principales dispositions, il assurait partout aux protestants l'entière liberté de conscience, l'entière liberté du culte dans deux villages par bailliage, dans les châteaux de 3,500 seigneurs hauts justiciers, et enfin dans toutes les localités où le Calvinisme s'était introduit jusqu'au mois d'août 1597. En même temps, les Protestants étaient reconnus admissibles au même titre que les catholiques à toutes les charges et dignités du royaume.

C'était beaucoup plus qu'il n'en fallait pour mécontenter le Pape. A peine le bruit se fut-il répandu à Rome qu'il avait été publié un édit assez favorable aux Protestants, qu'il fit mander les cardinaux d'Ossat et Joyeuse « pour leur communiquer, dit-il, une grande affliction qu'il avoit. » Il leur déclara de prime abord qu'il était « le plus marri et désolé homme du monde pour l'Edit que le Roi avoit fait en faveur des hérétiques, au préjudice de la Religion. » (2)

Et aussitôt, les reproches, les récriminations, les plaintes, les menaces s'échappèrent de sa bouche irritée en des termes d'une violence telle, que d'Ossat s'excusait de les rapporter. « Cet Edit, le plus mauvais qui se pouvoit imaginer, permettoit liberté de conscience à tout chacun, qui étoit la pire chose du monde. Grâce à lui, les hérétiques alloient envahir les charges et les Parlements pour

(1) Lettre de Henri IV à d'Ossat. *Edit Galitzin,* p. 228.
(2) Lettres de d'Ossat, III, 316 et s.

promouvoir et avancer l'hérésie et s'opposer désormais à tout ce qui pourroit tourner au bien de la Religion. » Cet Edit, le roi l'avait donné spontanément et en pleine paix, alors qu'il avait fallu arracher au roi ses prédécesseurs des édits moins nuisibles ; il avait forcé le clergé et le Parlement à l'accepter, et quand il s'agissait de publier le concile de Trente, il ne faisait rien pour triompher de la résistance du Parlement « ces choses lui mettoient le cerveau à parti ; il avait absous le roi contre l'avis des plus grands et des plus puissants Princes chrétiens, qui alors lui prédisaient qu'il s'y trouverait trompé ; maintenant la reconnaissance et consolation, qu'il en recevoit, étoient telles qu'il seroit la fable du monde et que chacun se moqueroit de lui. Cet Edit étoit une grande plaie à sa réputation et renommée et lui sembloit qu'il avoit reçu une balaffre en son visage. Et sur ce propos, continue d'Ossat, il se laissa transporter si avant, qu'il ajouta que comme il avoit franchi le fossé pour venir à l'absolution, aussi ne se feindroit-il point de le franchir une autre fois, s'il falloit retourner à faire acte contraire... Il ne pouvoit donc, disait d'Ossat au roi, laisser passer ceci sans en faire quelque ressentiment vers Votre Majesté, mais avant que passer outre, il nous avoit voulu ouir ; qu'il entendroit volontiers si nous avions à lui dire quelque chose là-dessus, qu'il se trouvoit fort perplexe et demeuroit fort exulcéré et nous demandoit conseil et aide. » (1)

Que pouvaient les conseils de la modération et de la sagesse dans un tel état d'exaspération et d'emportement ? Les deux cardinaux s'y firent à qui mieux mieux. « Ils répondirent, dit d'Ossat, tantôt l'un, tantôt l'autre, ce qu'ils estimèrent être à la décharge et à la consolation de Sa Sainteté. » Ils étaient, dirent-ils, extrêmement marris de voir (2) Sa Sainteté en une telle angoisse et indignation et en avoient grande compassion. Ils louèrent le Pape de

(1) Lettres de d'Ossat. III, 321.
(2) Ibid et s.

son zèle pour la religion et avouèrent « que de tels Edits, à les considérer en eux-mêmes et sans regarder au temps et à la nécessité qui les avoient extorqués, étoient choses très mauvaises. » Mais cet Edit n'était pas aussi nouveau que le croyait le Pape; ce n'était autre chose que l'édit de 1577, fait par Henri III, prince très catholique. Sa Sainteté s'en exagérait d'ailleurs la portée et la conséquence. La religion catholique elle-même y trouverait son avantage. Enfin il ne fallait pas imputer cet Edit à quelque mauvaise inclination du Roi, mais à la nécessité qui avait contraint les rois ses prédécesseurs, comme elle contraignait encore les Princes de la maison d'Autriche en leurs Etats, et les rois de Pologne et de Suède, les Suisses et le duc de Savoie, en quelques vallées, à tolérer chez eux les hérétiques. Ils suivirent ainsi pas à pas le Pape dans ses griefs et finirent en le « suppliant instamment de continuer à avoir une bonne opinion du roi, à lui vouloir du bien, à bien espérer de lui et à se fier à lui, et par ce moyen conserver et accroître la bonne volonté qu'il avoit de bien faire à la Religion catholique et au Saint-Siège. Faire autre ressentiment envers le roi, cela ne pourroit produire aucun bon effet, et s'il lui écrivoit sur cet Edit, il devoit le faire avec toute modération paternelle, et surtout se garder d'user de menaces qui ne peuvent jamais rien envers un cœur généreux comme étoit celui du roi. » (1)

« Ces réponses, continue d'Ossat, l'apaisèrent aucunement, mais pas tant qu'elles devoient et comme nous eussions désiré. » Pour pouvoir en comprendre toute la vérité et la justesse, le Pape aurait dû se trouver en face des ruines que les guerres religieuses avaient entassées dans notre royaume. Le légat qui était en France en convenait lui-même. « Sa Sainteté, disait-il (2) à Henri IV, en sera peinée, car elle ne comprendra pas les raisons alléguées par Votre Majesté. » S'il avait vu de ses

(1) Lettres de d'Ossat, III, 332.
(2) H. de Lépinois, *op. c.* p. 648.

yeux les Protestants répandus dans toute la France au nombre de douze cent mille et prêts à courir aux armes, il eût été aussi accommodant que son légat et peut-être se fût-il borné, comme lui, à demander qu'on ajournât la publication de l'Edit jusqu'à son départ. Mais le Pape en jugeait à Rome d'après des considérations abstraites et sous l'influence de ses sentiments personnels; de là tant d'irritation. L'important, pour Henri IV, c'était que cette irritation ne l'emportât pas, pour le moment, à quelque fâcheux excès ou ne laissât dans son âme une impression nuisible à ses intérêts. Les réponses de d'Ossat et de son collègue obtinrent du moins ce double résultat. Clément VIII se borna à faire parvenir au roi l'expression de ses plaintes. Nous verrons qu'il ne lui garda pas longtemps rancune. Le roi sut à qui il était redevable de ce bon résultat. Il remercia vivement le cardinal de Joyeuse et loua la réponse qu'il avait faite au Pape en son particulier comme il avait déjà loué, lui disait-il, « la réponse que vous et le cardinal d'Ossat lui avez faite ensemble. » (1)

Pour excuser son Edit, Henri affirmait au Pape qu'il assurait à la France une paix dont allait profiter la religion catholique elle-même. L'Eglise de France avait grand besoin qu'il en fût ainsi. D'Ossat pouvait déjà dire en 1590 que la Ligue, en voulant rétablir la religion en France, avait produit un effet tout contraire. Les cinq années de guerre qui suivirent n'avaient pas dû améliorer la situation. Le douloureux tableau, que d'Ossat traçait de cette situation dans ses *Mémoires* contre Gonzalès de Léon ou pour le duc de Nevers, n'avait donc rien perdu de son actualité ; la dépravation de l'Etat ecclésiastique s'étendait de jour en jour, la désolation et la ruine des églises et monastères vacants depuis longtemps ne faisait que s'accroître, le culte divin avait cessé dans tous les bourgs, villages et infinités d'autres lieux. (2) Trois ans

(1) *Lettres Missives*, IV, 113.
(2) Mémoire inédit de d'Ossat italien. B. N. fr., 3989, f° 108 et Mémoire cité contre Gonzalès de Léon.

après, le cardinal de Florence pouvait encore constater de ses yeux la trop réelle vérité de ce tableau ; ses lettres faisaient un triste écho aux plaintes de d'Ossat. « Sur cent quarante évêchés, écrivait-il au Pape, quarante-trois sont dépourvus de titulaires. Parmi les prélats, il n'y a pas beaucoup d'hommes soigneux ; ils sont très négligents pour les ordinations; de là viennent tant de prêtres ignorants, mendiants, sans titres... Les revenus de plusieurs évêchés vacants appartiennent à des soldats, à des femmes, à des princes, ce qui est abominable. Ce désordre est né pendant les troubles, et sous ce rapport, la Ligue a fait comme l'autre parti... Il y a des maux infinis, simonies, violences, faveurs injustes. Les évêques s'excusent en disant qu'ils n'ont pas d'autorité pour se faire obéir. C'est un monde qui se gouverne au hasard et on s'étonne de le voir durer. Cela ne peut aller ainsi très longtemps... tout s'assombrit. » (1)

Le roi avait donc beaucoup à faire pour répondre aux doléances du Pape, aux vœux du clergé, à l'espérance des catholiques. Une des premières mesures réclamées par Clément VIII comme gage de sa bonne volonté fut la publication du concile de Trente. Depuis près de quarante ans que le concile avait terminé ses travaux, les Papes n'avaient cessé de réclamer cette publication intégrale ; ils n'avaient pu l'obtenir. En France, on avait fait comme deux parts dans les décisions du concile. Celles qui concernaient purement la foi, obligatoires par elles-mêmes, avaient été acceptées par tous les catholiques. (2) L'Etat n'avait eu à intervenir ni dans leur promulgation ni dans leur exécution.

A côté de ces décisions dogmatiques, il s'en trouvait d'autres plus particulièrement disciplinaires. Quelques-

---

(1) Lettre du cardinal de Florence, légat en France, au Pape, citée par H. de Lép., *op. cit.* p. 654 et s.
(2) « Aux articles de notre foi, il n'y a point de difficulté qu'il ne le faille suivre en tout et partout comme un abrégé de tous les anciens conciles. » *Lettres de Pasquier*, livre XIII, lettre 3e.

unes d'entre elles portaient sur les relations de l'Église et de l'État, toutes ou à peu près tendaient à extirper de l'Église des abus invétérés et à donner satisfaction à ce besoin de réforme proclamé par tant de grandes âmes catholiques. Mais ces décisions disciplinaires ne pouvaient guère être mises en pratique sans l'assentiment des chefs d'États. En France, quelques-unes d'entre elles avaient été, il est vrai, introduites dans l'ordonnance de Blois (1579) et publiées comme émanant de l'initiative royale. Mais les Papes ne s'étaient jamais contentés de cette publication mutilée et déguisée ; ils ne cessaient de réclamer une publication franche et intégrale. On a pu compter que cette demande avait été présentée vingt-cinq fois (1) à nos rois par les Papes ou à leur instigation. Aux États de Blois (1588) notamment, le nonce Morosini y dépensa tous ses efforts. En dépit de ses sentiments catholiques bien connus, cette assemblée ne consentit à cette publication qu'aux prix de restrictions dont Sixte-Quint ne voulut pas.

Le concile de Trente se heurtait en France à des préventions qui dataient de loin. Au cours même de ces sessions, quelques-unes de ses décisions soulevèrent de solennelles protestations de la part de Henri II (2), de François II (3), de Charles IX. (4) Aussi fut-il répondu par un refus à la première proposition de publication qui fut faite au conseil du Roi : « Il me souvient, dit Brantôme, que quand Monsieur le cardinal de Lorraine vint du concile de Trente à Fontainebleau, il voulut fort exhorter le roy et la royne de le faire publier et cela fut fort débattu au conseil devant Leurs Majestés. Monsieur le Chancelier

---

(1) Halphen. *Lettres d'Henri IV à Sillery, Introd.* VII.

(2) Protestation de Jacques Amyot lue en plein concile le 1er septembre 1551.

(3) Protestation par lettre, 24 juin 1560.

(4) Protestation de Pibrac et du Ferrier. Vr *Hist. du Concile de Trente* par Pallaviccini, 3 vol. in-8· et *Hist. de la Réception du Concile de Trente*, 2 vol. in-12 1756.

(L'Hôpital), en prit fort et ferme la parole et s'y opposa du tout, alléguant qu'il étoit du tout contre les droits et privilèges de l'Eglise gallicane et qu'il n'estoit raison de les laisser perdre aucunement, ains les maintenir jusques à la dernière goutte de sang de tous les François. » (1)

L'opposition du conseil du roi, il faut le reconnaître, s'accordait assez avec les sentiments du clergé et plus encore avec ceux du Parlement. Le clergé français en général ne pardonnait pas au concile d'avoir soumis ses décrets à l'approbation du Pape ; c'était donner tort à l'opinion chère à l'École gallicane de la supériorité du Concile sur le Pape. Les évêques se plaignaient qu'on eût restreint leurs attributions au profit du Pape et les chanoines étaient mécontents que le pouvoir des évêques eût grandi aux dépens du leur. L'opposition de quelques ecclésiastiques était encore moins désintéressée, le concile avait interdit le cumul des bénéfices et combien de prélats en France profitaient de cet abus !

Le Parlement, outre ses vieilles rancunes contre Rome, reprochait au concile d'avoir étendu les juridictions ecclésiastiques au détriment des tribunaux royaux et d'avoir, sur une foule de points, porté atteinte aux libertés de l'Eglise gallicane. (2)

La coalition de toutes ces oppositions avait fait échouer jadis les efforts de Morosini. Elle devait survivre aux Etats de Blois. Aux Etats de la Ligue même, toute la pression des Espagnols et du Légat, fut longtemps impuissante à obtenir cette publication. Elle ne fut enlevée que par surprise dans une des dernières séances et après une vive protestation des membres du Parlement ligueur.

A l'occasion de l'absolution, Clément VIII reprit auprès

---

(1) *Vie du connétable de Montmorency*, Œuvres de Brantome, VII, p. 98.
(2) Sur les divers griefs du Parlement, contre le Concile de Trente, on peut voir *Hist. de l'Église gallicane* de Longueval et *les Etats généraux de la Ligue*, par Aug.-Bernard, p. 146 et notes d'Amelot dans Lettres de d'Ossat, III. 446.

de Henri IV, les instances de ses prédécesseurs. Le roi, nous l'avons vu, dut s'engager à faire publier et observer le concile « si ce n'est dans les choses qui ne se pourroient exécuter sans troubler la tranquillité du royaume, s'il s'en trouvoit de telles. » Le Pape ne manqua pas de rappeler bientôt au roi que même avec ces restrictions, la publication n'en restait pas moins obligatoire pour sa conscience. D'Ossat, en même temps qu'il excusait à Rome le retard du roi, joignait sa voix à celle du Pape, pour hâter en France l'heure de la publication. Dès qu'on eut échangé de part et d'autre les ratifications de la bulle, il se hâta de rappeler au roi que cette promesse était une de celles dont l'exécution était la plus urgente. (1) Il n'y avait pas là seulement une œuvre de piété, mais une mesure utile au roi et au Royaume, « une des plus propres à affliger les Espagnols et autres ennemis de Sa Majesté. » Rien ne pouvait autant lui assurer la bienveillance du Pape et du Saint-Siège et de tout l'ordre ecclésiastique. D'ailleurs « ceux qui prétendront que le concile préjudicie aux droits royaux et aux libertés de l'Eglise gallicane se trouveront bien empêchés, quand on les sommera de spécifier en quoi. Et quand ils rencontreroient en quelque chose, un *sauf* et modification remédieroit à cela. Quant aux Huguenots, cette publication ne leur touche en rien. » (1)

D'Ossat revenait encore à la charge au commencement de l'année suivante, pour obtenir au moins la publication, car comme le lui avait dit un cardinal « bien que le fruit du concile consistât principalement en son observation, pour le gré, louange et réputation du roi envers le Saint-Siège et envers les catholiques, la publication sans l'observation pourroit plus que l'observation, sans la publication. » (3) Il insista encore à plusieurs reprises, notamment à l'occasion de la publication de l'Edit de Nantes, il supplia le roi de donner satisfaction au Pape et aux catholiques.

(1) Lettres de d'Ossat, II, 277.
(2) Id. II, 279.
(3) Id. III, 398.

Une autre fois, il transmettait les plaintes mêmes du Pape « qui, disait-il, indépendamment des autres considétions, s'y affectionnoit encore davantage de jour en jour pour les désordres et abus extrêmes qu'il apprenoit être en l'Eglise gallicane par tant de prêtres françois qui viennent à Rome à l'occasion du Jubilé et se trouvent souillés et contaminés de tant d'irrégularités que le Pape en avoit non seulement compassion, mais une grande horreur en son âme. » (2)

Pour que d'Ossat se fît si complaisamment l'écho des instances du Pape, il fallait que l'intérêt de la France fût réellement en jeu. A la vue des maux qui y désolaient l'Eglise, il avait dû se convaincre, comme tant d'autres, que la publication du concile pourrait seule remédier à cette situation. Cette idée avait fini par s'imposer à tous les esprits droits, même les plus prévenus. Les évêques de France, d'abord peu favorables au concile, étaient devenus les plus ardents à en demander la publication. A peine le Roi avait-il été absous à Rome, que l'évêque de Noyon lui présentait cette demande au nom de l'assemblée du clergé (novembre et décembre 1595). L'année suivante, un des prélats les plus modérés du royaume et des plus connus par son attachement à la cause royale, Charles d'Angennes, évêque du Mans, se faisait par deux fois l'interprète du même désir. (3)

Le roi n'était pas personnellement hostile à cette publication. Quand, à l'occasion de la promulgation de l'Edit de Nantes, le Pape se plaignit que le Roi n'eût pas aussi bien fait intervenir son autorité pour contraindre le Parlement à cette publication, Henri IV songea sérieusement à lui donner satisfaction. Il avait promis cette publication, il entendait tenir sa promesse. Mais il y fallait des ménagements, et comme il l'écrivait à Sillery, alors ambassadeur à Rome, il ne voulait pas engager

(1) **Lettres de d'Ossat**, III, 446.
(2) Id. III, 343.
(3) **Halphen**, *op. c. Introd.* VII.

imprudemment son nom dans cette affaire. (1) Il voulut commencer par y disposer le Parlement. Il se mit à l'œuvre, mais il rencontra vite plus d'obstacles qu'il ne pensait. « Toutefois j'espère, écrivait-il à Sillery, les surmonter avec l'aide de Dieu, tant je désire contenter Sa Sainteté... Mais vous ne sauriez croire combien les officiers de mon parlement de Paris se montrent revesches et contraires à la réception et publication du concile encore que je leur aie déclaré de ma bouche ma volonté et que je la leur aie fait représenter encore plus ponctuellement par Monsieur le Chancelier. » (2) En même temps, il envoyait à Rome un double de la déclaration qu'il comptait adresser au Parlement. Il voulait, comme il le déclare, avoir à son sujet l'avis de son ambassadeur et celui du cardinal d'Ossat, « tant je crains, ajoute-t-il, la rencontre des difficultés et obstacles qui s'y feront, comme je pense, par deçà et d'ailleurs que Sa Sainteté ne pregne en bonne part les retranchements portés par icelle, sans lesquels néanmoins je ne puis ordonner la proclamation dudit concile que je ne remette le feu aux quatre coins (3) et au milieu de mon royaume » L'avis de d'Ossat fut que la publication, même restreinte, serait agréée du Pape. Sans doute, une publication pure et simple lui aurait été plus agréable, mais les trois modifications introduites n'offenseraient point le Pape.

Ces trois modifications dont parle d'Ossat portaient sur les droits de la couronne, sur les libertés, franchises et immunités de l'Église gallicane, sur les Édits accordés en faveur des Protestants. D'Ossat les approuvait, car il n'y voyait rien qui fût de nature à restreindre sérieusement la portée des décrets conciliaires.

(1) Halphen. *Lettres d'Henri IV à Sillery*, p. 7.
(2) Id. à Sillery, p. 45.
(3) Id. Henri IV à Sillery, 60.
(4) Lettres de d'Ossat, IV, 13.

Le roi, heureux de cette approbation, (1) se déclara plus disposé que jamais à passer outre à toutes les résistances. Cette bonne disposition, dont la sincérité est incontestable, n'eut malheureusement pas d'autre effet. On se heurta encore une fois au mauvais vouloir du Parlement, dont le Président de Thou se fit l'organe au sein du conseil du roi. (2) Henri IV ajourna encore la publication. L'année suivante, à Lyon, il promettait au cardinal Aldobrandini de commander cette publication dès son retour à Paris; il n'en parla guère plus.

L'assemblée du clergé l'ayant supplié, en 1602, d'effectuer cette publication, il protesta encore de son intention sincère de donner contentement à Sa Sainteté; en attendant il engageait les ecclésiastiques à observer « pour la réformation des mœurs et de la discipline, les saints décrets et constitutions canoniques contenus audit concile et autres précédents. » (3)

Le Pape continua ses réclamations, d'Ossat ses bonnes promesses, mais l'histoire de ces instances sans issue, n'offre plus aucun intérêt. Henri IV ne devait jamais publier le concile de Trente. On ne peut que le regretter. Partout où il fut publié, ce concile produisit les plus heureux fruits de réforme. Nul doute qu'il n'en eût produit de semblables en France. L'initiative de quelques saints prêtres (4) qui travaillèrent à réformer le clergé dans le sens des décrets du concile donna naissance au merveilleux mouvement de rénovation religieuse qui marqua la seconde moitié du XVIIe siècle. Est-il téméraire de penser que ce mouvement, dont l'Eglise ne fut pas seule à bénéficier, eût été plus précoce, plus étendu et plus profond, si la reconnaissance officielle du concile était

---

(1) Henri IV à Sillery, p. 97.
(2) Th. *De Vita sua*, lib. VI, p. 153.
(3) *Mercure François*, troisième continuation p. 115.
(4) Saint Vincent-de-Paul, Bourdoise, M. Olier, le card. de Bérulle.

venue décupler ces efforts individuels ? Nous ne voyons pas, quant à nous, quels inconvénients sérieux cette publication pouvait présenter après les tempéraments que d'Ossat avait su faire accepter au Pape.

A défaut du concile, le roi tenait du moins du Concordat le droit et le devoir de mettre l'Eglise de France en meilleur état. Il y avait d'abord, nous l'avons vu, à pourvoir de titulaires une cinquantaine d'évêchés. Quelques-uns de ces sièges présentaient des difficultés particulières. Le roi, même avant son absolution, avait pourvu des évêchés, pour lesquels le Pape avait, après entente avec Mayenne, désigné d'autres titulaires. Il y avait là matière à des négociations toujours délicates et d'où pouvaient naître, en ce moment surtout, d'incessantes occasions de conflits. Outre ces difficultés d'un genre spécial, d'Ossat eut d'abord à faire agréer au Pape les nombreuses nominations que fit le roi pour combler tant de vides, et les nominations de Henri IV n'étaient pas toujours de nature à faciliter la besogne de son ministre. Certains choix étaient malheureux, pour ne rien dire de plus. Nous avons eu déjà occasion de parler du jeune comte de la Chapelle, promu au cardinalat par la faveur toute-puissante de sa cousine Gabrielle d'Estrées. Le roi ne s'en cachait même pas. « L'affection que je porte à ceux auxquels [il] appartient me fait désirer son avancement, comme j'ai voulu dire au légat de Sa Sainteté en la dernière audience que je lui ai donnée. » (1) On peut rapprocher de cette nomination celle de Louis de Lorraine, un frère cadet du duc de Guise, que Henri IV voulut faire nommer, à treize ans, coadjuteur de l'archevêque de Reims. (2) Encore cette nomination ne put-elle aboutir. Mais que dire de celle de Charles de Bourbon, fils naturel d'Antoine de Bourbon, le digne camarade du facétieux Roquelaure ? D'Ossat eut à demander et obtint pour ce personnage l'ar-

(1) Henri IV à Luxembourg, *Edit. Galitzin*, p. 215.
(2) Lettres de d'Ossat, II, 443.

chevêché de Rouen et, à défaut de la dignité, les insignes du cardinalat? (1) Que dire de Benoît, le curé de Saint-Eustache, pour lequel d'Ossat eut à solliciter, près de dix ans, l'évêché de Troyes ? (2) Ce docteur de Sorbonne, dont Henri IV voulait faire un évêque, avait longtemps oscillé entre le catholicisme et le protestantisme. Il est vrai que le roi était alors protestant, et cette sympathie pour le protestantisme pouvait être un mérite à ses yeux. Rome, heureusement, ne l'entendait pas ainsi, et Benoît mourut sans avoir été jamais préconisé.

Un autre (3) prélat pour lequel d'Ossat n'eut pas moins d'affaires, fut Regnaud de Beaune, l'archevêque de Bourges. Henri, protestant ou catholique, n'avait jamais eu de serviteur plus ardent dans le clergé français. Cet archevêque fut, on peut le dire, l'âme de toutes les mesures prises par les évêques de France contre la cour de Rome. Il fut un des premiers à signer la protestation de Mantes et à revendiquer pour les évêques de France le droit d'absoudre le Roi sans recourir à Rome ; il procéda lui-même à cette absolution, et, quand il fut question de créer en France un patriarche, l'archevêque de Bourges fut généralement désigné pour cet honneur. Si tous ces titres acquéraient des droits à la faveur du roi, ils n'en donnaient guère aux sympathies de Rome ; la vie de cet archevêque, qui faisait sept repas par jour d'au moins une heure chacun, était d'ailleurs peu propre à détruire les préventions du Pape.

Henri IV voulut cependant transférer cet archevêque de Bourges à Sens. D'Ossat commença, dès 1596, à poursuivre cette translation. Il se heurta tout d'abord à un refus ; il ne cessa de présenter raisons sur raisons, mémoires sur mémoires. Il insista auprès du Pape, auprès du cardinal neveu, Dieu sait avec quelle habileté et quelle éloquence,

(1) Id. III, 300, 399.
(2) Id. III, 429, V. 119-161.
(3) Id. II, 267, III, 241, 287, V. 100.

rien n'y fit ! La répulsion du Pape pour cette nomination était même dépassée par celle de son entourage. Clément VIII, à moitié gagné à la promotion de Beaune, n'osait pas la proposer en consistoire, car s'il le faisait, disait-il à d'Ossat, il y recevrait « un escorne (1) étant bien averti qu'il y avoit des cardinaux qui vouloient s'y opposer vivement. » Le cardinal Aldobrandini, qui n'eût pas été fâché de servir le roi en si petite affaire, devait l'avertir qu'une grande partie du Sacré Collège était contraire à cette nomination : « il n'étoit même pas bon pour M. de Bourges que cette affaire se proposât en consistoire. » D'Ossat n'en persista pas moins dans ses sollicitations ; il y allait à ses yeux du droit de nomination lui-même. Si le fait d'avoir été partisan du roi constituait un motif d'indignité, le roi en serait réduit à ne plus pouvoir récompenser les services rendus à sa personne et à sa cause. (2) Il continua donc de plaider tant et si bien la cause de Renaud de Beaune, qu'après six ans d'instances, de refus et d'enquêtes, la translation demandée fut enfin obtenue. Le 29 avril 1602, d'Ossat pouvait annoncer à Villeroy que sa persévérance avait eu plein succès. M. de Bourges était transféré à Sens. (3)

Des succès de ce genre pouvaient faire honneur à l'habileté de d'Ossat ; malheureusement ils confirmaient la réputation qu'on faisait au Roi, à Rome et en Italie, d'être assez peu scrupuleux en matière de nominations ecclésiastiques. L'ambassadeur de Venise à Rome constatait dans sa relation (4) que le roi aurait dû, dans l'intérêt de sa politique, faire de meilleurs choix, et le grand-duc de Florence (5) faisait avertir Henri IV par d'Ossat « que le fait des bénéfices tant grands que petits et moyens

---

(1) Lettres de d'Ossat, III, 287.
(2) Id. II, 357
(3) Id. V, 101.
(4) Dolfino. *Relaz. op. c.*, p, 469.
(5) Lettres de d'Ossat, III, 149.

allant fort mal en France, la cour de Rome et le clergé de France.. désiroient y voir quelque réformation, à laquelle le roi ne pourroit rien perdre, ains y gagneroit beaucoup. » On conçoit dès lors que Clément VIII eut quelque occasion de se plaindre « que nos rois usoient mal de la faculté de nommer aux évêchés. » (1) D'Ossat était obligé d'en convenir dans une lettre au roi ; il osait même lui dire que le Pape, justement indigné, « pourroit à ce sujet lui dire à lui et à M. de Béthune (alors ambassadeur à Rome) plusieurs choses qui les feroient rougir de honte. » (2)

Il ne s'en tint pas toujours à ces avertissements déguisés ou à ces protestations générales. Une fois entre autres, vers la fin de sa vie, chargé de demander un bénéfice pour un sujet notoirement indigne, il donna libre cours aux scrupules de sa conscience. Une abbaye de Toul venait de vaquer. Le roi n'avait pas encore obtenu l'Indult qui devait lui conférer le droit de nomination aux bénéfices des Trois-Evêchés. Le Pape donna l'abbaye à un Lorrain, Perrin des Perrins, qui depuis longtemps remplissait à Rome les fonctions de sous-dataire. Henri IV, sur ces entrefaites, nomma à cette abbaye un religieux bénédictin. Ce choix était doublement malheureux. D'abord, pour parler net, le roi n'avait pas le droit de nomination, ensuite la conduite de l'élu était scandaleuse. Au dire de d'Ossat, il n'avait pas reculé pour faire triompher sa cause « devant des voies de fait et de force et d'autres moyens illicites et indignes non seulement d'un religieux, mais de tout homme de quelque condition qu'il soit. » Il en avait tant fait que d'Ossat pouvait écrire au Roi : « je n'ai point souvenance d'avoir ouï parler ici d'une cause de France plus décriée ni de laquelle j'ai eu plus de honte longtemps y a que j'ai de cette-ci pour le zèle que j'ai à la réputation de votre service et de votre conseil et à

---

(1) Lettres de d'Ossat, II, 476.
(2) Id. V, 78.

l'honneur de notre nation. » (1) Le roi, devant les plaintes de d'Ossat, comprit les inconvénients de sa malencontreuse nomination. Il accepta Perrin, mais d'assez mauvaise grâce. On ne fit rien à Paris pour faciliter sa prise de possession de l'abbaye, et l'élu du Roi garda toute liberté d'entraver l'entrée en charge de son rival.

Sur ces entrefaites Philippe de Béthune partait pour Rome en qualité d'ambassadeur. Le roi lui donna mandat de travailler de concert avec d'Ossat à un arrangement qui donnait un semblant de satisfaction aux deux parties, mais dont le résultat le plus clair était de léser gravement les droits de Perrin. Pour justifier son insistance, le roi se basait sur les constitutions de l'Empire qui réglaient dans les Trois-Evêchés la question des bénéfices et il menaçait, en termes peu voilés, de revenir dans ce pays au système des élections si le Pape persistait à se réserver le droit de nomination. D'Ossat était en même temps prié de donner son avis à ce sujet. Il eut à s'expliquer en toute liberté et il le fit avec une franchise et une science bien propres à éclairer le roi sur ses véritables intérêts. Pour l'entente à établir entre les deux prétendants, d'Ossat estimait qu'on devait s'abstenir d'en parler au Pape ; c'eût été inutilement l'indisposer en contestant son droit ; la cause du candidat du roi était d'ailleurs mauvaise pour toutes les raisons qu'il indiquait. Quant au rétablissement des élections dont on faisait un épouvantail pour le Pape il ne fallait pas oublier que les élections « en soi bonnes et saintes » avaient été supprimées par les Papes sans doute, mais avec l'assentiment des rois et à leur grand profit ; les rois n'auraient rien à gagner, mais tout à perdre à leur rétablissement. Les constitutions de l'Empire ne donnaient au roi aucun droit de nomination, c'était d'ailleurs mal à nous de venir alléguer d'imaginaires constitutions d'Empire, alors que nous n'avions pas fait difficulté de prendre et de conserver Metz, Toul et Verdun en dépit des vraies

(1) Id. III, 384.

constitutions impériales. Était-ce bien patriotique à des Français de « venir soutenir que le Pays Messin est Allemand contre le Pape qui a jugé en faveur de la France que le Pays Messin n'est point d'Allemagne. ? » (1)

Cette fois le roi fut bien convaincu. Il ne parla plus de religieux bénédictins, ni d'élections, ni de constitutions impériales. Quelque temps plus tard, Henri IV se vantait, devant les députés du clergé, d'avoir fait pour les évêchés de meilleurs choix que ses prédécesseurs. (2) « Je suis glorieux, disait-il, de voir ceux que j'ai établis être bien différents de ceux du passé ; le récit que vous en avez fait redouble encore le courage de mieux faire à l'avenir. » Faut-il croire que les conseils discrets de d'Ossat ne furent pas étrangers à ce résultat? Nous ne le savons; la chose n'a rien que de vraisemblable pour qui connait les représentations réitérées de d'Ossat et l'estime que Henri IV lui témoignait.

La question des *Gratis* vint encore compliquer celle des nominations. Après la préconisation, il restait à obtenir les bulles et ces bulles ne se délivraient que contre le paiement des *Annates*. Ces annates, qui équivalaient aux revenus d'une année, représentaient des sommes relativement considérables ; (3) elles étaient particulièrement lourdes dans ces temps où les biens d'Eglise avaient eu à subir tant de déprédations. Aussi dès les premières préconisations, d'Ossat fut-il assailli de demandes de *Gratis*, ou remises de frais consistoriaux; ces remises s'accordaient bien à des prêtres éminents par leur naissance ou leurs services ; ainsi du Perron et d'Ossat avaient été honorés de cette faveur sur la proposition même du Pape, et d'Ossat n'eût pas demandé mieux que d'en faire jouir tous ses confrères de France. Mais on n'avait pas seulement à compter avec le Pape, qui

---

(1) Lettres de d'Ossat, V, 81.
(2) *Lettres Missives*, VI, 565. Réponse au clergé, 5 décembre 1605.
(3) Ainsi l'archevêché d'Auch était taxé à 10.000 ducats (Lettres de d'Ossat, III, 444), celui de Dol, à 5,745 écus d'or. Id. V, 274.

se montrait généralement assez accommodant; il y avait encore les cardinaux et les officiers de la cour pontificale qui prélevaient leur part sur les taxes consistoriales. Aussi les uns et les autres se plaignaient-il assez vivement quand le Pape accordait trop de *Gratis*.

Dans les premiers mois qui suivirent la reprise des relations entre la France et Rome, les cardinaux se prêtèrent assez facilement à l'octroi des *gratis*, mais ils ne tardèrent pas à se plaindre que plus il en accordaient, plus il en venait. D'Ossat le constatait lui-même. « On les demande pour toutes sortes de gens. » (1) Des candidats qui auraient dû, semble-t-il, s'estimer fort heureux d'obtenir les bulles à quelque prix que ce fût, les sollicitaient *gratis*. On demanda des *gratis* pour l'enfant de treize ans qu'on voulait pourvoir de la coadjutorerie de Reims !

Ce fut là pour d'Ossat une source d'ennuis dont en France on se faisait peu l'idée. Les choses en vinrent à un tel point que d'Ossat fut obligé de s'en plaindre, et il n'hésitait pas à dire à Villeroy que cette question des *gratis* « causoit plus de peine et de fâcherie aux ministres du roi et plus d'importunité au Pape que tout le reste de cette ambassade. » (2) Il dut même, quelque temps après, avertir le roi qu'il était humilié d'avoir à présenter toujours de pareilles sollicitations, comme il le faisait depuis deux ans, à toutes les audiences pontificales. Dans l'intérêt de ses affaires et de sa réputation, il suppliait donc le roi de commander à ses ministres de ne plus se prêter à ces demandes; il insistait encore auprès de Villeroy pour qu'il engageât le roi à prendre bonne note de son observation. Il s'en allait temps. D'Ossat voyait approcher le moment où le Pape « en verroit, disait-il, moins volontiers les ministres de France qui seuls lui faisoient des

---

(1) Id., II, 483.
(2) Lettres de d'Ossat, II, 483.

demandes de *gratis* » (1) et où les cardinaux atteints dans leurs revenus se montreraient moins favorables aux intérêts du Roi. Henri IV le comprit; aussi mit-il des bornes à ces trop fréquentes demandes. A la fin de 1599, d'Ossat pouvait dire que, à Rome, on n'accordait guère plus de *gratis* entier, et ses lettres ne portent plus trace de ces importunes sollicitations.

Dans cette affaire, d'Ossat ne servait qu'indirectement les intérêts du roi. Son concours fut plus immédiat et plus efficace le jour où Henri IV se préoccupa de mettre les prédicateurs à la raison. On sait assez la déplorable influence qu'eut dans les affaires de la Ligue la parole des prédicateurs. Nous n'avons pas à rappeler ici comment les Rose, les Feuardent, les Commolet, les Boucher, déshonorèrent la chaire par la violence et l'inconvenance de leur langage. (2) L'entrée de Henri IV dans Paris mit fin pour un moment aux excitations sanguinaires ou aux diatribes furibondes de ces Savonaroles de carrefour. Mais des habitudes entrées si profondément dans les esprits ne disparaissent pas du jour au lendemain. Les langues, un moment réduites au silence, recommencèrent peu à peu à s'agiter; les chaires retentirent d'allusions plus ou moins transparentes aux désordres personnels du roi et de critiques plus ou moins voilées contre la tolérance laissée aux protestants. L'édit de Nantes en particulier vint fournir prétexte à un nouveau déchaînement d'attaques et d'anathèmes. On parla dans les chaires de Paris de « saignées qu'il étoit besoin de renouveler en France de 25 en 25 ans; » des prédicateurs se firent à cette occasion les échos des soupçons qui planaient sur la conversion du roi : « La caque, disait l'un d'eux, sent toujours le hareng; » (3) d'autres exprimaient tout haut

---

(1) Id. III, 168.

(2) On peut voir à ce sujet Ch. Labitte, *Les Prédicateurs de la Ligue* et L'Estoile, *Journal de Henri IV*, t. V, VI et VII, passim. Edit. des Bibliophiles.

(3) L'Estoile, VII, 156.

des regrets sur la disparition de la Ligue (1) ou portaient dans la chaire des procédés de polémique propres à faire courir encore les protestants aux armes. (2)

Dès la première heure, Henri IV eut à cœur de pacifier l'éloquence comme tout le reste. Mais on n'était plus au temps d'Auguste, on pouvait pacifier l'éloquence chrétienne sans la réduire au silence. Henri IV se borna à exiger des prédicateurs qu'ils se tinssent dans les limites de leur rôle. Le Parlement le seconda de tout son pouvoir. Il emprisonna les prédicateurs trop fougueux, enleva leur chaire à d'autres, et s'arrogea même le droit de suspendre de ses fonctions Rose, le fougueux évêque de Senlis. Mais en matière si délicate, on l'a toujours vu, la violence irrite le mal, plus qu'elle ne le guérit. Henri IV crut que le plus sûr moyen d'avoir raison de ces abus était de faire intervenir le Pape. Dans son entrevue à Lyon avec le cardinal Aldobrandini ; il fit appel à sa haute influence. Le cardinal, comme le dit le roi dans une lettre à d'Ossat, « promit de commander au Nonce que Sa Sainteté enverra, par deçà, d'admonéter nos prédicateurs et leurs supérieurs d'annoncer la parole de Dieu avec discrétion ainsi qu'il s'observe à Rome (3) et par toute l'Italie, afin que le peuple en soit édifié comme il doit être, et que je ne sois pas contraint d'y mettre la main par autre voie pour éviter le mal qui pourroit advenir s'ils faisoient autrement. » (4) D'Ossat, ainsi mis au courant des désirs du Roi, prit soin de réchauffer la bonne volonté de la cour de Rome. Il alla trouver le Pape et le pria de donner des instructions à son Nonce « pour obliger les Prescheurs en France à

(1) Id. VII, 135.
(2) Id. passim,
(3) Rome ne passait guère aux prédicateurs les intempérances de langage : on sait comment Alexandre VI traita Savonarole, Sixte-Quint fit incarcérer et mettre au secret deux prédicateurs, un capucin et un théatin, coupables d'avoir recommandé aux fidèles de prier pour la Ligue. Une ordonnance publiée en même temps défendait aux prédicateurs, sous des peines sévères, toute allusion aux affaires politiques. Hübner, *Sixte-Quint*, I, p. 306.
(4) Lettres de d'Ossat, V, 31.

prêcher avec la discrétion et la modération requises, sans s'ingérer aux affaires de l'Etat dont ils ne savoient pas les motifs, ni tenir propos tendant à sédition. » (1) A l'appui de sa demande, il remit au Pape un Mémoire écrit. Clément VIII dut être frappé par les raisons de d'Ossat, car il lui promit de donner au Nonce les ordres qu'il demandait. Ces ordres émanant de si haut produisirent leur effet sur les prédicateurs. On ne voit plus qu'ils se soient laissés aller aux écarts de langage, dont L'Estoile nous a rapporté tant d'exemples.

Ce retour à la modération était pour l'éloquence de la chaire la première condition de son perfectionnement, le premier pas dans cette voie de progrès dont elle devait atteindre le sommet avec les grands prédicateurs de la fin du siècle. Nous sommes heureux pour d'Ossat qu'il ait contribué pour quelque part à la faire rentrer dans cette voie. Si modeste qu'elle ait été, cette part méritait, ce nous semble, d'être signalée.

A côté du clergé séculier se développait le clergé régulier, alors presque aussi nombreux. Mais à la différence de ce qui se passe de nos jours, ce clergé ne vivait pas à cette époque en dehors de la tutelle de l'Etat. Le droit de nommer aux abbayes donnait au roi à peu près la libre disposition des biens des grands ordres monastiques. A ce titre, ses représentants à Rome eurent souvent à s'occuper des affaires du clergé régulier.

A l'époque où d'Ossat inaugura la reprise de nos relations diplomatiques avec Rome, l'état du clergé régulier était déplorable à tous les points de vue : « Beaucoup d'abbayes et de prieurés, écrivait de France le cardinal de Florence, sont possédés par des soldats, des femmes, des princes. Les ordres religieux sont presque

---

(1) Id. IV, 361.
(1) On peut voir à ce sujet: Lézat *La Prédication au temps de Henri IV.* Paris, 1871 et Jacquinet. *Les Prédicateurs du XVIIe siècle avant Bossuet.* Paris, 2e édition 1585.

tous dans une mauvaise voie. Les religieux, dissolus et ignorants, ont de fâcheuses habitudes. On n'observe plus la règle, sauf chez les Chartreux. Les réformés de Saint-Bernard, les Capucins, les Célestins, se conduisent bien ; les autres sont mauvais, font grand scandale et donnent lieu à beaucoup de plaintes. La plus grande partie des religieuses sont dans la mauvaise voie, elles ne gardent plus la clôture, restent des mois entiers chez leurs parents et portent des habits immodestes, les abbesses font figure d'héritières. Il y a des maux infinis, simonies, violences, faveurs injustes. On donne le titre d'abbesses à des enfants. Quelques monastères observent leur règle, mais c'est le petit nombre en comparaison de ceux où il y a désordres. Et ce qui se passe à Paris existe dans tout le royaume. » (1)

Un des principaux moyens qu'avait le roi de faire cesser cet état de choses, c'était de mettre de dignes sujets à la tête des abbayes. Mais ici, comme pour les évêchés, les choix furent mêlés, moins bons peut-être, car on tendait de plus en plus à considérer les abbayes comme de simples sources de revenus, comme des assignations de rente dont le roi pouvait faire profiter n'importe lequel de ses serviteurs. Il y eut ainsi des biens ecclésiastiques accordés même à des hérétiques. Parfois on les accumulait sur une même tête et il n'était pas rare de voir le même personnage posséder quatre ou cinq abbayes. C'est ainsi que d'Ossat eut à solliciter l'abbaye de la Chaise-Dieu pour un frère de Villeroy (2) déjà pourvu des abbayes de Choisy, de Mozac et de saint Vandrille. C'est lui encore qui eut à demander et obtint contre les canons pour Angélique d'Estrée « personne dit-il, si bien apparentée, la rétention des deux abbayes de Maubuisson et de

---

(1) Lettre du cardinal de Florence au Pape, citée par H. de Lépinois, *op. cit*, p. 654.

(2) Lettres de d'Ossat, II, 478.

Bétancourt. » (1) D'Ossat eut même à proposer pour une abbaye de femmes, une demoiselle de Guise à peine âgée de 16 ans. « Le Pape fut fort ébahi, dit d'Ossat, d'entendre qu'on le requît de faire abbesse une fille qui ne pouvoit pas seulement être religieuse, n'ayant encore 16 ans accomplis, là où il faut pour le concile de Trente qu'une Religieuse qu'on veut faire abbesse soit âgée de 40 ans. » Il y avait quelque raison d'être ébahi. (2)

D'Ossat assurément n'approuvait pas tous les choix qu'il proposait ; mais, s'il y avait grand abus à transformer en grosses fermes, à l'usage des courtisans, ces héritages de la piété des fidèles, la direction générale des âmes n'y était pas intéressée d'aussi près qu'au choix des évêques. Aussi d'Ossat semble avoir fait moins de difficultés pour les nominations d'abbés ; les élus étaient d'ailleurs gens de moindre notoriété que les candidats aux évêchés, et d'Ossat pouvait bien ignorer leur indignité. Quelquefois cependant il hasarda des observations. La plus importante, que nous ayons signalée plus haut à propos de la nomination de Perrin, portait sur la collation d'une abbaye. Il y a telle autre de ses lettres qui laisse assez voir ce qu'il pensait du régime commendataire. Le Pape avait témoigné le désir que l'abbaye de Saint-Honorat de Marseille continuât d'être unie au Mont-Cassin, et ne fût point donnée en commende. Il s'offrait, en retour, à compter ce monastère pour un de ceux que le roi était tenu de bâtir d'après les promesses de son absolution. A Paris on tardait à se prononcer ; un gentilhomme prétendit même avoir eu don de cette abbaye, et il usait déjà de son prétendu droit pour molester les moines. D'Ossat en écrivit à Villeroy et plaida en termes touchants la

(1) Id. II, 336. On peut voir dans Sainte-Beuve, *Histoire de Port-Royal*, t. I p. 75 et s. l'usage que cette demoiselle faisait des biens d'Eglise. C'est d'Ossat encore qui obtint pour Angélique Arnaud la coadjutorerie de l'abbaye de Port-Royal, « affaire bien difficile, dit-il, pour le bas-âge auquel est ladite fille. » Id. IV. 393.
(2) Id. IV, 306.

cause des religieux réformés : « Les Religieux, dit-il, sont réformés et Dieu sera mieux servi audit monastère en cette façon qu'en l'autre. De plus, ajoutait-il, ces pauvres gens se saignent eux-mêmes et contraints, par manière de dire, d'acheter le leur, condescendent à donner une grosse pension à celui qui les moleste et qui n'a rien audit monastère, qui étant uni n'étoit plus impétrable. Si avec et après toutes ces choses ces pauvres religieux ne pouvoient obtenir une chose plus que juste, outre que nous ferions chose indigne de nous, cela nous donneroit un trop mauvais nom par deçà et ailleurs : le Pape, qui les voit et ouït volontiers et souvent, en recevroit grand déplaisir non seulement pour se voir refusé d'une chose si raisonnable qu'il offre néanmoins de récompenser, mais encore beaucoup plus pour une certaine défiance et quasi désespoir qui lui entreroit en l'âme de voir jamais en France les choses de la religion catholique et mêmement les prélatures en quelque état tolérable. » (1) Henri IV devait, semble-t-il, prêter peu à peu plus d'attention à de telles prières ; d'Ossat, à la veille de sa mort, put saluer dans les essais de réformes tentés par divers monastères l'aurore d'une renaissance religieuse appelée de tous ses vœux. Dans la dernière lettre qu'il ait écrite à Villeroy, il put se réjouir de voir la réforme gagner les Récollets et les Dominicains de Toulouse, et son dernier acte fut de prier Villeroy de favoriser ce mouvement de réforme. « S'ils ont besoin, disait-il, de quelque provision du roi, je vous prie de leur y départir votre aide et protection, et vous ferez une œuvre fort méritoire, dont le Roi et tous ceux qui les auront aidés recevront bénédiction de Dieu et des hommes.

Il y avait peu d'ordres religieux qui n'eussent à se louer des bons offices de d'Ossat, mais aucun ne lui fut, disait son panégyriste, plus redevable que les Jésuites. Nous

(1) Lettres de d'Ossat. II, 497.
(2) Id. V. 338.

avons déjà vu comment le Parlement de Paris avait enveloppé tous les Jésuites de son ressort dans le procès de Châtel. En attendant de pouvoir obtenir le rappel de cette mesure, d'Ossat eut à atténuer le mauvais effet qu'elle avait produit à Rome. Clément VIII eût admis qu'on eût sévi contre les Jésuites qui auraient été reconnus coupables; il ne pouvait tolérer l'expulsion en masse d'un ordre dont tous les bons catholiques appréciaient hautement les services. Sans oser faire comprendre le rappel de ces religieux dans les conditions de l'absolution, le Pape espérait que, par reconnaissance ou par égard pour ses désirs personnels, Henri IV se prêterait assez vite au retour des Jésuites. Pour qu'on ne pût s'y méprendre en France, il commença, dès le lendemain de l'absolution, à manifester ses vœux à cet égard. Le 5 novembre 1595, d'Ossat pouvait écrire que, dans toutes les audiences qu'il lui avait données depuis l'absolution, le Pape n'avait pas manqué une seule fois de lui parler des Jésuites « montrant un grand désir qu'ils fussent remis et que ce seroit un des grands plaisirs que le Roi lui pût faire. » (1) Les mesures prises contre les Jésuites étaient trop récentes et les colères allumées contre eux trop vives pour qu'on pût donner au Pape une si prompte satisfaction. D'Ossat s'attacha à le lui faire comprendre. Le Parlement montra bientôt d'une autre façon que l'expulsion de cet ordre était loin d'avoir épuisé ses haines. Par un arrêt du 21 août 1597, il fit défense « à toute personne, corps et communauté des villes, officiers et particuliers de quelque qualité et condition qu'ils soient, de recevoir ni de souffrir être reçus aucun des prêtres ou écoliers de cette société, encore qu'ils aient renoncé au vœu de profession par eux fait, pour tenir écoles publiques ou privées, ou autrement, pour quelque occasion que ce soit. » A la nouvelle de cet arrêt, le général des Jésuites vint trouver d'Ossat. Il lui rappela les instances faites par

---

(1) Lettres de d'Ossat, I, 507.

le Pape en faveur de leur rappel, lui représenta l'indisposition qu'allait lui causer ce nouvel arrêt ; il le priait donc d'en écrire au roi pour l'empêcher de donner suite à l'arrêt. (1)

D'Ossat put assurer que le roi, retenu devant Amiens, n'avait eu aucune part à la décision du Parlement. Ce n'était pas là d'ailleurs un nouvel arrêt, mais la confirmation pure et simple de celui de 1594, et il n'en viendrait aux Jésuites aucun nouveau dommage. Tout en consolant de son mieux le général, d'Ossat lui recommanda bien de ne pas aigrir lui-même par ses plaintes le Pape et les cardinaux. A cette condition seulement, il consentait à s'entremettre. (2) Il tint parole. Quelques jours après, il représentait à Villeroy tout le fâcheux effet que cette apparente recrudescence de sévérité allait produire à Rome : « Cela, lui disait-il, irriteroit infiniment Sa Sainteté et toute cette cour, leur ôteroit toute bonne espérance des choses de France et donneroit grand avantage aux ennemis du roi et de son royaume. » (3) Villeroy approuva de tous points la réponse donnée par d'Ossat au Père général. « Elle a été, lui écrivait-il, trouvée très sage et digne de vous. Et véritablement, Monsieur, le roi n'avait rien sceu de l'arrêt dernier donné contre les Jésuites. C'est le Parlement qui a fait cela de lui-même. » (4) Le roi aussi goûta très fort la lettre de d'Ossat, il voulut que Villeroy la communiquât au premier Président et à l'avocat général Servin (5), les deux grands ennemis des Jésuites. Ils trouvèrent le conseil de d'Ossat « très bon » dit Villeroy et il croyait « qu'ils le suivroient de leur côté comme nous ferons du nôtre. » (6) Malheureusement cette lettre était

---

(1) Lettres de d'Ossat, II, 493.
(2) Ibid.
(3) Id. II, 494.
(4) Lettre de Villeroy à d'Ossat, publiée par le P. Prat : *La Compagnie de Jésus en France du temps du P. Coton.* V, 79.
(5) Ibid.
(6) Ibid.

arrivée trop tard. Au moment même où elle parvenait à la connaissance du Parlement, celui-ci venait d'ajouter à la rigueur de ses précédents arrêts. Il avait intimé au comte de Tournon l'ordre de les bannir de son collège, sous peine, s'il n'obéissait, d'être dépouillé de ses biens et de sa charge de sénéchal d'Auvergne.

Les Papes avaient compris de bonne heure qu'après la prédication il n'y avait pas de moyen plus efficace pour enrayer les progrès du protestantisme que la fondation de collèges catholiques. Aussi favorisèrent-ils de tout leur pouvoir ces fondations. Grégoire XIII y consacrait des sommes considérables ; l'on a pu dire qu'il n'y avait pas dans le monde entier une école de Jésuites qui n'eût à se louer de sa générosité. (1) De tous les religieux, les Jésuites étaient alors à peu près les seuls à s'occuper d'enseignement. De là en grande partie le secret de la sympathie des Papes pour les Jésuites en général et pour leurs collèges en particulier. Celui de Tournon, confié aux Jésuites depuis 1560, était fait pour exciter tout spécialement leur intérêt. Situé entre le Dauphiné et le Vivarais, les deux foyers les plus actifs de la propagande calviniste en France, il était en ce moment le seul qui offrît aux catholiques de ces contrées le moyen d'instruire leurs enfants sans péril pour leur foi. Enlever ce collège aux Jésuites, c'était le détruire. Aussi Rome s'émut-elle grandement à la nouvelle de l'arrêt pris contre eux. On fit de vives représentations à l'ambassadeur de France, et le cardinal de Saint-Georges, par l'ordre exprès du Pape, écrivit au cardinal de Florence, alors légat en France, de prendre vivement en main la cause des Jésuites. (2) Cette lettre, écrite le 29 novembre, arriva trop tard en France. Quand elle y parvint, une mesure encore plus grave venait d'être prise.

---

(1) L. Ranke, *Hist. des Papes*, traduction Haiber, II, p. 41.
(2) P. Prat, *op. c.* I, p. 315, publie cette lettre. Le cardinal de St-Georges était neveu du Pape.

Le collège de Tournon, cause de tant de haines et d'émoi, n'était pas situé dans le ressort du Parlement de Paris, mais bien dans celui de Toulouse. Celui-ci, justement offensé des empiètements du Parlement de Paris, prit un arrêt tout contraire ; il défendit au comte de Tournon d'obtempérer à l'arrêt du Parlement de Paris et de molester en quoi que ce soit les professeurs ou élèves de son collège. Un conflit de juridiction s'en suivit. Le Parlement de Paris poursuivit dès lors par amour-propre l'exécution d'une mesure dictée par la haine. Il fit tant par ses intrigues et sa pression que le conseil du roi, saisi de l'affaire, se prononça dans le sens de ses prétentions. Il décida que les Jésuites auraient à quitter non seulement le collège de Tournon, mais toutes les autres maisons qu'ils avaient encore en France et à sortir de tout le royaume dans trois mois à partir du jour où l'arrêt leur serait signifié. (1) On était loin du résultat poursuivi par la cour de Rome. Aussi la déception fut amère au Vatican. A peine le Pape eut-il connaissance de l'arrêt (26 février 1598) qu'il fit appeler l'ambassadeur de France sans vouloir attendre au lendemain, qui était son jour d'audience ordinaire. On peut deviner ce que fut l'entrevue. D'Ossat laissa à Luxembourg le soin de la raconter à sa cour. Pour lui, il crut qu'il fallait éviter à tout prix un éclat fâcheux. L'on avait alors besoin plus que jamais du concours du Pape pour la conclusion de la paix et la solution d'une foule d'affaires intérieures. Il se hâta donc d'écrire à Villeroy une lettre dont son éditeur a pu dire qu'elle vaut un plaidoyer pour les Jésuites. (2)

Après avoir rappelé ce qu'il a déjà dit sur cette affaire et protesté de son respect pour les cours souveraines, il se défend de toute affection pour les Jésuites ; il entend donc pour cette heure ne rien dire en leur faveur ou considération. Ce qui l'intéresse, c'est le seul service du roi

(1) Lettres de d'Ossat. III, 20.
(2) Id. III, 20 et s.

« auquel nuiroit grandement l'exécution dudit arrêt mêmement (surtout) pour le regard des choses de Rome où nous sommes et dont nous sommes tenus de vous avertir. » Entre autres inconvénients, cet arrêt ferait douter de la sincérité et de la conversion du roi. Ne se croirait-on pas en droit de suspecter son catholicisme, quand on le verrait « chasser du royaume pour la seconde fois ceux qui sont tenus pour les plus éminents qui soient aujourd'hui en doctrine et instruction de la jeunesse, en confessions et administration des sacrements, en la prédication de la parole de Dieu, en la composition de bons livres pour la réfutation des hérésies et défense de la Religion catholique et de l'autorité du Saint-Siège ? » Cette mesure allait indisposer le Pape « qui déjà s'en afflige extrêmement et prend cela pour mépris de ses prières et de son autorité et pour affront fait à Sa Sainteté et au Saint-Siège, car c'est ainsi qu'il parle. » Le zèle de d'Ossat pour la réputation et le service du roi, « le transporte encore plus loin » : il se croit tenu de l'avertir des autres conséquences qu'entraînerait l'exécution de l'arrêt.

Les catholiques, ses sujets, en seront contristés et aigris; les sympathies des princes catholiques étrangers en seront refroidies, les Espagnols et les Savoyards travailleront à tirer profit de ces divers sentiments ; le duc de Mercœur y trouvera un prétexte ou une excuse pour sa révolte persistante et les huguenots en deviendront plus exigeants, car une fois brouillé avec les catholiques, le roi aura encore plus grand besoin d'eux. « Si en ce moment le roi prenoit quelque disposition avantageuse pour eux, le bannissement des Jésuites donneroit d'autant plus belle couleur à ceux qui voudroient faire quelque remuement dans le royaume et feroit ainsi d'autant plus grande impression en l'esprit du Pape et de toute cette cour. »

Suivant son habitude, après avoir exposé ses raisons, d'Ossat réfutait celles de ses adversaires. On prétend, pour justifier la nouvelle expulsion, que les Jésuites sont les ennemis du roi, les corrupteurs de la jeunesse à laquelle ils enseignent à tuer les rois. D'Ossat n'en croit rien. « Quoi qu'ils aient pu faire autrefois, ils font trop profession d'obéir au Pape et de dépendre de ses commandements pour se prononcer contre celui que le Pape reconnaît pour roi; d'ailleurs, comme ils sont prudents et accorts et qu'ils savent très bien reconnoître où gît leur profit, ils se garderont de faire une escapade ou extravagance en chose hasardeuse beaucoup mieux que ne feroient d'autres qui ont moins de sens et de prudence et de police qu'eux. En les chassant, non seulement on ne feroit point de déplaisir ou de dommage au roi d'Espagne, mais au contraire on lui feroit chose très agréable et très profitable, en ce que le roi seroit par ce moyen affaibli, demeurant privé de la bonne opinion et affection des plus grands catholiques et qui lui pourroient plus profiter et nuire. » Au lieu de les expulser « il seroit, pensait-il, bien plus utile au roi et plus convenable à la clémence et généreuse procédure, dont Sa Majesté a usé ci-devant envers tous autres, de laisser en paix ces gens-ci et de les gagner et acquérir. Aussi bien ont-ils eux seuls plus d'industrie, de dextérité et de moyens pour contenir les peuples en l'obéissance et dévotion que les sujets doivent à leur roi, que n'ont possible tous les autres ordres et religieux ensemble. »

D'Ossat concluait donc qu'on devait se borner à ce qui avait été fait jusqu'ici et se contenter de l'exécution que l'arrêt de 1594 avait déjà reçue. Il engageait donc Villeroy à obtenir du roi qu'il fît « ce sacrifice à sa réputation, au respect, amitié et prières de N. S. Père le Pape, à la tranquillité de la pauvre France convalescente, dont la santé n'est encore bien assurée et qui ne pourroit porter un nouveau trouble. » (1)

Le roi, qui avait déjà remarqué la lettre du 23 octobre, dut être encore plus vivement frappé de celle-ci. L'Edit du 21 novembre ne fut sans doute pas rapporté, mais il ne

(1) Lettres de d'Ossat, II, 37.

reçut aucune exécution : le roi fit avertir secrètement le comte de Tournon qu'il n'eût à en tenir aucun compte. (1) Ce résultat doit être assurément attribué en grande partie à la lettre de d'Ossat et il faut lui en savoir d'autant plus gré qu'il eut à lutter pour l'obtenir contre les préjugés et les dispositions personnelles du roi encore très hostile aux Jésuites. Dans un entretien avec le cardinal légat, il se plaint que ces religieux aient tenté quatre fois de le faire assassiner; aussi ne peut-il comprendre que le Pape, qui prétend l'aimer, lui demande de ramener dans son royaume des gens qui veulent le mettre à mort. (2) Il exprime d'ailleurs lui-même ses préventions dans une lettre à son ambassadeur et lui commande de s'en faire le serviteur à Rome. « J'ai trop souvent éprouvé leur dissimulation, malice et la mauvaise volonté qu'ils me portent; aussi sont-ils régis et gouvernés par personnes non seulement qui ne m'aiment pas, mais aussi qui ont l'âme plus vindicative que religieuse. Partant, détournez doucement Sa Sainteté de l'opinion qu'elle montre avoir de les favoriser en mon royaume et vous me ferez service très agréable. » (3)

Ces préventions allaient tomber peu à peu sous l'action de causes que nous n'avons pas à rechercher ici. Vers la fin de cette même année 1598, Clément VIII, qui n'avait jamais perdu de vue les Jésuites expulsés, les faisait recommander par d'Ossat à tout l'intérêt du roi. (4) Quelques jours après, il voulut faire solliciter plus solennellement leur rappel et il se prépara à envoyer exclusivement dans ce but, en France, l'archevêque d'Arles, un Italien qui résidait à la cour pontificale. Un Jésuite de grand renom, le P. Maggio, devait se joindre à lui. D'Ossat, à la prière du Pape, dut demander

---

(1) P. Prat, *op. cit.*, I, 352.
(2) Lettre du cardinal de Florence au cardinal Aldobrandini, publiée par le P. Prat, *op. cit.* V, 151.
(3) Lettre de Henri IV à Luxembourg. *Ed. Galitzin*, 2 juillet 1598.
(4) Lettres de d'Ossat, III, 171.

au roi pour eux des passe-ports, il les obtint sans difficulté. Henri IV lui fit même entendre que pour plaire au Pape il ferait quelque chose en faveur des Jésuites. D'Ossat jugea à propos de ne rien divulguer sur ces bonnes intentions avant le départ des envoyés. Le roi, pensait-il, paraîtrait faire ces concessions par égard pour le Pape (1) qui ne manquerait pas de lui en savoir gré. Les deux envoyés trouvèrent donc bon accueil auprès de Henri IV. Leurs instances, aidées à plusieurs reprises de celles que d'Ossat envoya de Rome auraient obtenu prompt succès si les haines toujours vivaces du Parlement n'avaient imposé au roi quelques ménagements; la guerre de Savoie était venue ensuite retarder le bon effet des intentions du roi. (2) Enfin, au commencement de l'année 1601, le roi faisait part au cardinal Aldobrandini de son intention de confier aux Jésuites le collège de la Flèche. Vers la fin de cette année, un projet de rappel général de l'ordre fut soumis au Pape. Le général des Jésuites trouva que quelques articles contenaient des conditions ou des restrictions trop rigoureuses. Des explications et demandes furent échangées entre Rome et Paris. Nous n'entrerons pas dans le détail de ces négociations sans intérêt pour nous. D'Ossat se prêta toujours d'assez bonne grâce à ce rôle d'intermédiaire, mais désormais sans empressement. Le principe du rappel des Jésuites une fois décidé, il importait peu, au point de vue diplomatique, le seul qui intéressât d'Ossat, de savoir s'ils auraient plus ou moins de liberté dans la prédication et l'administration des sacrements. Le bruit s'était répandu d'ailleurs que les Jésuites de Dôle (3) avaient tenu, dans des déclamations de collège quelques propos désobligeants pour le roi; cela l'avait fort refroidi à leur égard. Il ne refusa cependant pas de défendre leur cause tant qu'elle se confondit

---

(1) Lettres de d'Ossat, III, 187.
(2) Id. IV, 321.
(3) Id. V, 197.

avec celle du roi. A la suite des réformes introduites dans l'Université, le Parlement, pour remplir ses collèges, défendit d'envoyer les enfants étudier chez les Jésuites hors de France. D'Ossat rappela au roi les promesses qu'il avait déjà faites au Pape et lui déconseilla vivement l'exécution de ce nouvel arrêt. Henri IV lui donna pleine satisfaction. En dépit de l'opposition du Parlement, il signa l'édit de Rouen qui rétablissait les Jésuites en France (1er Septembre 1603).

Vaut-il la peine de rechercher ici quels furent les vrais sentiments de d'Ossat à l'égard des Jésuites? On lui en a prêté d'assez contradictoires. Le mieux est encore de l'en croire sur parole. Nous connaissons ses protestations réitérées. « Lors même, disait-il à Villeroy, que je vous ai écrit avec plus de diligence pour la restitution des Jésuites en France je vous ai protesté que je ne fus jamais enamouré, d'eux, et que ce que j'en faisois étoit pour l'opinion que j'avois qu'outre le bien qu'ils pourroient apporter à la religion catholique et aux lettres et sciences, leur rappel donneroit contentement au Pape et bon nom et réputation au Roi. » (1) On ne peut que féliciter d'Ossat d'avoir su faire taire ses sentiments personnels devant ce qu'il considérait comme le bien de son pays, et ce n'est pas un mince honneur pour les Jésuites de ce temps qu'un politique aussi avisé n'ait pas cru pouvoir servir les intérêts de la France sans se faire l'avocat des leurs.

Les questions religieuses qui étaient plus particulièrement dans les attributions de d'Ossat ne suffisaient pas à absorber son zèle patriotique. Partout où son œil perspicace lui découvrait une occasion d'être utile à son pays, il se faisait un devoir de la saisir. Sans attendre que son concours lui fût demandé, son initiative venait souvent provoquer d'heureuses entreprises. On le vit pour la reconstitution de notre marine d'État. Sous Henri II, la

---

(1) **Lettres de d'Ossat**, V, 197.

France entretenait jusqu'à quarante vaisseaux dans la Méditerranée et vingt dans l'Océan. (1) Pendant les guerres civiles, cette flotte avait été peu à peu réduite à rien. A peine débarrassé de la question de l'absolution, d'Ossat se hâta d'appeler l'attention du roi sur cet état de notre marine. Dès 1596, il exprimait dans une lettre à Villeroy (2) son étonnement « de voir un royaume aussi grand que la France, flanqué de deux mers quasi tout de son long, être complètement dépourvu de vaisseaux, alors que la plupart des princes d'Italie, qui n'ont qu'un pouce de mer chacun, ont néanmoins chacun ses galères et son arsenal naval. » (3) Le Roi d'Espagne « est aujourd'hui tenu pour le coq de la chrétienté. » Or la France, par sa situation naturelle, peut l'empêcher par terre et par mer, d'entrer en communication avec l'Europe. Mais il faudrait avoir des vaisseaux de guerre et nous n'en avons pas. Il concluait que « nous devions travailler à en construire sur la mer Méditerranée et sur l'Océan, quand ce ne seroit que pour le regard du roi d'Espagne. » (4)

Mais où trouver les fonds nécessaires pour la construction des vaisseaux avec des ressources déjà si précaires ? Là était la grande difficulté. D'Ossat l'avait prévue et résolue. L'exemple de ce qui s'était passé en Espagne trente ans plus tôt lui suggéra la réponse. A son avis, on pourrait prendre les ressources nécessaires sur les biens du clergé, « en ayant égard à tout ce que ledit clergé pourroit porter après tant de calamités qu'il a souffertes. » Dans le cas où il serait nécessaire d'obtenir l'autorisation du Pape, pour procéder à une aliénation extraordinaire de biens du clergé, d'Ossat indiquait ou s'offrait à faire les démarches nécessaires. Pour les vaisseaux à construire dans la Méditerranée, on prétexterait la nécessité de donner la

---

(1) *Delaz. d'Angelo Badoer amb. straord.* 1605.
(2) Lettres de d'Ossat, II, 237.
(3) Id.
(4) Id. II, 238.

chasse aux corsaires Turcs qui infestaient tous les ans cette côte; au besoin, ils protègeraient même les côtes des Etats de l'Eglise. Les vaisseaux qui flotteraient sur l'Océan serviraient d'abord contre les pirates et plus tard contre les hérétiques de ces quartiers. Nul doute qu'en vue de cette éventualité le Pape n'accordât l'autorisation nécessaire. N'avait-on pas comme précédent l'exemple de ce que Pie IV avait fait pour Philippe II ? Et là-dessus d'Ossat entrait dans de longs récits pour montrer comment le prince avait été autorisé à lever sur les biens du clergé près de quatre cent vingt mille ducats pour équiper près d'une centaine de galères qui devaient tenir la mer contre les Turcs. (1)

Les évènements de Marseille et la reprise de l'île d'If fournirent à d'Ossat l'occasion de faire de nouvelles instances l'année suivante. Il ne pouvait se consoler d'avoir vu les galères du grand-duc tenir en échec, du fond d'une anse de l'île de Pomègues, tout le commerce de Marseille, « non-seulement à notre dommage et plus grand danger, mais aussi à trop grand honte et vergogne de la première couronne de la chrétienté, laquelle, commandant un si grand royaume flanqué de deux mers les plus grandes, n'a point provision de vaisseaux de guerre, ni moyens de se défendre de quatre méchantes galères d'un duc de Florence, ni d'empêcher qu'elles n'aient mis à la France la chaîne au col et les fers aux pieds. » (2) Aussi avec quel empressement rapportait-il les paroles de ce même grand-duc, qui après la signature du traité de Florence engageait le roi « à faire construire et entretenir à Marseille un bon nombre de galères, tant pour la sûreté, que pour la réputation de la couronne. » (3) Il revint à la charge, à l'occasion du mariage du roi. « Faute

(1) Lettres de d'Ossat, II, 240.
(2) Id. III, 95.
(3) Id. III 147.

de ces galères, disait-il, il vous en faut mendier des uns et des autres. Et encore avec tout cela, êtes-vous en danger de recevoir quelque grand affront en ce voyage. Cependant je ne serai à mon aise que je n'entende que la reine soit arrivée à Marseille. » (1)

Personnellement Henri IV portait, semble-t-il, assez peu d'intérêt aux questions de marine. (2) Il paraît avoir, cette fois-ci, tenu plus de compte des conseils de d'Ossat. Les premières tentatives de reconstruction de notre marine remontent, en effet, à l'année 1600, date de cette dernière lettre de d'Ossat. Après des essais assez humbles, on recourut bientôt aux moyens proposés par d'Ossat : un subside extraordinaire de trois cent mille livres fut, en 1608, demandé au clergé qui l'accorda. (3) En 1610, on avait déjà 14 galères, et on projetait de porter ce nombre à une trentaine. La mort du roi interrompit ce projet, et notre marine retomba dans le triste Etat d'où d'Ossat avait voulu la tirer. Quand Richelieu reprit l'affaire en main, tout était à créer. Pour l'honneur et l'intérêt de la France, on regrette que les conseils de d'Ossat n'aient pas été mis plus tôt à exécution ; du moins, n'eût-on pas dû dérober à ce clairvoyant patriote le mérite d'avoir le premier inspiré cette idée à Henri IV. C'est ce qu'a fait Richelieu lui-même. Dans ses *Mémoires* il fait honneur à Antonio Pérez d'avoir été le premier à signaler au roi les services que la France pourrait tirer de la création d'une marine d'Etat. (4)

Les résultats des nobles efforts de Henri IV risquaient d'être remis en question tant que la succession de Henri IV n'aurait pas été réglée. Son union avec Marguerite de Valois était restée stérile ; le jeune prince de Condé

---

(1) Id. IV, 107.
(2) « Il Re non è molto inclinato alle cose maritime. » Lettre du nonce Ubaldini à Borghèse, citée par Rott, *op. cit.* p. 37.
(3) Poirson, *Histoire de Henri IV*. II, 377, et Sully, *Mémoires*, 100, I, p. 159.
(4) Notes aux lettres de d'Ossat, II, 238.

était bien regardé par le roi comme son héritier présomptif, mais il planait des doutes sur sa légitimité (1) et les princes du sang pourraient en profiter pour lui disputer le trône. La mort du roi menaçait donc de donner le signal d'une nouvelle guerre de succession. Le seul moyen qu'eût le roi de prévenir cette éventualité était de contracter un second mariage ; car moins que jamais le roi pouvait attendre postérité de sa première femme. Il fallait tout d'abord faire casser cette union ; mais le mariage est de soi indissoluble, et l'Eglise catholique n'admet dans aucun cas le divorce. Tout au plus peut-elle constater la nullité du mariage ou en prononcer l'annulation quand l'union matrimoniale a été entachée de graves vices de forme.

Henri IV avait songé depuis longtemps à faire prononcer la dissolution de son mariage. Nous savons comment il s'était adressé d'abord à l'évêque de Paris. Mais le cardinal de Gondi (2) s'était déclaré incompétent : Rome seule pouvait prononcer, elle seule aurait assez d'autorité pour mettre hors de discussion la légitimité des enfants à naître d'un second mariage, seule elle pourrait imposer silence aux revendications des prétendants évincés. Henri comprit qu'il fallait compter avec Rome, et ce fut là, entre autres, une des raisons qui le décidèrent, contre l'avis de plusieurs de ses conseillers, à faire sa paix avec le Pape. Quand le légat du Pape fut arrivé en France, Henri IV chargea Bellièvre de lui faire part de son projet et de lui demander « advis du chemin qu'il lui falloit tenir pour y parvenir par les voies voulues. » (3)

Le roi voulait procéder rapidement, mais la négociation qu'il fallut entamer avec Marguerite pour obtenir son

---

(1) Il était né sept mois après la mort de son père, que sa mère, Charlotte de Condé, fut accusée d'avoir empoisonné. Elle fut condamnée dans un premier jugement, mais le Parlement de Paris évoqua l'affaire et prononça son acquittement.

(2) Voir plus haut p. 102.

(3) Henri IV à Bellièvre. *Ed. Halphen*, p. 233.

consentement apportèrent quelques retards. La mort de Gabrielle d'Estrées qui survint sur ces entrefaites permit d'activer les démarches, car Marguerite ne fit plus dès lors difficulté de se prêter aux désirs du roi (1) et Rome, qui voyait avec peine la perspective du mariage du roi avec Gabrielle, se montra plus favorable (2).

Sillery, un des diplomates dont l'habileté inspirait pleine confiance au roi, était nommé ambassadeur à Rome vers le milieu de l'année 1599. Il avait pour principale mission de demander au Pape l'annulation du mariage du roi, mais il devait se concerter en tout avec d'Ossat. Celui-ci était déjà depuis longtemps au courant de l'affaire qu'il s'agissait de négocier. Déjà depuis plus d'un an, il avait écrit à Villeroy une longue lettre sur les motifs d'annulation à invoquer ; (3) il les exposait en latin dans les formes où on aurait à les présenter à Rome. Le Pape fut officiellement saisi de l'affaire le 28 juillet 1599 par Sillery, mais c'est sur d'Ossat qu'allait retomber le poids principal des négociations. Ses connaissances théologiques et canoniques le désignaient plus spécialement pour ce rôle.

Dès le 30 juillet, Clément VIII faisait mander d'Ossat, et, après lui avoir témoigné ses bonnes intentions, il l'entretint longuement de la demande du roi et l'invita à exposer dans un mémoire les motifs invoqués par le roi. (4) Sillery porta ce mémoire au Pape.

Clément VIII, après en avoir pris connaissance, fit appeler de nouveau d'Ossat : il présenta quelques objections, écouta ses réponses, et lui soumit un mémoire dont

---

(1) « Si j'ai cy devant usé de longueurs vous en savez aussi bien les causes que nul autre, ne voulant voir en ma place une telle décriée *bagasse*. » Marguerite de Valois à Rosny, 20 juillet 1599. Sully, *Mémoires*, c. 86, 92, t. I, p. 295-296.

(2) « E questa voce de nuovo matrimonio che va attorno, non puo essere tolerata, e l'istesso dicono i nepoti e tutti cardinali. »
(Giov. Dolfin, *Relaz. op. c.*, p. 469.

(3) Lettres de d'Ossat, III, 387. C'est d'Ossat encore qui, au rapport de l'agent du grand-duc, avait conseillé ce recours à Rome. Niccolini au grand-duc, 10 septembre 1599.

(4) Lettres de d'Ossat, III, 391, 392 et s.

les conclusions étaient contraires aux siennes. D'Ossat fit une réponse à ce mémoire; le surlendemain il était mandé une troisième fois et recevait communication de deux autres mémoires, auxquels il fit une réponse commune. Finalement le Pape lui demanda un quatrième mémoire qui résumait toutes les raisons données en sens divers. Les mémoires de d'Ossat portèrent la conviction dans l'âme du Pape; il ne douta pas qu'il produirait le même effet sur la congrégation à laquelle il voulut soumettre l'affaire. Cette congrégation, composée de cardinaux en majorité sympathiques à la France, avait à se prononcer sur la valeur juridique des motifs allégués à l'appui de la demande en annulation. Ces motifs étaient au nombre de quatre : 1° La reine Marguerite, y était-il dit, n'avait pas donné son consentement au mariage. Ce qu'on lui avait arraché par violence n'en était qu'un simulacre ; 2° Les conjoints étaient parents à un degré prohibé par l'Eglise ; Pie V et Grégoire VIII avaient refusé toutes les dispenses qu'on leur avait demandées à ce sujet; 3° Indépendamment de cette parenté naturelle, il existait entre eux une parenté spirituelle provenant de ce que Henri II, le père de Marguerite, avait été le parrain de l'époux. Le concile de Trente avait sans doute supprimé cet empêchement matrimonial, mais la suppression n'avait pas encore été prononcée à l'époque de ce baptême ; 4° Enfin le curé des contractants n'avait pas assisté au mariage, ni par lui-même, ni par délégués. Le mariage avait, en effet, été contracté en présence du cardinal de Bourbon, qui n'était le propre curé d'aucun des contractants. On avait songé à proposer d'autres motifs. D'Ossat en avait fait écarter quelques-uns, il estimait « qu'un petit nombre de motifs solides, concluants et bien trouvés, produiroient plus d'effet qu'un grand nombre, de valeur douteuse. » (1)

(1) Lettres de d'Ossat à Villeroy, publiée par M. T. de Larr.

En attendant l'effet de ces mémoires, d'Ossat (1) visita les cardinaux de la congrégation et répondit à toutes les difficultés que chacun d'eux souleva. La congrégation tint sa première séance le 31 août, le Pape y exposa l'affaire dans son entier « montrant, dit d'Ossat, son inclination et désir qu'il avoit, que la justice que le roi lui demandoit fût du côté de Sa Majesté. » (2) La seconde séance eut lieu le 10 septembre, sous la présidence du cardinal de Florence. Tous les cardinaux s'accordèrent à reconnaître que les motifs de nullité étaient pour la plupart recevables. (3) Il restait à faire constater en France la réalité de ces motifs. Ce soin devait être confié à des commissaires dont le choix fut laissé au Pape.

Tous les efforts de d'Ossat portèrent désormais sur le choix de ces commissaires. D'eux allait dépendre le succès final de l'affaire. A sa prière, Clément VIII consentit à faire figurer dans cette commission, avec son nonce en France, le cardinal de Joyeuse. On fut longtemps sans pouvoir s'entendre sur le choix du troisième commissaire. Enfin après des négociations minutieuses dans le récit desquelles nous ne croyons pas devoir entrer (4), l'accord se fit sur le nom de l'archevêque d'Arles, Horacio del Monte, un prélat italien très bien vu de Henri IV, qui l'avait pourvu de son évêché.

Mais le Pape craignit d'avoir été trop généreux. Sous prétexte d'abréger les formalités, il proposa de confier l'affaire à son seul nonce en France. D'Ossat n'y put consentir, il ne jugeait pas prudent de livrer à la merci d'un prélat italien une affaire de cette importance. Il

---

(1) Ce mémoire se trouve B. N. F. Brienne, n° 138, f° 85. Pour l'histoire de l'annulation de ce mariage, on peut encore consulter B. N. Ms 15598, 15599, 23391 et aux Archives Nationales, le dossier original du procès en annulation.
(2) Lettres de d'Ossat, III, 402.
(3) Id III, 404.
(4) Vr lettres de d'Ossat, 410 et s.

représenta au Pape que le nouveau projet proposé, montrait à l'égard des Français une méfiance que rien ne justifiait : la cause du roi était, au point de vue du droit, claire et certaine, de l'aveu de Sa Sainteté même, et des cardinaux de la congrégation ; quant aux motifs allégués, ils étaient pour le moins vraisemblables et le Pape avait là-dessus des lumières spéciales. (1) D'Ossat faisait allusion à un récit qu'il avait entendu de la bouche même du Pape et duquel il ressortait assez que Marguerite avait été contrainte à son mariage par l'autorité de son frère Charles IX.

La demande même du roi, continuait d'Ossat, « témoignait assez de sa bonté et de son intégrité ; » il pouvait se dispenser de poursuivre à Rome la déclaration en nullité ; il n'avait qu'à user des moyens que la justice lui fournissait pour se débarrasser de l'obstacle à son mariage ; « ainsi faisoient souvent plusieurs hommes privés. » (2)

A ces raisons et à plusieurs autres que d'Ossat ajouta, le Pape ne sut que répondre ; il fit entendre le lendemain qu'il accepterait les trois commissaires désignés par d'Ossat, si l'ambassadeur de France les lui demandait officiellement. Ainsi en advint-il. Le 26 septembre 1599, d'Ossat pouvait annoncer au roi que « Dieu avoit béni le labeur de Monsieur de Sillery et le sien. » Il envoyait donc le rescrit désiré en assurant que son collègue et lui avaient apporté à l'affaire « toute la fidélité, sollicitude, labeur et industrie qu'il leur avoit été possible. » (3)

---

(1) Voici ce fait tel que d'Ossat le raconte dans ses lettres : « Vous saurez donc qu'une de tant de fois que le Pape m'a envoyé appeler pour cet affaire, il me dit que lorsque l'on étoit à faire ce mariage, Monsieur le cardinal Alexandrin envoyé légat par le Pape Pie V, son oncle, se rencontra en France il fit tout ce qu'il put pour le détourner et qu'après en avoir parlé plusieurs fois audit roi Charles. S. M. le prit, un jour, par la main et lui dit : Monsieur le cardinal tout ce que vous me dites est bon je le reconnois et en remercie le Pape et vous ; et si j'avois quelque autre moyen de me venger de mes ennemis, je ne ferois point ce mariage, mais je n'ai point d'autre moyen que celui-ci. Disoit Sa Sainteté savoir tout ceci pour ce qu'il étoit alors auditeur dudit sieur cardinal il fut avec lui en France. » Lettres de d'Ossat, III, 417.

(2) Lettres de d'Ossat, II, 413.

(3) Id., III, 420.

Tout cela était vrai ; d'Ossat omettait seulement de dire que le succès avait été en grande partie son œuvre. C'est avec lui que le Pape discute ; c'est à lui qu'il soumet ses difficultés et celles de son entourage. Joyeuse avait quitté Rome avant la fin des négociations, et Sillery n'eut qu'à se conduire d'après les conseils de d'Ossat. Cela n'empêcha pas le modeste cardinal de renvoyer à son collègue tout le mérite de la réussite. « Sa Sainteté avoit été vaincue par la persévérance et dextérité de Monsieur de Sillery qui l'a si bien su manier et persuader. Et de fait, m'ayant mon dit sieur de Sillery rapporté comme il y avoit procédé et ce qu'il lui avoit dit, j'en demeurai tout ravi et ne me souviens pas d'avoir vu ni ouï une négociation plus accorte ni mieux conduite, non pas même dans les meilleurs livres que j'ai lus. » (1)

Quoi qu'il en soit de la part qui revient à chacun des deux diplomates dans les résultats obtenus, les historiens de notre temps ne semblent pas rendre à leurs efforts toute la justice qu'ils méritent. A les en croire, cette affaire n'offrait aucune difficulté sérieuse ; le Pape était gagné d'avance, les négociations engagées à Rome et le procès en nullité poursuivi en France ne furent que de pures formalités.

Ce n'est pas là l'impression que laissent les lettres de d'Ossat ni les mémoires d'autres contemporains moins intéressés dans l'affaire. Sans doute le Pape était tout disposé à faire tout ce qui dépendrait de lui pour épargner à la France les malheurs d'une seconde guerre de succession, mais nous savons qu'il n'était pas homme à prendre si facilement son parti des prescriptions religieuses ou canoniques, et la doctrine de l'Eglise était formelle en cet endroit. Clément VII avait laissé Henri VIII et son royaume passer à l'hérésie plutôt que de faire fléchir, au gré de son caprice, la morale de l'Eglise ; nul doute que Clément VIII, dont la conscience était plus timorée, n'eût

(1) Id. III, 404.

été aussi inflexible en face de Henri IV, s'il se fût trouvé en présence d'une union régulièrement conclue. On le verra bien plus tard quand il s'agira de régulariser l'union contractée par le duc de Bar et Catherine de Bourbon, la sœur du Roi.

Avant donc d'obtenir du Pape qu'il prononçât l'annulation d'un mariage tenu si longtemps pour valide, il fallait lui démontrer clairement qu'il en avait le droit. Et c'est en ceci surtout que le rôle de d'Ossat devait être ardu et efficace. Il devait mettre en lumière les motifs qu'on pouvait sérieusement invoquer à l'appui de la nullité du mariage, il avait à en démontrer la valeur au Pape et aux cardinaux, il lui fallait enfin provoquer rapidement la solution d'une question délicate dont l'opinion publique était saisie déjà depuis plusieurs années. L'activité de d'Ossat et sa grande connaissance de la législation canonique lui permirent de résoudre sans délai, de vive voix ou par écrit, les diverses objections que la demande du roi devait soulever. C'est ainsi, grâce à lui, qu'en dépit de la lenteur ordinaire de la cour de Rome, une question de cette importance fut résolue en moins de deux mois. La rapidité de cette négociation ne doit pas, à la distance où nous sommes, nous faire illusion sur sa gravité.

Nous n'avons pas à dire ici comment le procès en nullité fut poursuivi en France. Au point où d'Ossat avait mené l'affaire, un insuccès n'était guère à craindre. Les trois commissaires procédèrent en France à l'instruction de l'affaire avec une impartialité dont les pièces du procès peuvent encore nous donner la preuve. Ils purent ainsi vérifier par eux-mêmes la réalité des motifs allégués. En conséquence, ils prononcèrent l'annulation du mariage de Henri IV et de Marguerite de Valois, le 17 décembre 1599.

D'Ossat avait songé un moment à faire confirmer leur sentence par le Pape (1), sans s'engager toutefois dans de nouvelles négociations qui pouvaient remettre en question

---

(1) Lettres de d'Ossat, III, 478.

les résultats obtenus et retarder d'autant le second mariage pour lequel des pourparlers étaient déjà engagés à Florence. L'occasion se présenta tout naturellement ; ce second mariage vint la fournir. Henri IV pria le Pape d'envoyer son neveu bénir son union avec Marie de Médicis. Nous avons vu comment le Pape et son neveu déférèrent à ce désir.

D'Ossat était dès lors au comble de ses vœux. (1) Le roi « étoit en terme d'avoir lignée légitime au bien et honneur du royaume. » « Aussi est-ce, lui écrivait-il, la seule chose qui nous reste pour le comble du salut que vous avez porté à la France et de tant de prospérités que Dieu a données à Votre Majesté. »

Le roi n'oublia pas combien il était redevable à d'Ossat du succès de ses démarches à Rome. Il lui fit parvenir, dès le mois d'octobre (2), l'expression de ses vifs remerciements; quelques jours après, il lui donnait un témoignage plus sensible de sa reconnaissance, en agréant avec empressement le choix que le Pape avait fait de lui pour l'abbaye de Nant. Le dernier abbé était mort à Rome et, aux termes du Concordat, la provision des bénéfices vacant en cour de Rome appartenait au Pape seul. Clément VIII fut tout heureux de saisir une occasion de montrer, lui aussi, en quelle haute estime il tenait d'Ossat : il lui donna cette abbaye. D'Ossat ne voulut l'accepter que sous le bon plaisir du roi, qui se hâta de le faire parvenir. (3)

Henri IV ne se crut pas quitte à si bon compte envers d'Ossat. Quelques mois après, il le pourvoyait de l'évêché de Bayeux, avec remise du droit de régale. En le transférant de l'évêché de Rennes à celui de Bayeux, le roi

---

(1) Lettre inédite de d'Ossat à l'archevêque d'Arles. Affaires étrangères, Mss. Vol. 27, f° 12 et Lettres d'Ossat, III, 421

(2) Id. III, 433.

(3) Id. III, 399. Nant, ancienne abbaye bénédictine, située dans l'ancien diocèse de Vabres, aujourd'hui chef-lieu de canton du département de l'Aveyron.

voulait sans doute montrer combien il appréciait les services de d'Ossat, mais encore le mettre mieux à même de soutenir l'honneur du cardinalat. Dans quatre ans, l'évêché de Rennes n'avait donné à d'Ossat que quatre mille écus, comme il l'assurait « en foi d'homme de bien » (1), et si, l'année où il fut fait cardinal, il n'avait reçu les quatre mille écus que lui avait légués le cardinal d'Este treize ans auparavant, il eût, disait-il, « donné du nez en terre, tant d'attirail et de bagage cette dignité traîne après soi du commencement. » (2) L'abbaye de Nant ne lui avait valu que deux cent vingt-cinq écus après vingt-deux mois de possession (3) ; une pension de deux mille écus que le crédit de Villeroy lui avait obtenue, et bientôt après l'évêché de Bayeux vinrent tirer quelque peu d'Ossat de la gêne ; mais cette aisance relative fut de courte durée. Nous entendrons, plus d'une fois encore, notre cardinal pousser vers la France des cris de détresse.

Ceci n'infirme pas ce que nous avons dit des sentiments de Henri IV envers d'Ossat ; le roi ne fut pour rien dans cette détresse qu'il ignora longtemps. Le seul coupable, ce fut Sully. D'Ossat venait encore de s'attirer ses mauvaises grâces. Les raisons qui valurent à d'Ossat l'inimitié du grand distributeur des pensions royales méritent d'être rapportées ici. Aussi bien achèvent-elles de nous faire voir jusqu'où d'Ossat poussait son amour du bien public. Le spectacle des maux qui désolaient encore sa patrie avait vivement ému ses regards ; il avait eu la franchise de les déplorer tout haut et la hardiesse de faire parvenir ses plaintes jusqu'aux oreilles même du roi Sully, a-t-on dit (4), n'admettait qu'une manière de servir le roi : la sienne ; il voyait en même

---

(1) Lettres de d'Ossat, III, 435.
(2) Id. III, 436.
(3) Id. IV, 402.
(4) Sainte-Beuve, Causeries du Lundi, VIII, 158.

temps dans les plaintes de d'Ossat une critique plus ou moins directe de son administration, c'était deux fois plus qu'il n'en fallait pour encourir son courroux. Précisons. D'Ossat voyait se succéder des conspirations comme celles de Biron, du comte d'Auvergne et d'autres. Il en concluait que le mécontentement du peuple devait être bien général et bien profond pour que les conspirateurs fussent toujours sûrs de trouver sympathie et appui dans les masses. En même temps l'écho des plaintes des paysans pressurés lui parvenait jusqu'à Rome, peut-être même quelque peu grossi par l'éloignement. Arrivé au terme de sa vie, il crut de son devoir d'élever sa voix en faveur du peuple malheureux.

Dès le mois de mai 1602, à l'époque du soulèvement occasionné par la *Pancarte*, il envoyait à Villeroy, pour être communiqués au roi, quelques conseils empreints d'une profonde sympathie pour les faibles et les petits. Il y suppliait le roi « de continuer à faire mieux administrer la Justice à un chacun, à ne souffrir que les plus forts et les plus audacieux et moins que les officiers de quelque condition et rôle qu'ils soient abusent de leurs charges et de leur puissance à l'oppression de ceux qui sont sous eux ou ont à passer par leurs mains ; » (1) la tolérance de tels actes ne pouvait que rendre le roi impopulaire ; il aimait donc à espérer que le roi apporterait remède « à ce qui pourroit déplaire universellement aux bons, ou en quoi le commun peuple et les Ecclésiastiques ou autres fussent par trop grevés. » (2) Pour cela il comptait beaucoup sur les vertus du roi, sur l'assurance qu'elles lui donnaient du maintien de la paix au dedans et au dehors. Il lui traçait à ce propos l'idéal d'un bon roi tel qu'il le concevait « gardien, tuteur et père du peuple et de tous ses sujets et de leurs personnes, de leur honneur et de leurs biens, établi de Dieu pour commander à son honneur et gloire

---

(1) Lettres de d'Ossat, V, 115 et s.
(2) Ibid.

et au bien, profit, soulagement, repos et félicité de ses sujets. » (1) Il n'y a rien que de louable dans cet idéal proposé aux efforts du roi. Ainsi l'entendit Henri IV. Il vit là une preuve de plus de l'intérêt que d'Ossat portait à son peuple et à sa personne. (2) Sully en jugea tout autrement. Mais sa mauvaise humeur éclata surtout à l'occasion d'une lettre que d'Ossat écrivit l'année suivante à Villeroy à peu près sur le même thème. Son ami lui en avait fourni l'occasion en l'entretenant de quelques émeutes locales qui venaient de se produire. D'Ossat profita de la circonstance pour ajouter un mot dont il était, disait-il « gros depuis longtemps », qu'il avait « ci-devant aucunement signifié, mais non apertement déclaré. » C'est que « quelque légèreté et inquiétude naturelle qu'une grande partie des François aient et quelque ambition et avarice qui règne aujourd'hui parmi eux, les conspirateurs n'eusssent jamais eu l'audace de faire leur conspiration, et mêmement sous le règne d'un si valeureux et heureux roi s'ils n'eussent vu une partie de la noblesse mal contente, l'Eglise toute mal menée et déconfortée, et le pauvre peuple et quasi tout le Tiers-Etat trop foulé... Je ne puis espérer, disait-il, un entier et assuré repos jusques à ce que le Roi ait réformé l'Etat (commençant à soi-même, et entre autres choses à moins prendre sur ses sujets) et contenté les meilleures et principales parties dudit Etat qui prévalent en nombre et en forces aux perfides et séditieux... Je sais bien que ce propos est hardi et que peu l'oseroient tenir, mais je l'estime encore plus vrai et plus nécessaire; et si je pensois qu'il doit profiter, je le voudrois avoir déjà écrit au roi même, au péril de ma vie, ains d'un million de vies si je les avois; combien que je m'asseure qu'il n'y auroit aucun danger et qu'il m'en sauroit gré. » (3)

D'Ossat ne se dissimulait pas la hardiesse de son langage;

(1) Ibid.
(2) Id. V, 249.
(3) Lettres de d'Ossat, V, 202 et s.

mais il croyait devoir faire servir au soulagement des peuples le crédit et l'autorité qu'avaient pu lui obtenir quarante ans de bons et loyaux services. Dans ce suprême effort d'un grand esprit et d'un noble cœur, Sully vit de l'ingratitude pour le roi, un blâme pour lui-même et « une impudence effrontée. » Il a pris soin de conter dans ses *Mémoires* la vengeance qu'il en tira. Le roi avait assigné à d'Ossat, devenu cardinal, une pension de quatre mille écus. Cette pension lui fut payée tant bien que mal pendant les années 1599 et 1600. Mais l'année suivante, d'Ossat dut faire demander sa pension par un banquier.

Les termes de ce dernier ne furent pas jugés par Sully suffisamment respectueux. Le cardinal dut écrire lui-même, et sa lettre ne fut pas encore « jugée assez civile. » On sait combien Maximilien de Béthune, duc de Sully, pair de France, prince souverain d'Henrichemont, marquis de Rosny, comte de Dourdan, etc. etc., était exigeant en matière de protocole. (1) Par considération pour son frère le duc de Béthune, ambassadeur à Rome, qui avait appuyé la demande de son collègue, il fit cependant payer à d'Ossat les trois quarts de sa pension, mais l'année suivante, pour punir d'Ossat de ses propos « qui n'étoient guère à l'avantage du roi » et de lui, Sully il « changea son assignation qui était fort bonne en une autre dont il se doutoit bien que d'Ossat ne tireroit pas grand chose. » (2) La pension de d'Ossat précédemment assignée sur la recette de Paris lui fut assignée et assez tard sur la recette de Tours. C'était faire présager à d'Ossat la suppression à peu près complète de sa pension, ou du moins une réduction notable, car, en fait, il lui serait bien difficile de se faire payer à Tours, alors qu'il avait déjà eu quelque peine à se faire payer à Paris. Cette perspective, à cette heure, était faite pour alarmer vivement d'Ossat ; il fit

(1) On a prétendu qu'il ne répondait pas aux lettres de d'Ossat pour n'avoir pas à lui donner du « *Monseigneur*. »
(2) *Œcon. roy.* de Sully, I, 412, col. Michaud.

parvenir à Villeroy la touchante expression de ses plaintes. « Cette nouvelle, Monsieur, m'est venue, lui écrivait-il (1), non-seulement contre mon besoin et nécessité, mais aussi contre mon opinion et expectation, car encore que je ne me fonde guère sur des espérances, et qu'au contraire, j'aie toujours craint d'être par le moyen du cardinalat condamné à une perpétuelle et honteuse pauvreté, si est-ce que je n'étois pas allé si avant que de penser qu'en un temps de paix et en un temps, auquel le Roi me fait faire ses affaires à Rome et que je lui épargne cependant ce qu'un ambassadeur lui eût dépensé, et en un temps encore où je fais office de Protecteur avec beaucoup de peine et sans aucun émolument, comme je n'en désire et ne m'en appartient point, aussi je n'avois, dis-je, été si prévoyant que de penser qu'en ces trois temps joints et considérés ensemble et durant le même besoin et nécessité, on me diminueroit ladite pension... » Il lui montrait ensuite que les bénéfices qu'il avait reçus récemment n'avaient pas sensiblement amélioré sa position; il ne pouvait donc, tant que le roi le tiendrait à Rome, se passer de pension. Si le roi ne pouvait la lui continuer ou lui donner l'équivalent en bénéfices, il priait Villeroy de supplier le roi qu'il lui fût permis d'aller résider en son évêché. « Si nonobstant tout ce que dessus, concluait d'Ossat, Sa Majesté me détenoit ici plus longuement sans que j'eusse de quoi m'entretenir en cardinal, je n'en partirai ja sans son congé, mais je sens bien en moi-même que cela m'abrégeroit mes jours et m'y feroit bientôt mourir de nécessité, de regret et de honte. » (2) Villeroy ne pouvait manquer d'être ému par cet appel éploré. Il intervint auprès de Sully, mais il eut beau représenter son ami « comme un des plus affectionnés serviteurs du roi en Italie, et assurer qu'à cause de son mérite tous ceux qui

---

(1) Lettres de d'Ossat, IV, 403.
(2) Lettres de d'Ossat, IV, 405.

le gratifieront en recevront gloire et louange, » (1) toutes ces considérations furent sans effet auprès du rancunier ministre. Non seulement il se refusa à revenir sur sa décision, mais ayant eu, dit-il, connaissance de la lettre du 27 janvier 1603, il se montra plus intraitable que jamais et « il se résolut à ne plus l'assigner du tout sans un commandement exprès du roi. » (2)

Et cependant un cardinal Français qui résidait à Rome, ne pouvait y vivre à moins de huit mille écus. (3) D'Ossat n'avait jamais eu de fortune personnelle et ce n'est pas avec les revenus de l'évêché de Rennes, nous l'avons vu, qu'il eût put réaliser des économies. L'abbaye de Nant n'avait guère augmenté ses ressources, et l'évêché de Bayeux n'avait pas réalisé les espérances du roi. D'Ossat n'avait pu trouver à en affermer les revenus, il avait fallu les donner en recette. (4) Pour en obtenir quelque argent il fallait attendre la vente des fruits, qui n'était pas toujours très facile, ni très productive. C'est à grand peine s'il pouvait retirer de tous ses bénéfices la somme de quatre mille écus. La pension de quatre mille écus, que le roi lui avait assignée, lui était donc indispensable. Dans ces conditions, force fut à d'Ossat de s'adresser à Henri IV lui-même pour triompher du mauvais vouloir du ministre. Il rappela à Henri IV « la pension qu'il lui avoit plu lui accorder » et qui, assurément contre son intention, ne lui était plus servie. Il le suppliait donc de lui faire payer les arrérages des deux années passées et de donner ordre, à l'avenir, à ce que sa pension lui fût intégralement payée. Henri IV, qui était loin de partager, comme l'insinue Sully, les préventions de son ministre, se hâta de donner l'ordre que sollicitait d'Ossat. (5) Cet ordre eut sans doute son

---

(1) Sully, *op. c.* 1, 412.
(2) Ibid et s.
(3) Lettres de d'Ossat, IV, 402.
(4) Lettres de d'Ossat, IV, 403.
(5) Id. V. 252.

plein effet. Nous ne trouvons plus sous la plume de d'Ossat ces plaintes douloureuses, qui jusqu'ici revenaient si souvent dans sa correspondance. D'Ossat avait bien droit de recueillir sa part dans ce bien-être général que ses services contribuaient à assurer à la France.

CHAPITRE III. — D'Ossat et la politique extérieure de Henri IV

§ Ier — Les Alliés de l'Est

I. — *Lutte de Henri IV contre l'Espagne. — Concours qu'il attendait de ses représentants à Rome. — Tous ses ambassadeurs ont ordre de prendre les conseils de d'Ossat et d'agir de concert avec lui.*
II. — *Luxembourg. — Obédience de Navarre. — Affaire de Ferrare. — Henri IV suit les conseils de d'Ossat. — Bénéfice qu'il en recueille à Rome.*
III. — *Sillery. — Béthune. — Politique italienne de Henri IV après le traité de Lyon. — Obstacles qu'elle rencontre dans les dispositions du Pape et dans notre politique intérieure. — Château-Dauphin. — Méfiance excitée chez les États indépendants par le traité de Lyon. — D'Ossat s'emploie à faire tomber cette prévention, par ses réclamations contre les armements de Fuentés.*
IV. — *Le Pape et son entourage refusent de nous suivre au-delà de ce que comportent leurs intérêts actuels. — D'Ossat travaille à nous ménager des sympathies en dehors de la cour pontificale. — Pensions à des chanoines de Latran, aux cardinaux, à divers partisans ou agents de la France en Italie.*
V. — *Les autres États ne peuvent ni ne veulent contracter d'alliance sans Rome. — Vues de Henri IV sur le duc de Savoie. — Intrigues du duc à Rome déjouées par d'Ossat. — Alliance avec les Grisons. — Alliance franco-turque. — Mécontentement qu'elle cause au Pape. — Comment d'Ossat la défend.*

L'œuvre de restauration, à laquelle s'était vouée Henri IV, n'eût pas été complète si, après avoir donné à la France la paix et la prospérité, il ne s'était préoccupé de lui rendre au dehors son ancienne prépondérance. Cette prépondérance, la France avait à la disputer à la maison d'Autriche. Par ses rêves de domination universelle, la monarchie espagnole n'avait pas ... pour l'indépendance des autres nations... tout avait à se prémunir contre les ambitieuses visées de sa rivale. Henri IV avait eu à arracher les deux tiers de son territoire aux armes de Philippe II jointes à celles de la Ligue. Le traité de Vervins, qui devait marquer l'apogée de la puissance espagnole, fut loin de mettre fin à l'ambition de Philippe II et de son successeur. La paix avait été imposée aux belligérants plutôt par l'épuisement de leurs forces que par le désir d'une entente définitive. Les hostilités continuèrent sourdement dans les relations diplomatiques. Elles donnèrent même lieu à divers incidents qui faillirent faire courir aux armes les deux peuples irréconciliables.

Henri IV n'était point si pressé; il lui fallait encore plusieurs années de paix pour préparer en silence l'exécution des projets qu'il méditait. Tout en reconstituant ses forces à l'intérieur, il voulait se ménager au dehors de solides alliances pour le jour où il lui conviendrait d'engager les hostilités. En conséquence, pendant que ses ministres referaient ses finances et son armée, ses représentants à l'étranger devaient travailler à lui assurer le concours des autres nations plus ou moins menacées par l'ambition de la maison de Habsbourg.

La mission qui, de ce chef, allait incomber à nos ambassadeurs à Rome avait une importance prépondérante. L'impulsion qui imprimait le mouvement aux affaires espagnoles partait sans doute de Madrid, mais elle avait à Rome son principal point d'appui. C'est là que Philippe II avait trouvé aide morale et appui matériel dans ses projets contre la France, à l'époque de la Ligue; c'est là qu'il en demandait encore contre l'Angleterre et ne désespérait pas d'en obtenir un jour dans ses desseins contre nous. Aussi n'épargnait-il rien pour se concilier la faveur du Saint-Siège. Etroitement uni avec lui, il n'avait rien à craindre pour ses possessions italiennes, car toute coalition des Etats libres de la Péninsule était condamnée à l'impuissance tant qu'elle n'aurait pas l'appui du Pape.

Pour des motifs tout différents, Henri IV attachait un grand prix à s'assurer les sympathies du Vatican et à gagner du crédit dans le « consistoire, qui étoit, disait-il, la clef du bien ou du mal du royaume (1) et de l'Europe. »

C'était d'abord pour lui le plus sûr moyen de contrecarrer la politique espagnole. Tant que la France serait sans marine d'Etat, l'Espagne ne présentait à ses coups que deux points vulnérables : l'Italie et les Pays-Bas. Mais depuis le traité de Vervins et plus particulièrement depuis celui de Lyon, il ne pouvait rien en Italie sans le secours des Etats indépendants ; or il était impossible de les gagner à notre cause si le Saint-Siège se prononçait contre nous.

Autour des Pays-Bas, nous ne pouvions guère nous ménager des alliances qu'avec des Etats protestants tels que la Hollande, l'Angleterre ou l'Allemagne. Mais de telles alliances excitaient toujours les vives alarmes du Pape qui alors se rapprochait instinctivement du roi d'Espagne. A vouloir ainsi consolider nos alliances du Nord, nous risquions de perdre celles de l'Est.

La tâche imposée à la diplomatie française à Rome était donc aussi délicate qu'importante. Heureusement à côté de nos ambassadeurs il y avait d'Ossat, et d'Ossat fut toujours à la hauteur des situations les plus difficiles. Tous les ambassadeurs qui se succédèrent depuis la reprise de nos relations avec Rome jusqu'à sa mort, eurent ordre de lui communiquer nos affaires, de prendre ses conseils et d'agir toujours de concert avec lui. Assez souvent même, il eut à gérer seul l'ambassade : pendant les neuf ans qu'il passa à Rome depuis l'absolution, il y

---

(1) *Mémoires du Président Groulard.* Ed. Petitot, p. 383.

fut, pendant quatre ans environ, notre unique représentant.

Après son absolution, Henri IV avait, nous l'avons vu, chargé tout d'abord d'Ossat de prendre soin de nos affaires, en attendant l'arrivée d'un ambassadeur titulaire. Cet intérim se prolongea pendant près de deux ans. Il n'amena guère à d'Ossat que des affaires ecclésiastiques ; nous avons déjà vu quelle fut son attitude dans ces affaires. Le duc de Luxembourg-Pincy, le nouvel ambassadeur dont le roi avait fait choix, prenait possession de son poste le 20 mars 1597. Ce personnage n'était pas, nous le savons, un inconnu à Rome. Il y était déjà venu prêter l'obédience au nom de Henri III, et plus récemment sous Sixte-Quint.

A ce diplomate, qui semblait si bien préparé par son passé, Henri IV voulut assurer encore les secours de l'expérience acquise par ses agents à Rome. Il lui recommanda de communiquer ses *Instructions* au cardinal de Joyeuse et de se conduire « en toutes choses selon ses bons records et enseignements. (1) Il en fera de même, ajouta le roi, avec l'évêque de Rennes, qu'il trouvera sur les lieux, lequel pour la grande pratique qu'il a de ladite cour de Rome et des affaires de Sadite Majesté, auxquelles il a été longtemps et pendant ces derniers troubles continuellement employé, informera si bien le duc qu'il qu'il ne lui laissera rien à désirer en toutes les particularités dont il voudra être éclairci, comme personne qui n'a désemparé ladite cour depuis dix-huit ou vingt ans et qui s'est acquis une grande créance et probité et intégrité, loyauté au service de Sa Majesté et suffisance parmi ceux qui pratiquent en icelle. » (2)

Le duc de Luxembourg ne tarda pas à reconnaître par lui-même la valeur de l'auxiliaire que le roi lui donnait dans la personne de d'Ossat. Le nouvel ambassadeur

---

(1) *Instruction... donnée à Luxembourg*, B. N. Mss. Fr. n° 18,000 (Inédit)
(2) Ibid.

avait d'abord à prêter obédience au nom d'Henri IV comme roi de France et de Navarre. L'obédience pour la France ne présentait aucune difficulté ; il en fut tout autrement pour le royaume de Navarre. A l'époque où le roi Louis XII était en guerre contre Jules II, celui-ci excommunia le roi de France et ses adhérents ; le roi de Navarre, Jean d'Albret, était de ces derniers. Ferdinand le Catholique fut tout heureux de saisir ce prétexte pour lui enlever la partie de ses Etats située sur le versant méridional des Pyrénées. Dès lors, tenant compte des faits accomplis, les Papes n'acceptèrent le serment d'obédience des rois de Navarre qu'avec des restrictions destinées à sauvegarder les droits de Sa Majesté catholique. Clément VIII se fût bien gardé d'innover en matière si délicate. A l'annonce de l'approche de Luxembourg, il fit part à d'Ossat de ses intentions de faire la même restriction que ses prédécesseurs. D'Ossat s'émut de cette communication. Cependant, après avoir feuilleté les procès-verbaux des obédiences antérieures, il put se convaincre de l'exactitude des précédents allégués par le Pape. Cette constatation le rendit perplexe. Que devait-il faire? Pouvait-il se prêter à des restrictions qui semblaient humiliantes pour la couronne? La première pensée de d'Ossat fut de s'y refuser. Mais avant de prendre cette décision, il envisagea prudemment les conditions et les conséquences d'une résistance. Cette restriction avait été déjà appliquée deux fois. Henri IV l'avait même acceptée en 1573. D'ailleurs elle ne donnait ni n'ôtait rien à aucune des parties ; soulever un incident autour de cette question, c'était vouloir la faire porter devant la congrégation des Cardinaux où elle recevrait sûrement une solution contraire aux vœux du roi. Le résultat le plus clair de cette opposition serait « de faire savoir au monde ce que la plupart ignorent et ce à quoi plusieurs ne prendront garde... De ce qui en soi n'est rien nous en aurons fait une grande chose et aurions donné occasion aux Espagnols de se vanter quoique faussement, qu'ils auroient eu un arrêt en leur faveur contre le Roi touchant le royaume de Navarre. » (1) Dans ces conditions d'Ossat jugeait que le meilleur parti était de dissimuler. « Quand le secrétaire du Pape répondant pour lui diroit les mots *sauf préjudice du roi d'Espagne, etc.*, on feroit semblant de n'en rien entendre, et si quelqu'un en donnoit avis aux ambassadeurs, ils répondroient qu'ils n'en avoient nul souci. » (2)

Là dessus arriva Luxembourg ; d'Ossat le mit au courant de la question et lui communiqua ses vues. Le nouvel ambassadeur, zélé comme tout débutant, ne voulut pas en passer par les conseils de d'Ossat : il croyait l'honneur de son roi intéressé à la résistance. Il présenta au Pape un mémoire tendant à faire omettre la clause restrictive ou du moins à la faire modifier. Le mémoire eut le succès que d'Ossat avait prévu.

Luxembourg en référa au roi. Henri IV se prononça dans le sens de d'Ossat : « Ne faites difficulté, lui répondit-il, de prêter l'obédience du royaume avec la déclaration qui fut faite du temps du feu roi mon père et par moi en l'année 1573, puisque c'est chose que Notre S. P. désire qui soit suivie. Car je veux m'accommoder à ses volontés tant qu'il m'est possible et me semble que je ne dois refuser de souffrir ce qui a été souffert par moi et par le feu roi mondit père. » (3) Ainsi en fut-il, et l'incident n'eut pas d'autre suite.

Henri IV avait donné comme instruction générale à ses représentants de lui assurer dans la mesure du possible les sympathies du Saint-Siège. La mort du duc de Ferrare vint leur fournir à ce sujet une occasion favorable. La famille d'Este tenait ce fief du Saint-Siège. Pie V et Sixte-Quint avaient défendu par des bulles solennelles de concéder à nouveau les fiefs de l'Eglise qui viendraient à tomber en

---

(1) Lettres de d'Ossat, IV, 423.
(2) Id. II, 424.
(3) Id. II, 442.

dévolu. Aux termes de ces bulles, le duché de Ferrare devait faire retour au Saint-Siège à la mort d'Alphonse II, le duc régnant, qui n'avait pas d'enfant. Alphonse laissait bien un cousin, César d'Este, à qui il légua par testament ses biens et ses Etats : mais Clément VIII n'accepta pas ces dispositions : il réclama le duché de Ferrare pour le Saint-Siège et il se mit en état de faire valoir ses revendications par tous les moyens possibles. Il ne parla de rien moins que « d'y mettre jusqu'au dernier calice des Eglises et même d'aller mourir aux fossés de la ville de Ferrare avec le Saint-Sacrement entre ses mains. » En même temps il commençait des préparatifs de guerre ; un emprunt était contracté et son neveu le cardinal Aldobrandini se rendait dans les provinces pour lever des troupes.

César d'Este se mit en état de défense. Les autres princes indépendants, Florence et Venise, lui firent espérer des secours. Toujours jaloux les uns des autres, ces Etats redoutaient surtout l'accroissement du territoire pontifical. A leur gré il n'était déjà que trop puissant avec ses seules armes spirituelles.

Laissée à elle seule, l'Italie se fût prononcée tout entière en faveur de César d'Este. Que fût-il advenu dès lors des revendications de Clément VIII ? Nous ne le savons guère, mais la péninsule était à une époque où l'influence de la France et de l'Espagne pesaient plus dans ses affaires que les aspirations de ses peuples.

Les Espagnols se déclarèrent pour César d'Este ; ils firent bon accueil à ses sollicitations ; le gouverneur de Milan lui offrit des garnisons espagnoles pour ses places fortes. Aussi César proposa-t-il au Pape de s'en remettre à l'arbitrage de Philippe II. (1)

On attendait avec anxiété la décision que prendrait Henri IV. La France n'avait pas grand intérêt dans une querelle purement italienne. Clément VIII s'était cependant hâté de lui députer un envoyé extraordinaire pour

(1) Lettres de d'Ossat, II, 507.

lui faire part de la dévolution du duché de Ferrare au Saint-Siège et de la résolution qu'il avait prise de le recouvrer et de faire appel à ses bons offices. (1)

Bien que Luxembourg lui eût fait connaître ses sentiments, avant de prendre une décision, Henri IV voulut connaître la pensée de d'Ossat. (2) Il lui fit demander de lui dire confidemment et librement son avis sur cette guerre de Ferrare et, entre autres choses, « s'il estimoit qu'elle fût pour durer ou pour finir bientôt par quelque accord, quelle étoit l'inclination en général et en particulier des Princes et potentats d'Italie sur ladite guerre, quelle utilité le roi pouvoit en tirer et par quel moyen, avec tout ce qui devroit lui être représenté pour son service. » (3)

L'avis de d'Ossat fut que ce différend ne s'apaiserait jamais par un accord à l'amiable ; le Pape et les cardinaux étaient trop résolus à rentrer dans les droits du Saint-Siège. « Quand Dieu appelleroit à soi le Pape d'à présent, tous les cardinaux à l'élection d'un autre l'obligeroient par serment à poursuivre cette guerre jusques à l'entier recouvrement de la ville et du duché de Ferrare. »

Quant aux princes d'Italie, ils étaient opposés à tout agrandissement temporel du Pape. « Si les fiefs détachés de ses Etats y faisoient successivement retour, le Pape seroit en mesure de faire la loi à toute l'Italie. » Venise et le grand-duc détenaient d'ailleurs quelques villes détachées à diverses époques du duché de Ferrare ; ils craignaient que les Papes, rentrés dans Ferrare, n'en vinssent aussi à réclamer ces villes ; les uns et les autres préféraient, en tout état, le voisinage d'un duc de Ferrare à celui du Pape. « Les Espagnols par dessus tous les autres seroient marris de voir augmenter le pouvoir du Pape, qui, sur tous les

---

(1) Id. II, 199.
(2) Id. II, 501.
(3) Lettres de d'Ossat, 501, et s.

autres peut moyenner leur abaissement et la liberté de l'Italie qu'ils oppriment. En somme, concluait d'Ossat, tout ce qui est plus fort et plus puissant en Italie défavorisera le Pape. Bien est vrai que ce peu qui par dévotion ou pour tout autre respect sera pour le Saint-Siège, le sera à découvert, mais ceux qui favoriseront Don César (j'entends des Princes italiens), ne s'en oseront découvrir pour la révérence du Saint-Siège et de la justice de sa cause et par crainte de l'excommunication. »

Si une guerre venait à éclater dans la Péninsule, le roi n'a pas à s'alarmer Elle ne peut avoir pour lui que d'heureuses conséquences ; les troupes espagnoles seront retenues en Italie et le grand-duc de Toscane occupé chez lui serait moins envahissant du côté de l'île d'If ; si le roi est requis de secourir le Saint-Siège, il pourrait se promettre de grands avantages de l'appui qu'il prêterait au Pape. Par là, il donnerait une preuve irrécusable de ses sentiments religieux et persuaderait à tout le monde que s'il lui arrivait de prendre des mesures qui de leur nature sembleraient peu favorables aux catholiques, il ne le faisait que contraint par la nécessité. « Ce secours, disait d'Ossat, donné si à propos et par Votre Majesté donnera au Pape et à tout le collège des cardinaux un grand désir de s'en revancher et de faire tout ce qui pourra tourner au bien et exaltation de Votre Majesté. Outre que ce sera un grand moyen de tirer des grâces de Sa Sainteté et de rehausser à Rome les fleurs de lis et y remettre sus le parti de France, non seulement pour le respect de votre vie, mais aussi pour vos successeurs. » (1)

La couronne de France avait de grandes obligations envers la maison d'Este. Elle lui avait emprunté des sommes d'argent considérables et les cardinaux de cette famille avaient été longtemps les protecteurs de nos affaires à Rome. Nous avons vu ce qu'avait fait Louis

(1) **Lettres de d'Ossat, II, 506.**

d'Este pour notre cause. Henri IV crut que tout autre sentiment devait s'effacer devant l'intérêt général de la France et que, dans une question où les Espagnols, ses ennemis, avaient pris parti, il devait se prononcer contre eux ; il adopta de tous points les vues de d'Ossat. Il se prononça en faveur du Pape et se déclara « prêt non seulement à envoyer une armée au delà des monts, si le Pape le désiroit, mais encore à venir en personne à son aide avec toute son armée. (1)

L'offre de Henri IV décida la question. Le Pape, sûr de ce puissant appui, prit une énergique offensive. Dès lors, les alliés n'osèrent plus soutenir ouvertement le duc. Venise se contenta d'empêcher le neveu du Pape de lever des recrues dans ses Etats, et le duc de Florence se borna à de bonnes promesses. César d'Este, pressé par les bulles du Pape, serré par ses armes, menacé par celles du roi de France, fut mal soutenu par ses alliés, et finalement abandonné par ses sujets ; convaincu que toute résistance était impossible, il abandonna Ferrare dont le Pape prit aussitôt possession.

Tel était le résultat de la première immixtion de Henri IV dans les affaires de la péninsule. Cet acte d'intervention, conseillé par d'Ossat, a été blâmé par des historiens (2) comme une inconséquence de la politique française. Ce reproche est pour le moins prématuré à cette époque. N'oublions pas que le traité de Lyon ni même celui de Vervins n'ont encore été conclus. Henri IV n'a pas à proprement parler de politique italienne. Mais il avait un intérêt immédiat à créer des embarras aux Espagnols, à travailler à les affaiblir dans la péninsule en attendant de les en expulser. Son intervention tendait déjà à ce résultat. Le Pape, comme l'avait prévu d'Ossat, comprit qu'il pourrait désormais compter sur le roi de France. Il

---

(1) Id., III, 8.
(2) Rott, *op. cit.* 108.

se sentit plus libre du côté de l'Espagne. (1) Si les princes italiens avaient été moins aveuglés par la jalousie, ils auraient vu que l'agrandissement du Pape accroissait d'autant les forces de la résistance anti-espagnole. Les Espagnols, nous l'avons vu, ne s'y étaient pas trompés ; ils avaient été les premiers à prendre ombrage des projets du Pape. Aussi d'Ossat pouvait-il dire au Roi que son intervention allait faire crever de dépit tous ses ennemis et particulièrement les Espagnols « non seulement pour l'envie et jalousie qu'ils auront de voir par Votre Majesté défendu et accru le Saint-Siège qu'ils ont toujours oppugné et cherché de diminuer, mais aussi pour se voir si apertement desmenti de leurs calomnies en ce qu'ils disoient avant l'absolution, qu'après que vous l'auriez obtenue, le Saint-Siège et l'Eglise n'auroient point un pire ennemi que Votre Majesté. » (2)

Henri IV, conformément aux prévisions de d'Ossat, put bientôt recueillir le bénéfice de ses offres de service. L'année suivante avait lieu la première promotion de cardinaux français élus à sa demande. Elle lui permit d'ébaucher la reconstitution d'un parti français au sein du Sacré Collège, et il se crut bientôt assez sûr des sympathies du Pape pour commander aux cardinaux, ses partisans, de suivre en tout le cardinal-neveu Aldobrandini. (3) Par là, il se ménageait la chance de faire accepter sans trop de protestations l'Edit de Nantes et d'obtenir l'annulation de son premier mariage.

Cette attitude si avantageuse pour nos intérêts ne laissa pas d'ailleurs dans l'esprit des autres peuples de la péninsule la fâcheuse impression qu'on semble croire. Moins de six mois après, le duc de Florence se prêtait dans la question des îles d'If et de Pomègues à plus

---

(1) Lettres de d'Ossat, II, 8.
(2) Id. II, 517.
(3) Id III, 365.

d'accommodements que n'en avait espérés le roi, et il lui faisait conseiller lui-même de prendre grand souci des choses de Rome. (1) Venise elle-même ne tint pas rigueur au principal auteur de l'annexion de Ferrare. Elle fit un excellent accueil au messager de la paix de Vervins. Ces Etats comprirent vite que les Espagnols, devenus libres du côté de la France, allaient pouvoir reprendre dans la péninsule leur travail de lente conquête. Dès lors Henri IV restait encore pour l'Italie indépendante le seul allié dont elle pût espérer quelque appui.

Le duc de Luxembourg pouvait revendiquer une part dans ces résultats, mais la moindre assurément. Pour qui l'avait vu à l'œuvre, ses actes n'avaient pas tenu ce que son passé semblait promettre. Plus d'une fois d'Ossat avait eu, comme nous l'avons vu, à modérer son zèle intempestif, à réparer ou à prévenir ses témérités. Néanmoins, avec sa bienveillance habituelle, il ne laissa pas de faire à Villeroy l'éloge de son collègue. D'autres ambassadeurs, qui l'avaient vu à l'œuvre, y mettaient moins de générosité. Ils le jugeaient inférieur à sa mission et ne se faisaient pas faute de le dire. L'ambassadeur de Venise, Dolfin, rapporte au sénat « qu'un des plus grands obstacles au succès des affaires du roi de France avait été d'avoir eu à cette époque un ambassadeur peu actif, sans initiative, qui n'avait jamais donné aucune satisfaction et était incapable d'en donner en paroles, quand même il l'eût voulu. » (2)

L'habileté de d'Ossat suppléait heureusement à l'infériorité de Luxembourg. Celui-ci ne faisait pas difficulté de reconnaître qu'il devait beaucoup à son collègue. Des trois prélats auxquels Henri IV l'avait adressé, il n'avait trouvé que d'Ossat à Rome. « Je n'ai receu, disait-il, assistance de personne que de M. de

---

(1) Id. III 148.
(2) *Relat. au Sénat*, op. cit. p. 469.

Rennes, duquel j'ai beaucoup sujet de me contenter comme très digne serviteur de Sa Majesté. » (1)

Après six mois de vacance, l'ambassade de Rome fut confiée à Sillery. Le nouvel ambassadeur arrivait précédé d'une grande réputation. Il avait déjà fait ses preuves en Suisse. Les instructions dont il était porteur lui faisaient connaître les intentions du roi, mais il avait ordre d'en conférer avec l'évêque de Rennes « avec lequel Sa Majesté entend, continuait le roi, qu'il ait durant sa résidence, par delà, toute bonne intelligence comme personnage auquel Sa Majesté confie entièrement pour sa probité et loyauté et lui rende connaissance des affaires qu'il a à Rome et de la bonne assistance duquel Sa Majesté et tous ceux qu'elle a ci-devant envoyés devers Sa Sainteté pour son service se sont très bien trouvés comme se promet que fera encore ledit de Sillery, auquel il déclarera combien Sa Majesté est satisfaite de lui, désirant qu'il continue à la servir et l'assure de la reconnaissance qu'il en doit attendre en toutes occasions qui s'offriront pour son honneur et utilité. » (2)

Le roi ayant eu encore occasion de parler de d'Ossat recommande de rechef à son ambassadeur de se servir en toutes choses des avis de l'évêque de Rennes, « comme de ceux auxquels Sa Majesté a pleine et entière confiance et duquel est très assuré qu'il sera très bien secondé. » (3)

Sillery put d'autant mieux constater la vérité de ces éloges que l'objet de sa mission requérait davantage le concours de d'Ossat. Aux termes de son instruction, il avait surtout à excuser le roi de la non-publication du concile de Trente, à obtenir l'annulation de son mariage et à justifier la promulgation de l'Edit de Nantes. (4) Des

---

(1) *Instructions données à Luxembourg*, B. N. Mss 18000.
(2) *Instruction donnée à Sillery*... B. Nat. Mss. fr. f° 3 inédit.
(3) Ibid.
(4) Id.

affaires de ce genre étaient plus particulièrement de la compétence d'un ecclésiastique, et nous avons vu quelle grande part d'Ossat y avait prise. Sillery ne resta guère à Rome plus d'une année. Une fois que l'annulation du premier mariage eut été obtenue, il se rendit à Florence, pour préparer le second. Il partait au mois de septembre et laissait tout le poids des affaires à d'Ossat qui allait le porter une année entière.

Le nouvel ambassadeur, le comte de Béthune, arrivait à Rome en octobre 1600. Philippe de Béthune, frère de Sully, était un diplomate de carrière, « capable, judicieux et zélé au service du roy et du royaume. » (1) Henri IV lui avait recommandé, à lui aussi, de prendre sur toutes les affaires les avis de d'Ossat. A chaque paragraphe de l'*Instruction* (2) qui lui fut remise, il est question de d'Ossat. Nous ne citons pas, car tout serait à citer, et toutes les citations seraient du genre de celles-ci que nous avons relevées au hasard : « Vous agirez ainsi... si le cardinal et vous jugez à propos... (3) Je ne vous prescrirai (4) ici ce que vous avez à faire pour me servir en cette occasion selon mon intention, me remettant à ce que mon cousin et le cardinal d'Ossat et vous en adviserez. » Ce n'était pas trop de tout le talent de Béthune, de toute la sagesse de d'Ossat pour la tâche qui leur était confiée. La paix de Lyon semblait donner tort aux espérances que les Etats libres fondaient sur notre présence dans la péninsule. A leurs yeux, la cession du Marquisat de Saluces était la preuve irrécusable du peu d'intérêt que le roi portait aux affaires de l'Italie. Il abandonnait aux convoitises de l'Espagne ses alliés d'hier. « Pour ne vous rien céler, lui écrivait son ambassadeur à Venise, le délaissement du marquisat de Saluces nous a fait perdre,

---

(1) Lettres de d'Ossat, V, 69.
(2) *Instruction* donnée à Béthune, B. N. Mss, 3484, inédit.
(3) Ibid, f° 57.
(4) Ibid, f° 74.

tout ce que nous avions de reste d'affection et bonne volonté en Italie, voire tout ce qui nous avait été conservé au plus fort de nos misères ; ceux, dis-je, qui ont tenu notre parti lorsque nous étions excommuniés lorsque tout le monde était bandé contre nous, lorsqu'ils ont vu qu'estant paisibles possesseurs de l'état, estant victorieux de notre ennemi, nous avons abandonné le pied qui nous restoit en Italie pour une petite utilité qui ne nous pouvoit échapper toutes les fois que nous fussions rentrés en guerre... les affections de tous les sages de ce pays nous ont abandonnés et les ont fait résoudre à s'accommoder ainsi à leur utilité. » (1) Ainsi l'avaient prévu les Espagnols : leurs ambassadeurs assuraient au Roi, avant le traité de Lyon, que la tranquille possession de ses États était subordonnée à l'expulsion des Français de la péninsule, aussi l'engageaient-ils à empêcher à tout prix le Marquisat de leur faire retour. (2)

Le découragement des uns n'était pas plus fondé que la joie des autres ; Henri IV était aussi sympathique que jamais à la cause de l'indépendance italienne. La cession du Marquisat n'avait nullement, dans sa pensée, la signification que Florence et Venise y attachaient ; par malheur, elle devait avoir l'effet qu'avait prédit d'Ossat. Le cardinal ne s'attarda pas cependant à des plaintes inutiles ; il s'employa tout aussitôt avec Béthune à réparer la faute commise. Il apporta tout son savoir et tout son dévouement au service de la politique de Henri IV en Italie.

Cette politique, que Béthune et d'Ossat allaient inaugurer, différait de celle qu'avaient suivie jusqu'alors les rois de France. Dans cette Italie morcelée comme un échiquier, des provinces et des royaumes étaient offerts autrefois aux plus braves. Louis XII, François Ier et leurs successeurs immédiats avaient voulu en prendre leur part. On

---

(1) Fresne-Canaye à Ancel, citée par Rott, *op. cit.* p. 124.
(2) Inigo de Mendoza à Philippe III, dans Rott, *op. cit*, p. 103.

sait quel avait été le résultat de leurs brillantes chevauchées. A l'avènement de Henri IV, de tant d'efforts, de tant de sang versé, il ne nous était pas resté un pouce de terre au-delà des Alpes. En revanche, l'Espagne y était maîtresse du duché de Milan et des anciens royaumes de Naples et de Sicile. Henri IV, après la paix de Lyon, entendait renoncer à cette politique de conquêtes. Il ne cherchait plus dans l'Italie qu'une alliée contre l'Espagne, son irréconciliable ennemie. La péninsule ne devait plus être une proie offerte au premier occupant, mais le point le plus vulnérable du vaste empire espagnol, le théâtre le plus accessible d'une guerre de diversion.

Mais pour offrir un concours appréciable à un allié, les Etats libres devaient rester étroitement unis contre l'Espagne. A ce prix seulement ils pouvaient créer aux Espagnols de sérieux embarras. Henri IV avait donc à s'assurer d'abord les sympathies de ces Etats et à les engager tous, pour le moment où il jugerait à propos d'ouvrir la lutte, dans une alliance contre l'ennemi commun. C'est à cette œuvre rendue si difficile par le traité de Lyon que d'Ossat allait plus particulièrement consacrer les quatre dernières années de sa vie.

Il fallait d'abord maintenir, accroître même, si possible, notre influence à Rome. Notre intervention à Ferrare avait merveilleusement servi les desseins du roi. Clément VIII, dès lors, ne douta plus des sentiments de Henri IV. Il accueillit, du moins sans défiance, ses diverses sollicitations. La faction française se releva peu à peu dans le Sacré Collège, elle fut souvent en état de tenir tête à la faction espagnole. L'ambassadeur de Philippe III constatait avec humeur (1) que les ecclésiastiques qui voulaient monter aux grandes dignités se déclaraient ouvertement pour la faction française.

(1) « Agnadiendose los favores visibles que el Papa haze al rey de Francia y lo que prevalece en esta era la parte francesa con los ecclesiasticos que para subir a grandes dignidades siguen al descubierto aquella faccion. *Inigo de Mendoza à Philippe III* cité dans Rott, *op. cit.* p. 138.

Le traité de Lyon ne modifia pas notre situation à Rome ; Clément VIII était le seul prince d'Italie qui n'eût pas le droit d'en être mécontent. Conclu sous sa haute médiation, ce traité réalisait les vœux les plus chers du chef de l'Église. La cession du Marquisat à la Savoie fermait à l'hérésie la porte de l'Italie et donnait à la paix de Vervins de nouveaux gages de durée. Or l'expulsion de l'hérésie, la consolidation de la paix et, partant, la possibilité de réunir contre les Turcs toutes les forces de la chrétienté, c'étaient là en ce moment les seuls objectifs de la politique papale.

A côté du chef de l'Eglise, il y avait dans le Pape le prince italien. Clément VIII était loin d'être indifférent à la cause de l'indépendance nationale, et il ne se faisait aucune illusion sur les dangers que faisait courir à cette cause l'extension progressive de la domination espagnole. Dans ses entretiens avec les ambassadeurs de Venise (1), il ne faisait pas mystère de ses sentiments à cet égard. A ses yeux, les Espagnols étaient les ennemis de la liberté italienne ; mais les Français ne l'étaient pas moins. Quand, du reste, il portait les yeux autour de lui, il se voyait entouré de voisins peu sympathiques : le grand-duc de Florence était l'ennemi né de sa maison, le duc de Modène (2) ne pourrait jamais pardonner au Saint-Siège la perte de Ferrare. Dès lors, les progrès des Espagnols lui semblaient moins à redouter ; Philippe III ne paraissait-il pas d'ailleurs avoir renoncé aux ambitieux projets de Philippe II et les intentions pacifiques du duc de Lerme, son favori, n'étaient-elles pas faites pour dissiper toutes les alarmes ? (3)

Satisfait d'être défendu par l'une contre l'ambition de l'autre, Clément VIII ne demandait qu'à rester neutre

---

(1) *Relaz. de Paruta*, op. cit. p. 430.
(2) César d'Este, expulsé de Ferrare, avait gardé le fief impérial de Modène.
(3) Lettres de d'Ossat, IV, 99.

entre la France et l'Espagne, Henri IV attendait plus et mieux du Pape. Il ne lui suffisait pas d'avoir détruit à Rome l'influence prépondérante de l'Espagne en l'abaissant au niveau de la sienne ; il demandait à ses ambassadeurs d'assurer à sa politique le crédit dont l'Espagne y était jadis en possession. Par malheur, le roi perdait trop souvent de vue dans le gouvernement intérieur de son royaume les exigences ou du moins les intérêts de sa politique étrangère.

Ainsi, à peine remis en possession de Château-Dauphin, il y envoyait un gouverneur calviniste dont le zèle intempérant devait ajouter aux difficultés de la situation. La présence d'un pareil gouverneur dans ce poste avancé sur les frontières d'Italie était un acte d'une rare imprudence. Les Savoyards et les Espagnols ne manquèrent pas de s'en prévaloir pour desservir le Roi auprès du Pape, et Clément VIII, en matière d'hérésie, avait si peu besoin d'être excité par autrui ! Tout acte, toute mesure qui pouvait à un degré quelconque favoriser l'entrée du Protestantisme en Italie, le mettait hors de lui. A peine fut-il assuré de la nomination de ce gouverneur, qu'il en fit de vives plaintes à d'Ossat et lui manda d'écrire au roi de faire cesser au plus tôt ce scandale. (1)

Il allait suffire, semblait-il, d'attirer l'attention du roi sur cet état de choses pour qu'il s'empressât d'y remédier. Point. Le roi, mal conseillé ou insuffisamment éclairé sur les conséquences d'un tel état de choses, mit très peu d'empressement à donner satisfaction au Pape. D'Ossat voyait avec douleur le mauvais effet produit par la résistance ou la négligence du roi. Il cherchait à l'atténuer de son mieux ; il s'ingéniait à trouver, à chaque audience, une excuse nouvelle. Pendant ce temps, il multipliait ses instances et ses représentations auprès du Roi et auprès de Villeroy. Henri IV comprit enfin le dommage que cette situation pouvait porter à sa cause, il donna satisfaction

(1) Lettres de d'Ossat. IV, 384.

au Pape. Si peu importante que pût paraitre en France la présence d'un gouverneur hérétique à Château-Dauphin ; elle pouvait, en se prolongeant, tenir en échec tous les efforts de notre diplomatie. A ce titre, d'Ossat devait d'abord faire disparaître ce premier obstacle.

Au moment où il s'efforçait de calmer les appréhensions du Pape, d'Ossat faisait auprès de lui d'autres démarches qui devaient montrer aux Etats indépendants que la France ne se désintéressait point de leur cause. N'était-ce pas là le meilleur moyen de reconquérir leurs sympathies ? Quelques jours avant l'ouverture de la guerre de Savoie, arrivait en Italie, comme gouverneur de Milan, le comte de Fuentes, alors le meilleur capitaine de l'Espagne. Mis à la tête des troupes des Pays-Bas, après la mort de Farnèse, Fuentes s'était brillamment signalé devant Cambrai. Son arrivée semblait en ce moment une menace pour l'Italie libre. Les premiers actes de son gouvernement ne furent pas de nature à dissiper les craintes. Il n'eut rien de plus pressé que d'ordonner des levées dans toute l'Italie ; d'Ossat pendant plusieurs mois put entretenir son gouvernement des armements toujours grossissants du nouveau gouverneur. On crut d'abord que ces troupes étaient préparées contre la France; mais quand on les vit concentrées autour de Milan, alors que la guerre se poursuivait activement en Savoie, ce fut aux Etats libres à trembler pour eux-mêmes. Le jour même où la paix était signée à Lyon, Fuentes s'abouchait à Somo, près de Pavie, avec le duc de Savoie. (1) D'Ossat, qui mandait le fait à Villeroy, annonce bien qu'ils font courir le bruit d'une reprise des hostilités, mais il croit peu à cette menace. Les conditions auxquelles le roi s'était prêté devaient leur paraître trop avantageuses pour qu'ils ne s'empressassent de les accepter. Ainsi le comprirent bien aussi les Etats libres, et ils se hâtèrent de pourvoir à

---

(1) Lettres de d'Ossat, IV, 240.

leur propre défense. Le grand-duc commença par envoyer deux à trois cents hommes avec des munitions de guerre à Casal, dans le Montferrat, au secours du duc de Mantoue, pour le cas où le duc de Savoie viendrait à se jeter sur le Montferrat qu'il prétendait lui appartenir. (1) Fuentes se mit au travers des offres de Ferdinand. Il demanda au duc de Mantoue l'autorisation de faire hiverner ses troupes dans le Montferrat ; le duc n'osa refuser dans la crainte de s'attirer la colère du terrible gouverneur. A peu de temps de là, le grand-duc se voyait menacé lui-même de plus près. Les Espagnols se rendirent maîtres de la seigneurie de Piombino, située en pleine Toscane et parlèrent d'y bâtir une citadelle. Ferdinand venait d'acquérir du duc de Modène, la place de Graffignara ; (2) il s'en vit disputer la propriété par les Lucquois, qui commencèrent par s'assurer la protection des Espagnols. (3)

Venise ne restait pas inactive. A la suite de l'entrevue de Somo et en présence des armements menaçants de Fuentes, elle avait fait fortifier Bergame et Brescia et s'apprêtait à lever dix mille fantassins et quinze cents chevaux en Lorraine, en Suisse et en Italie. Mais que pouvaient ces douze mille hommes contre les quarante mille de Fuentes ? Unis aux forces du grand-duc, du Pape et des autres princes, ils auraient pu fournir un appoint respectable, si la France avait pu agir de son côté ; par malheur, le Pape ne voulait à aucun prix entendre parler de guerre contre un prince chrétien, (4) Florence et Venise étaient en pleine mésintelligence, (5) le duc de Mantoue avait dû recevoir garnison espagnole, celui de Modène

---

(1) Lettres de d'Ossat, IV, 240.
(2) Id. IV, 276 et s.
(3) Ibid.
(4) Id. IV, 320.
(5) Les Vénitiens ne pouvaient pardonner à Ferdinand d'avoir emprisonné le prétendu dom Sébastien, roi de Portugal, qu'ils avaient lâché dans le but de créer des embarras au roi d'Espagne. Id. IV, 237.

était, depuis la perte de Ferrrare, inféodé à la politique espagnole, et il eût été dangereux pour le duc d'Urbin de suivre une autre politique que celle du Pape, son suzerain. Quant aux républiques de Gênes et de Lucques, elles étaient depuis longtemps les alliées ou les clientes de l'Espagne. Il ne pouvait convenir à la France d'engager une lutte dans des conditions si désavantageuses. Elle n'y songea pas. Y cût-elle songé, il lui était assez difficile, depuis la perte de Saluces, de faire passer des secours en Italie. D'Ossat, qui entretenait sa cour de tous ces armements, fut le premier à reconnaître que le moment n'était pas venu d'engager de nouvelles hostilités. Mais il vit bien que, s'il était impossible de faire entrer le Pape dans une guerre, on pouvait du moins utiliser son autorité pour consolider la paix. Il agit en conséquence.

L'ambassadeur de Venise (1) avait attiré l'attention du Pape sur ces armements; d'Ossat saisit l'occasion de se joindre à lui. Le grand-duc l'avait prié par ses agents d'intervenir dans ce sens auprès du Pape. Chargé par le roi de remercier le Pape de ses bons offices dans la conclusion de la paix, d'Ossat profita de la circonstance pour entretenir Clément VIII des armements de Fuentes et le prier d'interposer son autorité. Le Pape, sans se refuser à intervenir, montra ne point trop s'alarmer de ces préparatifs militaires dont il semblait connaître le vrai but. Fuentes continuant de plus belle ses armements et approvisionnements, d'Ossat revint à la charge et, après avoir représenté au Pape qu'un des articles de la paix stipulait le licenciement des forces milanaises, il lui fit remarquer que l'accroissement continu de ces troupes était un sujet d'effroi pour toute l'Italie : « si ces préparatifs se faisoient contre la France, le Roi ne leur donneroit point la peine de faire tout le chemin... et d'une guerre entre France et Savoie que Sa Sainteté venoit d'assoupir, ce seroit en exciter une commune ou générale, où...

(1) Lettres de d'Ossat, II, 237.

pourroient entrer... surtout les princes d'Italie qui sembloient menacés de plus près, avec une bonne partie desquels Sa Majesté avoit tant d'alliance et d'amitié, qu'elle ne pourroit les abandonner. » (1). En conséquence, il suppliait le Pape « de pourvoir par son autorité à ce que les troupes de Fuentes fussent séparées et envoyées hors de l'Italie. » (2)

L'énergique démarche de d'Ossat eut cette fois plein succès. Le Pape lui avoua qu'il avait déjà commencé à intervenir, et qu'il ne viendrait aucun mal au roi de cette agglomération de forces. Les bons effets de cette intervention provoquée par d'Ossat se firent sentir assez vite. Deux mois plus tard le Pape faisait appeler d'Ossat et pouvait lui annoncer la dislocation des troupes de Fuentes : D'Ossat recevait, quelques jours après, confirmation de cette nouvelle. Il était tout heureux d'annoncer ce résultat à sa cour (3) « parce que, disait-il, outre qu'il aura servi à toutes aventures pour y faire tant mieux penser ceux envers qui il a été fait, il a encore porté grande consolation au grand-duc et à d'autres princes d'Italie et réputation à Sa Majesté de prince de bonne amitié et secourable envers ses amis, alliés et confédérés. » (4)

Ces derniers, en effet, surent gré au roi de ce désarmement dû en grande partie à son intervention. Ils en oublièrent pour quelque temps leurs griefs contre la paix de Lyon. La naissance du Dauphin vint leur fournir occasion de manifester la reprise de leurs sympathies à notre égard. Fresne-Canaye put entendre les cloches de Padoue et de Venise saluer à toute volée la naissance du fils du roi de France(5), et quelques mois plus tard il écrivait

(1) Id. IV, 340.
(2) Id. IV, 320.
(3) Lettres de d'Ossat, IV, 428.
(4) Id. IV, 348.
(5) Rott, *op. c.* p. 110.

de Venise : « Je suis journellement visité de nombre de seigneurs et de chevaliers qui brûlent du désir de voir la fleur de lis deçà les Alpes. » (1)

Rome elle-même fût entraînée dans l'enthousiasme général. Informés de cette naissance par d'Ossat, le Pape et les cardinaux en témoignèrent leur contentement soit par leurs lettres au roi, soit par leurs visites à d'Ossat. En même temps, Clément VIII exprimait à Béthune le désir de voir les cardinaux français fixer leur domicile à Rome, pour y renforcer le parti anti-espagnol et le cardinal Aldobrandini protesta que sa maison était et serait toujours au service du roi. (2)

La sincérité de ces sentiments pouvait être incontestable : elle n'allait pas cependant jusqu'à obtenir au Roi tout ce qu'il eût désiré de Rome. C'étaient là des amitiés de Princes : et, comme disait d'Ossat dans une autre occasion (3), « ces affections de prince à prince vont jusqu'à un certain terme et ont leurs effets limités. » Le Pape ne pouvait se départir de ses devoirs de Père commun des fidèles, et il semblait assez difficile de gagner sur lui qu'il portât ses sympathies pour Henri IV, jusqu'à s'engager dans une ligue offensive contre le Roi Catholique. Quant à son neveu, malgré ses protestations de bon vouloir, il était imprudent d'attendre de lui d'autres faveurs que celles qui s'accordaient avec ses intérêts. D'Ossat put le constater quand il crut pouvoir profiter de ses bonnes dispositions pour obtenir le chapeau en faveur de l'archevêque de Pise, Alexandre Pico, de la famille des princes de la Mirandole. Ce chapeau, il le sollicitait depuis trois ans sur l'ordre de Henri IV, qui eût été très heureux d'attacher ainsi à la France la famille des Pic de la Mirandole ; mais le cardinal Aldobrandini avait contre cette famille un grief qu'il ne pardonnait pas : elle s'était

(1) Ibid.
(2) Lettres de d'Ossat, V, 8
(3) Id. II, 27.

alliée par un mariage à la famille d'Este et les d'Este étaient, depuis la perte de Ferrare, d'irréconciliables ennemis des Aldobrandini. Aussi le cardinal-neveu ne se souciait guère de fortifier la faction française, s'il devait en même temps, accroître dans le Sacré Collège, le nombre de ses ennemis. D'Ossat eut beau faire intervenir le nom du roi et les prières de la nouvelle reine Marie de Médicis. Rien n'y fit; l'archevêque de Pise n'eut point le chapeau. D'Ossat ne s'y trompa pas. Une fois de plus, il put mander à sa cour que le cardinal Aldobrandini cherchait avant tout son intérêt et ne travaillait qu'en vue de son ambition. Il prit donc soin de prévenir Henri IV de ne pas faire trop grand fonds sur les déclarations du cardinal-neveu. Ce n'étaient que belles paroles « à la façon de la cour Romaine; » (1) il devait savoir « qu'il n'y a rien de plus obscur ni de moins assuré que la volonté et les affaires des hommes et mêmement (surtout) de ceux qui son nourris en une école de dissimulation et qui n'ont autre mire que l'ambition et le profit. » A son avis le meilleur parti à prendre était « de tirer de ces hommes ce qui s'en peut avoir et s'en servir du jour à la journée, selon qu'on les voit disposés par le vent qui souffle. » (2) Ces paroles nous donnent le secret de l'attitude à laquelle d'Ossat allait s'attacher désormais, en présence des hésitations du Pape et de la versatilité de son neveu.

Sans renoncer à consolider notre crédit auprès d'eux, il crut bon de travailler à nous ménager dans leur entourage à Rome, ou dans le reste de l'Italie, des partisans plus libres et plus constants. C'est ainsi qu'il engagea le roi à donner une abbaye et des pensions à des chanoines de l'église de Latran. (3) Cette fondation, dont la noblesse romaine devait recueillir le principal bénéfice, « lui

---

(1) Lettres de d'Ossat, V, 21.
(2) Id. V, 22.
(3) Id. V, 307 et 308.

vaudroit, disait d'Ossat, autant comme deux ou trois cardinaux à sa dévotion et service. » Henri dut approuver ce conseil, car il fit don à ce chapitre de l'abbaye de Clérac, qui lui rapportait encore au dix-huitième siècle, vingt mille livres de rente.

C'est d'Ossat encore qui détermina le roi à essayer d'un moyen qui avait autrefois pleinement réussi aux Espagnols pour établir leur crédit à Rome, celui de distribuer des pensions aux cardinaux. D'Ossat n'eut pas le premier l'idée de ces gratifications, et si l'usage n'en eût pas existé, il est douteux qu'il eût senti le besoin de le créer. Mais les cardinaux n'étaient pas insensibles à cette façon qu'avaient adoptée les couronnes de leur témoigner des sympathies; l'habitude avait quelque peu émoussé leur délicatesse. S'il faut même en croire l'ambassadeur vénitien de cette époque, ils mettaient leurs bons offices à des conditions fort exigeantes. « Plus de six, disait Dolfin (1), m'ont dit que si le roi ne leur donnait quelque chose dans quatre ou six mois, ils pourvoiraient à leurs affaires. Leur avidité, continuait-il, en était venue au point qu'ils s'occupent toujours de leurs intérêts, et ils se plaignent sans aucun respect du Pape ou des princes qui ne leur donnent rien. »

Le cardinal Aldobrandini avait fait connaître à Henri IV cet état d'esprit des cardinaux. Dans une lettre à Sillery, nous entendons le roi se déclarer « bien délibéré d'acquérir des amis et serviteurs par delà suivant son sentiment (celui du cardinal-neveu), (2) mais le renouvellement de l'alliance des Ligues l'oblige à retrancher pour cette année toute autre dépense. » Il espère cependant tenir compte pour plus tard de ce conseil, car, dit-il, « j'en ai

---

(1) G. Dolfin, *Relaz* de 1598, *op. cit.* p. 469 « a me piu de sei cardinali hanno detto liberamente che, se il re non da loro fra quatro o sei mesi qualche cosa, prenderanno partito alle cose loro, essendo arrivata l'avidità di questi signori a segno tale che trattano sempre de loro interessi e si dolgono del Papa e di principi tutti che non danno loro. »

(2) Lettre de Henri IV à Sillery, *Ed. Halphen*, p. 14, écrite vers le mois de mai 1600.

bonne envie cognoissant le bien qui m'en peut succéder. »

Puisque le roi était résolu à user du système des pensions, d'Ossat crut qu'il était bon d'en réglementer l'exercice. Ici surtout, l'art de donner avait son prix, et pour n'avoir pas su le pratiquer, les Espagnols avaient vu quelques jours auparavant refuser leurs offres. D'Ossat, à la demande du roi, lui indiqua donc les ménagements à garder dans le maniement des consciences cardinalices. Elles devenaient, paraît-il, de jour en jour plus ombrageuses, nous voudrions dire plus délicates. Il y a là tout un code de libéralités diplomatiques qui, pour être aujourd'hui hors d'usage, n'en mérite pas moins d'être signalé, ne fût-ce que comme une preuve de la prudence de d'Ossat, de son grand talent d'observation et de sa singulière expérience des âmes italiennes.

Il fallait tout d'abord bien persuader aux cardinaux que les intérêts du roi et de la France se confondaient avec ceux du Saint-Siège : « les François ne songeoient pas comme les Espagnols à opprimer la liberté ecclésiastique, ni à asservir le Saint-Siège, mais à maintenir et conserver l'une et l'autre en son entier, et à faire qu'il y ait toujours un bon Pape, homme de bien et d'entendement, qui se rende Père commun à tous, et tienne la balance égale sans procurer mal aux uns, à l'appétit et suggestion des autres. De sorte que tout cardinal homme de bien, bon ecclésiastique et généreux, se peut accoster de la France sans faire brêche à sa prudhommie, à sa conscience ni à sa profession, honneur et réputation. » (1)

En second lieu, il ne fallait pas, à l'exemple des Espagnols, s'adresser à trop de gens à la fois, « mais faire choix de ceux de qui on pourroit avoir quelque particulière occasion de bien espérer », proportionner les pensions aux services, choisir habilement le moment opportun et

---

(1) Lettres de d'Ossat, V, 245.

agir avec la plus grande discrétion, « se bien garder d'imiter les Espagnols qui en cela avoient procédé à la découverte comme s'ils avoient crié : « *A qui veut se vendre.* » (1) La conviction intime où était d'Ossat que les intérêts de la France ne se distinguaient pas de ceux de l'Eglise enlève à ces conseils tout ce qu'ils pourraient avoir d'odieux ou de machiavélique.

Cette savante tactique que d'Ossat déploya autour du Sacré Collège fut couronnée d'un plein succès ; s'il ne lui fut pas donné d'en voir les fruits, la politique française ne tarda pas à les recueillir. Moins d'un an après (2) la mort de d'Ossat, Clément VIII descendait dans la tombe, et en dépit des efforts de la faction espagnole, le conclave lui donnait pour successeur le cardinal de Florence que Henri IV avait tout particulièrement recommandé à ses suffrages.

Le zèle patriotique de d'Ossat ne pouvait se contenir dans les étroites limites de la cour pontificale. Son regard et son activité s'étendaient à toutes les parties de l'Italie où il avait chance de susciter des partisans ou des serviteurs à sa patrie. C'est ainsi qu'à Florence il demandait et obtenait les faveurs du roi pour le seigneur Julien de Médicis (3) qui faisait parvenir à nos représentants à Rome d'utiles renseignements. Il s'entremettait de même en faveur des Pepoli, (4) une des plus puissantes familles de Bologne rivale des Malvezzi tout dévoués à l'Espagne. Il réussissait même à gagner à la France le nouveau cardinal d'Este et par lui sa famille, à qui il avait fallu faire oublier l'attitude de Henri IV dans l'affaire de Ferrare.

La conclusion d'une alliance offensive et défensive avec tous les Etats libres de la Péninsule demeurait toujours

---

(1) Lettres de d'Ossat, V, 246.
(2) Le 3 Mars 1605.
(3) Lettres de d'Ossat, V, 164, 165.
(4) Ibid.

le but de nos représentants en Italie. Mais il était sinon impossible, du moins fort difficile d'y entraîner les autres Etats, tant qu'on n'aurait pas gagné le Saint-Siège. Or le Pape, vers les dernières années de d'Ossat, devenait de plus en plus réfractaire à de tels projets. Un rapprochement s'était déjà opéré entre Philippe III et Clément VIII. Les ministres espagnols avaient représenté, comme toujours, le danger que faisaient courir à la religion les nouvelles alliances de Henri IV et des Suisses et celles plus voisines encore de Venise et des Grisons. (1) Le cardinal Aldobrandini entrait en intelligence avec Fuentes, et les Vénitiens pouvaient le rendre responsable de la servitude de toute l'Italie, par sa complaisance envers le gouverneur de Milan. (2) L'entourage du Pape revenait donc quelque peu de ses éphémères préventions contre l'Espagne.

Les autres peuples indépendants n'avaient donc plus à compter que sur eux-mêmes et sur nous. Mais que pouvaient-ils par eux-mêmes ? Comme le constatait d'Ossat, les Espagnols avaient beau « attirer sur eux par leur violence et rapacité, l'envie et haine des hommes, l'Italie étoit si divisée, si intimidée et si intéressée avec eux, qu'il n'y avoit que le Saint-Siège et la Seigneurie de Venise de sain et entier. Mais, ajoutait-il, les Papes ne vouloient ni ne savoient faire la guerre et les Vénitiens ont de la prudence et générosité assez, et des forces encore pour être de partie, mais seuls ils ne feront que se défendre. » (3) Or ils étaient aussi peu disposés que jamais à entrer dans une alliance dont le Saint-Siège ne ferait pas partie. « Ce que j'apprends en particulier, disait notre ambassadeur (4) à Venise, des plus oculés et affectionnés,

---

(1) Rott, *op. cit.* p. 252 et s.
(2) Lettre de Fresne-Canaye au roi, 23 septembre 1604, dans Rott, p. 117
(3) Lettres de d'Ossat, V, 87.
(4) Lettres de Fresne-Canaye, dans Rott, p. 117.

c'est qu'il est impossible à cette Seigneurie de faire ligue, ni autre démonstration importante sans le sceu et contentement du Pape. » (1)

Le roi devait renoncer à inspirer confiance aux princes d'Italie, tant qu'il ne se serait pas assuré de nouveau de libres communications avec la Péninsule. Mais en l'absence de toute marine d'Etat, nous ne pouvions guère espérer de faciles passages en Italie, en dehors de ceux que nous accorderaient la Savoie ou les Suisses. Il était évident dès lors que le succès de la politique française en Italie était subordonné à celui de nos négociations avec ces deux peuples. D'Ossat ne fut pas mêlé à ces négociations, et il n'y put servir le roi que par les conseils ou les renseignements qu'il lui fit parvenir à ce sujet.

Henri IV avait nourri quelque temps l'espoir de se faire de Charles-Emmanuel un allié contre l'Espagne. D'Ossat ne partagea jamais cette confiance; la conduite du duc vint vite justifier sa clairvoyance et donner raison à ses méfiances. Le jour même où ses agents signaient le traité de Lyon, il machinait avec Fuentes une nouvelle prise d'armes. Quelque temps après, quiconque aurait pu suivre toutes les trames tortueuses de sa politique l'aurait vu tout à la fois négocier en France les bases de l'alliance projetée, solliciter des faveurs à la cour de Madrid, armer en Italie, intriguer à Rome.

A une politique si astucieuse tous les moyens étaient bons, quand ils pouvaient servir ses intérêts. D'Ossat en eut à Rome même un singulier exemple sous les yeux. Au commencement de 1601, arrivait auprès de lui un capucin du nom de Frère Hilaire de Grenoble. (2) Il se donnait comme un envoyé du roi de France et remettait à d'Ossat une lettre où Henri IV lui recommandait de toute son affection d'aider ce capucin dans sa mission auprès du Saint-Siège et des cardinaux.

(1) Lettre de Fresne-Canaye au roi, 24 avril 1602, Rott, *op. cit.* p. 124.
(2) Lettres de d'Ossat, IV, 240.

D'Ossat lui fit d'abord bon accueil; mais quand il l'entendit se vanter d'être avec le roi sur le pied d'une familiarité qui allait jusqu'au tutoiement, il entra en défiance. De plus, le capucin était porteur de lettres par lesquelles le roi semblait s'être engagé à épouser la marquise de Verneuil. De ces lettres, d'Ossat voyait bien qu'on ne pouvait tirer qu'un mauvais parti. Aussi était-il très peu rassuré sur la mission dont le capucin se disait chargé. Sur ses instances, il consentit cependant à demander pour lui une audience au Pape; mais Frère Hilaire montra des exigences qui achevèrent de donner la mesure de son outrecuidance. Il voulait l'audience pour le lendemain. D'Ossat n'ayant pas pu l'obtenir pour lui-même se garda bien de la demander pour un capucin. De là, colère du moine qui prend des airs de prince, court de cardinal en cardinal, vante à tout venant son crédit auprès du roi : il lui fait accepter les Légats du Pape, il lui fait renvoyer ses maîtresses, il va lui dénoncer son agent ; nul doute qu'il n'obtienne sa révocation. (1) D'Ossat se repentit d'avoir demandé audience pour ce bizarre personnage ; il ne pouvait croire que le roi eût confié une mission quelconque à un tel homme. Il commença par sermonner le capucin et avertit Villeroy. La réponse ne se fit pas attendre. Le facétieux personnage n'avait aucun mandat officiel; il n'y avait qu'à le faire rapatrier sans bruit. On verrait en France de qui il pouvait bien être l'instrument. Frère Hilaire ne fut pas pressé de s'en aller ; il resta encore cinq mois à Rome continuant ses allées et venues. Malgré son bavardage inconsidéré, il avait su dérober à d'Ossat l'objet précis de sa mission. Celui-ci avait bien remarqué (2) qu'il avait pour guide à Rome un autre capucin, Frère Chérubin, un Savoyard dont le duc de Savoie et ses ministres se servaient dans toutes leurs calomnies contre nous. Ses soupçons n'allèrent pas plus

---

(1) Lettres de d'Ossat, IV, 278.
(2) Id. IV. 293.

loin. Il resta même persuadé, quand il apprit qu'à son retour il s'était dirigé vers la Lorraine, que Frère Hilaire était un agent du duc de Bar, et, comme il lui avait entendu dire qu'il avait à solliciter la dispense relative au mariage du duc, il crut qu'il pourrait bien au contraire être chargé de contrecarrer en secret les négociations faites en vue de l'obtenir.

Enfin le capucin partit de Rome en se plaignant aux cardinaux que d'Ossat lui avait gâté toutes ses affaires. Il disait plus vrai qu'il n'eût voulu le faire croire, car, sans le savoir, d'Ossat venait de traverser une fois de plus les visées du duc de Savoie dont ce capucin n'était qu'un agent. D'Ossat, qui ne l'avait pu deviner, devait l'apprendre plus tard de Villeroy. Le mystère s'éclaircit dès lors à ses yeux. Le duc de Savoie (1), mécontent de l'heureux mariage du roi et de la tranquillité qu'il présageait à la France, n'avait trouvé rien de mieux, pour lui susciter de nouveaux embarras, que d'exploiter le mécontentement de la marquise de Verneuil et de sa famille. Dans ce but, il avait suborné ce capucin qui, mis en possession des imprudents engagements du roi envers la Marquise, pouvait faire planer des doutes sur la validité du mariage du roi et ouvrir la porte à des contestations sur la légitimité des enfants qui en naîtraient. La mort du roi qu'il ne cessait de machiner pouvait ainsi donner prétexte à une nouvelle guerre de succession. On sait la part qu'il prenait en ce moment à la conspiration de Biron. D'Ossat, qui l'ignorait encore, avait assez mauvaise opinion du duc pour le croire capable de s'associer à des tentatives criminelles. A deux ou trois reprises, il prémunit le roi contre les menées des agents du duc. (2)

Ces soupçons étaient-ils injustes et ces préventions excessives ? On n'ose le dire quand on sait que le duc de

(1) Lettres de d'Ossat, V, 26-27.
(2) Id. V, 27-123-312.

Savoie fut dans la confidence de la trahison de Biron. Si d'Ossat ignorait qu'il eût trempé dans les divers complots tramés contre la personne du roi, il avait été témoin de ses nombreux attentats contre la paix qu'il avait jurée. Un an après le traité de Lyon, il attaquait à l'improviste Genève, (1) notre alliée, et livrait ses places fortes aux Espagnols alors qu'un de ses agents portait au roi des propositions d'alliance. Dès 1601, d'Ossat pouvait donc dire au roi : (2) « Quoi qu'il en arrive, je ne me repentirai jamais de m'être méfié de la foi du duc de Savoie. » A sa mort, les événements ne lui avaient pas encore donné tort. Les exigences et les fourberies de Charles-Emmanuel avaient fait échouer toute tentative de rapprochement. Si un accord se produisit plus tard à Brussol, il fut trop fragile et trop peu avantageux à la France pour donner tort aux sentiments de d'Ossat.

Fort heureusement, Henri IV n'avait pas seulement compté sur le bon vouloir du duc de Savoie pour se ménager des passages en Italie. Il se préoccupa de bonne heure de renouveler avec les Suisses et avec les Grisons les traités qui devaient lui ouvrir les défilés des Alpes. Nous n'avons pas à nous occuper de ces négociations où d'Ossat ne fut point mêlé. Tout au plus est-il bon de remarquer ici que si d'Ossat crut devoir déférer quelquefois aux volontés du Pape, il ne le fit jamais aux dépens de la dignité du roi et des intérêts de la France. Les Grisons professaient le protestantisme. L'alliance que le roi conclut avec eux fournit aux Espagnols leur prétexte habituel d'incriminer la religion du roi et d'alarmer le Pape sur les dangers que la politique française faisait courir au catholicisme. Clément VIII en conçut un vif effroi ; il en fit au roi des observations un peu vives. D'Ossat crut qu'il fallait cette fois répondre avec une égale force. Il revendiqua pour le roi le droit de faire tout

---

(1) Id. V, 198-4.
(2) Id. IV, 262.

ce qu'avaient fait ses prédécesseurs. Or le passage qu'on lui reproche de s'être assuré « lui est nécessaire pour faire venir les Suisses à son besoin et recevoir de ces peuples et cantons le fruit de l'alliance que la couronne de France a avec eux et de la grande dépense que Sa Majesté y a naguère faite. » (1) Devant cette attitude résolue, le Pape se calma. Quelques jours après, l'ambassadeur le trouvait « en toute autre assiette et disposition qu'il n'étoit lorsqu'il écrivit ladite lettre. » (2) Il ne fut plus question de faire au roi un crime de ses alliances, si ce n'est pourtant de son alliance avec les Turcs.

Cette alliance n'était cependant pas l'œuvre de Henri IV. Elle datait de François Ier, et si elle avait d'abord scandalisé l'Europe, (3) l'opinion publique était revenue peu à peu de sa première stupeur, et la France n'avait cessé d'en retirer de précieux avantages, soit pour son commerce du Levant, soit dans sa lutte contre la maison d'Autriche. Un moment même, en 1595, Henri avait songé à se servir de galères turques pour débarquer des troupes en Italie. Tant que la France n'aurait pas reconstitué sa marine, il était d'une sage politique de conserver les bénéfices éventuels de cette alliance. Mais la religion des Papes s'accommodait mal des nécessités de la politique française. Pour eux, le Turc était toujours l'ennemi irréconciliable. Leur rêve eût été de rétablir la croisade en permanence jusqu'à complète extermination des Mahométans. A l'époque de l'absolution, on avait déjà songé à obliger Henri IV à rompre cette alliance. La résistance de d'Ossat n'avait pas permis de mener à terme ce projet, mais on s'était bien promis d'y revenir. Le Pape reprit donc bientôt ses plaintes. D'Ossat s'efforça de lui faire entendre raison, et, pendant quelque temps, il y

---

(1) Lettres de d'Ossat, V, 276.
(2) Id. V, 277.
(3) On peut voir à ce sujet, dans la *Revue des Deux-Mondes*, 15 octobre 1878, un article de M. J. Klaczko : *Les évolutions du problème oriental*.

réussit assez bien pour pouvoir assurer au roi que, sans approuver cette alliance en paroles expresses, « le Pape l'excuseroit toujours en son cœur pourvu qu'au reste, en ce qui concerne la Religion, (1) le roi se conduisît en un vrai catholique. » A ces assurances, d'Ossat ne craignait pas d'ajouter des conseils qui alors ne manquaient pas de hardiesse sur les lèvres d'un cardinal : « Sa Majesté, disait-il, ne doit faire difficulté d'employer en cette guerre si juste toute sorte de gens pour défense de sa personne et de son royaume, et de penser autrement seroit non seulement simplicité en matière d'Etat, mais encore superstition en matière de conscience. » (2)

Après la signature du traité de Vervins, l'alliance turque semblait à Clément VIII n'avoir plus sa raison d'être. Dans sa pensée, cette paix devait être même la préface d'une guerre générale contre les Turcs. Aussi, comme préliminaire à l'exécution de son projet favori, il ne tarda pas à faire demander au roi d'abandonner ses alliés mahométans. Après la paix de Lyon, le cardinal Aldobrandini redoubla ses instances auprès de Henri IV. Il le pressa d'entrer dans une Ligue que le Pape méditait contre le Turc. Henri, comme il le manda à d'Ossat, ne put que louer l'intention et le dessein du Pape, mais il devait se gouverner, lui déclara-t-il, avec plus de circonspection que les autres à cause de l'antique alliance qui existait entre la France et la Turquie. (3) Il ne renonçait point sans doute à faire partie de cette Ligue, mais il ne pourrait s'y joindre que quand Sa Sainteté « y auroit engagé les autres princes et potentats ; » pendant que le Pape poursuivroit cette union, lui se détacheroit doucement de l'alliance turque, afin d'entrer plus honorablement en l'autre quand il en jugeroit le moment venu. » Ce moment ne devait jamais venir.

(1) Lettres de d'Ossat, II, 4.
(2) Ibid.
(3) Lettres de d'Ossat, V, 21.

D'Ossat chargé de faire prendre patience au Pape dut renoncer à le bercer d'un vain espoir. Il s'attacha de plus en plus à faire ressortir les services que cette alliance permettait à la France de rendre aux chrétiens d'Orient. En ceci d'Ossat avait pleinement raison. Nos traités avec la Porte avaient assuré à ces chrétiens un peu de liberté et de sécurité. Les Papes et les cardinaux durent bien en convenir. Chaque fois qu'ils voulurent obtenir quelque adoucissement à la dure condition des chrétiens soumis aux Turcs, ils durent prier Henri IV, par l'intermédiaire de d'Ossat, d'user de son crédit auprès du Sultan. (1) Ils auraient eu après cela assez mauvaise grâce à reprocher au roi ses relations avec les Turcs. Aussi n'en fut-il guère plus parlé à d'Ossat. C'est là un résultat qui ne manquait pas d'importance, quand on songe que Clément VIII poussait la haine des Turcs jusqu'à envoyer son neveu mourir en face de leurs armées, dans les plaines de Hongrie. (2)

(1) Lettres de d'Ossat, IV, 459, 467.
(2) Id. V, 5.

CHAPITRE III

§ II — Les Alliés du Nord

I. — *Alliance franco-anglaise.* — *Clément VIII en demande la rupture.* — *Résistance de d'Ossat.* — *Question de la succession d'Elisabeth.* — *Désirs du Pape.* — *Visées de Philippe II.* — *Sentiments personnels de d'Ossat.*

II. — *Alliance franco-hollandaise.* — *Dissentiment de Villeroy et de d'Ossat.*

III. — *Affaire du mariage du duc de Bar et de Catherine de Bourbon.* — *D'Ossat en obtient l'approbation.*

IV. — *Dernières années de d'Ossat.* — *L'évêché de Bayeux.* — *Démêlés de d'Ossat et du chapitre de Bayeux.* — *D'Ossat résigne son évêché.*

V. — *Les amis de d'Ossat, de Thou, Montaigne, Peiresc, de Lauves.* — *Ses sympathies pour les lettrés.*

VI. — *Mort de d'Ossat.* — *Honneurs rendus à sa mémoire à Rome, en France.* — *Eloges du roi, de Villeroy, de Thou, de L'Estoile.* — *Calomnies de Sully.*

Après l'Italie, nos armes ne pouvaient guère atteindre l'Espagne que dans les Pays-Bas. Sans doute ce pays venait d'être détaché, au traité de Vervins, de la couronne d'Espagne et donné en toute souveraineté à l'infante Claire-Eugénie et à l'archiduc Albert, mais une des clauses de ce traité stipulait que cet Etat ferait retour à la monarchie espagnole, si les archiducs venaient à mourir sans enfants. A l'époque qui nous occupe, les Archiducs étaient encore sans héritier et ce pays n'avait pas cessé d'être inféodé à la politique de Philippe II et de Philippe III ; il pouvait donc être considéré encore comme une de leurs provinces. A ce titre il offrait à nos armes un champ de bataille bien plus abordable que l'Italie. Aussi Henri IV attachait-il un grand prix à se ménager sur ses frontières de puissants alliés. Mais ces alliés, l'Angleterre, la Hollande, l'Allemagne, étaient protestants et de plus en guerre avec l'Espagne, ou l'objet de ses convoitises. Aussi, indépendamment de la répulsion qu'inspirait au Pape toute alliance contre les hérétiques, celle-ci lui donnait des alarmes particulières. Elle risquait de rouvrir entre nous et les Espagnols l'ère des hostilités, elle empêchait les Espagnols de réaliser leurs projets de conquête auxquels était subordonné le rétablissement de la religion catholique en Angleterre et en Hollande. Les Papes n'avaient jamais perdu l'espoir de ramener l'Angleterre à la religion catholique, et ils s'étaient flattés d'y réussir par l'appui des armes espagnoles. Après la paix de Vervins, Clément VIII crut que le moment de reprendre les projets de Philippe II contre l'Angleterre était venu. Les forces du roi de France pouvaient, cette fois, s'unir à celles du roi d'Espagne, la conquête de l'Angleterre n'offrirait dès lors aucune difficulté.

D'Ossat eut à détruire chez le Pape cette illusion ; ce n'était pas chose aisée avec les préventions dont son esprit était rempli. Pour conquérir l'Angleterre, il fallait, lui représentait-il, entrer d'abord chez elle, ce qui n'était pas si facile après les pertes que les Espagnols (1) avaient subies en hommes, en munitions et en vaisseaux ; puis, en admettant que la conquête fût possible, le roi de France avait tout intérêt à empêcher l'Espagne de s'emparer de l'Angleterre et il avait toute facilité de le faire. Le Pape était bien obligé de convenir de la justesse de ces représentations, mais il croyait trouver réponse à tout :

(1) Lettres de d'Ossat, II, 363, 364 et s.

l'Angleterre avait bien été conquise une première fois, elle pourrait donc l'être encore maintenant qu'elle était divisée dans sa foi et gouvernée « par une femme vieille, sans mari et sans successeur désigné ; » (1) on pourrait d'ailleurs enlever tout ombrage au roi de France, en donnant à l'Angleterre un autre souverain que le roi d'Espagne ; on avait bien procédé ainsi pour la conquête du royaume de Naples. L'exemple était assez mal choisi. Louis XII avait joué dans cette conquête un rôle de dupe ; il y avait peu d'habileté à proposer à Henri IV de le reprendre. D'Ossat ne manqua pas de relever le fait, mais Clément VIII ne voyait dans ses projets que les avantages qui pourraient en venir à la religion. L'alliance qui unissait la France à l'Angleterre, l'intérêt de Henri IV à renfermer l'Espagne chez elle, toutes ces questions n'avaient qu'une importance secondaire à ses yeux. C'est par de telles vues que Clément VIII donnait trop souvent raison aux ambassadeurs de Venise qui le jugeaient « peu fait pour les grandes affaires. » (2) A une autre époque, la France ni d'Ossat ne se seraient souciés plus que de raison des idées du Pape ; mais n'oublions pas que nous sommes en 1597. En ce moment, le Roi avait grand besoin du Pape pour remettre l'ordre en ses Etats, peut-être n'eût-il pas été moins périlleux de repousser trop catégoriquement ses projets que d'y prêter ouvertement la main. D'Ossat sut trouver la voie que commandaient les circonstances. Au lieu d'opposer une fin de non-recevoir à toutes les propositions de ce genre, il se prêtait à de longues discussions qui, (3) sans froisser le Pape, lui permettaient de déraciner peu à peu de son esprit des préjugés aussi défavorables à nos intérêts.

Clément VIII dut s'avouer à la fin que les observations de d'Ossat étaient fondées : le roi de France avait tout

(1) Ibid.
(2) Lettres de d'Ossat, II, 366.
(3) P. Paruta, op. c. p. 444.

avantage à empêcher le roi d'Espagne de conquérir l'Angleterre et à le retenir dans les limites actuelles de ses Etats déjà trop vastes. Mais sans l'appui du roi de France, toute tentative contre l'Angleterre était condamnée à un éternel insuccès. Le Pape songea donc à patronner un autre prétendant qui, sans donner aucun ombrage au roi de France, pût obtenir les suffrages de tous les princes catholiques, même du roi d'Espagne, le jour où il aurait été persuadé qu'il lui était impossible de conquérir l'Angleterre pour lui-même. Ce nouveau candidat n'était autre que le frère puiné du duc de Parme, le cardinal Farnèse.

Le Pape comptait le relever de ses vœux au moment de la mort d'Elisabeth et lui faire épouser Arbelle Stuart, fille de Charles Stuart, oncle de Jacques VI. En joignant ainsi les efforts et les intérêts des deux prétendants, le Pape croyait assurer à ses projets toutes les chances de succès. Il avait commencé à préparer les voies au cardinal Farnèse, en le nommant protecteur des catholiques anglais et il comptait bien obtenir sinon l'appui du roi de France, du moins sa neutralité bienveillante. Tous ces projets se formaient et poursuivaient à Rome dans le plus grand mystère. D'Ossat put cependant les pénétrer. En raison de leur importance, il les manda à sa cour, sans ajouter ni appréciation, ni conseil : « il ne peut être que bon, disait-il au roi, que Votre Majesté soit avisée de ce qui peut être, afin qu'en une affaire de si grande importance, Sa Majesté pourvoie de loin à ce qu'elle jugera en avoir besoin et se préparer en toute éventualité. » (1)

Cette sage réserve n'a pas empêché quelques biographes de lire dans les intentions de d'Ossat et de lui faire un crime de ses préférences. Pour M° d'Arconville « d'Ossat penchoit en faveur du cardinal Farnèse, car il insinue

---

(1) Lettres de d'Ossat, V, 59.

adroitement dans sa dépêche que si ce cardinal montoit sur le trône d'Angleterre, il seroit beaucoup moins occupé à favoriser les projets de Philippe III, qu'à chercher en toutes occasions à plaire à Sa Majesté et à lui donner des témoignages de sa reconnaissance. » (1) D'Ossat cherchait donc « à entretenir le roi dans les desseins injustes du Pape sur l'Angleterre. » (2) D'Ossat était si peu disposé à favoriser les projets du cardinal Farnèse, qu'il ne parle jamais sans ironie des moyens qu'on « se fantastiquoit (3) dans l'esprit pour s'embarquer dans des espérances aussi chimériques. » Rien n'autorisait donc les rédacteurs de la *Biographie Universelle* (Michaud) à dire de d'Ossat: « Son expérience parut une seule fois en défaut, parce qu'il avait avant tout pris conseil de ses affections, nous voulons parler de l'assentiment qu'il donna au projet conçu par le Pape de placer sur le trône d'Angleterre le duc ou le cardinal de Parme, au préjudice du fils de Marie Stuart. » (4)

Que d'Ossat eût été heureux de voir l'Angleterre revenir au catholicisme, cela n'est pas douteux ; qu'il ait même pensé que la politique du roi aurait eu quelque intérêt à favoriser ce retour, la chose n'a rien d'invraisemblable. Mais toutes les fois qu'il s'est exprimé à ce sujet, il a clairement montré qu'à ses yeux la réalisation de ce vœu devait être entourée de précautions qui fussent de nature à sauvegarder les droits de la justice et les intérêts de la France : « Mettre un roi catholique en Angleterre qui ne fût suspect ni à l'une, ni à l'autre couronne.... cela, disait d'Ossat, seroit grandement à désirer,... si les choses pouvoient s'accorder et exécuter de bonne foi pour l'honneur et gloire de Dieu, pour la restauration de la Religion catholique en Angleterre, pour le bien et repos des

(1) *Vie du cardinal d'Ossat,* II, 550.
(2) Id. II, 646.
(3) Lettres de d'Ossat, IV, 396 et s.
(4) Article d'*Ossat.*

Anglois, pour la commune sûreté et satisfaction de cette île. » (1)

La mort d'Elisabeth vint démontrer la vanité des espérances du Pape et des Espagnols. Le roi d'Ecosse recueillit sa succession et fut reconnu par tous les Anglais. Les Espagnols qui s'étaient tant agités pour lui fermer l'accès du trône furent, comme l'avait prévu d'Ossat (2), les premiers à rechercher son alliance. Ce changement de front de la politique espagnole allait donner des loisirs à d'Ossat. Il n'y avait pas à craindre que, dans cette nouvelle voie, ils eussent jamais Clément VIII pour allié. Ce n'était donc plus à Rome qu'on devait combattre l'immixtion des Espagnols dans les affaires de l'Angleterre.

Mais c'était assez de notre alliance avec les Hollandais pour donner des inquiétudes à Clément VIII et créer des difficultés à d'Ossat. Au plus fort de la guerre contre la Ligue et les Espagnols, Henri IV n'avait pas eu d'alliés plus fidèles ni plus utiles. La paix de Vervins, dans laquelle ils n'avaient pas voulu être compris, avait permis aux archiducs de tourner tous leurs efforts contre ces anciens sujets du roi d'Espagne en révolte depuis 40 ans ; la reconnaissance défendait à Henri IV d'abandonner ses anciens alliés, et ses intérêts lui commandaient de laisser se traîner une guerre dont le résultat le plus sûr devait être d'affaiblir l'Espagne. Il s'était bien engagé par la paix de Vervins à s'interdire tout acte d'hostilité contre l'Espagne. Mais ces mêmes articles n'empêchaient pas l'Espagne de lui susciter toutes sortes de difficultés en Savoie, à Rome ou ailleurs. Il se crut donc autorisé à user de rsprésailles. S'il n'envoya pas ostensiblement des troupes aux Hollandais, il fut exact — lui qui ne payait aucun de ses créanciers — à s'acquitter envers eux de toutes ses vieilles dettes, et il ne fit rien pour empêcher

(1) Lettres de d'Ossat, V, 230.
(2) Lettres de d'Ossat, V, 254.

des protestants ou des corps francs de se rendre au secours des Hollandais.

Tant que dura la guerre entre la France et la Savoie, Clément VIII laissa faire sans rien dire ; il voyait trop bien le grand appui que le duc de Savoie trouvait dans les Espagnols. Après le traité de Lyon, il eût voulu que ces infractions plus ou moins déguisées eussent pris fin. Ces secours avaient à ses yeux le double tort de venir en aide à une nation hérétique, et de compromettre le maintien de la paix. Il fit donc à d'Ossat des observations qu'il le chargea de transmettre à sa cour. D'Ossat partageait trop les vues de son gouvernement pour ne pas s'appliquer à justifier ses actes. Les Français qui allaient en Hollande y allaient, disait-il, sans l'aveu du Roi, « comme Sa Sainteté pouvoit juger d'autrui par soi-même, de laquelle les sujets étoient allés servir d'autres princes contre son gré ; » (1) il y avait d'ailleurs beaucoup plus de Français au camp de l'Archiduc qu'en celui des Hollandais.

Ces réponses calmaient pour un moment les appréhensions et les plaintes de Clément VIII. Mais de temps à autre de nouveaux rapports arrivaient à Rome : des bandes de soldats français affluaient en Hollande, des commerçants français avaient à subir de graves avanies en Espagne et notre ambassadeur, de Rochepot, était insulté dans les rues de Madrid ; le Pape tremblait pour la paix et ses plaintes recommençaient de plus belle. Ses alarmes allèrent même si loin qu'il écrivit à Henri IV pour le conjurer de cesser les infractions au traité de Vervins. Il devait plutôt, lui disait-il, travailler à établir la paix entre les belligérants. Dès lors unie à l'Espagne, la France serait en état de donner à l'Angleterre un roi de son choix.

Une copie de cette lettre fut envoyée à d'Ossat avec prière d'en donner son avis. Cet avis, d'Ossat le donna dans une longue lettre qu'on a pu appeler justement son

(1) Lettres de d'Ossat, IV, 430.

testament politique. Il y exprime sur notre politique étrangère en général, et sur nos relations avec l'Espagne en particulier, des vues dont on ne saurait trop louer l'élévation et la lucidité. Il se prononce hautement pour le respect des clauses du traité de Vervins, mais il croit que la première violation est le fait des Espagnols. La paix devait être l'objet des vœux sincères des deux couronnes, il était même à souhaiter qu'on en vînt à une amitié sincère....
« Tant que les rois n'en seroient pas venus là ils continueroient à vexer et fouler les peuples, à vivre eux-mêmes en perpétuelle inquiétude, souffreteux et endettés, quoiqu'ils rongent leurs sujets jusqu'aux os. » (1) Un premier pas dans cette voie serait de faire bon accueil à la proposition faite par les Espagnols de marier le dauphin et l'infante. L'idée de ce mariage avait été émise, pour la première fois, par le duc de Sessa, au lendemain de la naissance des deux princes. Elle avait été embrassée avec chaleur par le Pape et par plusieurs politiques. D'Ossat fut de ce nombre. (2) Ce n'est donc pas qu'il fût bien convaincu de la bonne foi des Espagnols; ils visait, pensaient-il, « à se servir de l'ouverture de ce mariage pour quelque autre dessein, comme pour faire ailleurs leurs affaires, étant assurés du côté du roi et pour se décharger du bast qui les blesse en plusieurs endroits. » Cependant quelle que fût leur intention, on ne devait pas laisser « d'y entendre, d'en traiter et même d'en passer contrat s'ils en veulent venir là ; le roi n'y sauroit rien perdre pourvu qu'il ne se fie point d'eux, et le dauphin ne sauroit être marié plus grandement, ni plus avantageusement, ni avec si grande exspectative. » (3)

Mais s'il était d'accord avec le Pape pour souhaiter une franche paix entre la France et l'Espagne, d'Ossat ne croyait pas que Henri IV dût chercher à l'établir lui-même

---

(1) Id. V. 209 et s.
(2) On peut voir à ce sujet, Perrens. *Les Mariages Espagnols*, p. 15 et s.
(3) Lettres de d'Ossat, V, 218.

entre l'Espagne et la Hollande. En se faisant le médiateur de la paix, disait le Pape, le roi deviendrait l'arbitre de l'Europe. D'Ossat ambitionnait bien ce titre pour son roi, mais à son avis le plus sûr moyen de l'obtenir était de laisser ses ennemis s'affaiblir tous les jours dans la guerre et « s'assurer à soi-même tous les avantages de la paix en réformant et améliorant ses propres Etats. » (1)

Ces conseils dictés par le plus pur patriotisme se font tout aussi bien remarquer par leur sagesse pratique. A ce point de vue, ils peuvent être avantageusement comparés au *Grand Dessein* que l'imagination de Sully a probablement prêté à Henri IV. D'Ossat se gardait bien de donner comme prélude à une paix perpétuelle un remaniement complet de la carte de l'Europe. Il était trop avisé pour ignorer que ces attentats contre les nationalités laissent subsister entre les peuples des causes éternelles de haine et ouvrent la porte à des revendications imprescriptibles, à des guerres interminables. Le secret de l'agrandissement de la France résidait, pensait-il, dans la pacifique mise en œuvre de toutes ses forces vives. Il n'attendait donc l'expansion de son influence que de son respect des droits d'autrui et du courant de sympathie que devait inspirer à la longue le spectacle de son attitude forte, calme et digne.

On est quelque peu surpris que de tels conseils n'aient pas eu l'entière approbation de Villeroy. Pour la première fois, nous avons à signaler un dissentiment entre les deux hommes d'Etat si intimement unis. En louant poliment bien des conseils de son ami, Villeroy fait des réserves sur quelques-uns et accueille l'ensemble avec un léger mélange d'ironie et de scepticisme qui n'était pas dans les habitudes de leurs relations. Il semble que les vues de d'Ossat lui aient paru légèrement chimériques. « D'autant que votre lettre est longue, lui écrit-il, je ferai ma réponse

(1) Ibid.

courte, car j'approuve toutes les raisons rapportées sur tous les points déduits par icelle et n'en prétends débattre ni contredire une seule. Seulement je vous dirai que si nos parties adverses étoient aussi gens de bien que vous nous conseillez d'être, nous serions aussi imprudents que méchants, si nous ne suivions entièrement et exactement votre bon avis. Mais comme nos pères et nous les avons éprouvés autres, nous sommes contraints aussi de joindre quelquefois la peau de renard à celle de lion (1) aux affaires que nous avons à démêler avec eux. »

Henri IV semble avoir fait meilleur accueil à la lettre de d'Ossat. Toutes les observations du cardinal n'étaient pas faites pour lui plaire. Mais ses bonnes intentions lui étaient assez connues pour qu'il permît tout à la franchise de son patriotisme. D'Ossat l'avait prié de prendre ses paroles en bonne part « comme de celui qui n'a excédé que par une surabondance de zèle au service, réputation et autorité du roi et au bon repos de son royaume. » (2) C'est bien ainsi que l'entendit le Roi. Car, rapporte Villeroy, la lettre de d'Ossat lui fit éprouver grand plaisir. Mieux encore, à regarder de près ses actes politiques, il semble s'être particulièrement inspiré des conseils qu'il y lut. Entre Villeroy, partisan d'une médiation en vue de la paix, et d'Ossat qui voulait laisser l'Espagne s'épuiser dans une longue lutte, Henri IV se prononça pour les idées de d'Ossat. Il laissa les Espagnols continuer leurs campagnes contre les Hollandais. Si plus tard il intervint pour amener la paix, ce fut seulement quand il vit ses alliés sur le point de la faire sans lui.

Les mariages espagnols eux-mêmes, auxquels Villeroy se montrait en ce moment hostile, furent loin de causer au Roi autant d'aversion. On sait qu'il se prêta assez volontiers à des pourparlers engagés dans ce but. (3)

(1) Lettres de d'Ossat. V, 50.
(2) Id. V, 233.
(3) Voir Perrens, *op. c.*

Encore ici il donnait raison à d'Ossat. Comme lui, tout en se montrant partisan de la guerre hispano-hollandaise, il se prêtait avec l'Espagne à toutes les tentatives de rapprochement qui pouvaient profiter à son royaume.

Le dernier service que d'Ossat rendit à la politique étrangère de Henri IV fut d'obtenir du Pape la ratification du mariage de sa sœur avec le duc de Bar. Après l'affaire de l'absolution, aucune ne lui donna plus de mal.

Dans le but d'attacher étroitement à sa politique la maison de Lorraine, Henri IV s'était décidé à marier sa sœur au duc de Bar, fils et héritier présomptif du duc régnant. Les deux époux étaient parents à un degré où le mariage est prohibé par l'Eglise, et de religion différente. Catherine, élevée comme son frère dans la religion calviniste, refusa de le suivre dans sa conversion. A ce double titre, il fallut demander à Rome une dispense. Clément VIII la refusa. Il adressa même au duc de Lorraine la défense expresse de procéder à ce mariage. Les parties passèrent outre. Sur le refus des évêques auxquels il s'était adressé, Henri IV fit bénir cette union par l'archevêque de Rouen, Charles de Bourbon, son frère naturel. Les Lorrains, quoiqu'ils eussent été heureux de faire croire le contraire au Pape, s'y étaient prêtés d'assez bonne grâce.

Le Pape se plaignit amèrement. On tâcha de le calmer, et on attendit sans s'émouvoir qu'il se décidât à ratifier l'union qu'il n'avait pu empêcher. Le duc de Bar fut le premier à se lasser. Agée de 40 ans, Catherine (1) n'était plus jeune et n'avait jamais été belle. Recherchée à plusieurs reprises par divers prétendants, elle avait voué ses premières affections au comte de Soissons. Quand Henri IV, dans l'intérêt de sa politique, disposa de sa main en faveur du duc de Bar, elle se résigna à cette union qu'elle n'avait point désirée. Calviniste rigide, elle

---

(1) Sur Catherine de Bourbon, voir l'étude que lui a consacrée Mme la comtesse d'Armaillé, in-12, 1865.

refusa de faire à son mari le sacrifice de ses convictions religieuses et, pour comble de malheur, après dix-huit mois de mariage, elle n'avait pas donné d'enfant à son époux ; sa santé délabrée semblait même interdire tout espoir à ce sujet. La famille de Lorraine comprit que ce mariage ne tiendrait jamais les espérances qu'il avait fait concevoir. Elle s'avisa dès lors que le refus du Pape, qui n'avait pas empêché de le contracter, fournissait un admirable prétexte pour le rompre.

Vers le 15 mai 1600, le duc de Bar arrivait à Rome *incognito* et presque à l'improviste. Son voyage fut annoncé à d'Ossat par une lettre qui ne lui fut remise que deux ou trois jours avant l'arrivée du duc. (1) Le prince donnait pour motif de son voyage le désir de gagner le jubilé et d'obtenir la ratification de son mariage. Le voyage parut tout d'abord assez inopportun à d'Ossat. Le Pape refusait d'accorder la dispense tant que la princesse ne consentirait pas à abjurer l'hérésie. A quoi pouvait bien servir le voyage du duc de Bar qui n'apportait ni promesse, ni espérance d'abjuration ? D'Ossat ne pouvait se défendre de quelque soupçon sur les vraies intentions du duc. Le mystère ne tarda pas à s'éclaircir. Deux jours après avoir longuement délibéré avec d'Ossat et Sillery sur les moyens d'obtenir la dispense, le duc de Bar, à leur insu, faisait dire au cardinal Bellarmin, que pour avoir l'absolution et gagner le jubilé, il s'offrait, s'il le fallait, à renvoyer sa femme. (2) Le lendemain, Bellarmin faisait connaître incidemment à d'Ossat ces propositions inattendues. Cette offre déchira le voile qui cachait les vrais projets du duc. D'Ossat comprenait maintenant qu'en venant à Rome sous prétexte de gagner le jubilé, le duc espérait que le Pape lui enjoindrait tout d'abord de quitter sa femme. A son retour en France, il aurait renvoyé

---

(1) Lettres de d'Ossat, IV, 1, et s.
(2) Id. IV, 26.

Catherine à son frère et rejeté sur le Pape la responsabilité de ce renvoi. La modération de Clément VIII le préserva du piège. Le duc de Bar avait été réduit à faire spontanément des offres que personne ne lui demandait. L'habileté de d'Ossat allait faire échouer des calculs dont le succès eût couvert le roi de ridicule. Il prévint le Pape des véritables visées du duc ; (1) Clément VIII se garda bien d'intimer un ordre qui aurait pu occasionner une guerre entre la France et la Lorraine.

D'Ossat n'en continua pas moins ses sollicitations en vue de la dispense qui devait couper court aux scrupules ou aux calculs du duc. Malheureusement, un obstacle insurmontable s'opposait au succès de ses instances. Rome s'offrait à accorder à Catherine la ratification de son mariage le jour où elle consentirait à abjurer le protestantisme. Catherine se refusait de l'acheter à ce prix.

Devant cette ténacité, les supplications de d'Ossat devaient rester près de trois ans sans résultat. Le roi, qui avait grandement cette affaire à cœur, en fit lui-même de pressantes instances à Lyon au cardinal Aldobrandini. Il obtint de bonnes promesses qu'il chargea d'Ossat de cultiver. Tout se borna là.

D'Ossat supplia le Pape de confier au moins l'affaire à une congrégation et d'en passer par ce qu'elle déciderait. A l'époque de la venue du duc de Bar, il croyait avoir bien disposé en faveur de la dispense une congrégation dont il était membre, et il s'était imaginé que les moyens dont il pouvait user suffiraient à persuader toute autre congrégation. Le Pape, cédant enfin à ses instances, remit l'affaire à une congrégation de cardinaux. D'Ossat eut beau représenter à cette congrégation combien l'intérêt de l'Église et de la France était engagé dans cette dispense, il ne put obtenir d'elle qu'elle se prononçât dans le sens de ses désirs. La congrégation ne trouva pas suffisantes les raisons invoquées en faveur de la dispense.

(1) Lettres de d'Ossat, IV, 26.

L'affaire semblait irrémédiablement perdue, quand une découverte inattendue vint donner à la question une face nouvelle. Au mois de juillet 1603, on découvrit au pays des Grisons que deux femmes catholiques, mariées à des hérétiques, leurs parents au même degré que Catherine et le duc de Bar, avaient vu, après plusieurs mois d'union, leurs mariages approuvés par leurs curés et leur évêque. Cet évêque n'était autre que le cardinal Charles Borromée et il n'avait pas dû assurément procéder en si grave matière sans l'autorisation du pape Pie IV, son oncle. Cette découverte (1) avait une importance capitale. Un des grands obstacles à la dispense c'est qu'on croyait qu'il n'en avait jamais été accordé de telles. Ce précédent, dont d'Ossat sut tirer tout le parti possible, détruisait du premier coup la plupart des scrupules du Pape et partant les difficultés des cardinaux. Aussi, à la première séance qui suivit la découverte, le Pape laissa voir que maintenant il inclinait assez à la dispense, et sept cardinaux sur neuf, se prononcèrent dans le même sens. Elle fut enfin accordée le 6 décembre 1603, cette dispense qui avait coûté à d'Ossat tant de sollicitations et d'ennuis !

Hélas ! cette dispense si ardemment poursuivie, si impatiemment attendue, devait rester sans résultat ! Elle venait à peine d'arriver à sa destination que Catherine mourait au moment où elle s'abandonnait à l'espoir de recouvrer avec elle les bonnes grâces de son mari. D'Ossat ne put que mêler ses larmes à celles du roi. Il prévit que cette mort fournirait matière à de nouvelles récriminations contre le Pape qui avait concédé la dispense et contre ceux qui l'avaient sollicitée. Il ne s'en émut pas autrement. « La vérité et la raison, dit-il, demeurent toujours une, quoique les fous et les méchants la déguisent et ne laissera d'être toujours reconnue par les gens de bien et d'entendement. » (2)

(1) Lettres de d'Ossat, V, 306.
(2) Id. V, 338.

La conscience du devoir accompli et l'estime des gens de bien devenaient de plus en plus pour d'Ossat l'ambition et l'unique consolation de ses derniers jours. Mêlé aux plus importantes questions de la politique intérieure et étrangère de la France, à des époques si critiques, il y avait apporté, pendant plus de trente ans, un zèle infatigable, une habileté incomparable. Le roi n'avait pas eu de serviteur plus fidèle, ni de ministre plus dévoué. Pour tant de longs et loyaux services, il ne demanda jamais rien, ou plutôt, nous nous trompons : quand des honneurs qu'il n'avait pas recherchés vinrent imposer à sa pauvreté un fardeau intolérable, il demanda les moyens de le soutenir. Henri IV fit toujours droit à ses prières, mais il eut le tort de trop se reposer sur Sully, pour l'exécution de ses bonnes intentions. Chez son habile financier le cœur n'était pas à la hauteur de l'esprit. Son âme fière et ombrageuse se laissa toujours dominer par des vanités de caste, ou des préjugés de secte. Il resta insensible aux cris désolés qu'arrachait à d'Ossat la gêne où le mettaient ses bénéfices infructueux et ses pensions impayées. Pour nous, qu'émeut encore l'écho de ses plaintes répétées, nous en admirons davantage le grand cardinal. Sa misère donne plus de prix à son dévouement patriotique, à sa modération habituelle, à la bienveillance sereine qu'il ne cesse de témoigner à tous ses correspondants. Cet homme remarquable par le prestige de ses grands talents nous apparaît plus admirable encore par les qualités de son cœur.

En donnant à d'Ossat l'évêché de Bayeux, Henri IV avait cru améliorer sa situation financière. D'Ossat le remercia de ce nouveau « bienfait de sa libéralité. » Il en témoigna dans les mêmes termes sa reconnaissance à Villeroy, envers qui il se croyait redevable de ce « bien et honneur. » (1) Préconisé le 19 juin 1600, il prenait possession de son siège le 4 août de la même année par

---

(1) Lettres de d'Ossat, III, 546.

le ministère de son procureur, le Président Ruellé, conseiller au Parlement de Paris.

L'évêché de Bayeux était loin de donner alors les grands revenus qui devaient, au siècle suivant, le faire appeler *Bayeux le riche.* » (1) Comme la plupart des diocèses de France, plus même que beaucoup d'autres, il avait eu à souffrir des désastres de nos guerres civiles. Il avait été ravagé tour à tour par les Protestants, les Ligueurs et les Royalistes, et avait vu s'entasser les ruines matérielles et morales de tout genre. L'église cathédrale de Bayeux et les grandes églises du diocèse avaient été brûlées en 1562 et 1564 par les Protestants ; une grande partie des biens ecclésiastiques avaient été enlevés par eux et se trouvaient encore dans leurs mains. Pour comble de malheur, les évêques, qui auraient dû atténuer le mal, ne résidaient pas. Tel fut le cas de Charles d'Humières, (1548-1571) et de Mathurin de Savonnières (1583-1586). Tel autre, René de Daillon, (1589-1600) le prédécesseur immédiat de d'Ossat n'avait pu obtenir ses bulles que neuf ans après avoir été nommé par le roi, et il mourait deux ans après. (1600). (2)

Tel était l'état du diocèse de Bayeux, quand d'Ossat en prit possession. La plupart des biens ecclésiastiques étaient encore aux mains des usurpateurs ; d'Ossat ne put tirer de son évêché que des revenus insignifiants. La première année, il ne lui fut rien envoyé. Tout avait été absorbé « par les voyages et autres dépenses qu'il avoit fallu faire en ces commencements pour y bien établir et ordonner les choses tant au spirituel qu'au temporel. » La seconde année, d'Ossat reçut « 1822 écus vingt et trois sous » la troisième 2300 écus. Après trois ans d'épiscopat, il n'avait reçu que « 3430 écus à soixante sous pièce. » (3)

---

(1) Amelot. III. 541. Note aux Lettres de d'Ossat. Les revenus de l'évêché de Bayeux sont portés à 90,000 livres sur l'*Almanach royal de 1789*.

(2) Consulter à ce sujet : « *Histoire des évêques de Bayeux*, par M. Hermant. Caen, 1705.

(3) Lettres de d'Ossat, V, 235.

Et avec de si modestes ressources, il fallait contribuer à l'érection d'un séminaire, à l'évangélisation des peuples des campagnes, faire des gratifications aux chanoines sans compter les autres œuvres qui sollicitaient de plein droit les libéralités de l'évêque.

D'Ossat prétendait bien ne reculer devant aucun des devoirs de sa charge. Dans une instruction qu'il envoya à son mandataire, le président Ruellé, pour être remise à son vicaire général, il annonce son intention de travailler au bon succès de toutes ces œuvres et d'autres encore. Mais à ce moment même, éclatait entre lui et son Chapitre un conflit qui devait réduire à néant ses meilleures intentions. Le cardinal, retenu à Rome par la volonté du Roi, envoya dans son diocèse pour le gouverner à sa place, en qualité de vicaire général, un ecclésiastique du nom de M. de Moncy, dont l'intégrité lui était connue. (1) Il lui recommanda d'honorer et de respecter le Chapitre en général et tous les chanoines en particulier, et de présenter même ses lettres de grand-vicaire au chapitre pour lui faire mieux connaître la nature et l'étendue de ses pouvoirs. Cet acte de déférence, auquel l'évêque n'était point tenu, fut l'occasion de tout le mal.

Les chanoines virent dans les lettres du grand-vicaire que leur évêque s'était expressément réservé le droit de pourvoir aux bénéfices à sa collation. Cette restriction des pouvoirs du vicaire-général mécontenta le chapitre; il refusa d'homologuer ses lettres. Il notifia son refus à l'évêque, dans une lettre où il exprimait à la fois ses désirs et ses plaintes : cette réserve était attentatoire à la dignité du grand-vicaire et à la manutention du nom du cardinal, du chapitre et de ses officiers. C'était donner beaucoup d'importance à une restriction dont le vicaire général

---

(1) Lettre inédite de d'Ossat à *Messieurs le Doyen, Chanoines et Chapitre de l'Eglise de Bayeux*. 17 juin 1602, se trouve dans les papiers du chapitre de Bayeux. Toutes les citations qui suivent sont tirées de cette lettre.

aurait eu seul le droit de se plaindre. Mais c'était une tendance assez commune aux chapitres de France de confondre leurs intérêts avec ceux de l'Eglise. Ce qui l'était beaucoup moins, c'était de les voir s'éprendre d'un si beau zèle pour la dignité des mandataires épiscopaux. Après ce début assez peu courtois, le chapitre continuait en exprimant à son évêque le désir de le voir fixer sa résidence dans sa ville épiscopale où tant d'œuvres réclamaient sa présence. Enfin les chanoines rappelaient à d'Ossat qu'ils n'avaient pas encore reçu de lui les gratifications auxquelles ses prédécesseurs les avaient accoutumés et ils terminaient leur lettre en l'avertissant que le jour où il rentrerait à Bayeux, il aurait à s'engager par serment à respecter les libertés de son Eglise.

A part ces vivacités du début et ces sommations de la fin, les chanoines, paraît-il, ne s'étaient pas montrés dans le reste de la lettre, avares de compliments envers leur évêque. D'Ossat put au début de sa réponse les remercier très « affectueusement de plusieurs choses qui lui avoient été fort agréables dans leur lettre » entre autres de la bonne affection qu'ils lui déclaraient « quasi tout le long de leur lettre. » Il protestait de son intention de s'efforcer toute sa vie de leur donner occasion « d'augmenter leur affection en correspondant de tout son cœur à leur bonne volonté. » Il prenait surtout grand plaisir au désir qu'ils lui avaient exprimé de le voir bientôt résider parmi eux et travailler sur place à la réforme de son diocèse. Mais toutes ces bonnes assurances ne faisaient pas perdre de vue à d'Ossat l'objet principal de la lettre des chanoines et de sa réponse.

Tout en affirmant « sa volonté de prendre en fort bonne part d'être admonesté de son debvoir par une si honorable compagnie, » il n'était pas homme à laisser diminuer par des gens qui n'en avaient nul droit les pouvoirs qu'il tenait de sa charge. Il en vient donc à leur refus d'homologuer les pouvoirs de son vicaire général; aussitôt sa lettre change subitement de ton. L'expression du mécontement de l'évêque prend une violence qui contraste singulièrement avec la modération ordinaire du diplomate. « Jusquici, Messieurs, j'ai trouvé en votre lettre choses fort agréables...., mais, sur ce propos dudit sieur de Moncy, vous commencez à changer et dites que vous n'avez peu homologuer, ni publier en votre chapitre, le vicariat que je lui ai passé, et me requérez de vous en excuser. Sur quoi je veux vous dire que je serai bien aise que ce qui procédera de moi soit trouvé bon de vous. Mais mon vicariat n'a pas besoin de votre approbation ni homologation.... Ce m'est tout un que vous enregistriez ledit Vicariat ou que vous ne l'enregistriez point.... » Quoiqu'il pût se passer de leur faire connaître les raisons de sa conduite, il veut bien s'y assujettir : La collation des bénéfices lui semble une question grave entre toutes, il veut que ceux qui en seront gratifiés lui en sachent gré à lui-même, plutôt qu'à ses vicaires généraux. L'indult qu'il a de ne pouvoir être prévenu, même par le Pape, lui laisse tout loisir de procéder avec maturité à ses choix ; il épargnera ainsi à son vicaire général les ennuis auxquels l'exposeraient des sollicitations importunes.

Quant aux inconvénients qui doivent résulter de la mesure qu'il a prise, ils n'existent que dans leur lettre, et pour le leur prouver, il reprend et réfute successivement tous leurs griefs. Il termine cette aigre et minutieuse discussion par ces menaces peu déguisées : « Si quelque âme méchante entreprend de traverser mes affaires, je lui ferai sentir que je sais comment il faut se défendre de telles gens et encore comment il les faut attaquer et les désarmer et humilier et réduire au petit pied et, grâce à Dieu, les moyens ne m'en manqueront point : j'entends toujours avec raison et justice et sans menacer personne sinon qui me fera tort. »

Ce langage fier, hautain, plein de colère et de menaces, dut étrangement surprendre les chanoines de Bayeux.

Nous en sommes plus surpris nous-mêmes. Jamais encore nous n'avons vu sous sa plume rien d'approchant. Dans toutes ses lettres nous avons reconnu l'homme dont un témoin de sa vie pouvait dire que la sévérité n'avait jamais terni l'éclat de ses vertus, et que de ses grandes et nombreuses qualités, aucune ne frappait plus les regards que sa bénignité et sa douceur. (1) Obligeant envers tous, il ne semblait jamais si content que lorsqu'il pouvait faire plaisir à ses solliciteurs ; nous le voyons dans ses lettres se prêter à toutes les importunités de la mendicité italienne qui fut toujours sans vergogne. On n'ose pas compter tous ces marquis, comtes, camériers de cape et d'épée, prélats de Rome ou d'Italie, qui par son entremise font demander à Henri IV des évêchés, des abbayes, des commanderies, des marques de faveur ou des places de confiance ! D'Ossat accueille tout, transmet tout. C'est qu'il lui en coûte tant d'être désagréable aux gens ! (2)

Eh quoi, d'Ossat n'aurait-il eu que pour les grands, ses supérieurs ou ses égaux, ces trésors d'inépuisable bonté ? Cette réputation de bienveillance, que ses lettres publiées justifient si bien, tiendrait-elle uniquement à la bonne fortune qu'il a eue de n'avoir parmi ses correspondants que des rois ou des reines, des marquis de Villeroy ou des ducs de Nevers ? Non, d'Ossat ne fut pas de ces hommes qui font payer en humiliation aux petits leur abaissement devant les grands. Comment eût-il été dur pour les humbles, l'homme qui, au risque de s'attirer le courroux de Sully, se faisait auprès du roi l'avocat « du pauvre peuple et quasi tout le Tiers-Etat trop foulé ? » Ses lettres nous apprennent combien il était doux et obligeant pour ses domestiques. Lui, qui n'avait jamais rien demandé pour lui-même, fit de touchants appels à la libéralité du roi et de Villeroy en faveur de ses secrétai-

---

(1) *Oratio in funere Ossati* dans Lettres de d'Ossat, V, 9.
(2) Lettres de d'Ossat, II, 14, IV, 278.

res : « Leur faire du bien, c'étoit, disait-il, faire une œuvre qui lui fût des plus agréables. » (1)

Pour se montrer si sévère, si dur même envers ses chanoines, d'Ossat dut faire violence à son caractère. C'est qu'il y allait pour lui d'un devoir sacré ; sa conscience était engagée à réprimer des empiètements qui n'allaient à rien moins qu'à mettre l'évêque en tutelle. Laisser prendre au chapitre le droit d'agréer ou de refuser les vicaires généraux, c'eût été pour l'évêque se prêter à un abus de pouvoir inouï et laisser ravaler en sa personne l'épiscopat tout entier. Il ne pouvait céder sur le point en litige, sans se laisser dépouiller du plus efficace moyen qu'il eût de travailler à la réforme de son clergé. Que cette vivacité de ton provînt d'une excessive délicatesse de conscience, ce n'est pas là de notre part une pure hypothèse ; la conduite ultérieure de d'Ossat nous le fera voir. Il convient peut-être aussi de reconnaître que les circonstances où se produisaient ces prétentions des chanoines et leur demandes de gratifications ne furent pas sans influence sur ces éclats de colère. D'Ossat, qui avait peine à suffire aux exigences de sa situation les jours où le roi se montrait généreux, venait d'écrire un mois auparavant une de ces lettres à la suite desquelles Sully se refusait à lui payer sa pension.

L'évêché de Bayeux ne lui avait donné aucun revenu la première année ; la seconde n'était pas encore achevée, que les chanoines de la Sainte-Chapelle venaient lui réclamer les droits de régale à eux dûs, prétendaient-ils, pour l'évêché de Rennes depuis 1596, et c'est à ce moment que les chanoines de Bayeux lui font parvenir leurs indiscrètes réclamations. En présence de tant d'embarras et de tant d'exigences, on comprend que la patience ait échappé à l'évêque et que le diplomate se soit écarté un moment de son habituelle sérénité.

(1) Id. IV, 419.
(2) Id. V, 315.

Tant d'aigreur d'un côté, tant de prétentions de l'autre, c'était beaucoup plus qu'il n'en fallait pour apaiser ce conflit. Aussi ne voyons-nous pas que la paix se soit jamais rétablie entre l'évêque et son chapitre. Le calme revint cependant dans les esprits et avec lui, sans doute, de salutaires réflexions. Peut-être d'Ossat en vint-il à considérer de près ce qu'il y avait de précaire dans la situation d'un diocèse privé depuis si longtemps de la résidence de ses évêques. Il comprit alors que si les chanoines avaient outrepassé tous leurs droits à son égard, ils n'avaient pas tout à fait tort de vouloir que leur évêque résidât auprès d'eux.

Quoi qu'il en soit de leurs véritables intentions, l'opposition des chanoines semble avoir déterminé l'évêque de Bayeux à se démettre de ses fonctions. Moins d'un an après la naissance de ses démêlés (19 février 1603), d'Ossat s'ouvrait à Villeroy de son projet de résigner son évêché : les motifs qu'il mettait en avant pour justifier sa détermination méritent d'être rapportés : « Les évêchés, Monsieur, disait-il à son ami, sont les plus grandes et les plus importantes charges qui requièrent la présence et résidence des prélats pour être bien administrées et même (surtout) en un temps si déréglé et si désordonné comme est celui-ci.... Or est-il que je ne me vois point en termes de pouvoir aller résider à Bayeux. » (1) Deux raisons l'en empêchent : la volonté du roi qui le retenait à Rome, son âge qui ne lui permet pas de s'en aller demeurer dans un pays froid et humide comme celui de Normandie. « Ne me voyant donc, continue-t-il, l'opportunité ni guère l'espérance pour l'avenir, il me semble qu'à le retenir guère plus longtemps en cette sorte, il y iroit de ma conscience et de ma réputation, qui sont les deux choses que nous devons avoir en ce monde les plus chères et qui doivent avoir le plus de pouvoir à régir nos actions. » (2) Il trouvait

(1) Lettres de d'Ossat, V, 234.
(2) Ibid.

à cette résignation un double avantage; d'abord on lui offrait une pension supérieure au revenu de son évêché; ensuite « je puis ajouter, disait-il, que je me délivrerai d'une grande fâcherie que me donnent les procès et encore (1) plus l'indiscrétion et malice des gens du pays et la résistance que font aux choses bonnes et saintes ceux qui devroient être les premiers à les promouvoir et avancer. » Ces paroles, qui désignent clairement les chanoines, montrent assez que le conflit n'avait pas reçu encore de solution pacifique. D'Ossat était heureux de mettre un terme à ces démêlés par sa résignation. Mais ses désirs se heurtèrent d'abord à un obstacle auquel il s'était le moins attendu.

Villeroy avait accueilli très favorablement les ouvertures de d'Ossat; il lui fit même une réponse dont son ami disait « qu'il s'en sentoit aussi obligé que de l'évêché même qu'il lui avoit fait donner par le roi. » (2)

Mais à la grande surprise des deux amis, le roi fit quelque difficulté de déférer aux désirs du cardinal. Fut-il mécontent d'une détermination qui lui enlevait le droit de nomination ? Peut-être. Ce qui rend l'hypothèse probable, c'est que, dans la deuxième lettre qu'il écrivit à Villeroy, d'Ossat proteste de son intention « de ne s'accommoder qu'autant qu'il plaira au roi et pour employer le tout à son service. » (3) Peut-être aussi l'influence de Sully ne fut-elle pas étrangère à ce refus. Il avait, semble-t-il, quelque intérêt dans l'affaire de la résignation. Il nous parle dans ses *Mémoires* (4) d'une abbaye de Coulon, qu'on destinait à d'Ossat pour prix de sa résignation et dont Henri IV disposa en sa faveur. Villeroy intervint auprès de Sully, pour le prier de favoriser d'Ossat « qui est si utile au service du Roi et a tant mérité du public et des particu-

---

(1) Id. V. 236.
(2) Id. II, 303.
(3) Lettres de d'Ossat, V, 303.
(4) Œcon. roy. de Sully, I, p. 508. col. Michaud.

liers », (1) et d'Ossat nomme lui-même Sully parmi les personnes auxquelles il est redevable de l'acceptation de sa résignation. « Je loue Dieu et le roi, écrit-il à Villeroy, vous et Monsieur de Rosny de la grâce que Sa Majesté m'a accordée touchant la résignation de l'évêché de Bayeux, dont je suis plus aise que du don même qu'elle m'en fit. » (2)

Malgré les déboires dont il fut traversé, son court passage sur ce siège ne fut pas inutile à ce diocèse. Son panégyriste, qui s'aidait des renseignements fournis par le vicaire général du cardinal, pouvait assurer devant sa tombe que le culte divin avait fait plus de progrès dans les quatre années de l'administration de d'Ossat que dans les quarante ans de ses derniers prédécesseurs. (3)

Dans la lettre même où il agréait la résignation de d'Ossat, le Roi lui exprimait une fois encore sa satisfaction pour la façon dont il l'avait toujours servi. (4) Ainsi s'évanouissait la crainte qu'avait éprouvée un moment d'Ossat d'avoir baissé dans la bonne opinion du roi à la suite de l'affaire du mariage de Bar. Débarrassé des ennuis d'un conflit mesquin, mis en paix sur les scrupules de sa conscience, sûr d'être désormais à l'abri de la gêne par l'exactitude du règlement de sa pension, d'Ossat allait pouvoir se consacrer plus que jamais au service de son pays et au culte de ses amis.

Sa patrie, nous savons si d'Ossat avait attendu jusqu'à cette heure pour la servir. Quant à ses amis, si nous n'en avons presque rien dit, ce n'est pas que d'Ossat n'en ait compté un grand nombre ou ait jamais négligé l'occasion de leur faire du bien; (5) mais, à mesure que grandissent son crédit et ses ressources, grandit aussi son empres-

---
(1) Ibid.
(2) Lettres de d'Ossat, V, 336.
(3) *Orat. in funere* V, 6.
(4) Lettres de d'Ossat, V, 245.
(5) On peut voir à ce sujet la lettre de d'Ossat à Roaldés publiée par M. T. de Larroque (*Etude sur Roaldés*, p. 103-104) et ses lettres à M. Lupault, chanoine d'Auch. Ms. Causson.

sement à leur donner de plus éclatants témoignages de son affection.

La facilité de son commerce, son exquise modestie gagnèrent vite à d'Ossat de nombreuses sympathies. Nous l'avons vu pousser son attachement à Ramus jusqu'à entrer en lutte avec un homme aussi redoutable que Charpentier. Dans la suite de sa vie, il y a peu d'hommes avec qui il ait eu des rapports sans gagner leur affection. C'est qu'il était impossible de trouver en cet homme tant de modestie et de science, tant d'aménité et de bienveillance sans se sentir porté à l'aimer. C'est ainsi qu'il s'acquit successivement l'affection de Paul de Foix, du cardinal d'Este, du cardinal de Joyeuse. Le premier, dès qu'il l'eut connu, ne put plus se séparer de d'Ossat ; des deux autres, l'un lui laissa à sa mort, l'autre lui donna pendant sa vie des témoignages non équivoques de la plus vive sympathie. Villeroy, qui ne le connaissait que par ses lettres d'affaires, éprouva de bonne heure le même sentiment pour son aimable correspondant ; jamais d'Ossat ne se montra plus digne de cette affection que le jour où il refusa d'occuper la place de secrétaire d'Etat enlevée à son ami. Il n'est pas jusqu'à l'égoïste Montaigne qui n'ait subi le charme des qualités de d'Ossat. Il dut le connaître sans doute à la suite de Paul de Foix dans leurs pérégrinations à la cour du roi de Navarre et à Rome dans son voyage. Toujours est-il qu'ils échangèrent des lettres assez nombreuses pour attirer l'attention de Madame de Montaigne. (1)

Obligeant pour tous, d'Ossat portait un intérêt particulier aux savants et aux lettrés. Il n'y avait pas de démarche si incommode ni si humble à laquelle il ne se prêtât pour leur être utile et agréable. Nous savons comment il s'était lié d'amitié avec de Thou, dès leur premier voyage en Italie. Cette amitié, qui devait durer autant que d'Ossat, fît de lui le grand pourvoyeur du plus passionné et du plus

---

(1) *Essais*. Edition de 1595. Préface.

érudit des bibliophiles de cette époque. On ne lit pas sans quelque admiration, dans les lettres de d'Ossat, le récit de ses visites chez les libraires de Rome. Au sortir d'une audience du Pape, le grand diplomate se met à la recherche de quelque ouvrage rare, ou de quelque édition épuisée. (1) Telle autre fois, il se rend chez les divers latinistes en renom, il leur lit les vers latins de son ami, recueille leurs appréciations, sollicite leurs conseils ou leurs critiques et consigne religieusement leurs remarques sur la quantité d'une voyelle douteuse, ou sur la propriété plus ou moins contestable d'un mot latin. Mais tout prenait de l'importance aux yeux de d'Ossat dès qu'il s'agissait de rendre service à un ami et à un savant. Ses bons offices d'ailleurs ne se bornaient pas là. De Thou, qui comptait l'amitié du cardinal comme une des gloires de sa vie, s'applaudissait d'avoir pu, grâce à lui, entrer en relations avec d'autres savants et quelquefois même leur être d'un grand secours dans leurs travaux. (2) Lui-même non content de dédier ses poésies latines à son ami, se hâtait de lui envoyer les volumes de son histoire au fur et à mesure de leur apparition. D'Ossat n'avait rien de plus pressé que d'en prendre connaissance. Comme l'écrivait le cardinal de Joyeuse à de Thou (3), « il ne relaschoit pas le volume qu'il ne l'eust lu. » Pendant ce temps de Thou attendait impatiemment « les jugements et censures » (4) de d'Ossat ; il envoyait ses amis ou parents, de passage à Rome, saluer le cardinal de sa part et leur recommandait de prendre garde surtout à ce qu'il leur dirait de son histoire ; il s'attendait bien à recevoir ses lettres, mais il était aise de savoir d'ailleurs « ce qu'il en pourroit dire en

---

(1) Lettre de d'Ossat à de Thou, 15 juin 1587, publiée par M. T. de Larroque.
(2) C'est ainsi qu'il avait pu obtenir à un Muttio-Ricceri la communication du célèbre manuscrit de la Vulgate, conservé au Vatican. *Lettre de de Thou à Muttio-Ricceri*. XV des Kal. d'Octobre 1606, dans *Hist. Temporis mei*, T. VII, p. 24.
(3) *Lettre du cardinal de Joyeuse à de Thou*, T. VII, 2, 25 janvier 1604.
(4) Ibid.

privé. » (1) C'était là, de la part de l'historien, plus qu'un acte de déférence envers l'homme d'Etat au jugement éprouvé et à la science si vaste, c'était surtout un témoignage de sa haute confiance dans la franchise et la bienveillance de son ami.

La différence de religion n'enlevait pas aux gens d'étude le bénéfice des sympathies de d'Ossat. On peut voir à ce sujet dans L'Estoile le récit de l'accueil que notre cardinal fit à M. de Bauves, le fils de Duplessis-Mornay « jeune gentilhomme, un des plus doctes et accomplis pour son âge qu'il y eût en France, » Le jeune calviniste avait voulu visiter Rome dans le plus strict *incognito*. Il fut reconnu et dut se hâter de partir. « Le jour de son départ, il avoit disné, dit L'Estoile, chez le cardinal d'Ossat, qui lui avoit fait bonne chère, ne le connaissant point. » L'Estoile, à ce propos, regrette qu'il ne se fût pas fait connaître au Cardinal « envers lequel estoient bien venus tous les hommes doctes et d'esprit, de quelque religion et profession qu'ils fussent, comme aussi particulièrement il lui en avoit rendu bon témoignage par une infinité de faveurs et de courtoisies faisant cas de son esprit et de sa doctrine. » De Bauves, rentré en lieu sûr, écrivit à d'Ossat une lettre « fort honneste » pour le remercier de l'honneur qu'il lui avait fait « se faire connaître de lui et s'excuser d'avoir déguisé son nom trop odieux à la plupart de ceux de sa profession. » Le cardinal répondit au jeune gentilhomme « par d'autres lettres autant honnestes et gracieuses que s'en puisse voir et par lesquelles il s'offroit fort à lui, honorant le nom de son père et louant grandement son sçavoir et bel esprit, comme aussi il faisoit le sien. » (2)

Avec une sympathie si large pour les savants, d'Ossat devait se plaire dans leur société. Nous savons notamment comment il se conduisit à l'égard du grand érudit

---

(1) *Lettres de Thou à Du Puy*, 24 janvier 1604, VII, p. 1.
(2) L'Estoile, *Mémoires*, VII, 201.

Peiresc. Dans un voyage que celui-ci fit à Rome, il fréquenta surtout les hommes de quelque renom. Entre tous, Gassendi, son biographe, se croit tenu de signaler le cardinal d'Ossat. « Cet homme remarquable par son érudition, sa prudence, la douceur de ses manières ne pouvait jamais se rassasier de la société de Peiresc et il ne voyait jamais venir sans peine la fin de leurs entretiens. » (1)

Le charme que d'Ossat trouvait dans la conversation des gens instruits, le plaisir qu'il éprouvait à leur faire du bien expliquent chez lui cette facilité d'accès qu'il donnait à tous.

En ceci comme dans toutes ses relations d'amitié, d'Ossat fut un modèle de désintéressement. Il ne chercha dans les amitiés que la joie d'être utile à ses amis ; pour lui il ne demanda jamais rien. Le cardinal d'Este et le cardinal de Joyeuse se firent un devoir d'être généreux à son égard ; d'Ossat trouva toujours leurs libéralités supérieures à ses mérites. Chaque fois qu'il reçut de Villeroy quelqu'un de ces services qui étaient dans les attributions d'un secrétaire d'Etat, il se confondit en remerciements infinis.

Cette méconnaissance de ses propres mérites, cette appréciation souvent exagérée des bienfaits dont il était l'objet n'avait rien de ces petits calculs d'une feinte modestie. On les trouve chez d'Ossat à une époque où il n'avait plus rien à attendre de ses amis. On a vu en quels termes, dans une de ses dernières lettres, il remercie Henri IV et Villeroy de ce qu'ils ont voulu accepter sa résignation de l'évêché de Bayeux.

Dans cette lettre, d'Ossat faisait parvenir au roi « l'assurance de s'employer de plus en plus à son service. » (2) La mort n'allait pas lui laisser le temps de donner de

---

(1) *Viri de Peiresc Vita....* authore Gassendi. *Ed. 3 a*. p. 123.
(2) **Lettres** de d'Ossat, V, 337.

nouvelles preuves de sa bonne volonté. Il venait à peine d'écrire à Villeroy sa dernière lettre du 6 mars 1604, qu'il était saisi dès le 9 par une maladie qui l'emportait quatre jours après, le vendredi 13 mars. Comme le dit Amelot, « il mourut la plume à la main et sans avoir eu le temps d'être malade. » Il tombait sur la brèche au moment où il promettait de parler au Pape « du tort que les Espagnols faisoient au commerce françois. » (1) Le souci des intérêts dont la garde lui était confiée le suivait jusque dans les bras de la mort.

C'est à cette heure surtout qu'on sentit à Rome quelle place d'Ossat y occupait. Le Pape lui avait donné naguère une marque peu commune de son estime. Dans un Indult qu'il lui accorda pour conserver au roi le droit de nommer à ses bénéfices, dans le cas où il viendrait à mourir en cour de Rome, il ne craignit pas de s'écarter des vagues formules de sa chancellerie, pour louer en d'Ossat « ces trésors de grâce... dont l'avait enrichi la divine clémence, et l'honneur que ses mérites faisaient rejaillir sur l'Eglise Romaine dont il était un membre honorable. » Clément VIII donna une preuve encore plus éclatante de sa sympathie pour d'Ossat à l'occasion de la maladie et de la mort du cardinal. « Il l'envoya visiter avec tant de courtoisie, dit Béthune, et tant de témoignages de bonne volonté qu'il ne se peut davantage. » Il lui faisait offrir en même temps « toutes sortes de grâces tant temporelles que spirituelles. » (2) Afin de mieux marquer son affection, il fit dire au cardinal de Joyeuse et à Béthune qu'il éprouvait grand déplaisir du danger où il voyait d'Ossat. A sa mort, « pour montrer combien il avoit chère la mémoire du cardinal, il fit assister à son enterrement sa famille avec tous les évêques assistants au trône pontifical. » (3) Avec d'Ossat, il voyait disparaître l'homme qui avait le plus fait

(1) Archives nat. N. 5, 1227, f· 324.
(2) Lettres de d'Ossat, I, 70.
(3) Ibid.

pour le succès de la grande œuvre de son Pontificat, la réconciliation du Saint-Siège et de la France. Toute la cour Romaine partagea ce sentiment. La mémoire de d'Ossat excita d'unanimes regrets « jusque là même, disait Béthune, que ceux auxquels il avoit fait du pis qu'il avoit pu, pour rendre service au roi, étoient contraints d'en dire du bien et de le regretter, et de fait les ministres d'Espagne l'ont loué publiquement. » (1)

Devant cette explosion d'unanimes sympathies, les funérailles de d'Ossat ne pouvaient manquer d'être magnifiques. Il fut inhumé à Saint-Louis-des-Français. Un des prédicateurs les plus renommés de l'époque, le Père Galuzzi, (2) prononça son oraison funèbre. L'orateur dut assurément répondre à l'attente de ses auditeurs. Dans un discours paré de toutes les magnificences que prescrivait la rhétorique d'alors, émaillé même des jeux de mots, de citations profanes, d'antithèses ingénieuses qu'elle ne proscrivait pas, (3) le brillant panégyriste présenta à son auditoire le tableau de la vie et des mérites de son héros.

Après avoir parlé de la bassesse d'une naissance que d'Ossat sut compenser à force de talent, Galuzzi suit son héros dans ses relations avec Paul Foix jusqu'à son arrivée à Rome. Là d'Ossat va trouver le théâtre seul digne de ses vertus. Parmi ces vertus l'orateur célèbre d'abord ses vertus religieuses, c'est-à-dire sa piété et son

---

(1) Ibid.

(2) Le P. Galuzzi (1574-1649), jésuite à 16 ans, s'acquit de bonne heure une brillante réputation par ses poésies, ses discours, ses oraisons funèbres. Balzac a célébré son éloquence, et Naudé l'a rangé « parmi les premiers philosophes de son siècle. » Les Jésuites montrèrent l'estime qu'ils faisaient de lui en le chargeant de prononcer l'oraison funèbre du cardinal Bellarmin, leur gloire à Rome.

(3) Le Sacré Collège y devient un « *quasi mortalium Deorum concilium*. Rome y est toujours le « *forum atque theatrum terrarum*. » Comme dans Caton, il y a dans d'Ossat « *ita pariter ad omnia versatile ingenium, ut natum ad id unum putares, quodcumque facere aggrederetur*, etc. ; le parallèle se poursuit quelque temps encore. Cujas nous est présenté comme *jurisconsultorum disertissimum disertorumque facile consultissimum*, etc. »

zèle, puis ses vertus humaines, son habileté, son honnêteté, sa candeur, son désintéressement, sa modestie, sa douceur, son obligeance pour tout le monde, mais surtout pour les religieux et notamment pour les Jésuites. Le tout se termine par une péroraison à l'antique où l'orateur appelle autour de cette tombe tous les grands corps de l'Etat.

Quoi qu'il en soit de la valeur littéraire du discours, il faut convenir que les qualités du héros étaient cette fois, à la hauteur de l'éloge.

Pour être moins brillant, le témoignage que Béthune rendit à son collègue ne fut ni moins expressif, ni moins flatteur : (1) « A la vérité, écrivait-il à Villeroy, d'Ossat avoit tant de dextérité en toutes choses que l'on ne savoit comment s'en plaindre. La perte que le roi a faite en sa mort sera tant reconnue qu'il n'est pas besoin de vous le représenter ; mais pour ne point manquer à ce que l'on doit à la vérité, je me sens obligé à vous dire que je ne tiens pas aise à Sa Majesté de la réparer, d'autant que le cardinal avoit joint ensemble en sa personne toutes les parties qui sont séparément en plusieurs autres... Pour moi je vous confesserai librement, Monsieur, que j'avois reconnu tant de franchise en son âme, que depuis que je suis ici je lui avois toujours ouvert mon cœur. » Pour comprendre toute la valeur de cet éloge, il est bon de se rappeler que Béthune avait été envoyé à Rome, malgré Villeroy (1), à la demande de Sully. Il avait eu par conséquent à se défaire, à l'endroit de d'Ossat, de toutes les préventions que son frère n'avait pas manqué de lui communiquer.

Nous en aurons fini avec les hommages rendus à Rome à la mémoire de d'Ossat, quand nous aurons dit que ses secrétaires et héritiers lui firent élever, dans l'église de

(1) Lettres de d'Ossat, 170 et s.
(2) Vr *Mémoires de Sully*, année 1601.

Saint-Louis-des-Français, un monument orné d'une belle épitaphe latine qui rappelait ses vertus, ses grandes actions, ses titres enfin à l'admiration de la postérité.

La nouvelle de la mort de d'Ossat causa en France d'aussi vifs regrets. Le roi, au rapport de de Thou et de Villeroy, en fut grandement affecté. « La nouvelle de la mort de Mgr le cardinal d'Ossat, écrivait de Thou (1), a fort troublé cette cour. Sa Majesté en a porté un grand regret comme ayant perdu un serviteur et un ministre très digne et de grande autorité au lieu où il étoit. » La douleur de Villeroy ne fut pas moins vive comme nous l'apprend une de ses lettres à Béthune : « Nous avons tous été, y est-il dit, aussi étonnés que déplaisans de la mort de feu Monsieur le cardinal d'Ossat, car nous ne nous attendions pas à être si tôt privés du bonheur de son amitié et assistance. Le roi en a montré un très grand regret, et c'est à bon droit, car il a perdu en lui un très digne et fidèle serviteur. Je ne vous dirai point l'ennui particulier que j'en ai reçu, cela ne serviroit qu'à renouveler les plaies du vôtre. Je prie Dieu qu'il conserve les amis et gens de bien qui nous restent. » (2)

Après les impressions de la cour, l'Estoile nous fait connaître dans ses *Mémoires* celles de la ville : « Le samedi troisième de ce mois, furent apportées nouvelles de la mort du cardinal d'Ossat regretté de tous les gens de bien pour avoir toujours été bon serviteur du roi et vrai françois ; au surplus homme docte, grand politique et le meilleur des cardinaux de Rome. » (3)

On connaît l'éloge ému que de Thou, dans son histoire, consacra à son éminent ami. A ses yeux, d'Ossat n'avait pas seulement égalé tous ceux qui, par l'éclat de la naissance ou les autres avantages de la fortune étaient illustres à Rome, il en avait surpassé plusieurs. « Par le cours

---

(1) *Lettre de de Thou à Du Puy*, VII, 3.
(2) B. N. Mss. Fr. 4017, f· 305. Lettre inédite de Villeroy à Béthune, le 10 avril 1604.
(3) L'Estoile, *Mémoires*, VIII, 129.

uniforme de sa vie irrépréhensible, il mérita, dit-il, l'amour et l'admiration de tout le monde, et il se comporta si bien en cette cour pendant l'espace de 31 ans, qu'aucun homme de sens ne doutait que sans l'obstacle de ce qu'on appelle le péché originel, il ne fût arrivé, un jour, au faîte suprême de la puissance ecclésiastique avec cette même modestie qui l'avait porté contre son ambition à tous les autres grands honneurs. » (1)

Il est pénible de dire qu'une voix discordante vint troubler ce concert d'éloges, et cette voix fut encore celle de Sully, le seul de ses contemporains qui ait dit du mal de d'Ossat. Un moment, on aurait pu croire que ses haines étaient tombées et que d'Ossat, en le remerciant d'avoir favorisé sa résignation était rentré en grâce auprès de lui. Il n'en était rien. Il ne devait pas désarmer devant sa tombe. Arrivé dans ses *Mémoires*, (1) à l'année 1604, il profite de l'occasion qui s'offre à lui d'annoncer la mort de d'Ossat pour dresser contre sa mémoire tout un long réquisitoire. Nous nous garderons de rapporter en entier cet odieux factum où la grossièreté de l'injure le dispute à l'impudence des calomnies. Quelques extraits suffiront à motiver nos appréciations. Nous avons déjà vu quelle était la valeur de quelques-unes des imputations de Sully contre d'Ossat. Dans l'étrange notice nécrologique qu'il consacre au cardinal, on apprend que « d'Ossat, ce valet, ce pédant, ne fit son chemin à Rome que grâce aux submissions et servitudes par lui rendues à Villeroy, par ses témoignages de haine contre les religions contraires à la catholique et par son affection à la faction d'Espagne » Sully appuyait ses dires en citant quelques lettres, entre autres celles du 10 février 1603, dont nous avons déjà parlé, « lettres, disait-il, qui sont des plus noires en malices, toutes témoignant partout à vouloir eslever la

---

(1) Cité par Amelot. Lettres de d'Ossat, V. 14.
(2) Œc. roy. 53 et s. col. Michaud.

faction espagnole et détruire la françoise en rendant le roi de France valet du roi d'Espagne. » Sully a été seul jusqu'à présent à trouver dans les lettres de d'Ossat ce beau zèle pour l'Espagne.

Après avoir raillé la « tant longue grossesse du cardinal et finalement son accouchement » qui n'a produit que de l'ingratitude, Sully traite encore d'Ossat de « médisant et imposteur pour avoir voulu diffamer en général tous ceux de notre profession, les publiant soit par malice ou par ignorance impies, horribles, sacrilèges. » On a beau parcourir les lettres de d'Ossat, on n'y trouve jamais à l'égard des Protestants les sentiments ou les termes que Sully lui prête ; le fils de Duplessis-Mornay et tant d'autres auraient pu dire combien un fanatisme aussi étroit était étranger au caractère de d'Ossat.

Enfin Sully nous prévient que par son discours il a voulu tenir la postérité en garde contre « les puantes calomnies de ce prélat, contre les impudents, impertinents et ridicules conseils, contre les inepties et chimères qui comme toutes scandaleuses et surtout celles qui sont contumélieuses contre son roi, devroient n'avoir jamais été imprimées. » La vie de d'Ossat telle que nous la connaissons, ses lettres telles qu'on peut les lire défendent assez sa mémoire contre les récriminations d'un sectaire passionné, d'un ministre toujours aussi jaloux de rabaisser les services des autres que d'exalter les siens. Il semble d'ailleurs avoir eu honte lui-même de prendre l'entière responsabilité de ces misérables outrages. Il donne cette longue diatribe comme la copie d'une lettre qu'un de ses agents lui aurait écrite de Rome. Mais Sully n'était qu'un maladroit faussaire ; le correspondant est censé écrire quelques temps après la mort de d'Ossat et il cite déjà comme imprimées des lettres qui ne devaient l'être que 20 ans plus tard !

La postérité, Sully avait bien tort de le craindre, ne s'y est pas trompée. Elle a reconnu dans Sully un bon ministre des finances, économe, intègre, prévoyant, mais un juge toujours passionné et malveillant, un mauvais appréciateur des mérites d'autrui. A côté de lui, d'autres ministres du roi, n'en déplaise à Sully, apportèrent à l'œuvre du relèvement de la France, autant de dévouement, d'activité, d'habileté, souvent même plus de désintéressement et toujours plus de modestie. D'Ossat fut de ceux-là, et la postérité reconnaissante a salué en lui après Béthune, de Thou, Villeroy et Henri IV, un fidèle et digne serviteur de son pays. Elle a reconnu en lui suivant l'expression d'un écrivain étranger « un des principaux et plus sages ministres que la France ait jamais eus. » (1)

Mais avant de recueillir ces témoignages de l'admiration qu'inspira d'Ossat; il est bon de l'envisager à un nouveau point de vue négligé jusqu'ici. A côté de l'homme aux vertus discrètes, à côté du diplomate habile, il y a dans d'Ossat un écrivain qui fait honneur aux lettres françaises.

(1) Card. Pallaviccini. *Hist. du Concile de Trente,* liv. 24, chap. 10.

LIVRE III

L'ÉCRIVAIN

CHAPITRE Ier — L'Œuvre de d'Ossat

I. — *Etendue de l'œuvre de d'Ossat. — Œuvres attribuées. — Ouvrages de médecine. — Lettres à Charpentier. — Mémoires. — Lettres de Paul de Foix et de Joyeuse.*
II. — *Les lettres diplomatiques de d'Ossat. — Les originaux. — Les minutes.*
III. — *Publication de ces lettres. — Par qui elles furent éditées pour la première fois. — Pas par Sainte-Marthe, ni par Du Puy, mais par Auger de Mauléon. — Date de cette publication.*
IV. — *Succès de cette édition. — Opposition du conseil du roi. — Les éditions se succèdent au XVIIe siècle.*
V. *L'Edition définitive de 1708. — Lettres qu'elle contient.*
VI. — *Lettres publiées depuis. — Lettres inédites. — Lettres perdues.*

« Les devoirs de l'ambassadeur, disait un publiciste du XVIIe siècle, sont de deux sortes. Les uns peuvent se remplir verbalement, les autres par lettres. C'est un noble exercice pour l'esprit d'un homme que de consigner ses impressions dans sa correspondance. L'ambassadeur apportera tous ses soins à acquérir le goût des lettres, tout en conservant dans son style la gravité qui sied à sa charge ; qu'il songe que sa plume dans les dépêches vaut sa parole dans les discours. » (1)

Le vœu qu'exprimaient ces lignes de Marselaer avait été déjà réalisé par d'Ossat. Au talent de comprendre et de bien mener les affaires, il joignit celui, peut-être plus rare encore, de les bien exposer. C'est ce talent qui nous reste à mettre en lumière dans son œuvre. Mais avant d'apprécier cette œuvre, il est peut-être bon d'en faire connaître exactement l'étendue.

Elle se réduit, à peu près, pour nous à ses lettres diplomatiques. Nous avons bien encore de lui des mémoires latins contre Charpentier. Mais ces ouvrages offrent peu d'intérêt pour notre étude. Divers auteurs (2) lui ont encore attribué des ouvrages de médecine. Dans sa lettre à Jean de la Barrière, d'Ossat fait preuve, il est vrai, de quelques connaissances médicales, quelquefois même il cite des préceptes d'Hippocrate, (3) mais il n'y a là rien qui dépasse les généralités de la science courante, et peut-être faudrait-il chercher la première cause de cette attribution dans les plaisanteries de Charpentier, qui compare d'Ossat (ou plutôt Ramus) au charlatan Thessalus. On aura conclu de là que d'Ossat était médecin. Toujours est-il que personne ne semble avoir jamais vu les œuvres médicales de d'Ossat.

D'après Guy-Patin, (4) d'Ossat aurait encore fait des mémoires que le même auteur déclare « supérieurs à ceux de M. de Tavannes, d'autant qu'il était beaucoup plus savant, mais, dit-il, ils sont perdus *perierunt nec haben-*

---

(1) Marselaer. *Legatus. Libri duo*, in-4°, 1626, cité d'après Frémy. *Les diplomates du temps de la Ligue*, p. 70.
(2) « *Scripsit*, dit Frizon, *quaedam de medicina ut Spaghius indicat.* » *Gall. purpur.* L. IV, p. 669. Éd. 1637.
(3) Lettres de d'Ossat, I, 76. III, 357
(4) *Lettres. Edit. Reveillé.* Paris, 1846, II, p. 330. Voir à ce sujet dans la *Revue de Gascogne*, XII, 425, la réponse de M. L. Couture à M. Tamizey de Larroque sur les ouvrages du cardinal d'Ossat.

tur. » Ce qui tempère nos regrets au sujet de cette perte, c'est que probablement ces Mémoires n'ont jamais existé ; nous avons là un de ces propos en l'air comme il y en a tant dans Guy-Patin.

Peut-être y aurait-il lieu de revendiquer ici pour d'Ossat une part importante dans les lettres écrites et publiées sous le nom de Paul de Foix et du cardinal de Joyeuse. Mais comment faire le départ dans ces correspondances, entre l'inspiration qui vient souvent de l'ambassadeur et la rédaction qui appartient au secrétaire ? On a bien pu signaler de nombreuses analogies d'expressions et d'idées dans les lettres de d'Ossat et dans celles de ses maîtres. Mais ces analogies ne donnent pas les éléments d'une solution irrécusable. Il reste toujours à chercher d'où viennent ces ressemblances. D'Ossat aurait-il emprunté ces idées ou ces expressions à ses maîtres? Les leur aurait-il inspirées ? Les deux explications sont possibles, les deux ont été fournies tour à tour par les champions de d'Ossat ou de Paul de Foix et de Joyeuse. (1) Pour nous, la question nous paraît insoluble.

Contentons-nous donc d'étudier d'Ossat dans ses propres lettres, puisque ce sont les seuls écrits qui soient sûrement de lui. Aussi bien sont-elles assez nombreuses pour nous donner une juste et complète idée de son talent.

A l'époque de d'Ossat, l'usage de conserver dans nos archives d'Etat les lettres diplomatiques n'existait pas encore. Aussi les siennes ont-elles pu s'égarer. (2) Ce qu'on en a recueilli au *Dépôt des affaires étrangères* ne contient que des copies qu'avait pu se procurer au XVIIe siècle le président de Mesme. A l'époque où le *Dépôt* faisait cette acquisition, elle avait perdu toute importance ; les lettres de d'Ossat avaient été imprimées sur le texte original.

Dans la lettre qu'il écrivait à Villeroy au lendemain de

---

(1) **Lettres de d'Ossat. I, 12.**
(2) Id. I, 13.

la mort de d'Ossat, Béthune annonçait que parmi les papiers du cardinal se trouvaient les minutes de toutes ses réponses aux lettres du roi : « Lesquelles, dit-il, je n'ai voulu prendre ni avoir jusqu'à ce que je sache ce que vous aurez agréable d'en être fait. » (1) La réponse qui survint donnait l'ordre à Béthune de prendre possession de tous les papiers de d'Ossat et de les apporter en France. C'est ce qui fut fait. Ces minutes se trouvent aujourd'hui à la Bibliothèque Nationale (2), où elles sont entrées avec les papiers de Béthune. Elles sont réunies en deux volumes reliés aux armes de Béthune. Sur la garde de chacun de ces volumes se lit une inscription qui, selon toute apparence, doit être attribuée sinon à Béthune lui-même, du moins à quelque contemporain. (3)

Il est dit dans cette inscription que Béthune s'était saisi de ces dépêches « comme ministre de Sa Majesté, pour les lui apporter à son retour en France auprès d'Elle, lesquelles lui ayant été présentées, il voulut en lire quelques-unes, et après en avoir fait la lecture, il dit beaucoup de bien des mérites et de la capacité dudit cardinal aux affaires d'Etat, il rendit au sieur de Béthune lesdites dépêches, dont il lui fit honneur de lui dire qu'il lui faisait présent. Lesdites dépêches n'ont depuis été imprimées que par la communication qu'en donna un secrétaire dudit sieur de Béthune, sans son sceu ni participation. » Les renseignements que nous fournit cette inscription vont nous permettre d'élucider la question de la publication des lettres de d'Ossat.

On voit d'abord qu'elles furent imprimées d'après les minutes de Béthune. Mais quel en fut le premier éditeur ?

---

(1) Id. I, 73.
(2) B. F. *Ms* fr. 3467, 3468.
(3) Les caractères de l'écriture justifient cette attribution. Il est bon de savoir que les lettres de d'Ossat furent imprimées du vivant de Béthune qui ne mourut qu'en 1649. L'inscription en question semble avoir eu pour but de dégager la responsabilité de Béthune à propos d'une publication dont le conseil du roi, nous allons le voir, concevait quelque ombrage.

Différents noms ont été mis en avant. Cette publication serait due, d'après Goujet, aux frères Sainte-Marthe (1), il n'en donne aucune preuve, et Sainte-Marthe n'en dit rien dans l'éloge qu'il consacre à d'Ossat. D'autres (2) veulent que la première édition ait été donnée par les soins des frères Du Puy. Mais les frères Du Puy n'étaient pas gens à suborner un domestique indélicat. Cette publication reste donc l'œuvre d'Auger de Mauléon, sieur de Granier, à qui Pellisson l'a attribuée. « Nous lui devons, dit-il dans son Histoire de l'Académie française, les Mémoires de la reine Marguerite et ceux de M. de Villeroy, les lettres du cardinal d'Ossat et celles de M. de Foix. » (3) La chose n'est pas douteuse pour les lettres de Paul de Foix. Or, dans la préface mise en tête de cette publication, l'éditeur a bien soin de faire ressortir le succès des lettres du cardinal d'Ossat : ces politesses à l'adresse d'un autre auteur ou éditeur étaient peu dans les mœurs littéraires de l'époque. Aussi est-il permis de croire que le sieur de Granier recommandait sa propre œuvre en attirant l'attention sur l'édition des lettres de d'Ossat. Un homme qui s'était fait une spécialité de ce genre de publications devait être peu scrupuleux sur les moyens de se procurer les originaux : le sieur de Granier moins que personne. Il était donc homme à profiter des moyens qui auraient répugné aux frères Du Puy. Ce qu'on sait de lui autorise cette opinion.

Quoi qu'il en soit de la moralité d'Auger de Mauléon, il semble que la première édition de d'Ossat fut assez soignée. « Le sieur de Granier, au rapport de Pellisson (4)

---

(1) Vr cet éloge dans Lettres de d'Ossat, V, 15.
(2) Wiquefort, Poirson, *Hist. de Henri IV*, II, 496, et Tamizey de Larroque. *Lettre de Peiresc à Du Puy*, I, p. 36.
(3) Pellisson, *Hist. de l'Acad Françoise*, I, p. 153. Edit. Livet. Auger de Mauléon, sieur de Granier, se fit une réputation par ses éditions. Elles « le firent connaître, dit Pellisson, à M. le chancelier qui lui donna pension, puis au cardinal qui trouva bon que M. de Boisrobert le proposât pour être de l'Académie ». Il y fut admis le 3 septembre 1635 et en fut exclu sur l'ordre de Richelieu, « parce qu'il avoit abusé du dépôt d'une somme considérable que lui avoient confiée des religieuses. » *Hist. de l'Acad. françoise*, 1, 153.
(4) *Hist. de l'Acad. loc. cit.*

faisait imprimer et relier les livres avec le plus de soin possible. La préface de la seconde édition nous apprend d'ailleurs que la première s'ouvrait par un portrait du cardinal et se terminait par une table générale : mais on avait été obligé de faire bien des omissions et suppressions dans les lettres imprimées. Il fallait éviter de froisser les susceptibilités de quelques personnalités encore vivantes qui étaient nommées dans ces lettres. D'ailleurs si le public faisait bon accueil à la publication de ces papiers d'Etat, le conseil du Roi ne les voyait pas sans ombrage. On avait déjà ainsi publié les *Mémoires de Messire de Castelnau* (1621), les *Mémoires de Villeroy* (1622) : deux ans après paraissaient les lettres du cardinal d'Ossat. Cette fois, on ne sait trop pourquoi, l'entourage du roi s'alarma : « Estant avertis, est-il dit dans un arrest du conseil du 10 juillet 1624, que diverses personnes entreprennent d'imprimer et impriment plusieurs lettres Mémoires et instructions concernant les affaires d'Etat, sans aucune permission de nous ; et d'autant qu'il importe au bien de notre service de réprimer telle licence préjudiciable au bien de nos affaires, nous avons résolu d'en arrêter le cours. A ces causes, nous avons par ces présentes fait et faisons très expresses inhibitions et défenses à toutes personnes, soit libraires, imprimeurs ou autres, d'imprimer, ni exposer en vente aucune lettre, mémoire, ni instructions concernant nos affaires d'Etat, ni même celles du feu cardinal d'Ossat sans notre expresse permission par lettres patentes, sinées de nous, etc. »

Cette interdiction visait-elle la publication d'Auger de Mauléon ? Il ne semble pas. S'il faut en croire une lettre de Peiresc à Du Puy, cette édition avait déjà paru près d'un mois avant cet arrêt. (2) Il est donc à croire que

---

(1) Arch. Nat. Xa 8650, f° 169. *Registres du Parlement*, inédit.

(2) « J'ai été bien aise d'apprendre, écrit Peiresc à la date du 27 juin 1614, que les lettres du cardinal d'Ossat se soient imprimées pour nous oster la peine de les faire transcrire. » *Lettres de Peiresc à Du Puy*, Edit. Tam. de Lar., I, p. 36.

Granier avait dû se munir de la permission royale, et l'arrêt du conseil du roi ne visait peut-être que les nombreuses contrefaçons dont se plaint l'auteur de la seconde édition. Cet arrêt serait ainsi une nouvelle preuve du succès qui accueillit les lettres de d'Ossat ; sans cela, pourquoi prendre des mesures contre la reproduction clandestine de ces lettres ? Si le conseil du roi avait réellement en vue la publication d'Auger de Mauléon, il en fut pour son arrêté. L'édition des lettres données, nous le voyons, au mois de juin 1624, fut si rapidement épuisée que, malgré les contrefaçons, Mauléon dut en publier une seconde avant la fin de cette même année. (1) Elle fut publiée à Paris, chez Joseph Bouillerot : Il est dit dans la préface « que les obmissions de la première impression ont été remises en leur ordre. » Elle s'ouvre par un *advertissement au lecteur*, *l'oraison funèbre* de Galuzzi, texte et traduction, les éloges qu'avaient faits de d'Ossat de Thou et Sainte-Marthe, et le portrait du cardinal gravé par Tavernier. Les lettres, toutes adressées au roi ou à Villeroy, sont divisées en neuf livres et s'élèvent au nombre de deux cents. A la fin se trouvent quelques Mémoires de d'Ossat suivis de la lettre à Jean de la Barrière.

La faveur du public resta fidèle à d'Ossat. En 1627, une nouvelle édition paraissait chez Bouillerot. Elle s'annonçait comme plus fidèle et plus complète que les précédentes. De fait, le nombre des lettres était porté de deux cents à trois cent cinquante. Quelques lettres à des particuliers figuraient à la fin du volume à côté des trois lettres du cardinal de Joyeuse. L'éditeur annonçait qu'il avait encore des lettres à des particuliers ; mais il avait cru ne pas devoir les publier, « pour ne donner au public rien que d'important. » Le succès ne discontinua pas. L'année suivante, Mauléon pouvait dire dans sa préface des lettres

---

(1) Elle a pour titre : *Lettres de l'Illustrissime et Révérendissime cardinal d'Ossat, évesque de Bayeux au roi Henry le Grand et à Monsieur de Villeroy*. Seconde édition, 1624.

de Paul de Foix « que les lettres du cardinal d'Ossat avoient été reçues avec un applaudissement non pareil. Depuis 50 ans, aucun livre n'avoit été mis en lumière qui eût été si universellement bien recueilli que le fut celui-là. » (1) Mais depuis cinquante ans avaient paru les *Essais* de Montaigne, les *Commentaires* de Montluc, l'*Introduction à la vie dévote* de Saint François de Sales, et, enfin, pour nommer tous les ouvrages qui eurent en ce temps le plus de succès, les trois premiers volumes de l'*Astrée* et les *Lettres* de Balzac, et tous ces livres auraient eu moins de sucès que les lettres de d'Ossat! Même en faisant une large part à l'exagération complaisante d'un éditeur, il faut reconnaître que le débit de ces lettres fut considérable et que le public ne se lassait pas de les lire. L'édition de 1627 reproduite désormais sans changement était réimprimée plusieurs fois, à Paris en 1637, in-folio en un volume et in-8° en deux volumes, chez Blageart. Le même libraire en donnait une autre édition en 1641. Il y avait encore deux éditions en 1643 et en 1646, à Rouen, chez Cailloué. (2)

Après quelques années d'arrêt, une nouvelle édition paraissait à Paris en deux volumes in-4°, 1697, chez Boudot par les soins de M. Amelot de la Houssaie, ancien secrétaire d'ambassade à Venise. Cette édition faite, disait Amelot, sur le manuscrit original, avait été accrue par rapport aux précédentes « de lettres et autres pièces non encore veues, de la vie du cardinal d'Ossat avec des notes historiques et philosophiques. » (3) Le *Journal des Savants* la signala au public comme très supérieure à celle de 1627. (4) Elle devait cependant être bien dépassée par l'édition que

---

(1) *Lettres de Paul de Foix*, 1628. Préface au lecteur, non paginée.

(2) D'après Nicéron, Lelong, Frère. *Le Bibliophile Normand*. Article d'*Ossat*.

(3) *Avertissement*, non paginé.

(4) Numéro du 3 février 1598.

donnait encore Amelot en 1708 à Amsterdam chez Pierre Humbert, cinq volumes in-12.

L'imprimeur, qui la donnait, et le *Journal des Savants* (1), qui l'annonçait, estimaient que cette dernière édition avait été augmentée pour le moins de la cinquième partie. Amelot était mort dans l'intervalle, et cette édition de 1708 devait être définitive. Elle fut encore reproduite à Amsterdam en 1714 et en 1732. C'est sur elle que nous étudierons les lettres de d'Ossat.

Elle s'ouvre par un portrait du cardinal d'Ossat sans nom de graveur, un *Avertissement* de l'imprimeur, un *Avertissement* d'Amelot, un catalogue des pièces nouvelles, une *Vie du cardinal d'Ossat*, en soixante-deux pages. On y rencontre d'abord la lettre de Béthune annonçant à Villeroy la mort du cardinal et la lettre de d'Ossat à Jean de la Barrière. Viennent ensuite, rangées à leurs dates, dix lettres de d'Ossat au roi Henri III, une à Catherine de Médicis, vingt-quatre à Louise de Lorraine, la veuve de Henri III, les trois lettres au roi Henri III signées par le cardinal de Joyeuse, une au marquis de Pisany, une à M. de Fresne, secrétaire d'Etat, une au cardinal de Joyeuse, une au chancelier de Chiverny, une à Luxembourg, une à Sillery, une à Montmorency, quatre à des inconnus, soixante-seize à Henri IV, deux cent soixante-quatorze à Villeroy et six mémoires relatifs à diverses affaires que d'Ossat eut à traiter.

Depuis Amelot de la Houssaie, il a été publié par M. Tamizey de Larroque, dans la *Revue de Gascogne*, 1872, dix-neuf autres lettres de d'Ossat : six sont adressées à M. de Marca, une à M. de Castille, une à M. de la Roche-Noiant, trois à Zamet, une à Villeroy, trois à Montmorency, une à M. de Loménie, une à M. Marion, le

---

(1) *Journal des Savants*, 1708, p. 796: Il en était donné une traduction italienne à Venise en 1729.

grand-père des Arnaud, une à M. de Chanvalon et un fragment d'une lettre à sa mère. M. Tamizey de Larroque, a en outre publié deux autres lettres de d'Ossat, l'une adressée à M. de Roaldès (1), dans une notice sur ce personnage, l'autre en italien, adressée à un Lollino, évêque de Bellune.

Il reste encore à publier trente-deux lettres de d'Ossat récemment découvertes dans le Gers. L'une d'elles est adressée à M. de Gariac, les trente-une autres à M. Lupaut, archidiacre d'Auch. (2) Nous mêmes avons pu découvrir, à la Bibliothèque Nationale, neuf lettres de d'Ossat, (3) adressées au duc de Nevers, aux Affaires Étrangères une lettre en italien adressée à l'archevêque d'Arles, un des commissaires au procès du mariage, et enfin dans les papiers du chapitre de Bayeux une importante lettre adressée aux doyen et chanoines de cette église, soit en tout près de quatre cent cinquante lettres.

Pour compléter cette correspondance, il faudrait retrouver les lettres de d'Ossat à Montaigne, dont Mademoiselle de Gournay déplorait la perte dans son édition de 1595 (4), les lettres à M. de Bauves, quelques lettres qui ont passé dans des ventes publiques (5), enfin quarante-trois lettres à Henri III, à Henri IV, ou à Villeroy, dont il est fait mention dans les lettres existantes et qui ne se retrouvent plus.

Outre ces lettres et les mémoires insérés dans l'édition d'Amelot, on doit signaler encore comme inédits en entier ou en partie le mémoire italien (6) sur les résultats de la

---

(1) *Etude sur Roaldès*, p. 103.
(2) D'après le *Bibliophile de Guienne*, n° de juin 1891. Ms Caussou.
(3) Elles seront publiées prochainement.
(4) « Il n'a point tenu à la diligente recherche de Madame de Montaigne qu'elle n'ait trouvé les lettres du sieur d'Ossat parmi les papiers du défunt, quand elle m'envoya ses derniers écrits pour les mettre au jour. » Préface.
(5) Vr *Polybiblion, correspondance*, 1668. p. 243-244.
(6) B. N. Mss Fr. n° 3450 du f° 11 au f° 45.

Ligue, dont Madame d'Arconville a donné une traduction ou plutôt une paraphrase, le Mémoire contre Ponce de Léon (1), le Mémoire italien présenté au Pape par le duc de Nevers, mais rédigé par d'Ossat (2), les Mémoires rédigés par du Perron et d'Ossat au sujet de leurs négociations à Rome et adressés à Villeroy. (3)

(1) B. N. Ms F. Brienne, 137.
(2) B. N. Ms 3989, f. 108.
(3) B. N. Ms F. Brienne, 3984, f. 198, 201, 204.

CHAPITRE II — Valeur de l'Œuvre de d'Ossat

I. — *Causes du succès de cette œuvre. — Ses qualités littéraires. — Clarté et naturel. — Clarté dans le style. — L'art de la composition dans d'Ossat. — Supériorité sur ses contemporains.*
II. — *Clarté dans le vocabulaire. — Suffrages de l'Académie et de Fénelon. — Ses divers éditeurs peuvent respecter cette langue.*
III. — *Précision et esprit. — Ironie légère. — Portraits : comparaisons pittoresques.*
IV. — *Eloquence et gravité de l'homme d'Etat. — Larges tableaux.*
V. — *Place de d'Ossat parmi les diplomates écrivains : Du Perron, Fresne-Canaye, Jeannin, les ambassadeurs vénitiens et d'Ossat.*
VI. — *Eloges qu'il a reçus des écrivains et des hommes d'Etat : Balzac, Voiture, le Comte d'Avaux, Colbert, Naudé, Saint-Simon, Wiquefort, Lord Chesterfield, Voltaire, Diderot, de Flassan. — Conclusion.*

Le succès persévérant d'une œuvre aussi considérable que celle de d'Ossat peut causer d'abord quelque surprise. En attribuer la cause, comme le fait Auger de Mauléon, « au poids et à l'importance des choses que traitoit d'Ossat (1), » c'est n'en donner qu'une des raisons. Combien d'autres ouvrages de cette époque égalèrent les lettres de d'Ossat « pour le poids et l'importance des matières traitées, » sans obtenir le même succès.

L'intérêt des négociations conduites par d'Ossat diminuait à mesure qu'on s'éloignait de cette époque et cependant la faveur du public ne se détachait pas de ses œuvres. Un critique du commencement du XVIIIe siècle (2)

(1) Dans la préface (non paginée), des *Lettres de Paul de Foix*.
(2) Bernard. *République des Lettres*, art. 5, Décembre 1707.

en faisait déjà la remarque. Tout en reconnaissant que « les affaires que ces lettres contiennent, n'intéressent pas tant aujourd'hui que lorsqu'elles ont été écrites » il ne laissait pas cependant d'en recommander la lecture aux politiques.

La raison du succès de ces lettres n'est donc pas toute dans le fonds de cette œuvre. Elle est encore dans l'ensemble des qualités dont d'Ossat a su revêtir l'expression de sa pensée ; elle est dans l'art qu'il a eu de faire passer dans la forme même de ses dépêches quelque chose des talents qui assuraient le succès de ses négociations. Cette œuvre est le reflet de sa vie et de son beau caractère. D'elle on peut dire qu'elle est moins le résumé de ses occupations que l'image de son âme. Voilà pourquoi, dans les éloges qu'ils nous ont laissés de d'Ossat, tant d'hommes d'Etat distinguent peu chez lui l'ambassadeur de l'écrivain. Les deux leur semblent également dignes d'être proposés en exemple aux ambassadeurs de tous les temps. « On voit dans les lettres de ce ministre, disait Wiquefort, une suite d'affaires sans interruption, une application également forte partout, une fermeté inébranlable et un zèle sans exemple, une fidélité incorruptible, une sagacité à pénétrer jusqu'au fond des sentiments de ceux avec qui il avait à traiter, et le jugement le plus net et le plus éclairé qui se trouvât jamais en aucun ministre. » (1)

Dans les lettres du cardinal d'Ossat, disait un autre théoricien de l'*Art de négocier*, (2), on reconnaît un « homme sage, profond, mesuré, instruit des grands principes, habile à en faire usage, décidé dans ses maximes, ferme dans son langage. »

Parmi toutes ces qualités, il en est une que tous s'accordent à signaler : c'est la clarté et le naturel. Aucune ne

---

(1) Wiquefort. *Mémoires touchant les ambassadeurs*, p. 441.
(2) Pecquet. *Art de négocier*, préface LVII.

répond mieux, il faut le dire, à l'esprit de d'Ossat et à son caractère. Sa perspicacité lui fait tout voir et pénétrer, sa franchise et sa loyauté lui permettent de tout dire. Le premier éditeur de d'Ossat met déjà en tête de ses mérites son « style signifiant qui représente les choses aussi clairement comme si elles estoient présentes. » (1) Le dernier des hommes d'Etat qui ait donné son sentiment sur d'Ossat, lord Chesterfield, écrivait encore à son fils en 1741 : « La simplicité et la clarté des lettres du cardinal d'Ossat montrent comment doivent s'écrire les lettres d'affaires. Nul air affecté, nulle recherche d'esprit n'obscurcit ou n'embarrasse sa matière toujours exposée simplement et clairement comme le demandent en général les lettres d'affaires. » (2) Telle est bien l'impression que ces lettres nous laissent encore à nous-mêmes. Après deux siècles de changements dans le style et de variations dans la langue et la syntaxe, nous les comprenons encore sans effort. D'Ossat est du petit nombre des auteurs du XVIe siècle, qu'on peut comprendre sans le secours d'un lexique spécial, et on a pu dire de lui (3) : « En le lisant, on croit souvent lire un auteur du XVIIe siècle. »

C'est qu'on peut compter aisément chez lui les mots et les tournures qui ont vieilli ; le nombre en est assez restreint. La phrase est encore longue comme celle du XVIe siècle, mais elle n'a rien de la lourdeur des écrivains de cette époque, de Sully, par exemple. Ils sont rares chez lui ces enchevêtrements de propositions qui déroutent les lecteurs et ces entrecroisements d'idées qui imposent de pénibles efforts d'attention ; l'air et la lumière circulent librement autour de ses incises, aux contours dégagés, aux nervures bien profilées. L'idée se développe ample et nette, sans s'émietter à l'infini dans les énumérations de Rabelais, sans s'embarrasser dans

---

(1) Ed. de 1627, préface p. 2.
(2) Lord Chesterfield à son fils. Lettre 233, 19 déc. 1751. Ed. A. Renée.
(3) Poirson. *Histoire du règne d'Henri IV*. II, 496.

les incessantes métaphores de Montaigne. A ce point de vue surtout on a pu dire de ce style qu'il constituait un progrès sur celui de ses devanciers et de ses contemporains, et ce progrès est d'autant plus à noter, qu'il s'est fait jour dans des matières où notre langue s'était jusqu'alors le moins exercée. « Marguerite de Valois, par exemple, ne fait que raconter, et le style de la narration a naturellement de l'ordre et de la clarté, mais d'Ossat explique des négociations minutieuses et compliquées et cependant il est toujours net et précis. » (1)

Qu'on lise le récit des intrigues espagnoles, l'exposé des motifs qui militent en faveur de la dispense de Bar ou l'énumération des raisons qui lui font souhaiter la publication du concile de Trente, on remarquera sans peine son habileté à distinguer l'objet principal de la pensée de ses détails accessoires, sa façon de distribuer par ordre les idées secondaires et de les traiter sans diffusion, comme sans sécheresse. A ce point de vue surtout, d'Ossat est en avance sur ses contemporains. L'art de la composition semble leur être inconnu ; ceux mêmes qui en soupçonnent le prix n'ont nul souci de l'obtenir. Rabelais entasse confusément ses vues ; dans ses tableaux, les jours et les ombres sont distribués sans nul souci de la perspective. Nulle idée directrice ne semble guider la marche capricieuse de Montaigne ; il sème souvent au hasard de sa fantaisie les anecdotes, les citations, les réflexions personnelles. On peut l'en croire sur parole. « Il n'a d'autre sergent de bande que fortune à ranger ses pièces », il procède « par sauts et gambades. » Tout autre est la marche de d'Ossat. Tout est prévu, calculé, disposé en vue de l'effet à produire.

Selon un usage très naturel à une époque où les correspondances étaient très exposées à se perdre, il commence par résumer les lettres récemment écrites, il indi-

---

(1) Villemain, *Tableau de la littérature française au XVI· siècle*, p. 108.

que ensuite le sujet de la présente dépêche et l'envisage successivement sous ses divers aspects. On peut signaler comme type de son genre la lettre qu'il écrivit à Villeroy en faveur des Jésuites à la suite de l'arrêt du conseil du 21 Novembre 1598. Nous l'avons déjà rapportée dans ses grandes lignes. (1)

Si nous avons choisi cette lettre de préférence, c'est que nous n'avons pas ici une de ces lettres d'affaires où l'ordre est tout tracé par le rapport logique des questions à traiter. Dans cette lettre toute en considérations politiques, l'auteur n'avait pour se guider que l'inspiration de son bon goût.

La preuve d'ailleurs que cette disposition si bien ordonnée est bien réfléchie et bien voulue, c'est que d'Ossat l'indique souvent tout d'abord en tête de sa lettre : « Votre Sainteté, dit-il dans le mémoire qu'il remet au Pape sur la guerre de Savoie, nous a commandé de penser aux moyens qu'il y auroit d'éteindre le feu de la guerre qui s'est allumée ces jours passés au delà les monts....

Comme en toute maladie, l'invention des remèdes dépend de la complexion et tempérament des malades, aussi estimé-je que pour bien trouver les moyens de faire cesser cette guerre, il faut savoir la cause d'icelle et la complexion et disposition des parties. » (2) Voilà le plan tout tracé. D'Ossat y tiendra. Si quelque idée étrangère, ou seulement accessoire se présente au cours de son développement, il l'écarte ou l'ajourne à un moment opportun. « Je vous expliquerai cela ici bas, dit-il quelquefois, en autre lieu, pour ne pas interrompre ici l'ordre des matières et la teneur des propos commencés. » (3)

La clarté de d'Ossat ne provient pas seulement de la

---

(1) Vr plus haut p. 266 et s.
(2) Lettres de d'Ossat, IV, 76.
(3) Id. III, 412.

régulière ordonnance de ses pensées, elle tient aussi à l'heureux choix et au judicieux emploi qu'il a su faire des termes de son temps. Sans doute bien des mots employés par d'Ossat sont tombés en désuétude. (Mais où est la merveille qu'il ait parlé la langue de son temps.) L'étonnant c'est qu'il en soit tombé si peu, et sous ce rapport d'Ossat est un des auteurs de son siècle, qui ont le moins perdu dans la révolution dont la langue française fut victime dans le premier tiers du XVIIe siècle. Nous ne disons plus *aheurté, aliène, semblance, amiableté, escorne, colliger, dépositer, énagrir, destourbier, pleige, ramentavoir, rembarrer, impétration, vitupère*, etc., etc. Nous n'employons plus dans le même sens que d'Ossat des mots tels que *compromettre, jargonner, oraison, occurrence, annonciation, récompenser, déterrer, déplorer, respect, mêmement*, etc., etc. Ces mots, les contemporains de d'Ossat les employaient, et de bons écrivains devaient s'en servir après lui.

La langue de d'Ossat n'était donc pas en retard sur celle de son temps. Elle n'avait même pas eu à souffrir de son long séjour à l'étranger. Circonstance bien remarquable : d'Ossat avait passé trente ans de sa vie dans cette Italie dont la langue exerçait alors sur la nôtre une influence si fâcheuse, et il avait su en préserver la sienne. Aucun de ces mots chers aux *Philausones*, tels que : *usance, spaceier, volte, fastide, stangue, strade*, etc., n'a trouvé place dans ses lettres. Son bon sens l'avait tenu en garde contre ce travers de nos courtisans qui excitait si fort la bile de Henri Estienne.

C'est par ce respect de notre notre idiome national que d'Ossat mérita l'honneur d'être mis par l'Académie française au nombre « des auteurs morts qui avoient plus purement écrit en notre langue. » A ce titre il figura sur la liste des écrivains qui devaient faire autorité pour la composition du *Dictionnaire;* il s'y trouvait en compagnie d'Amyot, La Noue, du Vair, Montaigne, Desportes, etc. (1)

(1) Pellisson. *Hist. de l'Académie française,* I, p. 105. Edit. Livet.

Cent ans plus tard, la langue de d'Ossat n'avait pas échappé sans doute à l'action fatale du temps. Cette action avait été, cette fois, puissamment aidée par les réformes de Malherbe, de Vaugelas, des Précieuses, par les progrès mêmes dus aux grands écrivains du XVII° siècle, et cependant ce qui avait péri dans d'Ossat inspirait des regrets tout particuliers à Fénelon : « Le vieux langage se fait, disait-il, regretter quand nous le retrouvons dans Marot, dans Amyot, dans le cardinal d'Ossat, dans les ouvrages les plus enjoués et les plus sérieux. Il avoit je ne sais quoi de court, de naïf, de vif et de passionné. » (1)

Si élogieux qu'il soit pour d'Ossat, le ton de ces regrets ne doit pas nous faire illusion. Les pertes que Fénelon déplore dans la langue de d'Ossat ne sont pas aussi sensibles qu'on serait tenté de le croire. Cette langue a perdu l'éclat de la jeunesse et pris des rides, mais si ces rides ont bruni ses traits, ils ne les ont pas rendus méconnaissables. Aussi alors même que ses éditions se succédaient, d'Ossat n'eut pas à subir l'indigne outrage dont le zèle pieux de Mademoiselle de Gournay ne put défendre son cher Montaigne, ni dont l'admiration générale ne préserva pas Sully. Pour être compris et goûté de ses lecteurs, il n'eut pas besoin d'être défiguré par de sacrilèges rajeunissements. Depuis le premier jusqu'au dernier, tous ses éditeurs purent sans effort respecter son style et conserver sa vieille langue. « On n'a rien changé au langage » disait Amelot dans l'édition de 1708. (2) L'éditeur disait vrai ; les manuscrits de d'Ossat nous montrent — nous l'avons vu de nos yeux — qu'à part de très légères modifications d'orthographe le texte imprimé reproduit l'original.

D'Ossat était sans doute redevable à son éducation

---

(1) *Lettre à l'Académie. III. Sur le projet d'enrichir la langue.*
(2) *Lettres de d'Ossat. Avertissement de l'auteur des remarques.*

scolastique de cette clarté de langage et de cette netteté de composition. Ses premiers écrits latins (1) présentent déjà ces qualités qui seront celles de toute sa vie. Le jeune étudiant du collège de Presles, qui débutait dans les lettres par une polémique sur la *Méthode*, en connaissait déjà tout le prix. Aussi sa dissertation contre Charpentier est-elle déjà remarquable au point de vue de la composition.

Il était à craindre cependant que cette rigueur quelque peu géométrique ne dégénérât en sécheresse et qu'à l'école de la scolastique formaliste et verbeuse du XVI° siècle d'Ossat ne s'habituât à sa diffusion plate et vide ; mais les études auxquelles il se livra depuis et les occupations qui s'emparèrent de lui le mirent à l'abri de ce danger.

Après la philosophie, d'Ossat étudia les mathématiques, peut-être la médecine, et sûrement le droit. L'étude de ces diverses sciences devait donner plus de plénitude à sa pensée et de précision à son langage. La lecture de Commines (2) que d'Ossat semble avoir tout particulièrement affectionné ne pouvait que développer chez lui l'observation et le jugement. Mais j'ai peur qu'avec cet ensemble de qualités plus solides que brillantes, d'Ossat ne fût tombé dans la raideur des *Mémoires* de Sully. Heureusement il se mit de bonne heure à l'école du plus aimable des prosateurs grecs, et la grâce de Platon vint un peu tempérer l'austère régularité de son premier genre. Nous avons vu combien d'Ossat avait dû se familiariser avec le texte de Platon en la société de Paul de Foix ; peut-être devons-nous à la fréquentation du disciple de Socrate cette ironie légère et cette finesse de discussion que d'Ossat appelle si souvent au secours de son argumentation.

(1) « *Atque ut libri tui singula momenta perpendamus duas in partes ipsum distribuemus.* » *A Ossati... Expositio. Prooemium.*
(2) Lettres de d'Ossat, IV, 202.

On a pu déjà en voir plusieurs exemples dans ses réponses aux prétentions des Espagnols. La même bonhomie légèrement enjouée se retrouve dans les portraits que d'Ossat nous trace dans ses lettres. Qu'on lise à ce sujet celui de Charles-Emmanuel : « Monsieur de Savoie est de telle complexion qu'il veut prendre l'autrui sur plus grand qu'il n'est, et ne veut point rendre, veut encore contracter et faire des accords, promettre, signer, confirmer et reconfirmer et ne point tenir ni rien exécuter, prenant pour galanterie de violer la foi laquelle est néanmoins le lien de la société humaine et de toute paix et concorde. Avec tout cela il pense de se maintenir en cette façon de procéder par son bel esprit fertile en toutes sortes d'inventions et déguisement et par les forces d'Espagne. » (1)

Quelquefois à défaut du portrait entier nous n'avons qu'une simple esquisse, une comparaison rapide, une image fugitive, un mot pittoresque, mais ces images et ces mots donnent à des croquis d'un ton généralement transparent la chaleur et l'éclat de la vie. Tantôt il nous montre le cardinal Tarugi « ce bon vieillard qui penseroit être damné, s'il étoit espagnol ou français, ni autre que bon ecclésiastique. » D'autres fois il nous montre la nation espagnole surprise sans défense par le hardi coup de main des marins anglais sur Cadix, comme « un colosse dont les jambes (Milan, Naples et Sicile) sont armées, mais dont la tête (l'Espagne) était nue, ou couverte de taffetas ou de soie. » (2) Attaquer en Espagne, Philippe II « ce coq de la chrétienté », cet « Atlas qui soutient le monde catholique sur ses épaules c'est donc comme le prendre à la gorge. » (3) Ailleurs d'Ossat souffre de voir que les Français, obligés de recourir au courrier du roi d'Espagne pour l'expédition de leurs dépêches, en soient réduits « à danser au son et à la mesure des Espagnols. »

(1) Id. IV, 78.
(2) Id. II, 193.
(3) Ibid.

D'Ossat n'a pas cependant besoin de faire grimacer les figures pour montrer qu'il sait saisir leurs traits caractéristiques. Il y a chez lui tel tableau et tel portrait où l'on a bientôt fait de remarquer avec quelle profondeur, quelle finesse et quelle élévation il sait comprendre, peindre et juger. On peut lire à ce sujet le portrait qu'il trace des Français, vers la fin de la Ligue [1594].(1) « Si jamais, dit-il, les François, de leur naturel frétillans et guerriers, eurent difficulté à tenir leurs mains, il leur sera quasi impossible maintenant qu'ils sont aguerris et composés d'humeurs si diverses et bigarrés de tant de factions, que, sortant d'un trouble qui leur a laissé une infinité d'inimitiés particulières pour les injures en particulier reçues les uns des autres, ils entrent en une sorte de paix nécessaire, à la vérité, mais telle cependant qu'elle leur cause une autre infinité de jalousies et de mauvaises satisfactions. » On peut le voir ailleurs dépeindre, avec non moins de netteté et de vérité, la faiblesse réelle de l'Espagne (2) malgré ses apparences de prospérité, les procédés formalistes (3) de la cour de Rome ou la politique des Vénitiens « ces mondains qui n'ont point plus de dévotion qu'il ne leur en faut (4), mais qui se gouvernent avec autant de prudence qu'un autre potentat du monde. »

Peut-être trouvera-t-on quelque peu austère le genre de beautés que présentent ces tableaux de grand effet. Mais il convient de se demander si le caractère des écrits de d'Ossat se prêtait à une autre ornementation. D'Ossat ne fut jamais ce qu'on a appelé plus tard un homme de lettres, jamais il ne songea à faire œuvre d'écrivain. Obligé par profession à rendre compte à sa cour des événements importants d'Italie et des négociations auxquelles il était mêlé, il ne rechercha dans ses lettres que les qualités des dépêches diplomatiques, la clarté et

(1) Id. I, 255.
(2) Id. II, 257.
(3) Id I, 306.
(4) Ib. V 233.

la précision. S'il s'en trouve d'autres chez lui, elles y sont venues par surcroît. D'Ossat est avant tout un homme d'Etat et ses lettres sont des lettres d'affaires. C'est dire que son style toujours simple et sans affectation n'a jamais payé tribut au goût de magnificence et d'emphase espagnole qui sévissait parmi les lettrés de son temps. Jamais on ne trouve chez lui cette disproportion du sujet et du style qui nous choque si souvent dans les lettres de Balzac. Chez lui, le ton s'élève sans effort à la hauteur des idées ; on ne le surprend jamais au-dessus. Ses pages les plus éloquentes sont toujours les plus remplies d'idées. On n'a pas oublié la lettre qui excita si fort la colère de Sully ; on peut en rapprocher celle qu'il adressa au duc de Nevers le 5 février 1594 et beaucoup d'autres encore. Toutes nous donneront le modèle, assez rare alors, d'une éloquence naturelle, noble sans effort, grave sans affectation. C'était celle dont Jeannin dans ses *Négociations,* Richelieu dans ses *Mémoires* et les grands écrivains de la fin du siècle allaient donner l'exemple ; d'Ossat fut l'un des premiers à le proposer.

Se tenir simplement à la hauteur de son sujet sans s'élever au-dessus, ni rester en dessous, ce n'était pas là un mince mérite, si on en juge par le petit nombre d'écrivains diplomatiques qui à cette époque ont su y réussir. On a imprimé de ce temps les *Lettres et Ambassades* de du Perron ; il n'est pas besoin d'en lire long pour constater la justesse et approuver les conclusions du jugement que les critiques portent sur lui : « On n'y trouve, dit Wiquefort, qu'un amas de paroles avec une grande vanité. » (1)

Il y a bien aussi de l'esprit, mais trop souvent du genre que voici : « La joie que je reçois, dit-il à Sully, de vous voir commander aux canons de la France sera pleinement accomplie quand je vous verrois obéir aux canons de

(1) Wiquefort, *op. cit*, p. 441.

l'Eglise. » (1) Que de recherches pour dire au grand-maître de l'artillerie qu'on serait heureux de le voir catholique ! Il ne faut pas beaucoup de phrases de ce genre pour donner raison à Wiquefort qui trouve que « ceux qui ont publié l'ambassade du cardinal du Perron n'ont pas fait beaucoup d'honneur à sa mémoire et ne la devoient pas produire après celle de d'Ossat. » (2) Les *Mémoires* de Fresne-Canaye ont eu aussi les honneurs de l'impression ; est-ce à dire qu'ils les méritaient ? Amelot prétend que « Fresne-Canaye n'étoit pas un grand clerc. Il n'y a, disait-il, qu'à lire ses *Mémoires* pour en juger. » Nous ne les avons pas lus en entier. Mais le moyen de ne pas en croire Amelot, quand à chaque instant vous êtes arrêté par des phrases comme celle-ci : « Or, voyant l'Océan des affaires générales prendre cet heureux cours, j'avoue n'y avoir point d'apparence de se laisser emporter aux rapides et bruyantes eaux du Piedmont, desquelles si mon petit entendement s'est laissé aucunement estourdir, j'espère du moins que Votre Majesté aura recognu que ce n'a pas été pour ignorer les qualités de leur source » (3). C'étaient là les meilleurs termes que Fresne-Canaye savait trouver pour annoncer à Henri IV qu'il avait rompu toute négociation avec le duc de Savoie !

Les *Négociations* du président Jeannin ne donnent prise à aucun de ces reproches, et Wiquefort a pu dire en toute justice qu'elles étaient, avec les lettres du cardinal d'Ossat, les seules qui méritaient d'être imprimées ; la diplomatie française du XVIe siècle n'offre assurément rien qui leur soit comparable. Quant à établir des rangs entre ces deux auteurs, à faire valoir l'un aux dépens de l'autre, nous y renonçons. Que les hommes de notre temps se plaisent davantage à la lecture des *Négociations de*

---

(1) Cité dans L'Estoile, VII, 210.
(2) Wiquefort, *loc. cit.*
(3) Fresne-Canaye, *Lettres et Ambassades*, 4 Décembre 1604 au Roi.

Hollande, il n'y a là rien d'étonnant ; nous avons là des questions de politique courante dont les résultats sont encore tangibles dans l'existence de la Hollande. Mais ce n'est pas avec nos sentiments d'aujourd'hui que nous devons juger l'importance des événements débattus alors. Le style de Jeannin a semblé aussi à certains plus rapide et moins suranné. (1) Cela peut être vrai des meilleures pages de Jeannin. Mais dans l'ensemble et principalement là où il veut s'élever à des considérations générales, Jeannin présente plus d'archaïsmes dans l'expression, plus d'embarras dans la construction. Mais nous ne prétendons nullement diminuer l'un au profit de l'autre. Qu'il nous suffise de rappeler qu'au XVII° siècle on se bornait à rapprocher les *Négociations* de Jeannin des *Lettres* de d'Ossat « mais dans quelque intervalle. » (2

Homme d'Etat dans la forme de ses lettres, d'Ossat ne l'est pas moins par son indifférence pour tous les événements étrangers à la politique. Inutile de chercher chez lui la chronique amusante, encore moins la chronique scandaleuse de Rome. Il parle bien une fois ou deux de l'audace des bandits (3) dans les dernières années de Grégoire XIII, mais en termes vagues, généraux, sans aucun détail caractéristique sur ces aventures étranges qui donnent une si singulière idée des mœurs politiques et sociales de ces temps. (4) Même à l'époque où, encore novice dans la diplomatie, il entasse les menus faits sans les trier, il ferme sa correspondance aux événements qui ne touchent pas de près ou de loin à la politique. Il semble déjà ne rien craindre autant que « de faire le novellant ; » (5) il a horreur de « brouiller le papier » (6) pour

---

(1) A. Darmesteter. *Le Seizième siècle en France*, p. 46.
(2) Wiquefort *op. cit.*, p. 441.
(3) Lettres de d'Ossat, I, 11.
(4) Voir à ce sujet Hübner, *Sixte-Quint*, I, 243 et s.
(5) Lettres de d'Ossat, IV, 443.
(6) Id. I, 439.

donner des nouvelles qui ne seraient que des nouvelles. Il redoute jusqu'à l'apparence de ce que nous appelons « le reportage ». « C'est, dit-il quelquefois, la seule chose d'importance qui vous touche que je vous puisse écrire. Tout le reste sont nouvelles que j'ai quasi honte de vous mander, et pour peu que vous soyez occupé, vous pourrez vous arrêter ici sans lire plus oultre. » (1) Avec de telles dispositions d'esprit, on comprend que les dramatiques aventures de la touchante Vittoria Accoramboni n'aient pas obtenu de lui plus de mention que les méfaits de Paolo Orsini. (2) De fait, il n'a pas prêté plus d'attention au couronnement du Tasse (3) qu'au supplice de Giordano Bruno. (4) Ce n'est pas dans ses lettres qu'on eût pu puiser les éléments du roman de la *Cenci*. (5)

Ce qui est plus grave que des omissions de ce genre c'est qu'à une époque, où tout ambassadeur est doublé d'un artiste, d'Ossat passe à côté des transformations que Sixte-Quint fait subir à la vieille Rome sans avoir l'air de s'en apercevoir. Les richesses artistiques de Florence ne lui arrachèrent jamais un cri d'admiration, et dans cette Venise encore si curieuse pour nous, il ne semble avoir vu qu'un doge, un sénat et des ambassadeurs; jamais le beau ciel de l'Italie n'aura de lui un éloge. Par là peut-être, par cette indifférence absolue pour tout ce qui n'intéresse pas le diplomate, d'Ossat se montre inférieur à ces ambassadeurs vénitiens qu'il admire, qu'il égale même par la perspicacité du coup d'œil, par la sagacité ou la profondeur des vues.

Mais qu'on en prenne son parti une fois pour toutes,

---

(1) Id. IV, 139.
(2) Sur ces deux personnages, voir Hübner, *op. cit.* livres II et III.
(3) Le Tasse fut couronné à Rome en 1595.
(4) Si tant est qu'il ait été supplicié à Rome ; des doutes assez graves ont été élevés au sujet de ce supplice. V. Desdouits, les *Questions controversées de l'histoire et de la science*, 4e série, p. 151-172.
(5) Sur cette légende et sur sa formation, V. Hübner, *op. cit.* I, 442. *Revue des Deux-Mondes*, 15 avril 1880, p. 941, et *Revue des Questions Historiques*, XVII, 537 et s.

qu'on se résigne à n'attendre de d'Ossat que des dépêches purement diplomatiques et alors on sera servi à souhait. Quelle abondance et quelle sûreté d'informations politiques, quelle finesse dans les aperçus, quelle justesse dans les appréciations, quel choix intelligent du détail caractéristique ! S'agit-il de raconter une audience du Pape, pas un mot, pas un geste n'est omis qui peut faire connaître l'état d'esprit du Pape et de son entourage. On peut lire à ce sujet le récit des principales audiences qu'il reçut de Clément VIII. (1) On ne quittera pas cette lecture sans comprendre et ratifier le bel éloge que Fénelon a fait de d'Ossat : « Une circonstance bien choisie, un mot bien rapporté, un geste qui a rapport au génie ou à l'honneur d'un homme est un trait original et précieux dans l'histoire ; il vous met devant les yeux cet homme tout entier. C'est ce que Plutarque et Suétone ont fait parfaitement. C'est ce qu'on trouve avec plaisir dans le cardinal d'Ossat ; vous croyez voir Clément VIII qui lui parle tantôt à cœur ouvert et tantôt avec réserve. » (2) Pour comprendre toute la valeur d'un tel éloge il n'est peut-être pas inutile de savoir que d'Ossat est le seul Français que Fénelon ait osé mettre en parallèle avec les historiens de l'antiquité.

C'est par cet ensemble de vertus morales et de qualités littéraires que d'Ossat a conquis l'estime des hommes d'Etat et que ses lettres ont longtemps servi de modèle dans la correspondance diplomatique : « C'est un des grands avantages qui se peut tirer de cette collection, disait déjà l'éditeur de 1627, de n'y avoir rien d'inutile, rien que de solide et sans nulle affectation. Et certes comme elle est excellente, elle doit aussi servir à l'avenir comme d'un parfait modèle sur lesquels les ministres des princes de toute qualité se devroient former, soit pour la façon de traiter les affaires de vive voix ou de les faire entendre

---

(1) Lettres de d'Ossat, I, 287 et s.
(2) *Lettre à l'Académie*, § VIII.

par escrit tels qu'ils sont. » (1) C'était bien pronostiquer. A peu près à la même époque, Balzac (2) s'indignait plaisamment qu'on refusât le jugement aux Gascons. Pour cela il fallait avoir oublié « que M. de Pibrac et de Montaigne et le cardinal d'Ossat ont été Gascons et leur grand sens qui est admiré encore à présent de toute l'Europe réfute assez ce mot que quelques-uns débitent pour bon. » (3) Mais déjà Scévole de Sainte-Marthe avait donné dans ses *Eloges des Hommes Illustres* une des plus belles places à d'Ossat « que l'on peut, disait-il, nommer à bon droit la fleur du Sacré Collège, l'œil de la France et l'astre de son siècle. » (4) En plein siècle de Louis XIV, Perrault lui conservait la même place parmi les *Hommes Illustres morts au XVIIe siècle*. Il saluait en lui « un homme d'une pénétration d'esprit incroyable, d'une application si attentive à toutes les choses qu'il conduisoit et surtout un sens si droit à prendre son parti dans les affaires qu'il est presque impossible de remarquer une fausse démarche dans le nombre presque infini de ses négociations. Ses lettres, ajoutait-il, sont si belles, si sensées et si pleines d'excellentes maximes, qu'on ne peut s'en former une trop grande idée. Elles ont fait la principale étude des politiques qui sont venus depuis. » (5) Un homme bien placé pour nous dire ce que les diplomates pensaient de d'Ossat, c'est l'habile négociateur des traités de Westphalie, le comte d'Avaux. Voiture lui avait écrit de se contenter « de faire de belles et bonnes dépêches comme celles du cardinal d'Ossat, ou, s'il avoit quelque ambition plus grande, comme celles du cardinal du Perron. » (6) Le comte d'Avaux vit dans cette lettre une préférence en faveur de du Perron, et malgré le ton badin

---

(1) Préface [non paginée].
(2) Balzac, Lettre XV, I, 27. Balzac était assez familier avec le texte de d'Ossat pour railler ses mots favoris.
(3) Id. Lettre LXI, livre IX, 1638, p. 462, II.
(4) Amelot rapporte cet éloge. Lettres de d'Ossat, V, 15.
(5) *Hommes illustres*, II, p. 12 et s.
(6) Voiture. Lettre 186 à Mgr d'Avaux, p. 368. Edit de 1663.

de Voiture, il se fit un devoir de redresser chez son ami ce qu'il considérait comme une erreur de goût. « Quand il faudra, lui écrivait-il, venir sur le sérieux, ne mettez plus les dépêches du cardinal du Perron au-dessus de celles de d'Ossat en matière d'affaires. Je ne vous saurois pardonner un si grand mécompte spécialement en ce qui touche mon métier; je vous promets que pour bien conduire une négociation et pour bien écrire, ce dernier est sans comparaison plus fort et sur la manière duquel j'aimerois mieux me former que sur celui que vous me proposez pour exemple. » (1)

Mais d'Avaux, si juste appréciateur des mérites de d'Ossat, s'était trompé sur les sentiments de Voiture. Celui-ci ne voulut pas laisser plus longtemps son ami sous le coup d'une méprise qui eût fait tort à sa réputation d'homme de goût : « Au reste, lui répondait-il un mois après, (2) je suis entièrement de votre avis touchant ce que vous dites de Monsieur d'Ossat. Il n'y a rien de si judicieux ni de si parfait que ses dépêches. Mais j'ai voulu dire que, si vous ne vous contentiez pas d'en faire comme les siennes et que vous eussiez l'ambition d'en écrire de fleuries et d'éloquentes, vous vous contentassiez d'imiter le cardinal du Perron qui en a fait de ce genre-là et qui, à mon avis, n'y a pas extrêmement réussi. »

Un autre précieux témoignage de l'estime que les hommes d'État faisaient de d'Ossat pour la formation des diplomates nous est fourni par le récit de l'éducation du jeune marquis de Torcy, le neveu de Colbert. Ce jeune homme fut destiné de bonne heure à la diplomatie. Entre autres ouvrages, on lui mit dans les mains « les *Dépêches* du cardinal d'Ossat (3) et du président Jeannin. » Un autre hommage à d'Ossat auquel Colbert ne fut peut-

---

(1) Lettre à Voiture, 9 décembre 1646, *Ed. Amédée Roux*. 1858.
(2) *Lettres de Voiture*, 9 janvier 1647, p. 375.
(3) A. Baschet. *Histoire du dépôt des affaires étrangères*, p. 94, d'après un Ms. Bib. Nat. F. f. n° 10668.

être pas étranger, ce fut de faire figurer son portrait (1) en tête de ceux des diplomates célèbres qui devaient orner les salles du *Dépôt des affaires étrangères* à Versailles. Nous savons que La Bruyère ne le mettait pas en moins brillante compagnie en l'associant à Richelieu et à Ximenès. (2)

Les lettres de d'Ossat paraissaient à Gabriel Naudé « dignes d'être toujours présentes à l'esprit et aux yeux des hommes d'Etat à cause de la gravité de son style, du poids et de l'abondance de ses idées, de sa diction toujours vigoureuse et soignée, toute pleine de raison, de variété et de charme. » (3) Je ne sais lequel de ces mérites avait plus particulièrement recommandé d'Ossat à Saint-Simon, toujours est-il qu'il ne parle jamais de ses lettres sans les appeler « les belles, les admirables lettres, (4) » et sa façon de les citer montre assez combien elles lui étaient familières. Tantôt il évoque le souvenir de d'Ossat à propos des ducs de Lorraine (5) ou de Savoie « que le cardinal a dépeints si au naturel », (6) tantôt il cite de ses mots ou rappelle l'éloquence et la force des raisons qu'il employa pour obtenir les obsèques de Henri III. (7) Ailleurs il est tout heureux de faire constater que le ministre d'Argenson imite à son égard « la modestie du célèbre cardinal d'Ossat envers Villeroy. » (8)

A peine avons-nous besoin de rappeler encore quel grand cas Wiquefort faisait des lettres du cardinal d'Ossat ; on a pu dire qu'il y avait puisé l'idée de la plupart des conseils qu'il donne aux ambassadeurs. A ses yeux,

---

(1) Id. d'après Ms. Arch. Nat, *Maison dv Roi*. O. 12288.
(2) Chap. xi. *Des jugements*.
(3) Cité par Amelot Lettres de d'Ossat, V, 19.
(4) Saint-Simon, V, 225, *Ed. Garnier*.
(5) Id. V, 225.
(6) Saint-Simon, *Œuvres*, V, 225.
(7) Id., IX, 229.
(8) Id. XIV, 320. D'Argenson ministre lui donnait du *Monseigneur* alors qu'il n'y était plus tenu.

le cardinal était le plus habile de tous les ministres (1) dont nous ayons les négociations, et ces négociations, jointes à celles du président Jeannin, étaient presque seules capables de former un parfait ambassadeur. » (2)

Au commencement du XVIIIe siècle, au dire du *Journal des Savants* (3) « les lettres de d'Ossat étaient encore si connues qu'il n'était pas nécessaire d'en faire l'éloge. » La *République des Lettres* (4) et l'*Art de Négocier* recommandaient toujours aux futurs ambassadeurs la lecture de ces lettres : « On sera, disait ce dernier, pleinement satisfait par la lecture des lettres du cardinal d'Ossat. On y reconnaît l'homme sage, profond, mesuré, instruit des grands principes, habile à en faire usage, décidé dans ses maximes, ferme dans son langage, et occupé principalement du bonheur de sa patrie et des succès d'un maître dont il connaissoit toute la valeur. » (5)

Au moment où d'Ossat recevait ce magnifique éloge, corroboré quelques années plus tard par celui de Chesterfield que nous avons cité plus haut, la gloire de d'Ossat allait commencer à pâlir. Voltaire (6) le cite encore deux ou trois fois avec bienveillance, mais le silence se faisait peu à peu sur son nom. Madame d'Arconville se proposat-elle de réveiller dans l'esprit de ses contemporains le souvenir à peu près effacé du grand cardinal ? Je ne sais. Si tel fut son but en publiant sans nom d'auteur la *Vie du cardinal d'Ossat*, elle réussit peu. Cette amplification verbeuse de la *Vie* donnée par Amelot semble n'avoir pas eu grand succès. Diderot ne se sentit pas le courage de la lire jusqu'au bout : « Le moyen, disait-il pour s'en excuser, qu'un auteur qui est un peu plat dans les cent premières pages de son ouvrage n'en ait pas pris l'habitude. »

---

(1) Wiquefort, *op. cit.* p. 32.
(2) Id, p. 441.
(3) Année 1708, p. 796.
(4) *La République des Lettres*, Bernard, 1707.
(5) Pecquet. *Art de Négocier*. PRÉFACE LVII.
(6) *Essai sur les Mœurs*, p. 106 et 107, *Histoire du Parlement*, chapitre XXXVIII, p. 563, Ed. Garnier.

Mécontent de « ne trouver dans cette œuvre ni genie, ni vues, ni art d'intéresser par des réflexions, quand le sujet ne s'y prête pas, il aimait mieux aller voir d'Ossat chez lui et le connaître dans ses lettres où cet homme lui apparaissait ainsi que dans sa vie, simple, franc, plein d'attachement à ses maîtres sachant allier les devoirs d'un ecclésiastique avec la probité et l'habileté dans les négociations. » (1)

C'était là le dernier éloge que d'Ossat devait recevoir dans ce siècle. Aussi bien ses écrits n'étaient-ils pas de ceux auxquels pût se plaire le goût frivole de ce temps. Les dictionnaires historiques seront seuls à conserver sa mémoire. Signalons cependant les quelques lignes fort élogieuses que lui consacrait de Flassan dans son *Histoire de la diplomatie française.* (2) « C'est là, dit-il, l'homme qu'il convient d'offrir à ceux qui veulent courir la carrière politique en serviteurs zélés de leurs princes et en observateurs des bienséances près les gouvernements étrangers, double rôle que peu de gens savent concilier. Parmi les nombreuses qualités qui distinguèrent le cardinal d'Ossat, on admirait surtout une grande égalité d'âme, de la modestie, de l'urbanité, un sens droit et de la sagacité à trouver des motifs et des expédients honnêtes. L'habileté et la supériorité du cardinal d'Ossat sont établies dans ses lettres, dont la lecture a toujours été recommandée comme une école de discrétion et de dextérité. »

Nous nous arrêterons sur ces lignes. Elles portent sur la vie et l'œuvre du cardinal d'Ossat un jugement aussi juste que complet et motivé.

---

(1) Diderot Œuvres. T. IX, 453, Edit. Garnier, 1875 et *Correspondance de Grimm.*

(2) De Flassan, *Histoire de la Diplomatie française*, II, 230.

CONCLUSION

La réputation de d'Ossat ne s'est pas maintenue à la hauteur où l'avait élevée l'admiration de deux siècles. Sans l'avoir oublié notre époque ne connait plus guère son œuvre. Si elle prononce encore son nom avec respect, il lui faut quelque effort pour retrouver ses titres à l'admiration du passé et à la reconnaissance du présent. Ce sont ces titres que nous avons voulu remettre en lumière. Si la faiblesse de l'exécution n'avait pas trahi trop souvent la bonne volonté de l'ouvrier, le tableau de l'œuvre de d'Ossat nous eût inspiré des sentiments assez semblables à ceux de nos ancêtres. D'Ossat nous y serait apparu comme une des figures sinon les plus brillantes et les plus originales du XVIe siècle, du moins comme une des plus sympathiques et des plus honnêtes. Parmi les hommes d'Etat qui joignent leurs efforts à ceux de de Henri IV pour réparer les désastres de l'âge précédent et préparer la grandeur du siècle suivant, aucun n'apporte à cette œuvre plus de dévouement, plus d'habileté, plus de désintéressement. Né à une époque où le défaut de naissance rendait si difficile l'accès des honneurs, telle fut la grandeur de ses services et l'éclat de ses vertus qu'il obtint de la reconnaissance de son roi et de l'estime du Pape, la plus haute dignité qu'ils pussent conférer.

Pendant plus de vingt ans, il s'épuisa dans des négociations incessantes, quelquefois sans résultat, souvent sans éclat, jamais sans mérite. S'il n'obtint pas toujours les succès dus à son zèle, il eut du moins l'inappréciable mérite d'avoir travaillé plus que personne à réconcilier Henri IV avec la France catholique, et la France avec l'Eglise. Pour assurer à son pays une légitime influence, il lutta sans repos contre l'Espagne et dans cette lutte de tous les instants si délicate et si périlleuse, on ne put jamais surprendre sa vigilance en défaut ; jamais il ne compromit par une démarche imprudente, par défaut ou par excès de zèle les intérêts confiés à ses soins.

Homme d'Eglise, il sut servir sa patrie sans qu'il en coutât rien à sa conscience ni à son caractère. Prêtre, évêque ou cardinal, il continua brillamment l'œuvre de ces prélats du XVI° siècle, qui imprimèrent à notre diplomatie naissante, ce caractère de loyauté et de grandeur si digne des représentants d'une grande nation. Mais s'il sut égaler par sa sagacité, sa clairvoyance et son patriotisme, les Jean de Montluc, les Pélicier, les Noailles, (1) les Paul de Foix, les cardinaux Du Prat, de Tournon et d'Armagnac, il leur fut supérieur à bien d'autres égards. On a dit de ces évêques « qu'ils avaient le regard ferme et sûr, la connaissance profonde des hommes et une rare indépendance à l'égard du pouvoir religieux dont ils relevaient. (2) Il leur arriva souvent, ajoute-t-on, de se trouver en opposition avec des intérêts qu'ils devaient être portés par leur état à servir aux dépens de ceux de leur pays ; ils n'hésitèrent jamais. » (3) D'Ossat fut plus habile ou plus heureux.

Après avoir rétabli la bonne harmonie entre l'Eglise et la France, il mit son ambition à la maintenir, soit en prévenant, soit en faisant disparaître entre elles toute occasion de conflit. Aux gloires de la lutte, d'Ossat eut toujours la sagesse de préférer les avantages plus solides de la paix. Il savait trop bien que le triomphe de l'une des deux causes risquait toujours de froisser les légitimes

---

(1) Sur François Noailles (1519-1585), évêque de Dax (d'Acqs) et non d'Aix, comme l'a dit M. M. de Vogüé, *Revue des Deux-Mondes*, 1er mars 1879, p. 18, on peut voir dans le *Bulletin de la Société de Borda*, une étude de M. l'abbé J.-B. Gabarra, T. XIII. p. 209.
(2) Charrière. *Négociations dans le Levant*, I, PRÉFACE XLIII.
(3) Zeller : *La diplomatie française au XVIe siècle*, Pélicier. PRÉFACE.

susceptibilités des consciences ou de porter atteinte à la dignité nationale.

Et ces heureux résultats ne coûtèrent jamais rien à sa religion ni à son patriotisme. Irréprochable dans sa foi, exemplaire dans sa vie, il ne donna jamais prise aux soupçons qui planèrent sur l'orthodoxie des Pélicier, des Montlucq et des Noailles. Encore moins mérita-t-il les reproches que Wiquefort adresse, fort injustement d'ailleurs, à la politique des gens d'église « d'être toute composée d'artifices et de petites finesses qui n'entrent point dans le commerce des honnêtes gens. » (1) On a remarqué que, sous l'influence d'Henri IV, un souffle plus généreux et plus pur circula dans notre diplomatie. Les agents de ce roi purent lui entendre dire qu'il ne voulait pas d'un succès acheté au prix d'une malhonnêteté. « Je désire, (2) leur répétait-il, que mes serviteurs se départent de moyens semblables et qu'ils aient recours à ceux qui sont licites ; en quoi ils ne manqueront d'assistance de mon côté telle qu'elle sera nécessaire. » Henri semble avoir oublié quelquefois (3) ce programme de politique honnête ; d'Ossat qui l'avait inauguré, avant même que le roi ne l'eut formulé, ne s'en départit jamais. On ne trouverait pas dans toutes ses négociations un acte qu'eût réprouvé la conscience d'un honnête homme. Nous avons signalé dans sa première lettre à Henri IV ses nobles scrupules ; (4) il ne cessa jamais de s'inspirer des mêmes principes, dans la patrie de Machiavel, contre le duc de Savoie le plus astucieux des hommes, contre les Espagnols aux yeux de qui le zèle religieux légitimait tous les procédés.

L'honnêteté de sa politique a servi d'Ossat plus qu'il ne l'eût osé espérer. En se réflétant dans sa correspondance, elle lui a donné une valeur littéraire inconnue jusqu'alors

---

(1) Wiquefort. *op. cit.* p. 102.
(2) Henri IV à Fresne-Canaye, *Lettres missives*, V, 679.
(3) Voir Perrens, *Mariages espagnols*, p. 169, et Henri Martin, *Histoire de France*, X, 521.
(4) Lettres de d'Ossat, I, 360.

dans les œuvres de ce genre. Elle a fait de d'Ossat un des meilleurs écrivains du XVIe siécle. Par là, incontestablement supérieur à tous les diplomates qui l'ont précédé, d'Ossat est devenu un modèle pour tous ceux qui l'ont suivi. C'est en partie à son école que se sont formés notamment les grands diplomates du siècle de Louis XIV dont les négociations et les dépêches (1) n'ont pas médiocrement accru notre patrimoine politique et littéraire.

La mémoire de d'Ossat peut revendiquer sa part dans le souvenir que leur garde notre patriotisme reconnaissant. Etudié par eux comme un maître et vénéré comme l'honneur de la diplomatie française, (2) il conserve à ces titres des droits contre lesquels nul oubli ne saurait prescrire.

FIN

*Vu et lu à Bordeaux par le Doyen
de la Faculté des Lettres,*

Le 16 Novembre 1893,

PAUL STAPFER.

Vu et permis d'imprimer :

Bordeaux, le 18 novembre 1893.

LE RECTEUR,

A. COUAT.

---

(1) Aujourd'hui en cours de publication dans les *Recueils des instructions données aux ambassadeurs et ministres de France depuis le traité de Westphalie.*
(2) V. de Flassan. *Histoire de la Diplomatie française, lob. cit.*

ERRATA

PAGE	LIGNE	AU LIEU DE :	LIRE :
XII	note 3	*tempori*	*temporis*
11	15	aussi	ainsi
15	24	il mettait	il le mettait
24	3	attirait	attira
68	17	XI	IX
84	11	XI	IX
97	31	ses	des
110	8	les	la
128	31	ne demanderoit	ne la demanderoit
139	13	cela	delà
158	29	légats cardinaux	légats, les cardinaux
213	31	imprudent	impudent
330	25	laisser se traîner	laisser traîner
365	en note	Peirese	Peiresc.
149	Rapporter la note [3] à la place de la note [1], p. 150.		
327	Intervertir l'ordre des notes [2] et [3].		
353	La note [1] doit être placée après « membre honorable » ligne 20.		

TABLE DES MATIÈRES

Préface. XIII

LIVRE PREMIER

Le Disciple

CHAPITRE Ier — Etudes de d'Ossat.

I. — Naissance de d'Ossat. — Sa famille. — Ses premières années. — II. — Ses études à Castelnau-Magnoac, chez les Marca. — Au collège d'Auch. — Précocité de son talent et de sa réputation. — III. — D'Ossat à Paris. — Précepteur des jeunes Marca. — Difficultés de sa tâche. — Elève de Ramus. — Sa lutte contre Charpentier. — IV. — Il quitte la philosophie pour le droit. — Il devient élève de Cujas à Bourges. — V. — D'Ossat avocat au Parlement de Paris. — Directeur du réformateur et abbé des Feuillants. — Jean de la Barrière. — Comment il le guérit de sa misanthropie 20

CHAPITRE II — Initiation diplomatique de d'Ossat

I. — D'Ossat chez Paul de Foix. — Origine de leurs relations. — Première ambassade. — Etudes de d'Ossat et de Paul de Foix. — Paul de Foix devant les tribunaux de Rome. — D'Ossat lui sert d'avocat. — Retour en France. — Seconde ambassade à Rome. — D'Ossat devient secrétaire d'ambassade. — Mort de Paul de Foix. — II. — D'Ossat gérant de l'ambassade de France et secrétaire du cardinal protecteur des affaires de France. — Situation du cardinal Louis d'Este à Rome. — D'Ossat devient son collaborateur. — Témoignage d'estime qu'il reçoit du cardinal d'Este mourant, de Gondi, de Henri III. — III. — D'Ossat secrétaire et conseiller du nouveau Protecteur. Il reçoit la prêtrise et son premier bénéfice. — Il refuse le poste de secrétaire d'Etat que lui offre Henri III. — Contre-coup des affaires de France à Rome. — Assassinat des Guise. — Les représentants de Henri III, Joyeuse et d'Ossat sont chassés de Rome. Ils se réfugient à Venise, où de Thou les rencontre. — Assassinat de Henri III. — V. — D'Ossat revient à Rome, se prononce contre la Ligue et devient procureur de la reine Louise, veuve de Henri III 45

LIVRE II

LE DIPLOMATE

PREMIÈRE PARTIE. — *Négociations avant l'absolution de Henri IV.*

*CHAPITRE I*ᵉʳ*. — Intervention des Papes dans les affaires de France. — D'Ossat défend contre eux la cause de Henri IV.*

I. — Politique de Philippe II. — Préoccupations de Philippe II et de Sixte-Quint au lendemain de la mort de Henri III. — Projet d'intervention — Sixte-Quint mieux éclairé refuse de faire cause commune avec Philippe II. — II. — Grégoire XIV et l'intervention armée. — D'Ossat prévoit l'insuccès de ses efforts. — Il travaille à le détourner de cette intervention par son Mémoire italien sur les effets de la Ligue. — Analyse de ce Mémoire. — Ce que fut réellement la Ligue à ses débuts et ce que d'Ossat n'a pas assez vu. — Hardiesse de ses protestations — III. — Nouvelle orientation de la politique pontificale. — Henri IV tente de se rapprocher du Pape. — Ses envoyés ne sont pas admis à venir à Rome. — D'Ossat s'entremet pour retenir en Italie le marquis de Pisany. — Heureux résultat de la lettre qu'il lui écrit. — Elle rappelle l'attention de Henri IV sur d'Ossat 72

CHAPITRE II. — Mission de Nevers. — Concours que lui prête d'Ossat.

I. — Conversion de Henri IV. — Insuffisance de l'absolution de Saint-Denis au double point de vue canonique et politique. — Nécessité de recourir à Rome. — II. — Mission confiée au duc de Nevers. — Envoi préliminaire de la Clielle. — D'Ossat lui sert d'intermédiaire auprès du Pape. — Mémoire de l'Espagnol Ponce de Léon pour détourner le Pape d'absoudre Henri IV. — Réponse de d'Ossat. — III. — Etat des esprits à Rome. — Le Pape Clément VIII. — Le Sacré Collège. — Influence de Philippe II. — Mauvais accueil fait à Nevers. — IV. — Insuccès complet. — Si Nevers a dédaigné les conseils de d'Ossat. — Services que lui rend

TABLE DES MATIÈRES 399

d'Ossat. — Mémoire de d'Ossat pour Nevers. — Lettres de Nevers à d'Ossat et de d'Ossat à Nevers. — Vraies causes de l'insuccès de Nevers . . 94

CHAPITRE III. — D'Ossat conjure le danger d'un schisme entre la France et le Saint-Siège.

I. — Irritation provoquée en France par l'accueil fait au duc de Nevers. — Mécontentement du peuple. — Représailles du Parlement et du conseil du roi. — Menaces de schisme. — II. — Modération de Henri IV. — Quelle fut l'influence des conseils de d'Ossat sur son attitude? — III. — Intrigues des agents du duc de Mayenne. — D'Ossat prémunit Gondi contre leurs calculs. — Renseignements et avertissements qu'il fait parvenir au duc de Nevers. — Joyeuse et Sennecey sont réduits à l'impuissance. — IV. — Clément VIII promet au cardinal de Gondi de se montrer plus accessible à de nouvelles démarches. — Mission confiée à d'Ossat 109

CHAPITRE IV. — D'Ossat entame les négociations relatives à l'absolution de Henri IV — Succès obtenus.

I. — Caractère de la mission confiée à d'Ossat. — Difficultés de sa tâche. — Exigences de Clément VIII. — Efforts des agents du duc de Mayenne. — Opposition de l'ambassadeur d'Espagne. — Clément VIII n'ose rien décider sans consulter Philippe II. — Il lui envoie comme ambassadeur Jean-François Aldobrandini. — II. — Mauvais effet produit en France par cette attitude du Pape à l'égard du roi d'Espagne. — Craintes et hésitations de Henri IV. — Confiance de d'Ossat. — Il la fait partager au roi. — Assurances qu'il lui donne, et comment il les fait approuver par le cardinal secrétaire d'Etat et par le Pape. — III. — Objet précis de la mission de d'Ossat. — Désirs plus ou moins avoués du Pape : La paix avec l'Espagne et à son profit. — Rupture de l'alliance franco-anglaise et franco-turque. — Education catholique du prince de Condé. — Rétablissement du catholicisme en Béarn. — Publication du concile de Trente. — Question de la réhabilitation. — Satisfactions que d'Ossat obtient sur ces divers points du cardinal secrétaire d'Etat. — Comment il fait confirmer par le Pape les concessions de son neveu 133

CHAPITRE V. — D'Ossat maintient les résultats acquis malgré les difficultés que lui créent l'expulsion des Jésuites et le retard de Du Perron.

I. — Les Jésuites sont englobés dans l'attentat et dans la condamnation de Jean Châtel. — Emotion causée à Rome par la nouvelle des mesures de rigueur prises contre eux. — Habileté et efforts de d'Ossat pour calmer le Pape. — II. — Arrivée à Rome des Jésuites expulsés. — Parti qu'en tire l'ambassadeur. — D'Ossat réussit enfin à détruire entièrement l'impression de ce fâcheux événement. — III. — Retard de du Perron. — Mécontentement que l'on en éprouve à Rome. — D'Ossat s'emploie à faire prendre patience au Pape. — IV. — Du Perron arrive comme ambassadeur du roi. - D'Ossat lui est adjoint. — Résultats déjà acquis.

CHAPITRE VI. — *Négociations définitives.*

I. — Du Perron à Rome. — Mécontentement et manœuvres des Espagnols pour faire confier l'affaire au consistoire. — Leurs calculs sont déjoués par les agents du grand-duc de Florence. — Stratagème proposé par le cardinal de Florence. — Le Pape l'adopte. — Consultation individuelle des cardinaux. — II. — Première consultation générale des cardinaux. — Discours du Pape. — Retour offensif et instances des Espagnols. III. — Négociations définitives. — Discussion détaillée des conditions de l'absolution. — Points particulièrement débattus. — La réhabilitation. — L'admissibilité des hérétiques aux charges et honneurs. — La publication du concile de Trente. — Succès des procureurs du roi. — Rôle particulier de d'Ossat dans ces négociations. — IV. — Le Pape communique ses intentions aux cardinaux réunis en congrégation générale. — Efforts désespérés du duc de Sessa. — Le Pape passe outre et prononce l'absolution. — Cérémonie de l'absolution. — Sentiments que ce succès dut faire éprouver à d'Ossat 167

CHAPITRE VII. — *Accueil fait à l'absolution.*

I. — Manifestations sympathiques du peuple romain. — L'absolution en France. — Enthousiasme de la première heure. — Récriminations ultérieures contre les cérémonies de l'absolution. — II. — Accusations de Sully contre d'Ossat. — Injustice de ces accusations. — Réponse de d'Ossat. — Critiques des catholiques Gallicans. — Répliques de d'Ossat. — Mobiles intéressés de certains mécontents. — III. — Sentiments de Henri IV. — Il ne partage point le mécontentement de son entourage. — Joie que lui fait éprouver l'absolution. — Témoignage de sa satisfaction. — IV. — Ses sentiments particuliers à l'égard de d'Ossat. — Il le nomme à l'évêché de Rennes. — Difficultés pour l'obtention des bulles. — Comment d'Ossat envisage l'épiscopat. — V. — Il est chargé de gérer l'ambassade de France en attendant l'arrivée de Luxembourg. — Sa grandeur d'âme et hauteur de ses sentiments 183

TABLE DES MATIÈRES 401

Deuxième Partie. — *Négociations après l'absolution.*

CHAPITRE I*er* — *Services que d'Ossat rend à Henri IV pour la libération du territoire.*

I. — Tentative des Espagnols contre Marseille. — Renseignements que d'Ossat fait parvenir au roi sur le mouvement des armées espagnoles, sur le duc d'Epernon, sur le duc de Mercœur. — Préparation à l'ouverture des négociations de la paix de Vervins. — II. — D'Ossat ambassadeur extraordinaire à Venise et à Florence. — Il est chargé de demander au grand-duc la restitution des îles d'If et de Pomègues dont il s'était emparé. — Négociations à ce sujet. — Difficultés de ces négociations. — Succès de d'Ossat. — III. — Contentement de Henri IV. — Il donne à d'Ossat l'abbaye de Saint-Nicolas de Verdun. — D'Ossat le prie de la laisser à Séraphin. — Il est nommé conseiller d'Etat. — IV. — Henri IV le recommande pour la pourpre. — D'Ossat est fait cardinal. — Hommages qu'il reçoit à cette occasion 211

CHAPITRE I*er*. — *(Suite).*

I. — Le Marquisat de Saluces et les ducs de Savoie. — Charles-Emmanuel s'en empare. — Le traité de Vervins remet la question à l'arbitrage de Clément VIII. — II. — Dispositions du roi. — Sentiments de d'Ossat. — Inclinations du Pape. — Envoi d'un délégué pour demander une prolongation. — III. — Propositions du duc. — L'envoyé du Pape demande la mise sous séquestre. — Henri IV l'accorde contre l'avis de d'Ossat. — Charles-Emmanuel refuse. — Ses insinuations contre le Pape. — Clément VIII se récuse. — IV. — Le traité de Paris. — Fourberie du duc. — La lutte à main armée. — Henri IV sollicite les avis de d'Ossat. — D'Ossat demande qu'on ne laisse à aucun prix le marquisat au duc. — V. — Légation du cardinal Aldobrandini. — Traité de Lyon. — Ses conséquences fâcheuses pour notre politique italienne. — Il répond peu aux désirs de d'Ossat. — Vanité des calculs prêtés à Henri IV. — Justesse des vues de d'Ossat 231

CHAPITRE II — *D'Ossat aide Henri IV à améliorer la situation intérieure de la France.*

I. — Triste état de la France après la Ligue. — Tâche qui s'imposait à Henri IV. — Concours que lui prête d'Ossat. — II. — Pacification religieuse. — Edits en faveur des protestants. — Mécontentement du Pape. — Plaidoyer de d'Ossat en faveur des mesures de tolérance. — Edit de Nantes. — Violente irritation du Pape. — D'Ossat parvient à le calmer. — III. — Réforme du clergé. — Publication du concile de Trente. — D'Ossat la sollicite en France et fait prendre patience au Pape. — Le roi s'y résout et consulte d'Ossat. — Le Parlement fait échouer les bonnes intentions du roi. — Nomination des évêques. — Choix malheureux. — D'Ossat fait des représentations au roi. — Question des *gratis*. — D'Ossat aide Henri IV à pacifier la chaire. — IV. — Clergé régulier. — Sympathie de d'Ossat pour les religieux réformés. — Les Jésuites. — Plaidoyer de d'Ossat en leur faveur. — Marine d'État à créer. — Instance et conseils de d'Ossat. — V. — Annulation du mariage de Marguerite de Valois et de Henri IV. — Grande part de d'Ossat dans cette affaire. — VI. — Le roi lui donne l'abbaye de Nant et le nomme à l'évêché de Bayeux. — VII. — Budget du cardinal d'Ossat. — Ses représentations au roi sur le misérable état du peuple. — Colère de Sully. — Sa vengeance contre d'Ossat 289

CHAPITRE III. — *D'Ossat et la politique extérieure de Henri IV.*

§ I. — LES ALLIÉS DE L'EST

I. — Lutte de Henri IV contre l'Espagne. — Concours qu'il attendait de ses représentants à Rome. — Tous ses ambassadeurs ont ordre de prendre les conseils de d'Ossat et d'agir de concert avec lui. — II. — Luxembourg. — Obédience de Navarre. — Affaire de Ferrare. — Henri IV suit les conseils de d'Ossat. — Bénéfice qu'il en recueille à Rome. — III. — Sillery. — Béthune. — Politique italienne de Henri IV après le traité de Lyon. — Obstacle qu'elle rencontre dans les dispositions du Pape et dans notre politique intérieure. — Château-Dauphin. — Méfiance excitée chez les États indépendants par le traité de Lyon. — D'Ossat s'emploie à faire tomber cette prévention par ses réclamations contre les armements de Fuentes. — IV. — Le Pape et son entourage refusent de nous suivre au-delà de ce que comportent leurs intérêts actuels. — D'Ossat travaille à nous ménager des sympathies au-dehors de la cour pontificale. — Pensions à des chanoines de Latran, aux cardinaux, à divers partisans ou agents de la France en Italie. — V. — Les autres États ne peuvent ni ne veulent contracter d'alliance sans Rome. — Vues de Henri IV sur le duc de Savoie. — Intrigues du duc à Rome déjouées par d'Ossat. — Alliance avec les Grisons. — Alliance Franco-Turque. — Mécontentement qu'elle cause au Pape. — Comment d'Ossat la défend 324

CHAPITRE III. — *(Suite)*

§ II. — LES ALLIÉS DU NORD

I. Alliance franco-anglaise. — Clément VIII en demande la rupture. — Résistance de d'Ossat. — Question de la succession d'Élisabeth. — Désirs du Pape. — Visées de Philippe II. — Sentiments personnels de d'Ossat. — Alliance franco-hollandaise. — Dissentiments de Villeroy et de d'Ossat. — III. — Affaire du duc de Bar et de Catherine de Bourbon. — D'Ossat en obtient l'approbation. — IV — Dernières années de d'Ossat. — L'évêché de Bayeux. — Démêlés de d'Ossat et du chapitre de Bayeux. — D'Ossat résigne son évêché. — V. — Les amis de d'Ossat, de Thou, Montaigne, Peiresc, de Bauves. — Ses sympathies pour les lettrés. — VI. — Mort de d'Ossat. — Honneurs rendus à sa mémoire, à Rome, en France. — Eloges du roi, de Villeroy, de Thou, de l'Estoile. — Calomnies de Sully. 359

LIVRE III

L'ÉCRIVAIN

CHAPITRE Ier — L'Œuvre de d'Ossat.

I. — Etendue de l'œuvre de d'Ossat. — Œuvres attribuées. — Ouvrages de médecine. — Lettres à Charpentier. — Mémoires. — Lettres de Paul de Foix et de Joyeuse. — II. — Les lettres diplomatiques de d'Ossat. — Les originaux, les minutes. — III. — Publication de ces lettres. — Par qui elles furent éditées pour la première fois. Pas par Sainte-Marthe, ni par Du Puy, mais par Auger de Mauléon. — Date de cette publication. — IV. — Succès de cette édition. — Opposition du conseil du roi. — Les éditions se succèdent au XVIIe siècle. — L'édition définitive de 1708. — Lettres qu'elle contient. — V. — Lettres publiées depuis. — Lettres inédites. — Lettres perdues. . . 370

CHAPITRE II. — Valeur de l'œuvre de d'Ossat.

I. — Causes du succès de cette œuvre. — Ses qualités littéraires, — Clarté et naturel. — Clarté dans le style. — L'art de la composition dans d'Ossat. — Supériorité sur ses contemporains. — II. — Clarté dans le vocabulaire. — Suffrages de l'Académie, de Fénelon. — Ses divers éditeurs peuvent tous respecter cette langue. — III. — Précision et esprit. — Ironie légère. — Portraits, comparaisons pittoresques. — IV — Eloquence et gravité de l'homme d'Etat. — Larges tableaux. — V. — Place de d'Ossat parmi les diplomates écrivains : Du Perron, Fresne-Canaye, Jeannin. — Les ambassadeurs vénitiens et d'Ossat. — VI. — Eloges qu'il a reçus des écrivains et des hommes d'Etat : Balzac, Voiture, le comte d'Avaux, Colbert, Naudé, Saint-Simon, Wiquefort, Lord Chesterfield, Voltaire, Diderot, de Flassan. — Conclusion 394

DAX. - Imprimerie HAZAEL LABÈQUE et Cie, 11 rue des Carmes. - DAX.

Du Même Auteur :

Lettres inédites du Cardinal d'Ossat, in-8º

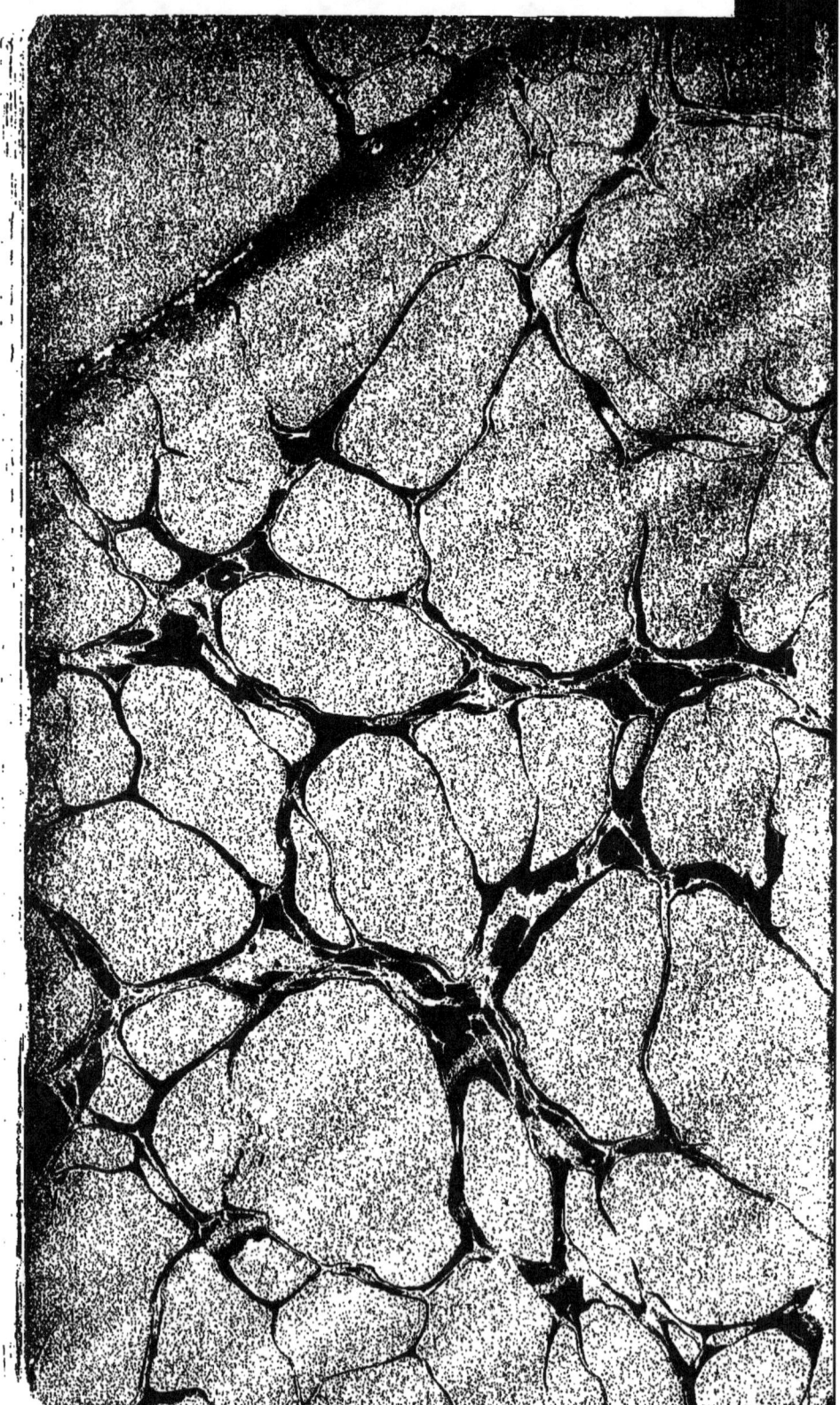

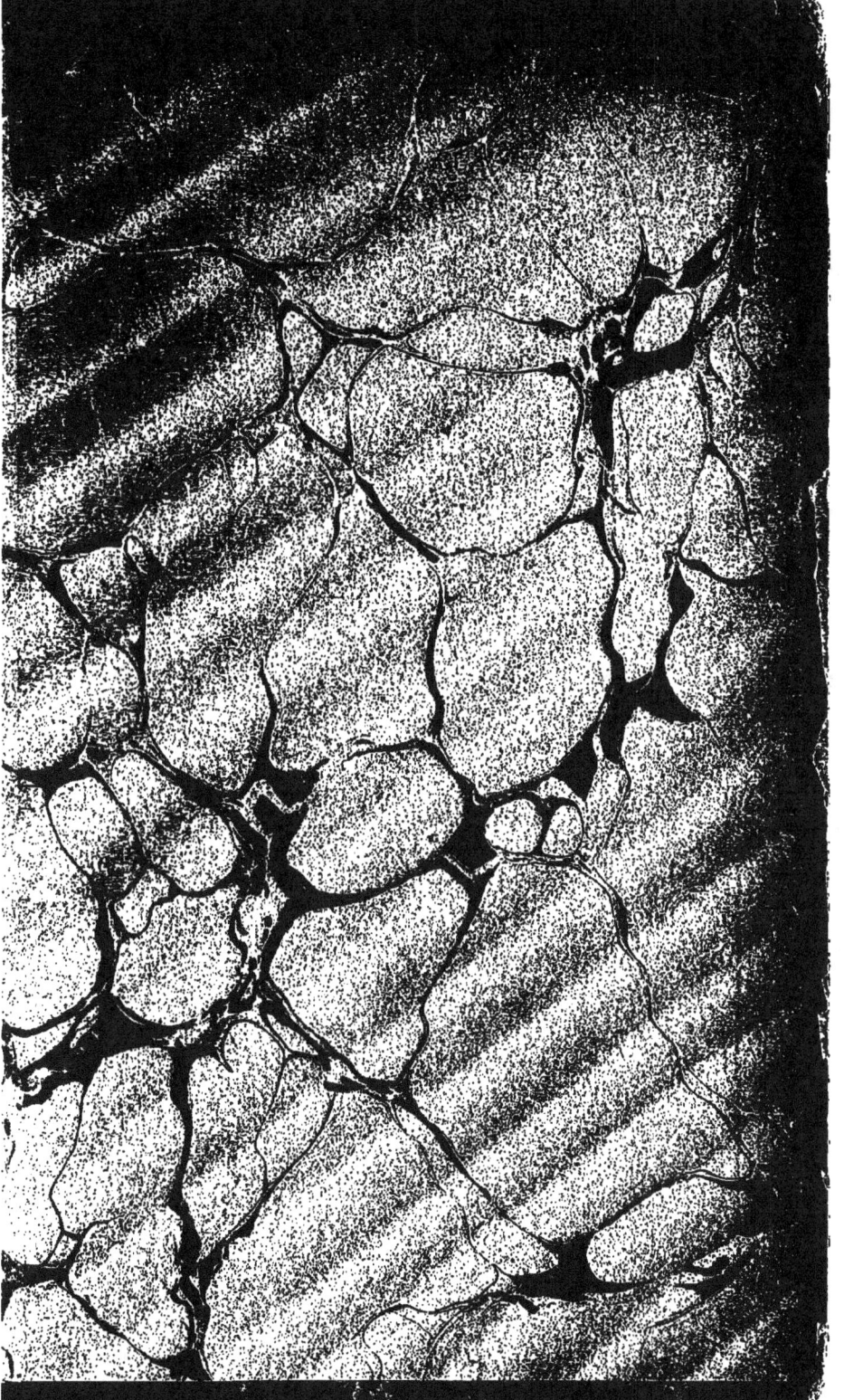